MÚSICA CULTURA POP ESTILO DE VIDA COMIDA
CRIATIVIDADE & IMPACTO SOCIAL

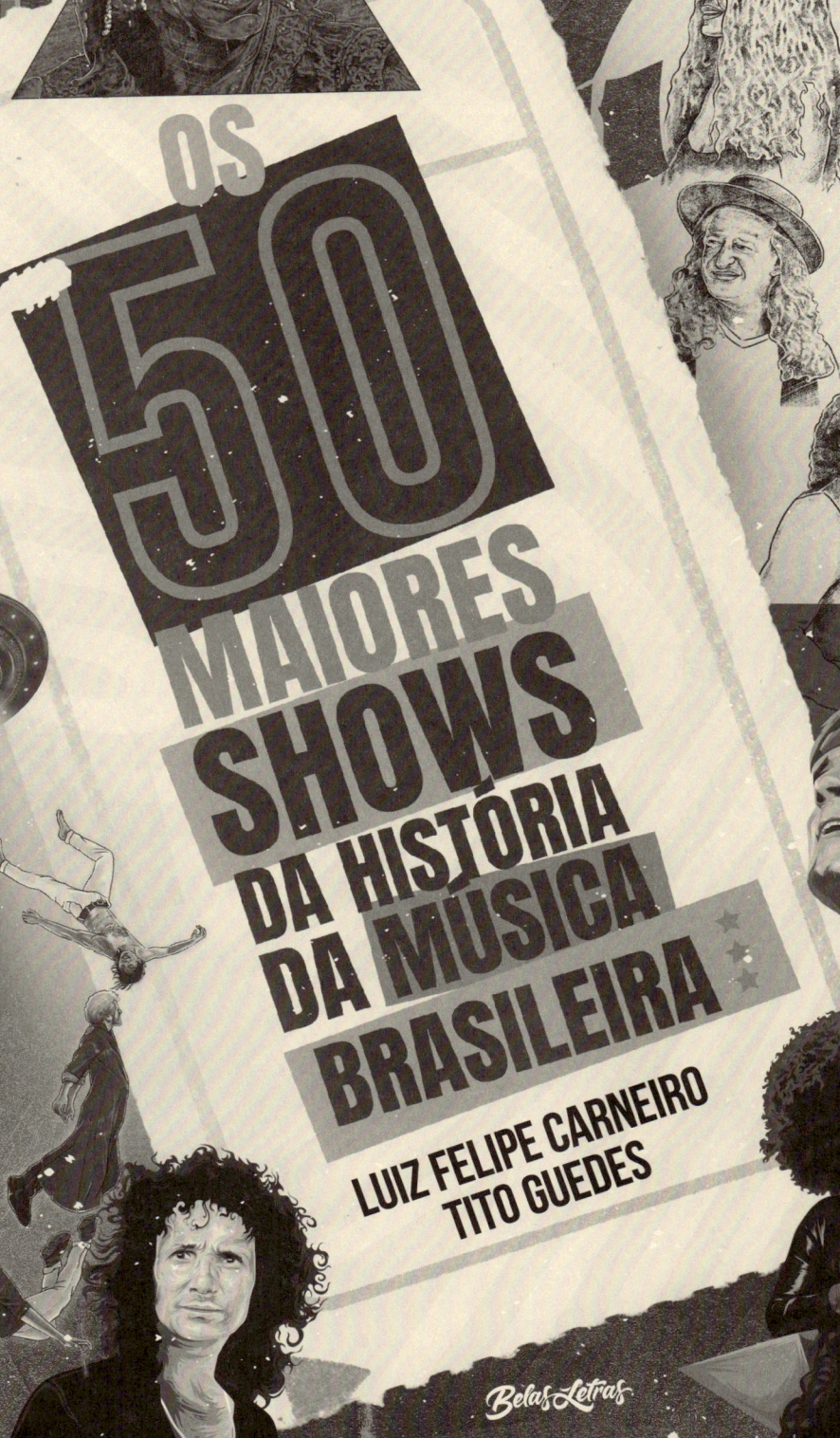

OS 50 MAIORES SHOWS DA HISTÓRIA DA MÚSICA BRASILEIRA

LUIZ FELIPE CARNEIRO
TITO GUEDES

Belas Letras

© 2024 Luiz Felipe Carneiro e Tito Guedes

Nenhuma parte desta publicação pode ser reproduzida, armazenada ou transmitida para fins comerciais sem a permissão do editor. Você não precisa pedir nenhuma autorização, no entanto, para compartilhar pequenos trechos ou reproduções das páginas nas suas redes sociais, para divulgar a capa, nem para contar para seus amigos como este livro é incrível (e como somos modestos).

Gustavo Guertler (*publisher*)

Germano Weirich (coordenação editorial)

Marcélo Ferla (edição e preparação)

Celso Orlandin Jr. (projeto gráfico e diagramação)

Lúcia Brito (revisão)

Jonas Santos (capa e ilustrações)

2024
Todos os direitos desta edição reservados à
Editora Belas Letras Ltda.
Rua Visconde de Mauá, 473/301 – Bairro São Pelegrino
CEP 95010-070 – Caxias do Sul – RS
www.belasletras.com.br

Dados Internacionais de Catalogação na Fonte (CIP)
Biblioteca Pública Municipal Dr. Demetrio Niederauer
Caxias do Sul, RS

C289c	Carneiro, Luiz Felipe
	Os 50 maiores shows da história da música brasileira / Luiz Felipe Carneiro e Tito Guedes; ilustração Jonas Santos. - Caxias do Sul, RS: Belas Letras, 2024.
	304 p. il.
	ISBN: 978-65-5537-331-8
	1. Música brasileira - História. 2. Música brasileira – Show. I. Título. II. Guedes, Tito. III. Santos, Jonas (il).
23/63	CDU 78(81)(091)

Catalogação elaborada por Rose Elga Beber, CRB-10/1369

OS 50 MAIORES SHOWS DA HISTÓRIA DA MÚSICA BRASILEIRA

SUMÁRIO

BASTIDORES 9

ATRAÇÕES

BASTIDORES

Em algum momento, durante a fase de revisão do livro *Os 50 Maiores Shows da História da Música*, surgiu este papo:

Luiz: "Tito, o que você está achando dos 50 textos que estou escrevendo?".

Tito: "Estou achando ótimos. Você nunca pensou em fazer outro livro do mesmo formato contando apenas com shows brasileiros?".

Luiz: "Eu já tinha pensado nisso... Mas vai dar muito trabalho... Só faço se você escrever comigo...".

Tito: "Eu topo."

Foi assim que este livro que está em suas mãos nasceu. De um papo que parecia bobo no meio das revisões finais da obra lançada em 2022 surgiu o seu irmão mais novo: *Os 50 Maiores Shows da História da Música Brasileira*. Você lembra de uma época não muito distante em que as trilhas sonoras de novelas tinham um LP nacional e outro internacional? Pois é, aqui foi a mesma coisa. Apenas invertemos a ordem, pois o volume internacional saiu antes.

Chegar nesse número foi uma tarefa hercúlea. A princípio achamos que seria mais fácil eleger os shows nacionais. Mas que nada! A lista inicial contava com mais de 100. Para chegarmos nesses 50 foram alguns chopes e muitas trocas de mensagens madrugadas adentro. Por isso, é lógico, essa lista não tem nada de definitiva – embora, para a gente, talvez tenha.

Elaborar listas é uma das missões mais difíceis para pesquisadores musicais como nós. Os 100 melhores, os 50 piores, os 25 mais importantes... Como conjugar o gosto pessoal à dimensão histórica de tantos shows célebres que aconteceram na música brasileira? Provavelmente ninguém tem essa resposta.

Além dessa dificuldade, acolhemos alguns parâmetros para fechar a lista. Em primeiro lugar, os célebres festivais da canção que aconteceram entre os anos 1960 e 1980 ficaram de fora por não se tratar de shows, mas de "competições". Em segundo lugar, porque já existe um livro – este sim definitivo – sobre o tema: *A Era dos Festivais: Uma Parábola*, escrito por Zuza Homem de Mello. Mas não pense que os festivais não aparecem neste livro. Eles volta e meia surgem em alguns momentos destes 50 capítulos.

Outra questão: optamos por não repetir artistas. Eles só aparecem mais de uma vez em caso de apresentações conjuntas. Por exemplo, Gilberto Gil está presente tanto em versão solo como ao lado de Caetano Veloso e também dos Doces Bárbaros. Tom Jobim surge em espetáculos com João Gilberto e ao lado de Vinicius de Moraes, Toquinho e Miúcha. Agora você pode imaginar a nossa aflição de ter que eleger apenas um show da Maria Bethânia? *Rosa dos Ventos*, *Drama*, *Âmbar*, *Maricotinha*… São tantos que daria para redigir um livro inteiro apenas com as turnês da Bethânia. E outro apenas com as turnês da Gal – "Meu Deus, como vamos deixar *O Sorriso do Gato de Alice* de fora?" – e com as do Chico, do Milton, do Paulinho, da Legião, do Cazuza, do Roberto… Acreditamos que da forma que ficou temos uma pluralidade maior de artistas de diversos gêneros em diferentes épocas, fazendo com que este livro sirva como uma espécie de manual da história de nossa música por meio de seus shows mais importantes. Finalmente, também optamos por eleger apenas apresentações que foram realizadas em território brasileiro.

Dar vida novamente a tantos momentos importantes – alguns bem longínquos – da nossa música foi um trabalho tão prazeroso quanto árduo. E seria impossível colocar esse projeto em prática sem algumas pessoas que ajudaram tanto no apoio moral quanto na busca por fontes e também na cessão de material de arquivo. E aqui vai a nossa gratidão a Ana Paula Aschenbach, Francisco Rezende, Gabriela Siciliano, Marcelo Fróes, Paulo Cezar Pinheiro Carneiro Filho e Tânia Barbato.

Também agradecemos ao Jonas Santos que, mais uma vez, assumiu a tarefa de traduzir alguns dos textos aqui presentes em geniais ilustrações.

Um agradecimento superespecial aos diversos artistas e jornalistas que prestaram depoimento e nos ajudaram a descobrir tantos detalhes quase esquecidos desses shows. A nossa meta era colocar você na poltrona da casa de espetáculos. Se atingimos o objetivo, só você poderá dizer. Mas com certeza o livro ficou muito melhor com a preciosa ajuda de Augusto Licks, Cesinha, Dadi, Dado Villa-Lobos, Danilo Caymmi, Elymar Santos, Fernanda Abreu, João Barone, Jorge Helder, Jota Moraes, Juba, Léa Penteado, Leandro Vallim, Lobão, Lucinha Araujo, Luiz André Alzer, Luiz Cláudio

Ramos, Max Pierre, Moraes Moreira (*in memoriam*), Ney Matogrosso, Nilo Romero, Paulinho da Viola, Ricardo Alexandre, Ricardo Palmeira, Roberto Frejat, Rodrigo Santos, Samuel Rosa e Zé Luis.

Muito obrigado, mais uma vez, a Gustavo Guertler e Germano Weirich pela confiança de sempre. E também a toda a rapaziada da Belas Letras, editora que trata a música com todo o respeito que ela merece.

Este livro abarca sete décadas de shows aqui no Brasil, dos anos 1960 aos anos 2020. É uma prova de que podemos sair de casa a qualquer momento e presenciar um espetáculo que ficará para sempre guardado na nossa memória e, mais ainda, na história. É exatamente isto que desejamos a você: shows históricos. Pode ter certeza de que eles podem acontecer a qualquer momento.

Por fim, esperamos que você se divirta tanto quanto nos divertimos escrevendo cada uma destas linhas.

Luiz e Tito

EM 1962, TOM JOBIM, VINICIUS DE MORAES E JOÃO GILBERTO SE REUNIRAM PELA PRIMEIRA E ÚNICA VEZ EM UM MESMO PALCO. DURANTE 45 DIAS ELES CANTARAM CLÁSSICOS DA BOSSA NOVA E LANÇARAM NOVIDADES QUE SE TORNARAM CLÁSSICOS, INCLUSIVE O MAIOR DE TODOS ELES: "GAROTA DE IPANEMA".

Naquele início de julho de 1962, quando o homem da noite Flávio Ramos se encontrou com o homem dos discos Aloysio de Oliveira para um almoço, levava na cabeça uma ideia que acabaria entrando para a história da música popular brasileira. Flávio era dono da boate Jirau e acabara de dar início a uma nova empreitada: a reforma do classudo restaurante Au Bon Gourmet, que ficava na avenida Nossa Senhora de Copacabana, próximo à praça do Lido. Depois de comprar o estabelecimento de José Fernandes, ele queria transformá-lo em um charmoso e sofisticado night club com capacidade para trezentas pessoas. A reinauguração seria dali a um mês e por isso ele foi ao encontro de Aloysio, que desde a década anterior comandava a gravadora Odeon, responsável por lançar os primeiros discos de bossa nova no Brasil.

Para bombar a estreia do novo Au Bon Gourmet, Flávio queria reunir no palco ninguém menos que Tom Jobim, Vinicius de Moraes e João Gilberto. Aloysio seria o diretor e supervisor do show. Não havia como recusar. Afinal, seria mesmo histórico. Tom, Vinicius e João eram os principais nomes da bossa nova e nunca haviam estado juntos em um mesmo palco. Vinicius, aliás, ainda era diplomata e mais conhecido por suas letras e poesias – nunca tinha cantado em público. Seria uma ocasião imperdível e inédita: a junção do compositor, do letrista e do intérprete definitivo de "Chega de Saudade", a canção que quatro anos antes havia difundido a bossa nova no Brasil, provocando uma verdadeira transformação na música popular, nos costumes e na cultura jovem da Zona Sul carioca.

O show seria apropriadamente chamado de *Um Encontro com Tom, Vinicius e João Gilberto*. Os ensaios não aconteceram sem percalços. Quando os três já haviam assinado o contrato, João Gilberto passou a atormentar Flávio Ramos com a ideia de que o trio precisava do apoio de outros músicos. Flávio negou de início, afinal, a ideia era ser um show intimista apenas dos três. Mas, com seu jeitinho e voz hipnotizantes, João convenceu o empresário a contratar o baterista Milton Banana, o contrabaixista Octávio Bailly e o conjunto vocal Os Cariocas. Aloysio também precisou cortar um dobrado com Tom, que, apavorado com a ideia da estreia, se negava a cantar no show. Foi preciso muita lábia para que ele aceitasse.

A situação mais delicada, no entanto, era a de Vinicius. Diplomata, para fazer parte do espetáculo ele precisou de uma permissão oficial do Itamaraty, que não via com bons olhos um de seus vice-cônsules cantar sambas numa boate de Copacabana todas as noites. Ficou acordado então que não receberia o cachê pelo trabalho. Além disso, havia outro detalhe importante. Na época, o seu amigo e então ministro das Relações Exteriores Santiago Dantas tentava vencer a burocracia e enviá-lo para a cidade que ele tanto almejava: Paris. Qualquer deslize por parte do poeta poderia prejudicar a ação de Santiago, e por isso o receoso Vinicius decidiu que apenas leria algumas de suas poesias. Foi aí que João Gilberto entrou em cena para convencê-lo do contrário: "Quem é que pode cantar o 'Samba da Benção' senão você?", indagou. Vinicius ficou sem argumentos e mudou de ideia.

A participação de Vinicius no show, inclusive, era o que mais atiçava a curiosidade do público e da imprensa. Afinal, o que um diplomata e poeta faria em cima de um palco, ainda mais ao lado de Tom e João Gilberto? O colunista Sérgio Porto externou essa desconfiança com certa ironia em sua coluna na *Tribuna da Imprensa*: "Até agora ninguém sabe direito o que o poeta vai fazer na pista da buate, pois ele não dança, não toca, não sapateia, não canta, nem faz mágica, nem engole fogo, nem é bom de equilibrismo".

No segundo dia de agosto, data da estreia daquele encontro histórico, todas as desconfianças se dissolveram. Tom, Vinicius e João Gilberto chegaram no Au Bon Gourmet por volta da meia-noite, mas, como a boate não tinha espaço suficiente para um camarim, precisaram esperar a hora do show num botequim que ficava ao lado. Luzes apagadas, o breu era cortado apenas pela chama cintilante dos muitos cigarros acesos na plateia. Os três entraram sob aplausos calorosos. Tom e João Gilberto vestiam roupa esporte, Vinicius destoava usando terno e gravata – sinal de respeito ao Itamaraty.

O show começou com uma apresentação dos Cariocas, num jogo de revezamento de vozes que terminava em uníssono: "Esse é o encontro com Tom, Vinicius, João

Gilberto... Com a participação especial dos Cariocas!". Depois disso veio um desfile de descontração, bom humor, clássicos e músicas inéditas que também se tornariam clássicas, como a parceria de Tom e Vinicius "Só Danço Samba", logo na abertura, cantada pelos Cariocas com apoio de João Gilberto. Foi a primeira vez também que Tom cantou aquela que se tornaria uma de suas músicas mais conhecidas, a pungente declaração de amor ao Rio de Janeiro, "Samba do Avião": "Minha alma canta/ Vejo o Rio de Janeiro/ Estou morrendo de saudades...". E quem esperava transformar Vinicius em piada se decepcionou. Ele até que se saiu bem na interpretação de duas músicas que tinha feito há pouco tempo com um novo parceiro, Baden Powell: "Samba da Benção" e "O Astronauta". Além de poeta e diplomata, Vinicius agora era cantor revelação. Houve espaço também para músicas mais conhecidas, como "Corcovado", "Insensatez", "Samba de uma Nota Só", "Se Todos Fossem Iguais a Você", "O Amor em Paz" e "Devagar com a Louça", esta última um número solo dos Cariocas.

Mas o momento mais especial da noite foi guardado para o final. Tom dedilhou algumas notas no piano e João Gilberto começou a cantarolar: "Tom, e se você fizesse agora uma canção que possa nos dizer, contar o que é o amor?". Tom respondeu, também cantarolando: "Olha, Joãozinho, eu não saberia sem Vinicius para fazer a poesia". O poeta também entrou na brincadeira: "Para essa canção se realizar, quem dera o João para cantar...". Chamado de volta, João rebateu, arrancando risadas da plateia: "Ah, mas quem sou eu? Eu sou mais vocês. Melhor se nós cantássemos os três". E então o trio começou a cantar aqueles versos desconhecidos que em breve se tornariam dos mais famosos no mundo: "Olha que coisa mais linda, mais cheia de graça/ É ela a menina que vem e que passa/ Num doce balanço a caminho do mar...". Era "Garota de Ipanema", canção escrita por Tom e Vinicius para o musical *Blimp*, que acabou engavetado. A música inicialmente se chamava "Menina que Passa" e chegou a ganhar outras letras antes da versão definitiva, inspirada na colegial Helô Pinheiro, então com 19 anos, que os dois amigos costumavam admirar passeando a caminho da praia de Ipanema, enquanto bebiam uísque e chope no Bar Veloso, situado na esquina das ruas Prudente de Morais e Montenegro (que hoje se chama Vinicius de Moraes).

"Garota de Ipanema" foi apresentada pela primeira vez ao público naquela temporada no Au Bon Gourmet, mas só seria gravada no ano seguinte, primeiro por Pery Ribeiro, depois por Claudette Soares, Tamba Trio e pelo próprio Tom no disco *The Composer of Desafinado Plays*. Em 1964, a música ganharia uma letra em inglês de Norman Gimbel e seria gravada por Astrud Gilberto, que a consagrou como um clássico mundial, que por muito tempo só perdia para "Yesterday", dos Beatles, em número de execuções.

A temporada do *Encontro com Tom, Vinicius e João Gilberto* foi um sucesso absoluto e só terminou 45 dias depois. A crítica colocou o show nas alturas, os colunistas mais famosos não deixaram de prestigiar e citar o evento em suas colunas. O público também adorou e compareceu em peso, tanto que foram marcadas sessões extras, matinês e até uma apresentação única no teatro do Copacabana Palace. À medida que a temporada se estendia, os músicos foram relaxando. Se nos shows iniciais Vinicius ainda comparecia de terno e fugia da bebida, com o passar dos dias já chegava à boate com trajes esportivos e não negava os muitos copos de uísque que os garçons lhe ofereciam em pleno show. A mesma coisa aconteceu com Tom, que não demorou a perder a timidez e o receio que quase o fizeram desistir de cantar suas músicas no palco. João Gilberto, por outro lado, precisou ganhar um motorista bancado por Flávio Ramos para chegar a tempo do espetáculo, depois de sucessivos e monumentais atrasos que fizeram o show começar já de madrugada.

Quem teve a sorte de frequentar o Au Bon Gourmet em agosto de 1962 talvez já tivesse consciência da importância daquele *Encontro*. Afinal, Tom Jobim, Vinicius de Moraes e João Gilberto já eram figuras importantes da música brasileira. Mas ainda era impossível entender a dimensão histórica daquele show, que Ruy Castro descreveu no livro *Chega de Saudade* como "o maior momento da bossa nova no Brasil". Além de ser a primeira e última vez que os três estiveram juntos em um único palco, a temporada do Au Bon Gourmet marcou o fim da parceria musical entre Tom e Vinicius, embora ambos tenham mantido sua amizade.

João Gilberto e Tom passariam os próximos anos mais tempo fora do que dentro do Brasil. A bossa estava a um passo de se internacionalizar e ser abraçada de vez pelo resto do mundo. Poucos meses depois, em novembro, aterrissaria nos Estados Unidos para um show no Carnegie Hall, em Nova York. Um palco que pareceu pequeno e improvisado se comparado à grandeza do minúsculo espaço do Au Bon Gourmet.

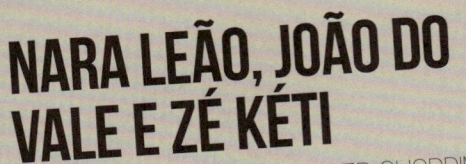

EM DEZEMBRO DE 1964, O MEIO ARTÍSTICO DAVA UMA DE SUAS PRIMEIRAS RESPOSTAS AO GOLPE MILITAR. O ESPETÁCULO OPINIÃO, ESTRELADO POR NARA LEÃO, ZÉ KÉTI E JOÃO DO VALE, SIMBOLIZOU UMA TRANSFORMAÇÃO PARA NARA, QUE DEIXAVA DE SER A MUSA DA BOSSA NOVA PARA SE IMPOR COMO UMA MULHER DONA DAS PRÓPRIAS ATITUDES.

Lançado no início de novembro de 1964, sete meses após o golpe que levou os militares ao poder, o disco *Opinião de Nara* caiu como uma bomba na cabeça de algumas pessoas. Com um repertório forte, politizado e centrado em compositores de samba do morro, ia de encontro à imagem da musa bossa-novista que alguns ainda insistiam em associar à cantora. Segundo Ruy Castro, esse foi o disco que "rachou" a bossa nova.

Durante a segunda metade dos anos 1950, Nara Leão era uma menina tímida, de voz doce e interessada em música e psicanálise. O enorme apartamento onde morava com os pais na avenida Atlântica, de frente para o mar de Copacabana, onde jovens da Zona Sul se reuniam para tocar e falar de música, foi um dos principais cenários do surgimento orgânico da bossa nova. Mais tarde, apesar de sua timidez, Nara chegou a participar dos primeiros shows organizados do movimento, mas, desencorajada pelos colegas a se lançar profissionalmente, passou boa parte do tempo reduzida ao folclórico título de "musa". Uma de suas primeiras experiências artísticas profissionais, antes de se lançar na carreira discográfica, aconteceu no espetáculo *Pobre Menina Rica*, em 1963, ao lado de Vinicius de Moraes e Carlos Lyra – uma experiência traumática para ela.

Aos poucos, contudo, Nara entrou em contato com o ambiente do Centro Popular de Cultura, o CPC, e um novo mundo se abriu diante dos seus olhos. Um mundo mais amplo do que as areias da praia de Copacabana e as canções delicadas sobre barquinhos e amores doces. A "menina rica" da Zona Sul passou a conviver com outro tipo de turma: gente do Cinema Novo, sambistas de morro, universitários engajados e militantes comunistas. Um dos principais pontos de encontro deles era o Zicartola, bar comandado por Cartola e sua esposa, Dona Zica, onde a cultura popular e a intelectualidade carioca ligada à esquerda se encontravam.

Esse ambiente já dava as caras de alguma forma no primeiro disco lançado por Nara, pela gravadora Elenco, no início de 1964. Ali já apareciam canções de Nelson Cavaquinho, Zé Kéti, Elton Medeiros e Cartola, mas o principal ainda eram as músicas de Baden Powell, Edu Lobo e Vinicius de Moraes. *Opinião de Nara*, o segundo álbum da cantora, lançado meses mais tarde, era um movimento bem mais radical no sentido de privilegiar o samba de morro e as canções que falassem sobre o que se entendia na época como a "verdadeira realidade" do país. Em texto escrito por Nara na contracapa do LP, ela já deixava essa intenção bem clara: "Este disco nasceu de uma descoberta importante para mim: a de que a canção popular pode dar às pessoas algo mais que a distração e o deleite. A canção popular pode ajudá-las a compreender melhor o mundo onde vivem e se identificarem num nível mais alto de compreensão".

Se esse texto e o próprio disco ainda não haviam deixado claro para as pessoas que Nara tinha mudado, algumas declarações posteriores da cantora não deixariam pedra sobre pedra, como na contundente entrevista concedida para a revista *Fatos & Fotos*: "Chega de bossa nova, chega de cantar para dois ou três intelectuais uma musiquinha de apartamento. Quero o samba puro, que tem muito mais a dizer, que é a expressão do povo, e não uma coisa feita de um grupinho para outro grupinho. E essa história de dizer que a bossa nova nasceu na minha casa é uma grande mentira. Se a turma se reunia aqui, fazia-o em mais de mil lugares. Eu não tenho nada, nada mesmo, com um gênero musical que não é o meu e nem é verdadeiro".

O segundo disco, além de concretizar um movimento de ruptura pessoal para Nara, ainda deu origem a um histórico espetáculo musical que marcou a vida cultural brasileira entre fins de 1964 e todo o ano de 1965. O dramaturgo Oduvaldo Vianna Filho, conhecido pelos amigos como Vianninha, foi uma das primeiras pessoas a ouvir *Opinião de Nara*, antes mesmo de ser lançado, e enxergou ali um retrato daqueles encontros no Zicartola. Aquela moça branca e rica, moradora de Copacabana, não estava alheia aos problemas reais do país e se juntava aos compositores pretos do morro para discutir essa realidade. Ele ficou impressionado sobretudo com a ousadia de Nara em gravar a faixa "Opinião", uma contundente canção de Zé Kéti: "Podem me prender, podem me bater/ Podem até deixar-me sem comer/ Que eu não mudo de opinião/ Daqui do morro eu não saio não".

Vianninha enxergou no disco, naquelas letras e no gesto disruptivo de Nara um espetáculo pronto. Mais do que isso, uma resposta aos militares e à música brasileira. Era exatamente o que ele, Armando Costa, Paulo Pontes e Augusto Boal, do Teatro de Arena de São Paulo, buscavam para reinaugurar o Teatro de Arena do Super Shopping Center de Copacabana, que estava fechado desde 1959. Criado em conjunto por esses quatro dramaturgos (com a direção de Boal), *Opinião* reuniria no palco a moça rica da Zona Sul do Rio de Janeiro, o sambista do morro e o retirante nordestino.

Para formar o elenco eles não precisaram ir muito longe. Além, é claro, de Nara para o primeiro papel, convidaram outros dois frequentadores assíduos do Zicartola: Zé Kéti e João do Vale, compositor maranhense que já vivia no Rio de Janeiro há um tempo. Convite feito e aceito pelos três, a direção musical ficou a cargo do jovem Dori Caymmi (na época chamado pelos jornais de Dorival Caymmi Filho), que comandou uma banda formada por Alberto Hekel Tavares (flauta), João Jorge Vargas (bateria) e Roberto Nascimento (violão).

O show *Opinião* estreou no dia 11 de dezembro em um teatro com paredes ainda inacabadas e ventilação precária. Mesmo assim, o que era apresentado ali capturava a atenção plena da plateia, que compareceu em peso todas as noites. Nara entrava em cena surpreendentemente despojada, de camisa vermelha, calça jeans e tênis Conga, acompanhada por Zé Kéti e João do Vale. O conceito do espetáculo, que não era exatamente um show de música tradicional, tampouco uma peça de teatro comum, bebia na fonte do chamado "cinema verdade", em voga na época. O roteiro foi estruturado a partir de depoimentos dos três atores que estavam em cena. Nara falava sob o ponto de vista da cantora elitizada que se recusava a estar de fora da vida política do país. Zé Kéti contava histórias, piadas e anedotas que ilustravam a vida nas favelas cariocas, enquanto João do Vale falava da experiência do homem nordestino que consegue ocupar um lugar ao sol em um grande centro urbano como o Rio de Janeiro. Eram textos autobiográficos, engajados e por vezes panfletários, que seguiam o estilo dos discursos do CPC e refletiam os temas caros à esquerda na época: a reforma agrária, a união dos trabalhadores com o homem do campo e a defesa de uma música "verdadeiramente brasileira" que retratasse essas questões.

Havia também espaço para recortes de outros textos, como no momento em que Nara declamava um trecho de *Morte e Vida Severina*, de João Cabral de Melo Neto, ou quando Zé Kéti lia a carta de condenação de Tiradentes. Esses textos serviam de contextualização e apresentação para as músicas. E também para canções de Zé Kéti e João do Vale, como "O Favelado", "Nega Dina", "Malvadeza Durão" e "Opinião", de Zé, e "Carcará", "Pisa na Fulô", "Peba na Pimenta" e "Sina de Caboclo", de João. E ainda músicas de compositores que representavam o que se fazia de mais moderno na MPB da época, como Edu Lobo ("Borandá"), Sérgio Ricardo ("Esse Mundo é Meu") e Carlos Lyra ("Marcha da Quarta-Feira de Cinzas"). Uma das músicas de maior sucesso do show foi uma sugestão de Nara: "Guantanamera", um poema de Jose Marti musicado por Pete Seeger, até então praticamente desconhecido no Brasil.

Opinião refletia os valores e os anseios da esquerda mais tradicional da época, num momento em que a ditadura militar ainda era uma nova realidade. De certa forma, foi o catalisador de um discurso que já vinha ganhando espaço há um tempo e se fortaleceria até o fim da década de 1960, adotado por aqueles que enxergavam na música uma instituição que deveria, de alguma forma, verbalizar as questões sociais de um país e servir como agente de mudança. Uma das falas de Nara durante o espetáculo talvez sirva para sintetizar esse espírito: "Nasci em Vitória, mas sempre vivi em Copacabana. Não acho que só porque vivo em Copacabana só devo cantar determinado estilo de música. Mas é mais ou menos isso: eu quero cantar todo tipo de música que ajude a gente a ser mais brasileiro, que faça todo mundo querer ser mais livre, que ensine a aceitar menos o que pode ser mudado".

A temporada obteve grande sucesso de público e crítica e se tornou um dos assuntos mais comentados naquele fim de 1964. O show entrou posteriormente para a História como uma das primeiras respostas do meio artístico à ditadura militar. Afinal, além de o espetáculo como um todo representar ideais que os militares combatiam, havia referências diretas ou indiretas a Juscelino Kubitschek, à perseguição à cor vermelha e ao surgimento do termo "linha dura" no vocabulário político do país. Por isso, houve algumas tentativas de repressão à empreitada. Em seu livro *Ninguém Pode com Nara Leão*, o jornalista Tom Cardoso conta que policiais infiltrados tentaram intimidar espectadores e membros da produção e que, em uma das noites da temporada, Augusto Boal e Vianninha bateram boca com um agente do DOPS. Em outro momento, o teatro amanheceu pichado com desenhos de foice e martelo, acompanhados de slogans anticomunistas.

É possível supor que, se a ideia tivesse surgido alguns anos depois, quando a repressão já estivesse mais institucionalizada e articulada, dificilmente *Opinião* conseguiria se manter muito tempo em cartaz sem sofrer com a censura ou mesmo com os órgãos criminosos da ditadura. Porém, mais óbvio do que as tentativas de repressão foi o sucesso da temporada. O nome de Nara não saía dos jornais e das colunas culturais. Ela se tornou a sensação do momento por suas falas contundentes, o pensamento livre e as opiniões que dava aos entrevistadores sem nenhum tipo de hesitação. Todo mundo queria saber o que ela pensava sobre todo tipo de assunto. A exposição trouxe lados negativos, e a cantora também atraiu muitas críticas. Sérgio Bittencourt, por exemplo, escreveu uma coluna raivosa no *Correio da Manhã*: "Há por aí um grupinho esquizofrênico que resolveu guindar a srta. Nara Leão a um pedestal alto demais, impossível às toneladas. [...] A srta. Nara Leão, musicalmente, não representa e jamais representará alguma coisa, na ordem lógica das coisas. Conseguiu, em tão pouco tempo, cantar mal a bossa-nova e pessimamente a chamada antiga. Desafina inconscientemente, esganiça uma voz aguda pela própria natureza, além de pronunciar defeituosamente as palavras". A crítica repercutiu em todos os jornais e gerou uma onda de respostas, a maioria de apoio a Nara e de repúdio a Sérgio. De toda forma, salvo algumas exceções, as pessoas se apaixonaram pela nova imagem de Nara, que se livrou do epíteto de "musa da bossa nova", mas ganhou outro título, igualmente limitante: "musa da canção de protesto". O *Jornal do Brasil* chegou a falar no surgimento de uma "esquerda narista", que se inspirava nos ideais propagados por ela e encarnados no espetáculo *Opinião*.

A celeuma em torno dela, contudo, não duraria muito tempo. No final de janeiro, antes de a temporada completar dois meses, foi anunciado que a cantora ficaria um mês afastada do espetáculo para se curar de uma inflamação nas cordas vocais. Susana de Moraes, filha de Vinicius, a substituiria durante esse período. Poucos dias depois desse primeiro anúncio, contudo, os jornais avisavam que a partir de fevereiro, Nara deixaria o *Opinião* em definitivo e em seu lugar entraria uma jovem e desconhecida cantora, indicada pela própria Nara, que a conhecera durante uma viagem a Salvador alguns meses antes. Era uma jovem de 17 anos, nascida em Santo Amaro. Seu nome: Maria Bethânia.

O problema nas cordas vocais foi apenas um pretexto. Nara Leão deixou o espetáculo justamente pelo cansaço que sentia em relação à badalação que foi criada em torno de seu nome e do *Opinião*, como ela própria confirmaria anos mais tarde em depoimento ao Museu da Imagem e do Som: "Eu achava a proposta do *Opinião* muito importante, eu estava cumprindo um papel social e aquilo me agradava. Mas, depois que eu vi que era um sucesso e todo mundo gostava, me deu certa frustração, porque eu achei que ia acontecer alguma coisa e foi um sucesso, um consumo".

A entrada de Maria Bethânia trouxe novo fôlego e novos significados para a peça. Com seus cabelos grossos presos atrás da cabeça, o corpo magro escondido por roupas largas, o nariz adunco e sobretudo a voz muito grave, ela causou estranhamento e fascínio na plateia, com uma presença de palco imponente. Ao cantar "Carcará", evidenciou um novo aspecto da música que Nara não conseguia expressar e se tornou também uma sensação, revelação explosiva da música brasileira. Mas o que aconteceria em seguida já é outra história.

Os quase dois meses em que ficou em cartaz com *Opinião* foram suficientes para Nara mudar os rumos de sua própria carreira e da vida cultural brasileira naquele momento. Dali em diante, estaria mais livre para expressar seu canto da forma que quisesse e dar as opiniões que quisesse quando quisesse e se quisesse. Nada nem ninguém poderia aprisionar Nara Leão.

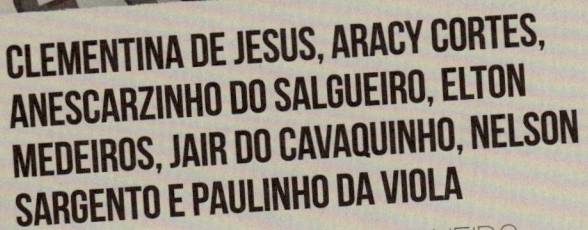

CLEMENTINA DE JESUS, ARACY CORTES, ANESCARZINHO DO SALGUEIRO, ELTON MEDEIROS, JAIR DO CAVAQUINHO, NELSON SARGENTO E PAULINHO DA VIOLA

TEATRO JOVEM/RIO DE JANEIRO

(18/03/1965)

03

DISPOSTO A CONTAR A HISTÓRIA DO SAMBA NO SÉCULO 20, HERMÍNIO BELLO DE CARVALHO MONTOU UM DOS ESPETÁCULOS MAIS IMPORTANTES DA MPB. ALÉM DE REUNIR UM CONJUNTO DE CINCO BAMBAS QUE SE TORNARIAM CÉLEBRES E RETOMAR A TRAJETÓRIA MUSICAL DE ARACY CORTES, O SHOW CONSOLIDOU A CARREIRA DE CLEMENTINA DE JESUS.

É difícil precisar um momento específico que simbolize a gênese do espetáculo *Rosa de Ouro*. Pode-se dizer que foi no dia que em Hermínio Bello de Carvalho ouviu pela primeira vez a voz de Clementina de Jesus, ou quando ele resolveu levar aos palcos o projeto *O Menestrel*. Pode ser também no dia em que o mesmo Hermínio convidou Aracy Cortes a retomar sua carreira, ou quando foi inaugurado o restaurante Zicartola. A gênese poderia estar em todos esses acontecimentos ou em nenhum deles. Talvez o melhor caminho para apontar o início da história do *Rosa de Ouro* seja se render à imprecisão da história ancestral do samba no Brasil. Afinal, o elemento principal do espetáculo já estava presente nas músicas e cantigas que Clementina de Jesus aprendeu ainda criança com sua avó.

Clementina, descendente de avós escravizados por parte de pai e mãe, nasceu no interior do estado do Rio de Janeiro, em 1901. Sete anos depois mudou-se com a família para a capital em busca de melhores oportunidades. Passou boa parte da vida trabalhando como empregada doméstica, numa época em que a herança escravocrata era ainda mais recente e presente, o que significava salários baixos e condições de trabalho precárias. Desde cedo, Clementina tinha inclinações musicais e se envolvia diretamente com a música em seu tempo livre. Nos anos 1920, chegou a ser uma das diretoras do bloco Quem Fala de Nós Come Mosca e frequentadora dos encontros na casa de Tia Ciata, na praça Onze, onde conviveu com nomes como Pixinguinha, Donga e João da Baiana. Mais velha, levada pelo marido, Albino Pé Grande, se destacava nas rodas de samba no morro da Mangueira. Tanto que foi convidada, em 1963, quando já tinha mais de 60 anos, a cantar na inauguração do Zicartola, restaurante de Cartola e sua esposa, Dona Zica, que se tornaria ponto de encontro dos sambistas cariocas. A partir daí, sua história começou a mudar radicalmente.

O poeta, compositor e produtor Hermínio Bello de Carvalho ouviu Clementina pela primeira vez em agosto de 1963, na Taberna da Glória. Encantado e impactado por seu canto, não teve coragem de se aproximar daquela figura imponente, que parecia magnetizar a todos enquanto cantava. A aproximação só se deu um ano depois, quando ela participou da inauguração do Zicartola. Na ocasião, Hermínio se apresentou e no mesmo dia registrou a voz de Clementina em um gravador caseiro. Ele então comandava um projeto chamado *O Menestrel*, que começara no início dos anos 1960 como um jornal mimeografado que unia música e poesia e depois, com o apoio de Kleber Santos, produtor e proprietário do Teatro Jovem, no Rio de Janeiro, se transformou em um espetáculo que unia a música erudita à popular.

Hermínio convidou Clementina a participar de uma das edições de *O Menestrel*, que estreou em dezembro de 1964. Foi a primeira vez que a ex-empregada doméstica subiu em um palco para cantar profissionalmente. Ela estava acompanhada pelo violonista César Faria para cantar seu repertório popular de sambas e dividia o espetáculo com Turíbio Santos, que ficou responsável pela parte erudita do roteiro. A voz e a figura de Clementina repercutiram, e *O Menestrel* ganhou novas edições nos meses seguintes. No início de 1965, reestreou com Aracy Cortes, Jacob do Bandolim e Jodacil Damasceno, também com enorme repercussão por conta da presença de Aracy, que voltava à cena depois de anos afastada da carreira musical. Nos anos 1920, ela tinha sido a principal intérprete do teatro de revista e uma das cantoras mais populares do período. Seu sucesso durou até meados da década de 1940. Depois disso, abalada pela morte do marido, afastou-se dos holofotes e se mudou para o Retiro dos Artistas, em Jacarepaguá. Foi lá que recebeu o convite de Hermínio para voltar aos palcos.

Com o sucesso das experiências de *O Menestrel*, Hermínio queria mais. Sua vontade era criar um espetáculo ainda mais ambicioso e com mais componentes em cena, que mantivesse uma estrutura simples, mas contasse a história do samba no século 20. Elton Medeiros afirma ser o responsável por provocar a ideia em Hermínio. Na época, a grande sensação do momento no Rio de Janeiro era o espetáculo *Opinião*, estrelado por Nara Leão, Zé Kéti e João do Vale, gente que, como eles, frequentava as rodas de samba do Zicartola. Elton teria dito a Hermínio: "O *Opinião* está fazendo sucesso. Por que você não escreve um roteiro para um show de samba também?". O produtor teria hesitado de início, mas dois dias depois apareceu com o roteiro pronto.

O mais provável é que tenha sido uma soma de fatores. Os encontros no Zicartola, a experiência de *O Menestrel*, o sucesso de *Opinião* e a vontade de levar o samba carioca aos teatros. O que importa é que Hermínio criou o roteiro de um espetáculo que se chamaria *Rosa de Ouro*, em homenagem ao bloco fundado por Chiquinha Gonzaga, para o qual ela compôs a marcha "Ô Abre Alas" em 1899. O roteiro teria um caráter documental, com depoimentos de personagens da vida musical carioca gravados em off intercalados às músicas. Clementina de Jesus, claro, faria parte do espetáculo. Aracy Cortes também foi incluída no projeto, como espécie de contraponto ao estilo de Clementina. Para acompanhá-las Hermínio montou um conjunto com cinco integrantes, na época não muito conhecidos, mas que em pouco tempo se tornariam célebres.

Anescarzinho era operário em uma fábrica de tecidos, mas encontrava tempo para compor sambas-enredo para sua escola, o Salgueiro. O primeiro foi "Maravilhas do Brasil", em 1949. Elton Medeiros era funcionário do Governo do Estado do Rio de Janeiro e um apaixonado pela agremiação Aprendizes de Lucas, escola do subúrbio carioca. Havia acabado de emplacar uma parceria com Cartola, "O Sol Nascerá", no espetáculo *Opinião*. Jair Araújo Costa tinha talento para compor linhas melódicas de tirar o fôlego e foi criado na Portela. Considerado por ninguém menos que Jacob do Bandolim como "a melhor palhetada do samba", ganhou o apelido de Jair do Cavaquinho. Paulinho da Viola era outro portelense de corpo e alma. Filho do violonista César Faria, tinha dado os primeiros passos em sua carreira no espetáculo *O Menestrel*, também ao lado do pai e de Clementina, e era frequentador assíduo do Zicartola, onde todos tinham certeza de que aquele menino magro, tímido e de gestos elegantes ainda faria muito sucesso. De início, seriam apenas esses quatro. Mas de última hora, às vésperas da estreia do espetáculo, Hermínio convidou o mangueirense Nelson Sargento, porque Elton Medeiros sentiu falta de mais um violonista no grupo.

Com o elenco formado e ensaiado, o show estreou no dia 18 de março de 1965, uma quinta-feira, no mesmo Teatro Jovem que sediara *O Menestrel* meses antes. Na noite de estreia, um forte temporal caiu sobre o Rio de Janeiro, criando um verdadeiro caos no trânsito, o que obrigou o espetáculo a começar com uma hora de atraso. O início do show se deu com uma apresentação gravada pelo radialista Henrique Fróes, o lendário Almirante: "Meu nome de guerra é Almirante. Estou batucando na tampa de uma das famosas mesas do Café Nice", ele dizia. "Neste espetáculo carioca, vamos relembrar o cordão Rosa de Ouro. Aqui serão citados compositores brasileiros de todos os tempos. *Rosa de Ouro* com vocês!"

As cortinas se abriram e revelaram o cenário, composto por um telão de projeções ao fundo e, em um canto, uma mesa de botequim onde já estavam acomodados Paulinho da Viola, Elton Medeiros, Jair do Cavaquinho, Anescarzinho do Salgueiro e Nelson Sargento. Era uma transposição para o palco de uma cena comum no Zicartola: músicos sentados em uma pequena mesa, com copos de cerveja e cachaça espalhados – a imagem clássica de roda de samba que passaria a se cristalizar no imaginário coletivo de forma mais ampla justamente a partir do *Rosa de Ouro*.

Os cinco começaram tocando a música-tema do espetáculo, composta por Hermínio, Paulinho e Elton. Depois vieram "Dona Carola", de Nelson Cavaquinho, e "Pam Pam Pam", de Paulo da Portela. Em seguida eles apresentaram "Quatro Crioulos", música que Elton Medeiros compôs a pedido de Hermínio para funcionar como apresentação do conjunto. O número ganhava um sabor cômico involuntário porque na realidade eram cinco integrantes no palco – a música já estava pronta quando Nelson Sargento entrou de última hora no elenco.

O roteiro foi construído alternando a apresentação de sambas de diversas épocas com depoimentos em off de artistas, compositores ou jornalistas que presenciaram de alguma forma aquela história que estava sendo contada. Eram nomes como Mário Cabral, Lúcio Rangel, Sérgio Cabral, Geraldo Pereira, Ismael Silva, Elizeth Cardoso, Pixinguinha, Sérgio Porto, Nelson Cavaquinho, Carlos Cachaça, entre outros, tudo acompanhado por imagens projetadas no telão, um recurso inovador para a época. Até Donga, compositor do primeiro samba a ganhar registro fonográfico no Brasil, "Pelo Telefone", aparecia para dar seu depoimento sobre Heitor Villa-Lobos.

No fim do primeiro ato, uma gravação do cronista Jota Efegê anunciou a entrada das duas vozes femininas que tomariam conta do espetáculo dali em diante: "*Rosa de Ouro*, hoje, é este espetáculo, estes sambistas, esta portentosa partideira Clementina e esta senhora-rainha que é Aracy Cortes, rosa de ouro da música popular brasileira". Imediatamente, os Cinco Crioulos, como o conjunto ficou conhecido, tocou "Senhora Rainha", parceria póstuma entre Heitor Villa-Lobos e Hermínio Bello de Carvalho.

Aracy apareceu sorridente e simpática, já idosa, mas ainda fiel ao glamour dos tempos do teatro de revista, usando um vestido dourado e uma rosa de ouro presa nos cabelos. Ela deixou a plateia em alvoroço ao desfilar em sequência alguns dos seus maiores sucessos: "Linda Flor (Ai Ioiô)", de Henrique Vogeler, Luis Peixoto e Marques Porto, "Os Rouxinóis", de Lamartine Babo, e "Jura", de Sinhô. Após a sua saída, os músicos iniciaram um partido-alto de Elton Medeiros que repetia o mesmo refrão, quase um chamado: "Clementina, cadê você?". Enquanto os cinco integrantes do conjunto improvisavam seus versos, a expectativa crescia no público. "Clementina, cadê você?", a pergunta continuou ressoando. De repente, a música parou e o palco foi tomado por completa escuridão. Agora não havia mais nenhum acompanhamento melódico, ouviam-se apenas o som de atabaques e o rufar de tambores. Um facho de luz iluminou a entrada em cena daquela senhora preta idosa, vestida de branco, caminhando com seus passos curtos pelo palco. Seu canto parecia vir de outros tempos. "Benguelê, benguelê/ Benguelê, ó mamãe Simba, benguelê", ela cantava com as mãos fechadas apontando para cima, num gesto incorporado dos terreiros de candomblé e que se tornou sua marca registrada. Clementina de Jesus no palco era um verdadeiro acontecimento. Sem nenhum tipo de artifício, exibia uma força e uma dignidade que comoviam o público.

O terceiro ato era todo comandado por ela, que dominava a plateia enfileirando uma série de sambas, modas antigas, lundus e curimas, o repertório que aprendera com a avó e com a mãe. No contexto do roteiro do espetáculo, era como se o samba carioca do século 20 fosse sintetizado por Clementina, que mostrava para todos ali que aquela história era bem mais antiga e extrapolava os limites do Rio de Janeiro e até do Brasil. Vinha de uma geração de africanos escravizados que foram trazidos até aqui e transmitiram esse repertório de geração em geração. Clementina representava essa história em carne e osso, e as pessoas pareciam reconhecer isso. "O público literalmente enlouqueceu", contou Hermínio sobre a noite de estreia para a biografia *Quelé, A Voz da Cor*. "Aquele foi um momento mágico", resumiu Paulinho da Viola para o mesmo livro. Depois desse impacto, *Rosa de Ouro* se encerrava com Aracy de volta ao palco e o elenco completo entoando novamente a música-tema: "Rosa de ouro, que tesouro/ Ter essa rosa plantada em meu peito/ Rosa de ouro, que tesouro!".

"É uma verdadeira ressurreição da mais genuína música popular brasileira o que vem suscitando Hermínio Bello de Carvalho no Teatro Jovem", escreveu o crítico Eurico Nogueira França no *Correio da Manhã*, em março de 1965. Essa foi uma das muitas resenhas consagradoras que o espetáculo recebeu da imprensa carioca, para além da consagração do público, que lotou todas as sessões. O resultado é que, previsto para durar quatro semanas em cartaz, se estendeu por quatro meses. Depois do Rio, *Rosa de Ouro* saiu em turnê, com apresentações em Salvador e São Paulo, e chegou a ser remontado em 1967, com o elenco original e o roteiro atualizado. Em junho de 1965, Aracy, Clementina, Elton, Anescarzinho, Nelson, Paulinho e Jair do Cavaquinho entraram nos estúdios da Odeon para registrar parte do repertório do show.

A figura de Clementina, dentro e fora do palco, foi celebrada por todos. Em um momento em que a cultura brasileira parecia ameaçada diante da sombra da ditadura militar instaurada no país em abril de 1964, a presença e o canto dela faziam lembrar que a história do Brasil era mais rica e profunda do que aquela que os militares tentavam impor à força. Assim, em oposição àquele Brasil ordeiro, servil e obediente que a ditadura tentava forjar, *Rosa de Ouro* levava ao palco um país forte, resistente e insubmisso. Todos que iam ao teatro pareciam sair diferentes depois da experiência de ver e ouvir Clementina. Era o que o Brasil precisava naquele momento – e talvez seja o que precisa até hoje.

04

ELIZETH CARDOSO, ZIMBO TRIO, JACOB DO BANDOLIM E ÉPOCA DE OURO

TEATRO JOÃO CAETANO/RIO DE JANEIRO

(19/02/1968)

PARA SALVAR O MUSEU DA IMAGEM E DO SOM DO RIO DE JANEIRO, HERMÍNIO BELLO DE CARVALHO DIRIGIU UM RECITAL QUE JUNTOU ELIZETH CARDOSO, ZIMBO TRIO, JACOB DO BANDOLIM E O CONJUNTO ÉPOCA DE OURO. FOI TÃO MÁGICO QUE O PÚBLICO FEZ DE TUDO PARA QUE AQUELA NOITE NUNCA TERMINASSE.

No início da noite de 19 de fevereiro de 1968, segunda-feira, uma chuva torrencial desabou sobre o Rio de Janeiro. Foi uma daquelas tempestades de verão que transformam as ruas da cidade em pequenos rios e impossibilitam o tráfego de carros. Parecia uma sina de Hermínio Bello de Carvalho: era a segunda vez que isso acontecia no dia de uma estreia importante para ele. Fora assim três anos antes, quando a primeira apresentação do show *Rosa de Ouro* atrasou mais de uma hora por causa de outro temporal na cidade, e agora a história se repetia no dia da única apresentação do recital de Elizeth Cardoso e Jacob do Bandolim no Teatro João Caetano, no Centro.

A ideia do show tinha surgido pouco tempo antes. Na época, o Museu da Imagem e do Som do Rio de Janeiro vinha enfrentando uma grave crise financeira, vítima do costumeiro desprezo governamental pelas instituições culturais do país. Não havia dinheiro nem para comprar as fitas usadas para gravar os depoimentos dos artistas para a posteridade, principal atividade da instituição na época. Assim, o Conselho de Música Popular do MIS teve a ideia de fazer um show beneficente, convidando um artista para se apresentar sem cobrança de cachê, com a renda da bilheteria revertida para o museu. Os dois primeiros nomes que apareceram foram os de Wilson Simonal, que na época despontava como cantor de grande popularidade, e de Elizeth Cardoso, uma das cantoras de maior prestígio da música brasileira naquele período.

Na biografia que escreveu sobre ela, o jornalista Sérgio Cabral explica que os jornalistas que faziam parte do Conselho do MIS (ele incluso) ficaram receosos com a ideia de um show de Simonal, porque muitos deles não eram exatamente fãs de seu trabalho e ficaria deselegante, no futuro, falar mal do disco de um artista que tinha sido tão gentil em fazer um favor desses ao museu. Preferiram, então, uma artista sobre a qual falariam bem de qualquer forma. "Um show com Elizeth Cardoso, amiga de quase todos os conselheiros, seria o ideal", escreveu.

Apaixonada por música desde cedo, Elizeth foi encaminhada para a carreira musical por Jacob do Bandolim. Ele era amigo de seu pai e a viu ainda menina cantando em uma festa da família. Encantado com seu talento, Jacob a indicou para um teste na Rádio Guanabara, e ela foi aprovada. O início da carreira, contudo, não foi fácil. A cantora passou pela via crucis que a maioria dos artistas do rádio precisava passar antes de alcançar o estrelato: ser crooner de orquestras de baile, cantar nos dancings, boates de menor prestígio, além de circos. Na década de 1940, separada do marido e com dois filhos pequenos para cuidar, chegou a conciliar a carreira de cantora com a de motorista de táxi.

A consagração veio em 1951, quando gravou o sucesso "Canção de Amor", de Chocolate e Elano de Paula. Daí em diante, Elizeth lançou um disco atrás do outro e se tornou uma artista adorada pela crítica, que via nela uma cantora elegante, sofisticada e com bom gosto para a escolha de repertório. Em 1958 ela foi a responsável por lançar o disco *Canção do Amor Demais*, semente da bossa nova, com repertório formado apenas por canções de Tom Jobim e Vinicius de Moraes, no qual João Gilberto apareceu pela primeira vez tocando sua nova batida de violão.

Dez anos depois, com a carreira no auge, incluindo inúmeras apresentações no exterior e um público fiel e apaixonado aos seus pés, nada mais justo que a "Divina", como era chamada, emprestasse sua voz por uma noite para salvar o MIS. O show foi marcado para 19 de fevereiro, dias antes de Elizeth embarcar para uma turnê no Japão, com direção e concepção entregues a Hermínio Bello de Carvalho. Ele e Elizeth se conheciam há pelo menos oito anos. Em 1965 a cantora ficou fascinada pelo espetáculo *Rosa de Ouro* e o convidou no mesmo ano para produzir seu novo disco, com repertório inspirado naquele show. Hermínio iniciou sua carreira como produtor fonográfico com o antológico *Elizete Sobe o Morro*. Até 1968 ele já havia produzido outros discos dela e ambos compartilhavam uma relação de respeito e admiração mútua.

No show, Elizeth seria acompanhada pelo Zimbo Trio, que já tocava com ela há tempos, e Hermínio ainda convidou Jacob do Bandolim para participar com o seu conjunto Época de Ouro. Seria um encontro histórico entre o padrinho e sua afilhada musical. O roteiro passearia pela música brasileira, de nomes consagrados como Pixinguinha e Noel Rosa, até compositores novos que emergiam naquele momento, como Chico Buarque e Edu Lobo. Elizeth e Jacob ainda apresentariam seus sucessos individuais e no final se encontrariam no palco. Os ensaios foram poucos e corridos. Um deles, na véspera do espetáculo, aconteceu quase por acaso. Elizeth ofereceu uma feijoada para os músicos em seu apartamento, e, como quase todos estavam com seus instrumentos a tiracolo, fizeram boa parte da digestão tocando.

No dia seguinte, perto das 18 horas, os músicos chegaram ao João Caetano carregando um certo nervosismo. Logo depois, um temporal desabou sobre o Rio de Janeiro, deixando a cidade alagada e o trânsito caótico. Para piorar a situação, o clima entre Hermínio e Jacob azedou nos bastidores. De acordo com o que conta Sérgio Cabral no livro *Elisete Cardoso, Uma Vida*, o motivo do desentendimento foi a irritação de Jacob com as marcações rígidas do diretor. Já Hermínio, em texto escrito no encarte de uma edição em CD desse show, conta que o que possivelmente irritou o bandolinista foi o fato de sua parte no espetáculo ter crescido consideravelmente – ele achava que faria apenas uma participação num show em que Elizeth receberia todo o destaque. Seja qual tenha sido o motivo, o que todos lembram é que Jacob, com seu vozeirão grave, elevou o tom e gritou com Hermínio horas antes do espetáculo começar. Depois, arrependido e comovido ao constatar o empenho que o diretor tinha devotado àquele show, passou a se dirigir amistosamente a ele, que, magoado, passou o resto da noite respondendo com monossílabos.

Apesar da chuva torrencial, o público conseguiu chegar ao teatro, que ficou lotado em plena segunda-feira. Às 21h30, com meia hora de atraso, as cortinas se abriram, e o público vislumbrou no palco o Zimbo Trio, que iniciou o show com dois números solo. Primeiro, "Ponteio", de Edu Lobo e Capinan, e depois a "Suíte Elizetheana" – uma ideia de Hermínio, que reunia em um medley instrumental trechos de alguns dos maiores sucessos da cantora: "Canção de Amor", "Nossos Momentos", "Apelo" e "Consolação". Era a preparação para a entrada de Elizeth, que surgiu no palco logo depois, vestida elegantemente de branco.

Seu nervosismo era evidente enquanto cantava "Cidade Vazia", de Baden Powell e Luis Fernando Freire, que Hermínio incluiu no roteiro como um comentário sobre os tempos sombrios da ditadura, mas que passou despercebido: "Há um momento na vida/ Em que é preciso lutar/ É quando um sonho da gente/ Resolve um dia acordar". Nas canções seguintes, contudo, o nervosismo foi cedendo diante dos aplausos calorosos que a plateia oferecia ao final de cada canção, sobretudo quando ela interpretou sucessos como "É Luxo Só", "Derradeira Primavera" e "Nossos Momentos".

Depois de dois outros números solo do Zimbo Trio, Elizeth retornou ao palco, e aí veio um momento que arrepiou o público. Ela dispensou o acompanhamento do trio e cantou, à capela, na íntegra, "Serenata de Adeus", de Vinicius de Moraes. Fez-se um silêncio mortal no teatro enquanto ela entoava aqueles versos sem errar uma nota. "A impressão que se tinha era a de que todo mundo ouviria a música, mesmo se não fosse cantada no microfone", descreveu Sérgio Cabral. Quando terminou de cantar, a ovação foi tão grande que ela emendou com mais uma música à capela: "Canção do Amor Demais", de Vinicius e Tom Jobim. Depois o Zimbo Trio voltou a acompanhá-la no samba "Tem Dó", que encerrou a primeira parte do show. Após uma pequena pausa, o palco, agora ocupado por Jacob do Bandolim e seu conjunto Época de Ouro, voltou a ser iluminado para a execução de dois chorinhos de seu repertório, "Murmurando" e "Noites Cariocas".

Em um dos grandes momentos do show, Jacob se dirigiu à plateia: "Aqui neste recinto todo, o mais orgulhoso sou eu. Em 18 de julho de 1936 eu fui a uma festinha de aniversário. Houve uma pessoa que eu conheci nesse dia, era uma menina, e que acompanhei pela primeira vez, fiquei entusiasmado e encaminhei à extinta Rádio Guanabara naquela época: Elizeth Cardoso". Foi a deixa para ela retornar ao palco, sorridente. "É... naquela época era dura a situação", respondeu, arrancando risos da plateia. Juntos, os dois perfilaram uma série de sucessos, como "Mulata Assanhada", "Feitio de Oração" e "Chão de Estrelas", e para culminar um medley de sambas presentes no espetáculo *Rosa de Ouro*. O clima entre os dois era de alegria e descontração, com direito a piadas e troca de elogios.

Quase no final da apresentação, Jacob do Bandolim recriou "Chega de Saudade" como um chorinho. O teatro veio abaixo e pediu bis. Depois Elizeth retornou ao palco para cantar "Canção de Amor", "Apelo" e "Carolina", prevista para encerrar o show. Era a primeira vez que ela cantaria essa música, então um sucesso recente de Chico Buarque. Dias antes, quase todos os jornais cariocas já haviam anunciado a surpresa, tida como um aval da cantora à nova geração de compositores da música brasileira. A plateia, contudo, não queria que o show terminasse. Aplaudia de pé e pedia "mais um". Jacob puxou de improviso "Até Amanhã", de Noel Rosa, mais do que apropriada para aquela noite chuvosa: "Até amanhã, se Deus quiser/ Se não chover eu volto pra te ver". Mesmo assim, o público ainda não se sentia satisfeito. Os pedidos de bis ainda pipocavam. Jacob propôs a Elizeth interpretarem "Carinhoso", de Pixinguinha. Ela, que não era exatamente a fã número um da música, tentou desconversar: "Eu não sei qual é o tom!". Mas não teve jeito. Jacob puxou o tom, e ela teve de cantar, levando a plateia ao delírio mais uma vez.

Todas as resenhas citaram a participação intensa do público, que aplaudiu do início ao fim e pediu bis de forma apaixonada. Ricardo Cravo Albin, no texto do encarte do LP com a gravação do show, também descreveu o fenômeno: "Nunca soube de outro público tão perfeito e tão emocionado como o daquela noite, a ponto de se transformar em participante indissolúvel da beleza intrínseca do espetáculo". A comunhão era tanta que, depois de 15 minutos de aplausos, a plateia percebeu que Jacob e Elizeth não tinham mais o que apresentar e decidiu, ela própria, incluir uma nova canção no roteiro. De todos os cantos do teatro João Caetano, emergiu um coro uníssono de "Está Chegando a Hora": "O dia já vem raiando, meu bem/ Eu tenho que ir embora". O coro ainda ganhou o apoio luxuoso do bandolim de Jacob, que acompanhou marcando a melodia da marchinha, num final tão triunfal quanto inesperado. Foi o desfecho perfeito para aquele show que não deveria ter acabado nunca.

Nos dias que se seguiram, os jornais cariocas deram destaque ao acontecimento. Sérgio Bittencourt, filho de Jacob do Bandolim, escreveu no *Globo*: "Podem crer: o show da despedida de Elizeth Cardoso, anteontem, no João Caetano, foi o acontecimento musical mais importante dos últimos dez anos. Quem não o assistiu, que se arrependa de joelhos". Maria Claudia também descreveu o sentimento daquela noite em sua coluna no *Diário de Notícias*: "De dar nó na garganta ver Elizeth aplaudida de pé, aos gritos de Divina, Divina, Divina!". No mesmo *Diário de Notícias*, Eneida de Morais também foi taxativa: "Foi um dos mais belos espetáculos que esta cidade já viu".

Felizmente, havia dois técnicos de gravação do MIS registrando o show, já que a ideia de Ricardo Cravo Albin era editar aquele material em um disco, cujas vendas poderiam ajudar também nas contas do museu. Ainda em 1968 foram lançados dois LPs ao vivo, que se tornaram quase tão antológicos quanto o próprio show, mas que também deram muito trabalho. Inicialmente, Elizeth não queria que o recital fosse lançado em disco, porque tinha errado duas palavras de uma das letras. Ricardo precisou ir pessoalmente até a casa da cantora para convencê-la. Ao ouvi-lo defender aquele projeto com tanta paixão, e já que era para ajudar o MIS, ela cedeu e concordou com o lançamento. Ainda bem. Dessa forma, qualquer um pode ter acesso a essa noite mágica. Aliás, se adentrarmos o João Caetano ainda hoje, talvez possamos escutar, lá no fundo, o eco das vozes distantes: "Está chegando a hora/ O dia já vem raiando, meu bem/ Eu tenho que ir embora...".

MAYSA

CANECÃO/
RIO DE JANEIRO
(09/05 - 12/07/1969)

05

DEPOIS DE ANOS FORA DO BRASIL, ONDE HAVIA JURADO QUE NÃO CANTARIA MAIS, MAYSA ESTREOU UMA TEMPORADA NO CANECÃO. ERA A REINVENÇÃO DE UMA CANTORA E A PRIMEIRA VEZ QUE UM ARTISTA DAQUELE PORTE SE APRESENTAVA NA CERVEJARIA QUE EM BREVE SE TORNARIA A CASA DE SHOWS MAIS IMPORTANTE DO PAÍS.

"Se João do Rio ainda fosse vivo não passaria uma noite sem ir ao Canecão: é que o maior cronista do Rio Antigo gostava muito de música, dança, chopp e também de um excepcional serviço de restaurante. Coitado do João do Rio: no Rio Antigo não havia nada como o Canecão."

O texto acima aparecia nos jornais cariocas no primeiro semestre de 1967. Era uma das muitas peças publicitárias que anunciavam a chegada de um novo centro de diversão e boêmia para a cidade do Rio de Janeiro. Uma cervejaria enorme, com capacidade para 2.400 pessoas, com comida farta e bebida a preços baixos, além de um palco que receberia shows de variedades.

O Canecão foi um investimento do paulista Mário Priolli que de cara conquistou os cariocas. Situado em Botafogo, quase na entrada do túnel que leva ao bairro de Copacabana, ele foi inaugurado no dia 22 de junho de 1967 com uma festa que reuniu celebridades, anônimos, convidados e muitos, muitos penetras, que acabaram com o estoque de chope daquela noite e dançaram ao som de conjuntos de iê-iê-iê e marchinhas de Carnaval. Na entrada da casa, um painel de 160 metros quadrados pintado por Ziraldo consagrava aquele espaço como o novo centro da boêmia carioca.

Pelo menos pelos próximos dois anos o Canecão seria isso: uma enorme cervejaria onde as pessoas iam beber, festejar e confraternizar ao som de conjuntos musicais desconhecidos ou do grupo de balé coreografado por Djalma Brasil. Nada perto da respeitada casa de shows que se tornaria mais tarde. Isso só começaria a mudar depois que Maysa resolveu conhecer o estabelecimento, em abril de 1969.

Maysa Figueira Monjardim, ex-Matarazzo, a cantora que encantou e escandalizou o Brasil com sua postura libertária e à frente do tempo nos anos 1950, estava há sete anos no exterior, casada com o espanhol Miguel Azanza em Madri. Nesse período, vinha pouco ao país e passava a maior parte do tempo fazendo shows pela Europa. A última vez que cantara em solo nacional havia sido no *Festival Internacional da Canção* de 1966, quando se revoltou com o público que vaiou estrepitosamente Nana Caymmi por sua vitória com "Saveiros". Maysa, cansada também da perseguição sensacionalista que sofria da imprensa desde que começara sua carreira, se indignou de verdade, achou aquilo tudo de uma selvageria atroz e jurou nunca mais cantar no Brasil.

A promessa começou a cair por terra em fins de 1968, durante uma turnê por Portugal. Certo dia, Maysa esbarrou com Flávio Cavalcanti nos corredores do Hotel Dom Carlos, em Lisboa, onde ambos estavam hospedados. O apresentador se aproximou da cantora e não perdeu a oportunidade de oferecer um espaço para cantar em seu programa. Ela agradeceu, mas recusou a oferta, explicando sua promessa de nunca mais cantar no Brasil. Dias depois, Flávio voltou com nova proposta, dessa vez mais tentadora: que ela participasse do júri de seu programa de calouros, *A Grande Chance*. Assim, ela teria um cachê fixo e poderia voltar a morar no Brasil sem precisar quebrar a promessa de nunca mais cantar no país. Maysa pensou, ponderou e aceitou o convite.

No sábado de Carnaval de 1969, ela desembarcou no Galeão de óculos escuros e um vestido preto que fez todos os jornais do dia seguinte comentarem sua magreza. Diante do alvoroço da imprensa e dos fotógrafos, avisou que ficaria no Brasil apenas por seis meses, para participar do programa de Flávio Cavalcanti. Pouco depois, porém, a TV Tupi ofereceu um programa só para ela em horário nobre, nas noites de sábado. Em *Maysa Especial* ela entrevistava personalidades, cantava e dividia a cena com o ator Ítalo Rossi, que declamava poemas no intervalo entre as músicas. Daí a esquecer a promessa e voltar a cantar em palcos brasileiros foi um pulo. Maysa acabou fechando contrato com o empresário Ricardo Amaral para estrear, em maio, sua temporada de retorno na boate Sucata, na Lagoa.

Teria sido assim, se numa certa noite de abril alguns amigos da cantora não a tivessem convidado para jantar no Canecão. Maysa ainda não conhecia a nova cervejaria de Botafogo e ficou encantada com o que viu. A bebida a preços acessíveis, o público heterogêneo, aquele palco enorme... Então ela teve um insight: seu show deveria estrear ali. Queria voltar cantando para um público mais amplo, a preços populares, em uma casa de shows grande, não mais nas pequenas boates enfumaçadas onde só entrava um público selecionado, como havia feito durante toda a sua carreira. "[Maysa] esteve sempre envolta numa nuvem de esnobismo da qual pretende, agora, se livrar", traduziu o colunista Sérgio Bittencourt no jornal *O Globo*. Naquela mesma noite, ela fechou contrato com Mário Priolli, que já estava ansioso para transformar o Canecão em uma casa de shows de música popular. Dias depois, visitou Ricardo Amaral para avisar que não cantaria em sua boate. Como narra em suas memórias, o empresário aceitou a notícia com resignação: "Claro que liberei a Maysa. Com seus dois mil lugares, o Mário estava pagando cinco vezes mais que eu, com minha Sucata de capacidade para 400 pessoas".

E não seria um show qualquer. A *Maysa de Hoje*, como era intitulado, seria um espetáculo de grande produção que contaria, além da cantora, com um elenco de 30 pessoas, incluindo músicos, orquestra e balé. Eram novos tempos nas artes, na política, nos costumes e no comportamento. A cultura pop emergia de forma avassaladora, os ideais hippies guiavam a cabeça de muitos jovens, e a música popular brasileira parecia se renovar e se transformar a cada dia. Enquanto muitos astros da Era do Rádio eram engolidos pelo ostracismo e tratados como parte do nosso passado musical, Maysa se tornava cada vez mais moderna. "Em plena revolução comportamental dos anos 1960, sua rebeldia parecia mais atual do que nunca. Se na década anterior o espírito transgressor da cantora soava um tanto quanto deslocado de seu tempo, agora sim Maysa parecia uma mulher de sua época", escreveu o biógrafo Lira Neto no livro *Só numa Multidão de Amores*.

A imprensa insistia em falar de uma "nova Maysa", ressaltando não só o estado de espírito, que agora parecia mais solar, e a iminente renovação do repertório, mas também o visual da cantora. Antes ridicularizada por seu peso, Maysa estava bem mais magra, e esse era um dos assuntos preferidos dos jornais que cobriam sua volta aos palcos brasileiros. Em uma entrevista ao *Pasquim*, ao ser questionada sobre sua dieta por Sérgio Cabral, ela deu uma resposta que entrou para a antologia de suas melhores frases: "Minha dieta foi parar de beber. Eu não perdi quilos, não, eu perdi litros, entendeu?". Ao jornal *O Globo* ela refutou a tese de que havia se transformado em uma artista diferente por cantar em um palco mais popular do que de costume: "Continuo a mesmíssima Maysa. É mais uma volta, estou reencontrando o público de 'Ouça', o grande público, que foi quem me fez artisticamente e que passa de novo a ser meu objetivo, após ter-me esquecido, quando aderi à Bossa-Nova."

O primeiro reencontro com esse público aconteceu no dia 9 de maio de 1969 sob a direção de Nino Giovanetti e a produção musical de Paulo Moura. Enquanto a plateia se deliciava com as canecas de chope, um telão no palco projetava um pequeno clipe de introdução, um truque inovador para a época e que hoje se tornou quase clichê em qualquer show de cantora pop. No vídeo, Maysa aparecia com seu visual antigo, vestida a rigor, com o semblante triste e melancólico, caminhando à noite pela praia. A sensação que se tinha é que ela ia em direção ao mar para se afogar. De repente, a cena cortava para uma manhã de sol iluminada, e outra Maysa surgia, alegre e sorridente, queimando a pele sob o sol. Enquanto isso, em off, a voz de Manuel Bandeira declamava seu famoso poema em que descrevia os olhos da cantora como "dois oceanos não-pacíficos".

Ao fim da projeção, a casa escurecia, e um facho de luz iluminava o rosto de Maysa, que entrava no palco vestindo uma túnica azul e rosa em estilo marroquino, cantando "Demais", a música de Tom Jobim e Aloysio de Oliveira que parecia ter sido feita para ela: "Todos acham que eu falo demais/ E que ando bebendo demais...". Era o famoso *pot-pourri* que unia essa canção ao seu maior sucesso autoral, "Meu Mundo Caiu", e "Preciso Aprender a Ser Só", dos irmãos Marcos e Paulo Sérgio Valle. Na sequência, vinha "Pra Quem Não Quiser Ouvir Meu Canto", que César Roldão Vieira havia apresentado no *Festival Internacional da Canção* do ano anterior, e parecia traduzir aquela nova fase de Maysa: "Eu já cantei fantasias/ Eu já vivi de alegrias/ Mas me cansei de enganar/ Hoje eu só canto o meu dia/ Há muito tempo eu devia/ Ter decidido mudar".

Antes de homenagear Dolores Duran em "Por Causa de Você" e "Dindi", Maysa dava as boas-vindas ao público do Canecão: "Quando nós ensaiamos este show, ensaiamos uma coisa complicadíssima para dizer a vocês com respeito à saudade. Eu acho que saudade é algo bastante complicado para a gente complicar ainda mais. A única coisa que eu queria dizer é que vocês me recebam com o mesmo carinho com que eu volto para vocês. Muito obrigada". Era quase uma confissão da cantora, que agora admitia a falta que sentia de cantar para o público brasileiro.

A primeira grande surpresa acontecia ao final da primeira parte do espetáculo. Maysa emprestava sua voz a um dos maiores sucessos daquele ano: "Se Você Pensa", de Roberto e Erasmo Carlos, música lançada por Roberto no final de 1968 e que também ganharia adesão de outras duas grandes cantoras naquele mesmo ano: Elis Regina e Gal Costa. E mais: Maysa ainda arriscava alguns passos de dança durante a música, acompanhada pelos bailarinos. Tudo isso parecia impensável até outro dia. Líderes da Jovem Guarda, Roberto e Erasmo representavam um tipo de música quase oposto ao que Maysa defendia, e a própria cantora, anos antes, já falara mal da produção dos dois. Mas eram novos tempos, Roberto Carlos começava a ganhar mais espaço entre a elite brasileira e havia conquistado um ar cult depois que Caetano Veloso o defendera publicamente no auge do movimento tropicalista, em 1967. A inclusão dessa música no show causou certa polêmica na época, e alguns acusaram Maysa de fazer concessões em seu repertório. A cantora respondeu com sua verve habitual em entrevista ao *Globo*, às vésperas da estreia: "Não pensem que tenho preconceitos, negações para toda a vida. Quem sabe não cante exclusivamente iê-iê-iê algum dia? Não é impossível. 'Se Você Pensa' é como eu gosto: agressiva, muito bonita".

Na sequência, Maysa retornava ao palco de uma forma que parecia mais familiar ao público. De saia branca de seda e uma blusa preta quase transparente, de onde desciam longas franjas, ela cantava a dramática e densa "Ne Me Quitte Pas", "a música que ninguém mais lembrava que era de Jaques Brel, de tão associada a ela", como descreveu Lira Neto em sua biografia. Mas uma nova surpresa vinha logo na sequência. Assim que ela terminava de cantar a canção, dois dançarinos entravam no palco e arrancavam a roupa da cantora, revelando que, por baixo da saia branca de seda, ela usava uma minissaia preta, que a deixava com as pernas quase todas de fora. E ainda cantava o rock "Light My Fire", que a banda The Doors havia lançado naquele ano no seu disco de estreia. Apesar do choque inicial, aquela não era uma cena tão absurda ou fora de lugar. Maysa parecia realmente feita para os novos tempos. Ao longo do show, outros clássicos apareciam no repertório, como "Chão de Estrelas", "Se Todos Fossem Iguais a Você", "Eu e a Brisa" e "Ouça", seu primeiro grande sucesso, lançado no segundo disco, em 1957: "Ouça, vá viver sua vida com outro bem/ Pois eu já cansei de pra você não ser ninguém…".

A *Maysa de Hoje* ficou em cartaz no Canecão durante pouco mais de dois meses e foi um dos eventos mais badalados do Rio de Janeiro durante aquele período. Até 12 de julho, a cantora foi aplaudida de pé por uma média de mil pessoas por dia. Com ingressos a preços acessíveis para a média da época (10 cruzeiros), que ainda davam direito a uma rodada de chope gratuita durante o show, a cantora atraiu de pessoas que assistiam a um show de música popular pela primeira vez a celebridades do porte da cantora norte-americana Julie London, que foi conferir o espetáculo durante uma passagem pela cidade. Até o colunista Zózimo Barrozo do Amaral, acostumado aos jantares de gala nos mais finos salões da alta sociedade carioca, visitou o Canecão algumas vezes naquele período e se encantou com o show: "O que vi no palco da imensa cervejaria superou toda e qualquer expectativa", escreveu em sua coluna no *Jornal do Brasil*.

Com isso, Maysa ajudou a romper com a ideia de que artistas consagrados não poderiam se apresentar em palcos populares para grandes plateias e acendeu uma luz na cabeça de muitos cantores e empresários, que passaram a mirar no Canecão para novas empreitadas artísticas. Foi o primeiro passo para que a cervejaria de Mário Priolli se tornasse, nos anos seguintes, a mais prestigiada casa de shows do Brasil. Em nível mais íntimo, a temporada representou também uma conquista pessoal para Maysa, como ela confessou à época para a revista *Intervalo*: "Não era o público que eu esperava encontrar depois da longa ausência. Foi a maior surpresa de toda a minha vida ser recebida com tamanho carinho. E chorei. Chorei mesmo".

Como promessa é dívida, assim que a agenda em Botafogo terminou, Maysa se transferiu para a Lagoa e fez uma breve temporada, com outro show, mais intimista, na Sucata de Ricardo Amaral. O "show do Canecão" voltaria a ser apresentado em setembro, quando desembarcou em São Paulo para uma série de apresentações na Urso Branco, também uma cervejaria de grandes proporções. Curiosamente, foi em solo paulistano que o espetáculo foi registrado e depois transformado no disco *Canecão Apresenta Maysa*, que se tornou um clássico de sua discografia e também ajudou a consagrar o nome da casa de shows no imaginário coletivo.

Daí para frente, Maysa se estabeleceria no Brasil novamente. Estava pronta para viver novos amores, sofrer novas dores e encantar, escandalizar e surpreender seu público novamente.

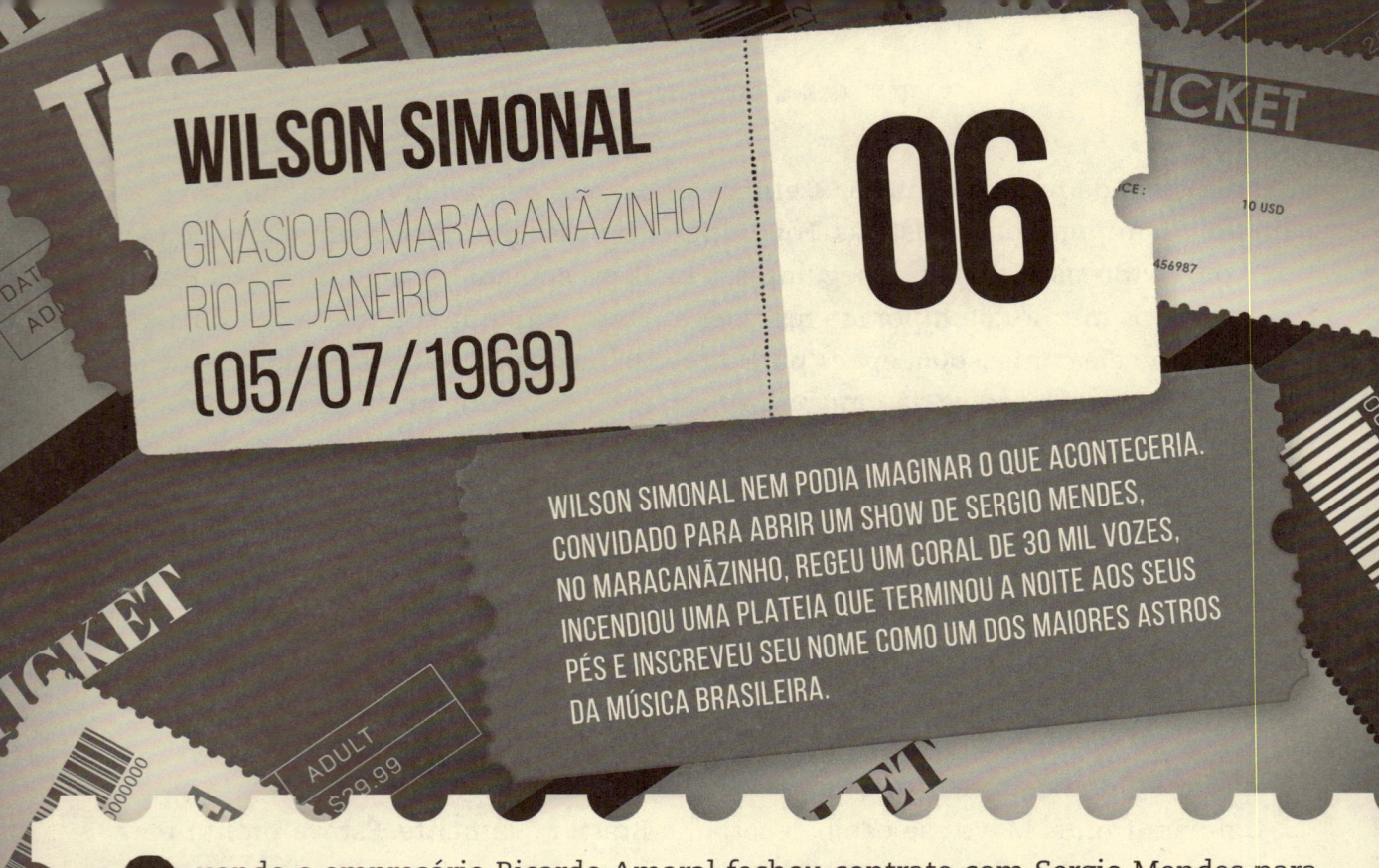

WILSON SIMONAL NEM PODIA IMAGINAR O QUE ACONTECERIA. CONVIDADO PARA ABRIR UM SHOW DE SERGIO MENDES, NO MARACANÃZINHO, REGEU UM CORAL DE 30 MIL VOZES, INCENDIOU UMA PLATEIA QUE TERMINOU A NOITE AOS SEUS PÉS E INSCREVEU SEU NOME COMO UM DOS MAIORES ASTROS DA MÚSICA BRASILEIRA.

WILSON SIMONAL

GINÁSIO DO MARACANÃZINHO/ RIO DE JANEIRO

(05/07/1969)

06

Quando o empresário Ricardo Amaral fechou contrato com Sergio Mendes para que ele viesse ao Brasil divulgar o seu mais recente disco, *Crystal Illusion* (1969), a ideia era promover uma turnê grandiosa, que consagrasse o artista depois de ter conquistado fama mundial. Ele havia estado no Brasil algum tempo antes, mas para apresentações em pequenas boates. O objetivo agora eram os grandes palcos, com um público mais amplo e muita repercussão nos jornais.

Para dar cabo da missão, Amaral procurou a Shell, empresa que na época investia pesado no mercado da música e da cultura jovem – seus comerciais, por exemplo, tinham Os Mutantes como garotos-propaganda. A empresa topou a empreitada e agendou 17 apresentações de Sergio no Brasil em um período de 20 dias, algo monumental para aquele tempo em que o show business nacional ainda engatinhava em direção à profissionalização. Foram marcadas datas em diversas cidades do país, incluindo Niterói, terra natal do artista, que se apresentou no Estádio Caio Martins.

A despedida da turnê aconteceria no Maracanãzinho, a preços populares. Uma ideia ambiciosa, que fez Ricardo Amaral hesitar, com medo de que eles não conseguissem lotar o ginásio, palco de festivais e eventos maiores, mas não de apresentações solo de um único artista. A Shell bateu o pé, argumentando que deveria haver um show com mais apelo, que tivesse uma grande repercussão nos jornais. A solução do empresário foi transformar a apresentação final em um verdadeiro festival de música brasileira, com diversas atrações de abertura que serviriam de chamariz e de aquecimento para Sergio Mendes. Assim, foram chamados nomes como Gal Costa, Os Mutantes, Marcos Valle, Jorge Ben, Milton Nascimento, Pery Ribeiro e um certo cantor que na época despontava como um dos nomes de maior popularidade da música brasileira: Wilson Simonal.

Nascido no Rio de Janeiro, filho de uma família pobre e com talento musical desde muito cedo, Wilson Simonal de Castro começou a carreira em 1958, quando deu baixa no Exército para tentar a difícil vida de crooner, embalando festas, bailes e boates furrecas munido de um repertório eclético. Nessa época, também começou a trabalhar como secretário de Carlos Imperial, que apresentava o programa *Clube do Rock* na TV Continental e era então um importante divulgador da juventude periférica carioca interessada em música pop. Outros de seus protegidos eram o desconhecido Roberto Carlos e um tal de Erasmo Esteves.

Em 1961, Imperial conseguiu que Simonal tivesse sua primeira chance na indústria fonográfica: a Odeon lançou um 78 rpm com as músicas "Biquínis e Borboletas" e "Terezinha". Mesmo com a repercussão modesta, o lançamento impulsionou o currículo do cantor, fazendo com que ele se apresentasse em lugares melhores, onde poderia ser assistido pelas pessoas certas. Foi o que aconteceu depois de um show na boate Top Club. Após o show, o cantor foi abordado por Luiz Carlos Miele e Ronaldo Bôscoli, que o convidaram para estrelar um espetáculo próprio, produzido por eles, no Beco das Garrafas. O Beco era uma pequena travessa sem saída entre as ruas Duvivier e Rodolfo Dantas, em Copacabana, que abrigava quatro boates: Little Club, Bottle's, Baccará e o Ma Griffe, espaços muito pequenos, com plateias minúsculas, mas frequentados por gente importante, que trabalhava no mercado da música. Era uma vitrine e tanto para qualquer iniciante.

Com uma presença de palco magnética e um talento vocal impressionante, não demorou para Simonal se tornar uma sensação do Beco das Garrafas e galgar espaços cada vez maiores. Em 1963 veio seu LP de estreia. Pouco depois, no disco *Simbora* (1965), ele conquistou seu primeiro sucesso, "Balanço Zona Sul", presente do seu ídolo-mor, Tito Madi. A partir daí, aconteceu de verdade: contrato com a Rhodia, participação em programas de TV, festivais da canção, shows em teatro, repercussão nas rádios, novos LPs...

Nessa fase inicial da carreira, Simonal era um cantor popular, mas sobretudo um artista de prestígio e considerado "sofisticado" pelos críticos, por conta da junção intuitiva que fazia da bossa nova com o samba jazz. A partir de 1966, sua produção começou a tomar um novo rumo. Simonal queria se comunicar de forma mais imediata com um público maior, ou seja, sair dos teatros e das boates intimistas para se tornar verdadeiramente popular. O primeiro passo para essa mudança foi o sucesso "Mamãe Passou Açúcar em Mim", composição de Carlos Imperial que fez alguns críticos torcerem o nariz, mas atraiu um novo público. Logo na sequência, ele estreou na TV Record o programa *Show em Si...monal*.

Era uma mina de ouro em suas mãos. Se antes ele estava acostumado basicamente a pocket shows em espaços pequenos, agora tinha o enorme auditório da TV Record à sua disposição. Fã de Sammy Davis Jr. e do show business americano, Simonal achava que poderia traduzir aquele modelo de performance para o Brasil, e o programa da Record se tornou o seu laboratório. Ali ele aprendeu a comandar a plateia, criando um vínculo de comunicação potente e imediato. Simonal dividia o auditório ao meio, uma parte dizendo "ah", a outra "oh", juntava vozes, dava comandos para cantarem com ele, ia para o meio do público. Fazia, enfim, com que as pessoas presentes se sentissem participantes do show, e não meros espectadores. A coisa deu muito certo, e sua carreira ia em curva ascendente.

Foi também em 1966 que ele lançou o primeiro disco com o grupo Som 3, que o acompanhava no programa, com os sucessos "Carango" e "Meu Limão, Meu Limoeiro", uma brincadeira com a canção de domínio público que ele fazia nos intervalos das gravações, mas que se tornou um grande sucesso. Nascia assim a "pilantragem", o nome dado para aquele tipo de música que vinha fazendo. Nada mais era do que a malandragem do samba, só que traduzida por um artista sintonizado com os anos 1960, a cultura pop, a moda, a televisão e o mundo cosmopolita e globalizado que se desenhava na época. Como descrevia Simonal, era uma pitada de "champignon" naquela música que unia samba jazz, bossa e *boogaloo*.

Com a pilantragem e o sucesso do seu programa na TV Record, Simonal se tornou um ídolo pop e soube fazer jus a esse título. Vendeu muitos discos, dava entrevistas com frases marcantes e adotou um visual que se tornou sua marca: os óculos de aros grossos, uma boina e o lenço amarrado na testa. Em 1969, quando convidado para ser a principal atração de abertura do show de Sergio Mendes no Maracanãzinho, já era o nome de maior popularidade na música brasileira do momento e colecionava sucessos como "Nem Vem que Não Tem", "Vesti Azul" e "Sá Marina", o mais recente deles. Talvez ele ainda nem tivesse consciência do tamanho da sua força, mas depois daquela noite, ela se tornaria mais do que evidente.

Quando o apresentador Blota Júnior anunciou a entrada do artista no palco, a ideia era que ele terminasse de aquecer a plateia (que já assistira a todos os outros shows de abertura), cantasse algumas músicas e apresentasse Sergio Mendes. Mas as coisas começaram a sair do controle já na primeira música, "Ana Cristina (Meia

Volta)", quando Simonal entrou sob ovação e foi acompanhado em coro pelas 30 mil vozes que lotavam o Maracanãzinho. O resto do show seguiu na mesma toada. O público delirava com a presença do cantor, gritava seu nome, aplaudia a todo momento e acompanhava todas as músicas em alto e bom som, como se fosse um karaokê coletivo com "Sá Marina", "Mustang Cor de Sangue", "Zazueira" e "Meu Limão, Meu Limoeiro", a música prevista para encerrar sua apresentação e que foi o ponto alto da noite.

Simonal caprichou no champignon, acompanhado pelos metais e pelo Som 3, e comandou o público como se fosse um maestro. Brincou de reger a plateia, ensaiou o contracanto com ela, dividiu vozes ("Agora os dez mil da direita! Agora os dez mil do meio! Agora os dez mil da esquerda!"), pediu para subir e descer o tom, enfim, teve aquelas 30 mil pessoas dentro de seu bolso. Era como se a mágica que acontecia semanalmente no auditório da TV Record agora se multiplicasse e ganhasse uma proporção centena de vezes maior no enorme ginásio.

Quando terminou de cantar, uma comoção tomou conta do local. Simonal agradeceu aos aplausos, anunciou a entrada de Sergio Mendes e seu grupo, Brasil'66, e saiu do palco. O público, porém, parecia ter se esquecido de qual era a atração principal da noite e gritava "Simonal! Simonal! Simonal!" em uníssono, entre aplausos e algumas vaias indignadas pela saída do ídolo. Sergio, que já estava a postos para começar seu show, sentiu o clima e pediu que não montassem seu palco ainda. Simonal foi chamado de volta e retornou para um bis. Cantou mais uma vez, repetiu a brincadeira de reger o Maracanãzinho e teve uma crise de choro em frente ao público ensandecido feito torcida em noite de Fla-Flu, que não parava de aplaudi-lo e pedir por mais um bis: "Olê, olá, o Simonal está botando pra quebrar!".

Retirado do palco, ele dirigiu-se ao camarim, onde desabou de vez. Andava de um lado para o outro, chorando compulsivamente e pedindo por sua mãe, dona Maria. Em certo momento, como descreve Ricardo Alexandre na biografia *Nem Vem que Não Tem*, Simonal pegou o telefone, ligou para a sua esposa, Teresa, e disse a ela, antes de desmaiar: "Eles querem que eu volte pro palco!".

Enquanto ele era amparado por enfermeiros, Sergio deu início ao seu show. Foi recebido de forma respeitosa, mas algo bem distante da euforia que Simonal havia causado. Em certo momento, começou a tocar a introdução de "Sá Marina", e o público vibrou novamente, achando que era a deixa para a volta de Simonal. Mas se decepcionou assim que percebeu que na verdade se tratava de "Pretty World", versão em inglês da música, registrada pelo Brasil'66. Começaram as vaias e os gritos: "Simonal! Simonal! Simonal!". De repente, lá vem ele, entrando sorridente no palco, já refeito do colapso que o derrubara no camarim minutos antes, e ao lado de Sergio, cantando a versão em português daquele que era seu maior hit no momento: "Descendo a rua da ladeira/ Só quem viu que pode contar...".

Depois de mais aplausos fervorosos e alegria geral, a noite terminou bem. O desfecho é que foi um pouco inusitado: o show criado com a intenção de consagrar Sergio na verdade serviu como a glória definitiva para Simonal. "Não havia dúvida: Simonal era o Sergio Mendes brasileiro", como resumiu Nelson Motta no seu livro *Noites Tropicais*. No dia seguinte, sua carreira já havia ganhado novo status. O episódio repercutiu por todo o Brasil, tratado como um evento histórico, que ali entrava definitivamente para o folclore do pop nacional. Os jornais falavam do "maior coral do mundo" e alguns buscavam explicações psicológicas para entender o que se passou com o público naquela noite, pois quem esteve presente achou que estava presenciando um transe coletivo. Ainda em julho, *O Pasquim* publicou uma entrevista de capa com Simonal, anunciada com graça pelo ratinho Sig, o mascote do jornal: "Depois que jantou o Sergio Mendes, o prato predileto de Simonal não é mais champignon". Em dado momento da entrevista, Tarso de Castro foi direto em sua pergunta: "Você foi ao Maracanãzinho para 'jantar' o Sergio Mendes?". Ao que Simonal respondeu: "Não. Eu sabia que ia ser aplaudido, mas não sabia que ia acontecer aquilo, realmente não esperava".

Dali a alguns anos, uma série de acontecimentos obscuros faria Simonal entrar em derrocada e cair num ostracismo que durou décadas. Mas, naquela noite de julho de 1969, ele pôde desfrutar o sabor de ter seu sonho realizado: foi aplaudido pelo Brasil e "fez o povo inteiro cantar".

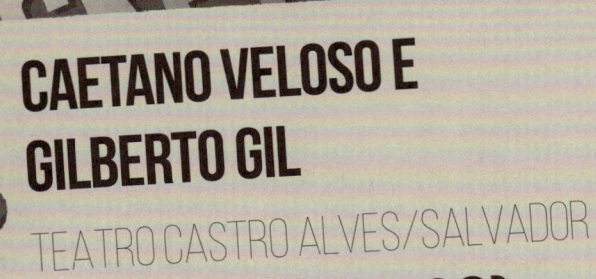

COM A PROMULGAÇÃO DO AI-5, EM DEZEMBRO DE 1968, CAETANO VELOSO E GILBERTO GIL FORAM PRESOS E DEPOIS OBRIGADOS A SAIR DO BRASIL. ANTES DE PARTIREM PARA LONDRES, OS DOIS SE DESPEDIRAM NO PALCO DO TEATRO CASTRO ALVES EM DUAS NOITES CATÁRTICAS QUE MARCARAM O FIM DO MOVIMENTO TROPICALISTA.

Naquele domingo, 20 de julho de 1969, mesmo dia em que o homem pisava na lua pela primeira vez, Caetano Veloso e Gilberto Gil subiam ao palco do Teatro Castro Alves, em Salvador, para o show mais difícil de suas carreiras. Era a despedida dos dois artistas do Brasil. Dali a alguns dias eles fariam uma viagem que parecia quase tão distante e incerta quanto aquela empreendida pelos astronautas norte-americanos: iam para a Europa viver em exílio depois de terem sido presos pela ditadura militar brasileira.

Caetano e Gil já eram visados pelo regime desde 1967, quando eclodiu o movimento tropicalista, que revolucionou a música brasileira e reorganizou o panorama cultural da época, abrindo o leque de influências externas e propondo a reformulação dos parâmetros de avaliação da produção musical no país. Mas o que assustava os militares era o lado comportamental do movimento, com as roupas de plástico, a atitude irreverente, os *happenings* no palco e na televisão e os discursos inflamados. A situação chegou ao limite em outubro de 1968, quando Caetano e Gil, ao lado do grupo Os Mutantes, protagonizaram o momento mais radical da Tropicália durante uma temporada na boate Sucata.

O show era um verdadeiro acontecimento, que muitas vezes deixava os espectadores chocados ou incomodados. Caetano rebolava, dava cambalhotas no palco, plantava bananeira, se arrastava e cantava deitado. Gil se dedicava a longuíssimos improvisos vocais, cheios de gemidos e sussurros, e Os Mutantes também apostavam na estranheza de sua performance, vestidos em cena como bruxos. Havia ainda a participação do norte-americano Johnny Dandurand, o mesmo que pouco antes havia enfurecido a torcida do *Festival Internacional da Canção* em que Caetano tentou defender "É Proibido Proibir" – por sinal, a música que encerrava o show em um clima totalmente caótico. E tudo isso emoldurado pelo cenário feito por David Drew Zingg, que consistia em duas bandeiras com as inscrições "Yes, nós temos banana" e "Seja marginal, seja herói", inspirada em uma obra do artista plástico Hélio Oiticica.

A experiência durou pouco tempo. Menos de duas semanas depois da estreia, o delegado Fontoura de Carvalho tentou forçar Caetano a assinar um documento que o impediria de fazer discursos ou falar qualquer coisa durante o show. Ele se recusou e naquela mesma noite, enquanto cantava "É Proibido Proibir", denunciou a tentativa de censura. No dia seguinte, a boate Sucata foi interditada com a alegação de que as ordens do promotor haviam sido desacatadas, e a temporada tropicalista chegou ao fim precocemente. Para completar o clima de pesadelo, na mesma semana foi decretado no país o Ato Institucional nº 5, que radicalizou ainda mais a ação repressiva do regime militar e desencadeou prisões de intelectuais e artistas, cassações políticas, o fechamento do Congresso e o fim do habeas corpus. Tinha início a fase mais sombria da ditadura no Brasil.

Caetano e Gil foram dos primeiros artistas famosos a serem vítimas do AI-5. Na manhã do dia 27 de dezembro de 1968 os dois foram presos em seus apartamentos, no centro de São Paulo, e levados para o Rio de Janeiro por oficiais do 2º Exército. O motivo da prisão, descobririam tempos depois, foi uma fake news. O termo ainda não existia, mas a prática, sim: dias antes, em seu programa de rádio *Guerra É Guerra*, o radialista Randal Juliano fez uma denúncia alegando que, durante a temporada na boate Sucata, Gil e Caetano haviam cantado o Hino Nacional em versão pornográfica. No Rio de Janeiro, os baianos foram levados para o quartel da Polícia do Exército, que ficava na Tijuca. Lá, foram enclausurados em duas solitárias minúsculas, que mal recebiam a luz do dia. Não havia cama, cobertor ou qualquer outro móvel. Eles dormiam no chão, ao lado de uma latrina e de um chuveiro.

Foi nesse cenário que os dois passaram a noite de ano-novo de 1969. Só em meados de janeiro é que foram transferidos para o Regimento de Paraquedistas em Deodoro, mas em unidades diferentes: Gil ficou na Infantaria e Caetano na Aviação, onde dormiram em celas precárias, porém confortáveis se comparadas à insalubridade desumana da solitária. Além da pressão de viver uma prisão injustificada, foram submetidos a todo tipo de terror psicológico, descrito em detalhes por Caetano em seu livro *Verdade Tropical*. As vastas cabeleiras, símbolo da juventude libertária da época, foram raspadas em um ritual quase macabro. Os jornais, sufocados pela censura, noticiavam o acontecimento como podiam, de forma velada, como nesta notinha publicada no *Correio da Manhã*: "Gilberto Gil e Caetano Veloso continuam descansando dos rigores da campanha tropicalista, algures, na Guanabara. Quando voltarem à ativa irão proporcionar uma surpresa aos fãs e discípulos. Gilberto está de cara rapada, barbeadíssimo, e de cabelo bem aparado; Caetano também substituiu a garofinha de profeta da Gávea por um corte de cabelo bem conservador. Ordens médicas...".

Finalmente, em fevereiro, na quarta-feira de cinzas do Carnaval de 1969, os dois foram soltos e levados para Salvador, onde passaram a viver em prisão domiciliar. Eles estavam proibidos de deixar a cidade e eram obrigados a se apresentar no quartel diariamente. Para escapar dessa situação, que os impedia inclusive de se apresentar em público ou dar entrevistas, a solução só podia ser uma: viver em exílio longe do país. Foi a única saída encontrada – e praticamente imposta pelos militares. "Tendo prendido dois emergentes astros da música popular a quem rasparam os cabelos famosos, temendo que eles se tornassem, depois da prisão injustificada, inimigos mais ferozes do que os tinham suposto – e inimigos com poderes sobre a opinião pública –, os militares ficaram sem saber o que fazer com eles. O exílio, imposto com a mesma grosseira informalidade da prisão, foi a solução que lhes pareceu mais inteligente", escreveu Caetano no livro *Verdade Tropical*.

Antes de partir, contudo, eles precisavam juntar algum dinheiro para a viagem e queriam ao menos se despedir dos fãs. Um show em Salvador seria a solução perfeita. Depois de meses de negociações, conseguiram a autorização, o que só foi possível graças à relação de camaradagem que Gil construiu com o coronel Luiz Arthur, responsável pelos dois na jurisdição baiana. Assim, Gil assumiu a organização, chamou os colegas Roberto Santana e Paulo Lima para a produção e fez a direção musical do show. Seriam três apresentações no Teatro Castro Alves, em Salvador: duas sessões no domingo, dia 20 de julho, e outra na segunda, dia 21. No palco, eles seriam acompanhados pelo grupo Leif's, banda de rock formada por três irmãos muito jovens, liderados por um rapaz de 16 anos com lábios grossos que faziam com que todos o comparassem a Mick Jagger. Seu nome era Pepeu Gomes, e seus irmãos eram Carlinhos e Jorginho.

No sábado, antes da estreia no Castro Alves, Caetano e Gil fizeram uma espécie de ensaio aberto no Clube Português de Salvador, que precisou ser encerrado antes da hora pela comoção gerada no público, que tentou invadir o palco no final da apresentação. No dia seguinte, domingo, às 21 horas, enquanto o resto do mundo estava grudado na televisão para acompanhar o homem pisando na lua pela primeira vez, mais de duas mil pessoas abarrotavam o Teatro Castro Alves para dar adeus aos ídolos.

Enquanto os irmãos Leif's atacavam a introdução, no fundo do palco foi projetada uma enorme bola amarela simbolizando a lua. Ao som das guitarras distorcidas, a bola tornou-se, pouco a pouco, vermelha. Caetano Veloso surgiu no palco com um colete xadrez cheio de espelhinhos, blusa vermelha, calça branca boca de sino e muitos colares. Ele entrou cantando "Cinema Olympia", uma canção nova: "Não quero mais/ Essas tardes mornais, normais...". De repente, a bola vermelha no fundo do palco começou a se mexer em movimentos irregulares, caóticos, até se transformar na imagem desfocada de um carro azul. Ainda sob aplausos, Gilberto Gil entrou em cena para cantar "Volks, Volkswagen Blues", vestido com uma larga bata branca, calça da mesma cor e sandália sertaneja. A última vez que o público tinha visto os dois juntos havia sido pela televisão, em dezembro de 1968, no programa *Divino Maravilhoso*, na TV Tupi. Agora eles estavam muito diferentes: Caetano sem a cabeleira que lhe era característica, Gil de rosto limpo e aparado que chocava pela magreza, fruto da dieta macrobiótica que passou a seguir na prisão.

Sem interrupções, Caetano e Gil seguiram o show se intercalando para interpretar desde clássicos tropicalistas de seus repertórios, como "Domingo no Parque", "Saudosismo", "Alegria, Alegria" e "Baby", até canções inéditas, registradas nos discos que haviam gravado há pouco tempo, durante a prisão domiciliar, mas que só seriam lançados quando já estivessem fora do país. Caetano, por exemplo, chorou de emoção depois de cantar, pela primeira vez, "Irene", que ele havia feito para a irmã enquanto estava preso: "Eu quero ir, minha gente/ Eu não sou daqui/ Eu não tenho nada/ Quero ver Irene rir/ Quero ver Irene dar sua risada". Gil, por sua vez, quis fazer um comentário sobre o evento histórico que acontecia paralelamente ao show e cantou "Lunik 9", canção lançada por ele em 1967: "Nos jornais, manchetes, sensação/ Reportagens, fotos, conclusão/ A lua foi alcançada afinal...".

O público que lotava o Teatro Castro Alves naquela noite, contudo, parecia não se importar de estar perdendo aquele evento. A sensação que se tinha é a de que presenciavam algo muito maior e mais importante. Era uma verdadeira catarse, movida a aplausos incessantes e gritos de apoio aos dois baianos. Muita gente chorava emocionada na plateia. O escritor Jorge Amado, um dos espectadores, descreveu o seu sentimento para uma reportagem da revista *Veja*: "Minha comoção se manifesta na barriga. É como se eu sentisse um nó nas tripas". Apesar de toda a emoção, a apresentação terminou num eufórico clima de festa. Depois de Caetano fazer todo mundo cantar em coro o hino do Esporte Clube Bahia, Gil botou a plateia para dançar uma canção inédita que ele havia acabado de compor e cantava ali pela primeira vez: "Aquele Abraço".

A música começou a nascer semanas antes, quando Gil esteve com Sandra, sua esposa, no Rio de Janeiro, para acertar os últimos detalhes da viagem para a Europa. Antes de voltar para Salvador, os dois foram até a casa de dona Mariah, mãe de Gal Costa, para se despedir. Foi lá que Gil criou na cabeça os primeiros acordes e os versos iniciais do que seria sua canção de despedida do Brasil. No avião de volta para a Bahia continuou dando forma à música em um guardanapo. A primeira imagem que lhe veio à cabeça foi da avenida Presidente Vargas, no Rio, ainda enfeitada do Carnaval, naquela manhã de quarta-feira de cinzas em que ele e Caetano deixaram a prisão. Lembrou também do bordão do comediante Lilico que os soldados do quartel em Deodoro costumavam usar para cumprimentá-lo: "Aquele abraço!". Quando chegou em casa, em Salvador, terminou a música, que virou um samba de adeus alegre e sem amarguras: "Meu caminho pelo mundo/ Eu mesmo traço/ A Bahia já me deu/ Régua e compasso/ Quem sabe de mim sou eu/ Aquele abraço!".

No Teatro Castro Alves o público acompanhava Gil naquele refrão como se já conhecesse a música há anos. Alguns fãs chegaram a subir no palco e conseguiram dar beijos e abraços nos dois baianos. Mesmo quando eles saíram, os aplausos não cessaram. O público demorou a ir embora e só deixou o local quando se certificou de que não havia mais chances de o show prosseguir madrugada adentro.

A mesma comoção se repetiu no dia seguinte, com o derradeiro show de Caetano e Gil no Brasil. Uma semana depois, dia 27 de julho, eles partiram com suas esposas, Dedé e Sandra, para a Europa, sem passagem de volta. Um agente da Polícia Federal os acompanhou até o avião e transmitiu o adeus oficial das autoridades brasileiras: "Não voltem mais a este país. Se vocês voltarem, saiam do avião diretamente para a Polícia Federal, para nos poupar o trabalho de procurá-los". Era um exercício na prática daquele slogan que a ditadura exibiria por anos: "Brasil, ame-o ou deixe-o". Com esse recado ainda reverberando em seus ouvidos, os quatro foram para Portugal, onde não se adaptaram, e depois para Paris, até se fixarem de vez em Londres, de onde só sairiam definitivamente quase três anos depois.

Felizmente, graças ao músico Perinho Alburquerque, hoje podemos ouvir esses shows de despedida. Com o aval do produtor Roberto Santana, ele levou para o teatro um gravador Akai e registrou tudo. O áudio seria transformado no disco *Barra 69*, lançado em 1972, quando os dois já haviam retornado do exílio. Mesmo com a baixa qualidade sonora, o álbum foi lançado pela gravadora Phillips (ironicamente pelo selo Pirata) por causa da importância histórica daquele momento.

Parte dessa importância reside justamente no fato de que esses shows são considerados o ponto final da cruzada tropicalista iniciada em 1967. A partir daí, com a ausência dos seus dois principais articuladores, a Tropicália seguiria existindo de forma subjetiva nas opções estéticas individuais de artistas como Gal Costa, Os Mutantes e Tom Zé, além de outros que surgiriam justamente nessa época, não mais como um movimento organizado.

No entanto, a foice da censura e da ditadura arrancou as folhagens do movimento sem eliminar as raízes, já cavadas profundamente, e em breve novos frutos brotariam no horizonte. Para o povo brasileiro, ficava aquele abraço caloroso e a esperança de que um dia o pesadelo terminasse. Para Caetano e Gil, se iniciava uma nova fase em suas carreiras e vidas pessoais, agora abrigados sob os discos voadores e o frio chuvoso de Londres.

ROBERTO CARLOS

CANECÃO/ RIO DE JANEIRO

(03/09 – 29/11/1970)

08

CHEIRO DE GASOLINA, UM CARRO LIGADO EM CENA, VELOCÍMETROS GIGANTES QUE MARCAVAM A POTÊNCIA DA ORQUESTRA E 28 MÚSICOS NO PALCO. QUASE NO FINAL DE 1970, ROBERTO CARLOS TOMOU CONTA DO CANECÃO E TRANSFORMOU PARA SEMPRE SUA CARREIRA E O SHOW BUSINESS NACIONAL.

"O show mais quente e vertiginoso do Brasil." Assim os jornais cariocas anunciavam a temporada que Roberto Carlos faria no Canecão a partir do início de setembro de 1970. O superlativo vinha acompanhado por uma ilustração do artista de olhos fechados, cantando emocionado diante do microfone, ao lado de um letreiro em estilo pop, típico da época, que revelava o nome do tal espetáculo: *Roberto Carlos a 200 km por Hora!* O anúncio não era tão hiperbólico assim: com esse show, o Rei estava prestes a atingir um novo patamar em sua carreira e mudar não só a sua trajetória, como também a história daquela que se tornaria a casa de espetáculos mais importante do Rio de Janeiro pelas próximas décadas.

Sim, àquela altura Roberto Carlos já era rei. Depois de um percurso cheio de idas e vindas que começou ainda no fim da década de 1950, ele conseguiu sua grande chance em 1965: ao lado de Wanderléa e do parceiro Erasmo Carlos, estreou na TV Record o programa Jovem Guarda, que o alçou ao posto de cantor mais popular do país, e tornou-se involuntariamente líder de um movimento que revolucionou a música brasileira. Era a consolidação de uma cultura jovem no Brasil, com o rock and roll, as canções melosas de amor, as guitarras elétricas, as gírias, as roupas descoladas, o fascínio por carros, velocidade e transgressão.

Em 1968 Roberto Carlos deixou o programa para dar uma nova guinada em sua carreira. Mergulhou de cabeça nas baladas românticas e incorporou a linguagem da soul music. À medida que chegava perto dos 30 anos de idade, deixava de ser o broto da Jovem Guarda para se tornar um cantor adulto e romântico, capaz de conversar com um público cada vez mais amplo. A consolidação desse novo momento aconteceria diante dos olhos do enorme público que frequentou a famosa cervejaria de Botafogo entre setembro e novembro daquele início dos anos 1970.

A princípio, no entanto, o show não aconteceria no Canecão e sim no recém-inaugurado Teatro da Praia, em Copacabana. É que os responsáveis por cuidar da programação do pequeno teatro eram justamente Marcos Lázaro, empresário de Roberto Carlos na época, e a dupla mais famosa do show business brasileiro: Ronaldo Bôscoli e Luiz Carlos Miele. Até 1970, Roberto só fazia shows em clubes, estádios ou ginásios, sem qualquer recurso cênico, como cenário, figurino ou iluminação. A ideia de Lázaro era que ele fizesse um espetáculo bem produzido, para uma plateia menor e mais elitizada, e dirigido pela dupla Miele & Bôscoli, assim como fizera com Elis no ano anterior, em uma temporada de sucesso.

O show só não aconteceu no Teatro da Praia porque Mário Priolli, dono e proprietário do Canecão, entrou em cena. Disposto a transformar sua cervejaria em uma casa de espetáculos ainda mais respeitada, ele via em Roberto Carlos sua grande oportunidade. No ano anterior Maysa já havia feito por lá um show pioneiro, que mostrou ao público que artistas consagrados também poderiam se apresentar naquele espaço. Roberto seria a consolidação desse processo. Depois de uma intensa negociação, que deve ter feito Priolli ganhar alguns cabelos brancos, o contrato foi firmado. Ele pagaria ao artista 900 mil cruzeiros pelos 48 shows, além dos salários dos músicos e diretores. O cantor ainda exigiu um adiantamento de 300 mil cruzeiros no ato de assinatura do contrato e o aluguel de uma casa na Zona Sul do Rio de Janeiro para morar com a família durante a temporada, já que na época ele residia em São Paulo. Como afirma Paulo Cesar de Araújo na biografia *Roberto Carlos Outra Vez*, esse foi "o maior contrato de show já oferecido a um artista nacional" até então. Por fim, com quase tudo resolvido, ainda havia um porém. O show estrearia no Canecão em agosto. Roberto vetou a ideia. "Agosto é o mês do cachorro louco, bicho", justificou para o jornal *O Globo*.

Enquanto as negociações com Mário Priolli ainda aconteciam, o cantor se reuniu com Miele e Bôscoli para falar sobre o show. A ideia da dupla era que ele se apresentasse ao lado de uma grande orquestra, num estilo big band inspirado em Frank Sinatra. Disseram ainda que ele deveria falar pequenos textos entre uma música e outra. O conceito do espetáculo seria inspirado em um tema muito caro a Roberto Carlos e presente em diversas de suas letras: a velocidade. Na época, a CBS havia acabado de colocar no mercado mais um volume da coletânea *As 14 Mais*, que trazia, entre outras, a canção "120...150...200 km por Hora", eleita como música-tema do show.

Com o sinal positivo do cantor, a lona do circo começou a ser erguida. O maestro Chiquinho de Moraes, então com 33 anos, foi escolhido para cuidar da parte musical. Ele trouxe a sua Banda Supersônica, composta por quatro pistons, quatro trombones, quatro saxofones, além de clarinete e flauta. Chamou ainda o Quinteto Villa-Lobos, especializado em música de câmara brasileira. Faltava testar a potência da RC-7, banda que acompanhava Roberto Carlos em seus shows. Depois de um encontro com os sete músicos no palco do Canecão, Chiquinho pediu a cabeça de três integrantes: o guitarrista Gato, o baixista Bruno Pascoal e o baterista Dedé. Roberto vetou: não queria demitir seus companheiros de tantos anos de trabalho justamente no momento de glória. Tudo bem, argumentou Chiquinho, mas pelo menos o baterista deveria sair – Wilson das Neves entraria em seu lugar. Nada feito. Roberto e o próprio Dedé não concordaram com a substituição. A solução encontrada foi inusitada e se tornou um atrativo elogiado em quase todas as resenhas que saíram sobre o show: no palco haveria dois bateristas, Wilson das Neves no comando da banda e Dedé na marcação do ritmo.

Com tudo resolvido, os ensaios puderam começar. Eles aconteceram no próprio Canecão, no horário dos shows, a partir das 22 horas. Mas, para surpresa de Chiquinho de Moraes, Roberto Carlos não subiu ao palco nos primeiros dias, como narra Paulo Cesar de Araújo em sua biografia. O maestro passava a orquestra repetidas vezes e depois de algumas horas o cantor encerrava o ensaio sem ter cantado um verso sequer. Ficava apenas sentado em sua cadeira, ouvindo tudo atentamente. Foi só na sétima noite, quando Chiquinho já estava prestes a desistir, que Roberto resolveu subir ao palco para cantar com a banda. O maestro puxou a introdução de "Eu Sou Terrível", que abria o show, e Roberto cantou. E não só essa música. Cantou o repertório inteiro do espetáculo, sem interrupções e sem errar uma nota sequer. O Rei estava pronto para a estreia.

No dia 3 de setembro de 1970 ele estreou na casa de Botafogo. Quem esperava encontrar uma réplica do que costumava acontecer no Teatro Record na época da Jovem Guarda se surpreendeu. Aquele era o show de um artista amadurecido. Logo no início, para surpresa de todos, um carro esporte vermelho, similar ao Jaguar, parado num canto do palco, foi ligado, espalhando pelo Canecão um cheiro de gasolina. Em seguida, os 28 músicos presentes no palco puxaram um *pot-pourri* com seis sucessos do cantor: "Eu Sou Terrível", "Mexerico da Candinha", "Lobo Mau", "Eu Te Amo, Te Amo, Te Amo", "Namoradinha de um Amigo Meu" e "Quero que Vá Tudo pro Inferno".

Roberto Carlos apareceu no palco vestindo o figurino da moda hippie da época: uma calça de veludo vermelha, colete de camurça com franjas e um cinturão de couro. O cenário, criado por Marco Antônio Pudy e descrito pelo *Globo* como um "cemitério de automóveis", impactava os presentes. Na parte de cima, dois velocímetros ilustravam a potência do show, acompanhando o ritmo da orquestra a cada música. Um enorme painel ao fundo do palco mostrava cenas do filme *Grand Prix*, de John Frankenheimer. Completando o clima automobilístico, todos os músicos, incluindo o maestro, vestiam macacões estilo Fórmula 1.

Ao lado da orquestra, do RC-7 e do Quinteto Villa-Lobos, que se alternavam tocando juntos e separados, criando climas diferentes para cada canção, Roberto brilhava. O roteiro construído por Miele e Bôscoli era repleto de surpresas. Com "Tutti-Frutti", do repertório de Elvis Presley, o cantor relembrava seus tempos de adolescente apaixonado por rock and roll. Com "Laura", chegava ao ápice de seu momento Frank Sinatra enquanto homenageava a mãe.

Um dos momentos mais intimistas da superprodução era quando o cenário se apagava e um único feixe de luz iluminava Roberto cantando com seu violão, acompanhado do Quinteto Villa-Lobos, a delicada "Não Quero Ver Você Triste", dos tempos pré-Jovem Guarda, que no roteiro serviu para pontuar sua influência bossa-novista. Outros sucessos recentes como "Não Vou Ficar", "Ciúme de Você", "As Flores do Jardim da Nossa Casa" e "Oh! Meu Imenso Amor" também arrancavam aplausos calorosos da plateia. "Canzone Per Te", a música que em 1968 lhe garantiu a vitória no festival de San Remo da Itália, estava no roteiro e reforçava para o público que aquele era um novo Roberto Carlos.

Quase no final do espetáculo o cantor aproveitava para homenagear seu parceiro Erasmo Carlos: "Em todas as curvas e derrapagens que possa ter dado em minha carreira eu sempre tive um cara do meu lado. A gente vinha a mil por hora fazendo música e letra. Nós já percorremos muitos quilômetros juntos e, se Deus quiser, vamos percorrer muito mais. Tenho certeza que vamos, porque com esse bicho eu sei que posso andar em qualquer velocidade". Em seguida, emendava duas canções que metaforizavam o tema da velocidade com o amor perdido e sintetizavam o conceito do show: "120...150...200 km por Hora" e "As Curvas da Estrada de Santos". Ao final, "Se Você Pensa" e "O Calhambeque" encerravam o espetáculo em grande estilo.

A temporada, consagrada como um dos eventos mais badalados da noite carioca no período, se estendeu até o dia 29 de novembro. Ao todo, foram mais de 150 mil espectadores, entre anônimos, famosos, celebridades, colunistas e intelectuais. A crítica foi unânime e consagrou *A 200 km por Hora!* como um "excelente espetáculo", como descreveu Julio Hungria no *Jornal do Brasil*. No dia da última apresentação, uma cena histórica: Elis Regina, Roberto Carlos e Wilson Simonal se encontraram no mesmo palco. Pena que não foi para cantar. Elis entregou a Roberto um enorme caneco de chope simbólico, que foi transferido para as mãos de Simonal, que ficaria responsável por substituir a temporada do Rei. Era uma dupla consagração. Para o Canecão, que se consolidava definitivamente como um espaço renomado para grandes espetáculos musicais, e a partir daí passaria a ser ocupado pelos maiores artistas do país, e para Roberto, que ali enterrou de vez a fase da Jovem Guarda para dar início a outro momento de seu reinado, que passaria a incorporar não só as altas vendagens de discos e as participações televisivas, como também os grandes espetáculos produzidos para uma plateia mais amadurecida e elitizada, abocanhando uma faixa cada vez maior do público nacional.

O show *A 200 km por Hora!* apresentou um novo Roberto Carlos, que também passou a se apoiar em novos códigos e gestos cênicos, que logo se tornariam clássicos. O exemplo principal talvez seja a forma de cantar apoiado em um microfone de haste dobrável, que ele usou pela primeira vez e se tornou sua marca registrada. A novidade foi eternizada por Thereza Eugênia, então uma jovem e iniciante fotógrafa que fez a cobertura do show a pedido da CBS e teve sua fotografia estampada na capa do disco que Roberto lançou no final de 1970.

Dali para frente, tudo seria diferente. Para o Canecão, para Roberto Carlos e para a música brasileira.

NO MOMENTO MAIS DRAMÁTICO DA DITADURA, MARIA BETHÂNIA SE UNIU AO DIRETOR FAUZI ARAP E ESTRELOU ROSA DOS VENTOS, NO QUAL EXPURGOU OS FANTASMAS DE UMA ÉPOCA, CLAMOU PELA VOLTA DOS EXILADOS E CONSOLIDOU SUA RELAÇÃO COM O PALCO E O TEXTO FALADO.

"Maria Bethânia é uma sereia e se não tivermos cuidado o seu canto poderá nos levar longe demais. A maior parte dos homens não está preparado para ouvi-la e gostaria de fugir... Mas como resistir, se a sua presença morena entra pelos sete buracos de nossa cabeça, e escancara todas as portas e janelas?" As palavras são do diretor Fauzi Arap e fazem parte do texto que ele escreveu no programa do espetáculo *Rosa dos Ventos*. O show se tornou seminal na carreira de Bethânia, fundamental para ela estabelecer sua personalidade artística e responsável por consolidar sua relação com o palco, o teatro e o texto falado, para além da música. Foi também o fortalecimento de sua parceria com Fauzi Arap, uma das figuras mais importantes de sua trajetória, com quem desenvolveria trabalhos memoráveis nos anos seguintes.

Nascido em São Paulo em 1938, Fauzi chegou a se formar em Engenharia Civil pela USP antes de se decidir pelo palco, no fim dos anos 1950, quando se juntou ao Teatro Oficina. Nos anos seguintes, acumularia também trabalhos com o Teatro de Arena, como na histórica montagem de *A Mandrágora*, de Maquiavel, dirigida por Augusto Boal em 1962. Pouco depois, decidiu deixar de lado a carreira de ator e se firmar como diretor profissional. Sua estreia se deu em 1965, com *Perto do Coração Selvagem*, uma adaptação do texto de Clarice Lispector, sua autora preferida e com quem mantinha relação de amizade. No ano seguinte ele ganhou notoriedade ao dirigir Tônia Carrero na peça *Navalha na Carne*, de Plínio Marcos, que selou seu nome como um dos grandes encenadores do teatro brasileiro. Pouco depois, em 1968, teve seu primeiro contato com Maria Bethânia ao dirigi-la no show *Comigo me Desavim*, no qual a cantora declamou textos falados de Clarice Lispector pela primeira vez. A temporada foi curta, mas a relação estabelecida pelos dois provou que havia uma enorme compatibilidade entre eles.

Em 1971 Maria Bethânia queria se reinventar e dar um grito de liberdade. Ocupada com temporadas fora do país, ela vinha de um longo período sem cantar no Rio de Janeiro. O seu desejo era retornar para casa, criar um show que a refletisse por inteiro e usar o palco para dar um grito contido que a ditadura tentava calar. Queria clamar pela volta dos exilados, sobretudo seu irmão, Caetano Veloso, que desde 1969 morava em Londres, depois de ter sido preso pelo regime militar. "Agora eu posso ser eu mesma", confessou para a revista *Intervalo*. Para dar forma a tudo isso, convocou novamente Fauzi Arap, e por meses os dois trabalharam juntos no que seria o show *Rosa dos Ventos*. Eles selecionaram um repertório enorme e organizaram as canções num mosaico que funcionava quase como um texto de teatro. Bethânia voltaria a declamar textos em cena, como fizera no espetáculo *Comigo me Desavim*.

Dessa vez, além de Clarice e trechos de peças como *Pequenos Burgueses*, de Gorki, Fauzi sugeriu o nome do poeta português Fernando Pessoa, pelo qual Bethânia se apaixonou. Seus poemas acabaram constituindo a parte principal dos textos falados, entremeados às canções. O acompanhamento musical seria do grupo Terra Trio, formado pelos irmãos Zé Maria (piano), Fernando Costa (baixo) e Ricardo Costa (bateria).

Rosa dos Ventos estreou no dia 27 de julho no Teatro da Praia, em Copacabana. Entusiasta dos estudos do psiquiatra suíço Carl Jung, Fauzi dividiu o roteiro do espetáculo em cinco blocos distintos, inspirados pelos elementos da mandala jungiana: Terra, Água, Fogo, Ar e, por último, o Edifício ou Eu-difícil, que encerrava o show. Era, no entanto, um conceito muito mais subjetivo do que escancarado para o público. A própria Bethânia, às vésperas do show, em entrevista a *O Jornal*, evitava dar maiores explicações: "Isso é ideia do Fauzi Arap, e a resposta é o show mesmo". No programa da apresentação o diretor confirmava a liquidez do conceito: "A presença dos elementos está mais nas entrelinhas do espetáculo do que no texto das músicas propriamente ditas. Mas é perceptível a olho nu. Este é um show de teatro. É teatro".

Os figurinos e o cenário criados por Flávio Império eram uma atração à parte. Bethânia usava uma roupa diferente para cada bloco do show. Na parte da Água, que segundo Jung remete à infância, ele criou uma reprodução do vestido da primeira comunhão da cantora, que amareleceu e desgastou, para dar a impressão de que se tratava do original. No bloco do Fogo, ela usava um macacão vermelho com detalhes em amarelo, representando as labaredas. Em dado momento, uma saia sobreposta era retirada em cena, revelando uma calça boca de sino no melhor estilo dos anos 1970. Para o Ar, Flávio desenvolveu uma roupa preta, com alguns pequenos detalhes em branco, que fazia Bethânia praticamente se camuflar no palco escuro, dando por vezes a impressão de que flutuava. Essa, aliás, foi a última vez que o público viu a cantora vestindo preto no palco. Atendendo a uma recomendação religiosa, ela nunca mais usaria tal cor em cena.

O cenário, apesar de simples, também causava impacto ao longo do show. O palco era levemente inclinado, forrado por um tecido escuro que subia pelas paredes. Nas laterais havia duas pequenas entradas onde eram projetadas imagens, fotografias feitas por Marisa Alvarez Lima de mandalas desenhadas por pacientes da instituição psiquiátrica Casa das Palmeiras, além de grafismos criados pelo próprio Flávio Império.

O show iniciava com duas canções praticamente inéditas de Sueli Costa e Tite de Lemos: "Aldebarã", cantada pelo Terra Trio, e "Assombrações", com a qual Bethânia entrava em cena. Nessa hora, um jogo de iluminação fazia com que uma enorme sombra da cantora fosse projetada no fundo do palco, como um quadro do expressionismo alemão. Era um dos momentos mais aplaudidos do show, de acordo com o que narra Ricardo Schott no livro *Terra Trio*. Na primeira parte, Bethânia cantava a terra nordestina, com canções de Luiz Gonzaga ("Bodocó"), Gilberto Gil ("Viramundo") e até uma rara incursão por "Carcará", seu primeiro grande sucesso, que também arrancava aplausos do público. Com "Canto de Oxum", de Toquinho e Vinicius de Moraes, a artista adentrava no elemento Água, com seu vestido de primeira comunhão. Depois de saudar a dona dos rios e cachoeiras, estabelecia a relação das águas de Portugal e da Bahia ao emendar um poema de Fernando Pessoa com "O Mar", de Dorival Caymmi. Aliás, o bloco da Água era todo costurado por canções de Caymmi e Caetano Veloso, como "Onde Eu Nasci Passa um Rio", "Avarandado", "Morena do Mar" e "Suíte dos Pescadores".

Na sequência, vinha um *pot-pourri* com sambas do Recôncavo Baiano, algo que também estaria presente em diversos outros shows de Bethânia dali para frente. O grande destaque era a homenagem que ela prestava ao compositor Oscar da Penha, mais conhecido como Batatinha. "Os sambas do Batata são tristíssimos, têm uma melodia maravilhosa, parecida com melodia de blues, e as letras são sensacionais", ela dizia, antes de enfileirar três canções de sua autoria: "Toalha da Saudade", "Imitação da Vida" e "Hora da Razão". Em seguida ela cantava "Adeus Meu Santo Amaro", de Caetano. Poderia ser tanto uma referência autobiográfica, sobre sua despedida da terra natal, quanto um recurso narrativo do roteiro, a indicação de que ela deixava a sequência do Recôncavo para um novo segmento do show.

E então vinha um dos momentos de maior impacto, que ela recriaria 32 anos depois no show *Maricotinha*. Ao som do instrumental de "Le Lac de Come", Bethânia declamava trechos do poema VIII de *O Guardador de Rebanhos*, de Fernando Pessoa, que acabou ficando conhecido como "O Poema do Menino Jesus": "Num meio-dia de fim de primavera eu tive um sonho como uma fotografia: eu vi Jesus Cristo descer à Terra", ela recitava. Ao final do poema, como uma Judy Garland tropical, emendava sem aviso prévio uma interpretação triunfal de "Doce Mistério da Vida", versão da canção "Ah! Sweet Mistery of Life": "Minha vida que parece muito calma/ Tem segredos que eu não posso revelar...". Chegava ao fim o primeiro ato de *Rosa dos Ventos*.

A segunda parte também se iniciava com a temática das sombras, novamente com "Aldebarã" e outra canção de Sueli Costa e Tite de Lemos: "Sombra Amiga". Depois, Bethânia cantava "Preconceito", de Antonio Maria e Edu Lobo, e emendava com "Lama", de Aylce Chaves e Paulo Marques, numa interpretação que aludia aos trejeitos de um rapaz afeminado. Apesar de arrancar risadas da plateia, ao final da canção Bethânia mostrava que não havia motivos para riso quando cantava quase com raiva os versos derradeiros: "Quem foste tu? Quem és tu?/ Não és nada/ Se na vida fui errada/ Tu foste errado também".

A homenagem aos "fracos e oprimidos", que ela cantava como se nada tivessem de fracos, seguia com "Minha História", de Chico Buarque, que falava de um Jesus nascido de uma dançarina de cabaré e que parecia dialogar com "O Poema do Menino Jesus". Na sequência, em arranjo de tango, vinha uma canção de Waly Salomão e Jards Macalé recém-gravada por Gal Costa e que em breve seria tema de um novo show da amiga: "Vapor Barato", que ela juntava a "El Dia que Me Quieras", de Carlos Gardel. Na época, o fato de Bethânia cantar essa música era notícia. Os críticos e colunistas pareciam surpresos com a inclusão de uma canção antiga considerada "cafona", que no show Bethânia transformaria em algo cult – outro recurso que ela adotaria em trabalhos futuros. No roteiro, o sentimentalismo do tango de Gardel conversava com as letras dramáticas de algumas marchinhas de Carnaval que ela cantava em seguida e com o "Soneto da Fidelidade", de Vinicius de Moraes, que declamava num grito quase eufórico, uma ode ao sentimento amoroso.

Agora era chegada a hora de "Rosa dos Ventos", canção-título do espetáculo que Bethânia havia gravado no disco lançado no início daquele ano, *A Tua Presença*. A música de Chico Buarque, contundente e poética descrição daqueles tempos sombrios, abafados pela ditadura militar, era a deixa para que ela cantasse a volta dos exilados

– personificados na figura de seu irmão Caetano Veloso. Enquanto a cantora trocava de roupa na coxia, o Terra Trio cantava "Maria Bethânia", canção em inglês que Caetano havia feito para ela no disco que gravou em Londres naquele ano. Na volta ao palco, ela emendava três músicas dele: "Janelas Abertas nº 2", "Não Identificado" e "A Tua Presença Morena".

Felizmente, Caetano conseguiu assistir ao *Rosa dos Ventos*. No final de 1971, quando ainda morava em Londres, ele veio ao Brasil para gravar um especial para a TV Tupi com João Gilberto e Gal Costa. Na ocasião, aproveitou para ir ao Rio visitar amigos e assistiu ao show. De acordo com reportagem da revista *Intervalo*, no fim do espetáculo ele aplaudiu a irmã de pé, visivelmente emocionado.

Nos minutos finais do espetáculo, mais um momento que se tornaria emblemático. Bethânia declamava um texto então inédito de Clarice Lispector. Na ocasião, a escritora, fã da cantora e amiga de Fauzi Arap, deu aos dois os manuscritos originais de um livro que só seria lançado dois anos depois. O texto declamado por Bethânia era uma versão adaptada por ela das linhas finais da obra *Água Viva*: "Eu sei mais ou menos o que vou fazer em seguida, mas por enquanto, olha para mim e me ama. Não. Tu olhas para ti e te amas. É o que está certo". Logo em seguida, vinha "Movimento dos Barcos", de Jards Macalé e Capinan, uma canção profunda, triste e quase amargurada. Era o desfecho chocante do show, que fugia da redenção vazia e supérflua: "Estou cansada e você também/ Vou sair sem abrir a porta/ E não voltar nunca mais", ela cantava, com a tristeza reforçada pelo arranjo soturno. No bis, Bethânia retornava para mais três canções. "Molambo", que parecia dialogar com a canção anterior ("fiquei sabendo que ele voltou"), "Último Desejo", de Noel Rosa e, por fim, o "Ponto de Oxum" de Toquinho e Vinicius. "Odé odé!", ela bradava antes de deixar o palco definitivamente.

Rosa dos Ventos foi um dos grandes destaques musicais daquele ano de 1971. O Teatro da Praia ficou lotado todos os dias e fez a temporada carioca se estender por quatro meses. O último show, que aconteceu no dia 28 de novembro, foi uma verdadeira comoção. De tão cheio, Bethânia se apresentou com parte do público em cima do palco e com o teatro de portas abertas. Depois ela seguiu com o espetáculo em turnê pelo Brasil e pela Europa, até a despedida em fevereiro de 1973, quando retornou ao Teatro da Praia para uma curta temporada. Àquela altura, Bethânia já estava com um outro disco lançado, *Drama*, e em breve estrearia um novo show, que também se tornaria célebre – mas essa já é outra história. Ainda em 1971, com o sucesso do show, *Rosa dos Ventos* se transformou em um disco ao vivo, lançado no fim do ano pela Phillips. Apesar de ter cortado boa parte do roteiro, o que prejudicou o elo conceitual entre as músicas, o disco foi um sucesso e iniciou o ano de 1972 liderando a lista dos mais vendidos.

Ao longo desses anos, consagrado como um dos momentos mais importantes da trajetória de Maria Bethânia, *Rosa dos Ventos* ganhou inúmeros textos analíticos e biográficos, além de ter sido referenciado pela própria cantora em diversos outros espetáculos de sua carreira. No entanto, ninguém conseguiu descrevê-lo tão bem quanto o fez Clarice Lispector numa noite de 1971 ao adentrar o camarim da cantora, ainda em estado de euforia depois de assistir ao espetáculo pela segunda vez: "Maria Bethânia, esse show não termina nunca, é um show eterno!".

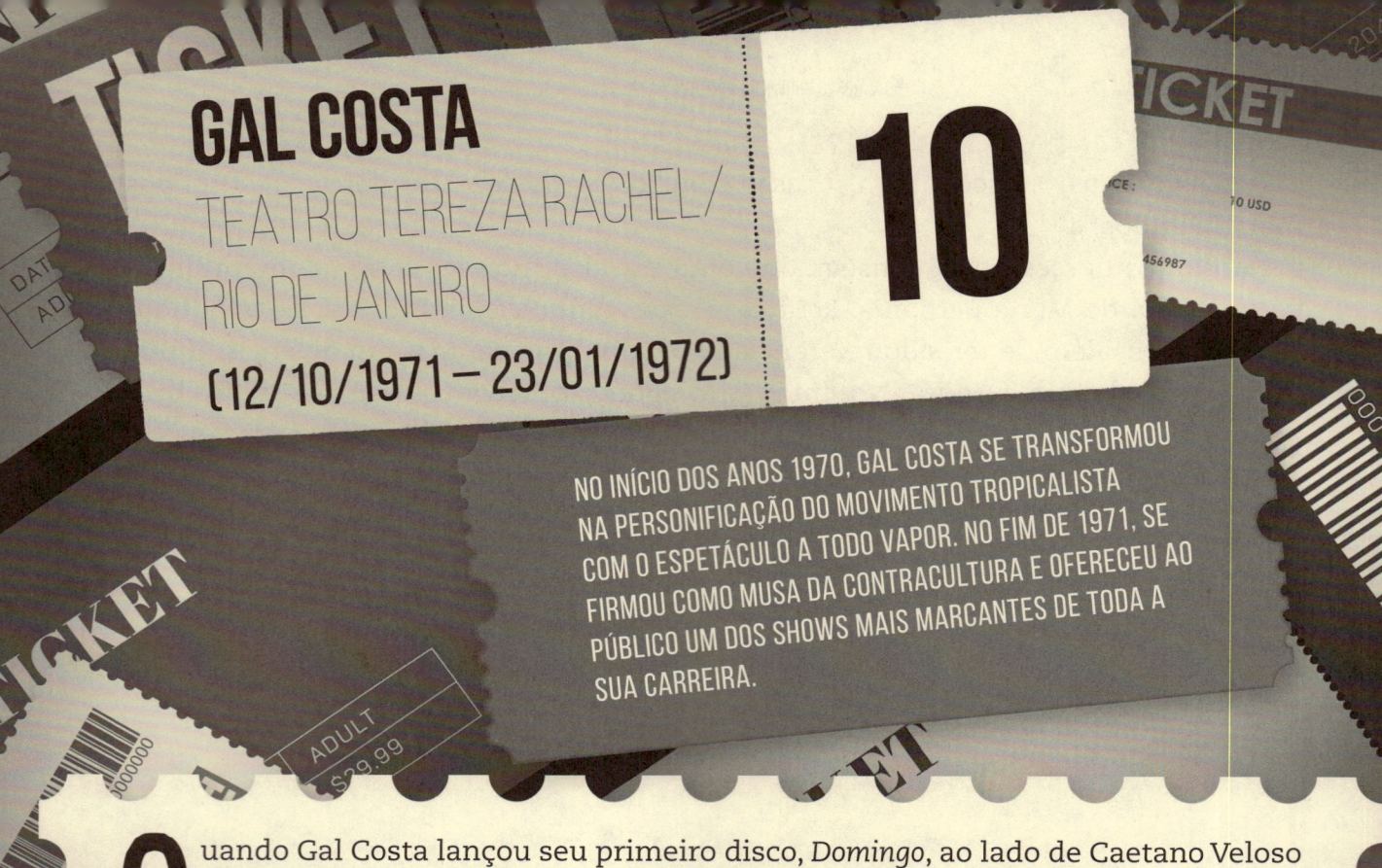

NO INÍCIO DOS ANOS 1970, GAL COSTA SE TRANSFORMOU NA PERSONIFICAÇÃO DO MOVIMENTO TROPICALISTA COM O ESPETÁCULO A TODO VAPOR. NO FIM DE 1971, SE FIRMOU COMO MUSA DA CONTRACULTURA E OFERECEU AO PÚBLICO UM DOS SHOWS MAIS MARCANTES DE TODA A SUA CARREIRA.

Quando Gal Costa lançou seu primeiro disco, *Domingo*, ao lado de Caetano Veloso em 1967, foi chamada de "João Gilberto de saias" pela nítida influência que sofria do cantor. No ano seguinte, ela ingressou no movimento tropicalista cantando "Divino, Maravilhoso" e mostrou uma nova faceta, mais agressiva e roqueira, que a colocou como musa da juventude que apoiava a cartilha da Tropicália.

A partir de julho de 1969, quando Caetano e Gil foram exilados, o bastão foi passado para Gal de forma natural. Para os que ficaram, ela passou a representar e personificar os ideais livres e libertários da Tropicália – em termos musicais e comportamentais também. Seus discos dessa fase, o psicodélico *Gal*, de 1969, e *Legal*, de 1970, são exemplos. Ambos dão um passo além na sonoridade que vinha sendo construída na época e contam inclusive com músicas inéditas que os dois baianos mandaram de Londres.

No início de 1971 Gal estreou o show *Deixa Sangrar* no Teatro Opinião, em Copacabana, acompanhada pelo grupo Som Imaginário. A temporada foi um sucesso e virou programa obrigatório para o público que sentia falta de Gil e Caetano. Por sua postura naturalmente libertária no palco, pelo repertório e por tudo que representava, o show consolidou Gal como musa da contracultura e dos *mucho locos* da época e reforçou sua posição de porta-voz e resistência da Tropicália. *Deixa Sangrar* ficou meses em cartaz e depois viajou pelo Brasil, até o fim do primeiro semestre. Em outubro, ela estrearia um novo show de curta temporada em outro teatro de Copacabana, antes de ir a Londres para visitar os amigos e se apresentar ao lado de Gilberto Gil. Só que essa nova temporada, apesar de despretensiosa, acabaria se tornando mais emblemática do que a anterior. E marcaria a carreira de Gal para sempre.

A *Todo Vapor*, o novo espetáculo, estreou no dia 12 de outubro no então novíssimo Teatro Tereza Rachel, em Copacabana. Dirigido pelo poeta Waly Salomão, que na época assinava como Waly Sailormoon, ficaria apenas dez dias em cartaz e foi anunciado como "show de despedida" antes de Gal partir para a curta temporada londrina. A ideia era renovar o repertório da cantora e preparar o terreno para a gravação de um novo disco, depois que ela voltasse da Inglaterra com a mala cheia de canções inéditas dos colegas exilados. Mas A *Todo Vapor* se tornou muito mais do que um trabalho de entressafra.

O espetáculo era dividido em duas partes. Na primeira, Gal cantava sozinha, acompanhada apenas por seu violão, sentada em um pequeno banquinho de madeira. Era o retorno à sua influência primordial de João Gilberto, à bossa nova e ao canto baixo, quase sussurrante. Fazia-se um silêncio total no teatro enquanto ela cantava, interrompido apenas pelos aplausos entre uma música e outra. Em "Fruta Gogóia", música tradicional do folclore baiano, Gal surgia do escuro entoando à capela: "Eu sou uma fruta gogóia/ Eu sou uma moça/ Eu sou calunga de louça/ Eu sou uma joia".

Logo na sequência, agora acompanhada por seu violão, dava o tom melancólico que guiava todo o roteiro ao unir "Charles, Anjo 45", de Jorge Ben, com "Como Dois e Dois", canção de Caetano recém-gravada por Roberto Carlos, que escancarava a bizarra situação do Brasil naquele momento com uma única constatação: "Tudo em volta está deserto/ Tudo certo/ Tudo certo como dois e dois são cinco".

"Coração Vagabundo", também de Caetano, relembrava o início da carreira ao lado do amigo e parecia compensar a dura realidade ao cantar um coração que "não se cansa de ter esperança". A grande surpresa era "Antonico", de Ismael Silva, que Gal entoava como um dolente pedido de ajuda. Por fim, vinha "Sua Estupidez", de Roberto e Erasmo Carlos, já gravada por ela naquele ano em um compacto. Música da primeira parte do show mais aplaudida, "Sua Estupidez" se consagrou como o grande hit da temporada e uma das gravações mais importantes de Gal. Depois da morte da cantora, em novembro de 2022, o próprio Roberto, durante uma apresentação, afirmou que essa canção só se tornou verdadeiramente conhecida depois da gravação de Gal e agradeceu por isso.

A virada para a segunda parte vinha com a música que inspirou o nome do espetáculo, "Vapor Barato", de Jards Macalé e Waly Salomão, que escreveu a letra depois de ter sido preso em São Paulo por causa de uma bagana de maconha – ou "vapor", como a droga era chamada na época. "Li a letra e compus a música no ato", contou Jards anos depois para a revista *Bizz*. Gal começava cantando ainda sentada, acompanhada apenas pelo violão: "Oh, sim, eu estou tão cansada/ Mas não pra dizer/ Que eu não acredito mais em você". Nessa hora a interpretação chegava ao ápice da melancolia e do desespero ao vocalizar uma instrumentação que parecia um choro. Aos poucos, no escuro, enquanto Gal cantava, entravam os músicos que a acompanhariam dali para frente: Lanny Gordin com sua guitarra, Novelli empunhando o baixo e Jorginho Gomes na bateria. Quando o público achava que a música já estava acabando, Gal deixava o violão de lado e recomeçava, agora acompanhada pela instrumentação roqueira do trio. Ninguém ficava imune quando ela cantava o refrão: "Oh, minha honey baby!". Depois a cantora deixava o palco, e o trio iniciava um número solo.

No ano seguinte, ao longo das novas temporadas do show, essa banda sofreria inúmeras mudanças. A mais substancial aconteceu ainda no início, quando Lanny Gordin saiu e Pepeu Gomes, que àquela altura já tocava com Os Novos Baianos, entrou em seu lugar. Também integrado por Moraes Moreira, Baby Consuelo, Luiz Galvão e Paulinho Boca de Cantor, todos amigos de Gal, o grupo contribuiu com novas canções para a segunda parte do show, que era elétrica e quase toda inédita.

Gal voltava ao palco com "Dê um Rolê", de Moraes Moreira e Galvão, que referenciava a cultura hippie ao gritar com orgulho "eu sou amor da cabeça aos pés". "Tinindo Trincando", da mesma dupla, também foi lançada por ela nesse show. Gal ainda teve a primazia de revelar outro grande compositor que em breve se tornaria um dos maiores do Brasil. Na época, Luiz Melodia era mais conhecido nas cercanias do morro do Estácio, onde vivia. Waly Salomão, frequentador assíduo das rodas musicais do local, conheceu o jovem compositor e, durante os ensaios para o show, levou Melodia para que apresentasse algumas de suas composições a Gal. A cantora ficou encantada e pinçou "Pérola Negra", que logo se tornou um dos destaques de *A Todo Vapor* e acabou selando o destino do compositor, que naquele mesmo ano lançou seu disco de estreia e se encaminhou para o sucesso nacional.

Essa segunda parte do show balançava mais o público, mas transmitia a mesma contundência melancólica do início. Havia, por exemplo, "Hotel das Estrelas", "Mal Secreto" e um bis de "Como Dois e Dois", reforçando o recado de que naquele momento nada, absolutamente nada estava certo. Em um dos números mais fortes aparecia "Assum Preto", de Luiz Gonzaga e Humberto Teixeira, quase sem acompanhamento da banda. Naquele fim de 1971, a canção que falava do pássaro cego que cantava mais bonito por estar triste e privado de liberdade parecia se conectar com a condição da própria Gal, que fazia de sua voz e daquele show um lamento melódico e doloroso pelas perdas que o país sofria. Não por acaso ela cantava, quase como vinheta, "Maria Bethânia", canção que Caetano fez no exílio para a irmã.

Na sequência, já no final do espetáculo, vinha uma nova música carnavalesca de Caetano, "Chuva, Suor e Cerveja", na época creditada como "Não Se Esqueça de Mim", que transformava o show momentaneamente em baile de Carnaval, com direito a chuva de confetes. Antes de deixar o palco, Gal entoava "Luz do Sol", de Waly Salomão e Carlos Pinto, um grito desesperado por esperança: "Quero ver de novo a luz do sol!".

No geral, *A Todo Vapor* era um comentário crítico de Gal e Waly sobre aqueles tempos. Para a juventude que ia assistir ao espetáculo, eram claros os recados sobre os anos de chumbo que se anunciavam e redentores os clamores por renovação. E isso aparecia com um repertório inquietante, renovado e moderno, mas sem se esquecer do passado e das origens, que ressurgiam com Ismael Silva, Luiz Gonzaga e os temas folclóricos cantados por ela com a mesma força de uma canção pop.

A própria Gal não precisava dizer muita coisa ou se lançar a discursos inflamados de insurreição. Sua figura e sua presença já pareciam naturalmente revolucionárias: ela aparecia no palco com o enorme cabelo preso por trás, uma tiara prateada que lhe cobria toda a testa, saia e top dourado, com a barriga de fora. O mais marcante, contudo, eram os lábios pintados de vermelho, que, de tão chamativos, pareciam fazer parte da cenografia. O show foi decisivo para consolidar Gal como musa hippie e símbolo sexual da contracultura.

Com *Gal a Todo Vapor* o Tereza Rachel virou um espaço seguro de fuga e ao mesmo tempo de resistência para aqueles jovens que desprezavam a ditadura militar. Foram eles que aumentaram ainda mais a mítica em torno de Gal na época e elevaram o espetáculo ao patamar de atração cult. "Nunca vi tamanha confusão em uma estreia. Os ingressos da metade da temporada já estão esgotados, e algumas pessoas ficaram horas na fila", disse a atriz Tereza Rachel, dona do teatro, ao *Jornal do Brasil*.

O diretor Waly Salomão, com sua generosidade desmedida, também contribuía para a celeuma ao colocar para dentro qualquer amigo que pedisse para entrar, mesmo que não tivesse comprado bilhetes. Na mesma época, bem próximo dali, no Teatro da Praia, também em Copacabana, Maria Bethânia ainda estava em cartaz com outro grande sucesso, *Rosa dos Ventos*, um show quase primo de *A Todo Vapor*. O programa semanal da época, para muitos cariocas, era decidir se iria assistir a Gal no Tereza Rachel ou Bethânia no Teatro da Praia. Nem mesmo João Gilberto ficou imune. O pai da bossa nova não perdeu quase nenhuma apresentação de *Gal a Todo Vapor* – e assistiu a quase todas as sessões da coxia. Mas quem pensava que ele ia para ouvir a primeira parte do show, de voz e violão, se enganava. O próprio cantor comentou com Gal que preferia a segunda parte.

Cerca de quinze dias depois da estreia, contudo, a temporada se encerrou e Gal foi para Londres. Quando regressou, em dezembro, o show que seria apenas uma despedida antes da viagem havia ganho ares míticos ainda maiores com o lançamento do disco ao vivo *Fa-tal: Gal a Todo Vapor*. O título escolhido era uma referência ao cenário do show, desenvolvido por Luciano Figueiredo e Oscar Ramos. Os dois se inspiraram em poemas de Waly Salomão presentes em seu livro *Me Segura que Eu Vou Dar um Troço*. Ao fundo do palco, eles ergueram dois cartazes com palavras-chave presentes em alguns poemas da obra: "Violeto", escrita em branco e em destaque, e "Fa-tal", em dourado, escolhida para dar nome ao LP.

Fa-tal foi o primeiro álbum duplo lançado por um artista brasileiro e trazia o registro do show quase na íntegra. Quando estreou no Tereza Rachel, no dia 1° de janeiro de 1972, o espetáculo teve seu repertório levemente renovado. Foram incluídas, entre outras, "Detalhes", nova canção de Roberto Carlos que estava estourada nas rádios, e "Oriente", novidade de Gilberto Gil que ela trouxe de Londres.

A essa altura, *Gal a Todo Vapor* deixou de ser apenas um show e se tornou praticamente um estilo de vida. O clima que reverberava nas apresentações extrapolou os limites do teatro e foi parar na praia de Ipanema, na altura entre as ruas Farme de Amoedo e Teixeira de Melo, onde uma enorme armação de ferro e madeira que servia para a construção de um emissário submarino dragava areia do fundo do mar e despejava na praia, originando a formação de enormes dunas artificiais. O local, chamado Píer de Ipanema, que já era frequentado por surfistas e pelas meninas descoladas do bairro, ganhou ainda mais notoriedade quando, numa certa tarde de janeiro de 1972, foi visitado por Gal, Waly, Jorge Salomão, Jards Macalé, Jorge Mautner, Nelson Jacobina e uma penca de outros artistas e intelectuais antes de um dos shows do Tereza Rachel. A partir daí o Píer se transformou definitivamente no ponto de encontro da contracultura e da juventude que vivia à risca o slogan sexo, drogas e rock and roll .

"Era uma 'república independente' nos piores tempos do regime militar", como descreve Ruy Castro no livro *Ela é Carioca*, aquele local que entraria para a história como "dunas do barato" ou "dunas da Gal". Ela era a musa indiscutível do Píer, e as músicas do seu show eram a trilha sonora por trás daqueles encontros. Na maioria das vezes, as conversas que se iniciavam nas dunas se estendiam até a entrada do Tereza Rachel, sofriam uma pausa para que todos pudessem assistir ao show pela milésima vez e continuavam madrugada adentro. Todos dourados pelo sol que parecia brilhar diferente naquele trecho da praia.

O verão de 1972, contudo, uma hora terminou. A temporada carioca de *A Todo Vapor* se encerrou no fim de janeiro, e Gal passou o resto do ano viajando com o show pelo Brasil. Com o passar dos anos, ela se reinventou uma série de vezes, estrelou novos shows históricos e gravou outros discos icônicos. Mas aquele vapor barato que inundava o teatro Tereza Rachel entre 1971 e 1972 nunca se dissipou. Mesmo muito tempo depois, já transfigurada em grande dama da MPB, quando Gal Costa cantava um repertório sofisticado usando vestidos de grife, ainda era possível reconhecer nela a hippie de jeito moleque, coxas de fora e boca vermelha cantando no escuro e no silêncio: "Eu sou uma fruta gogóia!".

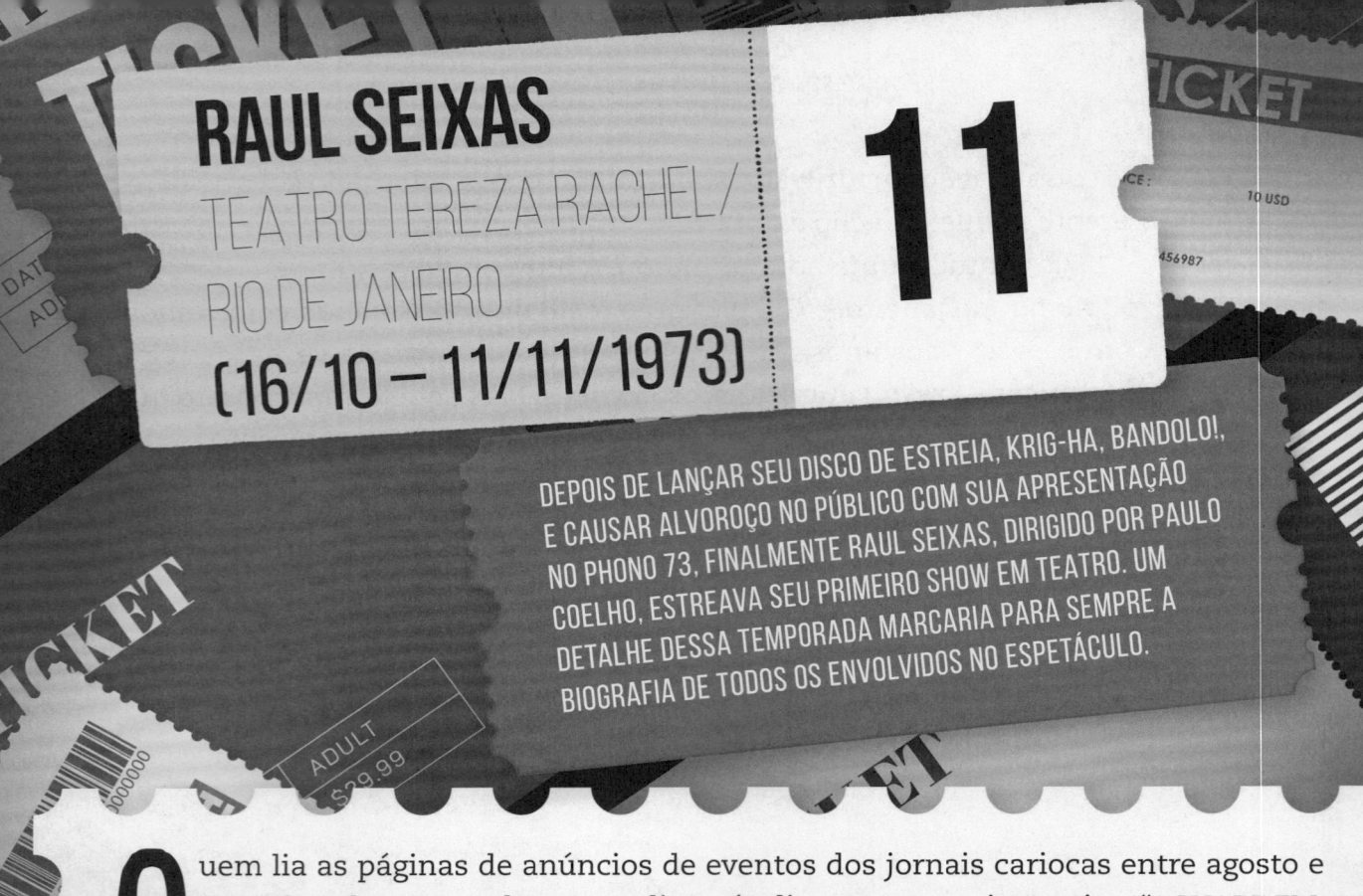

DEPOIS DE LANÇAR SEU DISCO DE ESTREIA, KRIG-HA, BANDOLO!, E CAUSAR ALVOROÇO NO PÚBLICO COM SUA APRESENTAÇÃO NO PHONO 73, FINALMENTE RAUL SEIXAS, DIRIGIDO POR PAULO COELHO, ESTREAVA SEU PRIMEIRO SHOW EM TEATRO. UM DETALHE DESSA TEMPORADA MARCARIA PARA SEMPRE A BIOGRAFIA DE TODOS OS ENVOLVIDOS NO ESPETÁCULO.

Quem lia as páginas de anúncios de eventos dos jornais cariocas entre agosto e setembro de 1973 se deparava, dia após dia, com o seguinte aviso: "AGUARDEM. RAUL SEIXAS E OS PANTERAS. Sensacional estreia em teatro da maior revelação da música brasileira em 1973". De fato, Raul Seixas, junto com o Secos & Molhados, havia sido a grande revelação da música brasileira naquele ano. Um dos primeiros frutos visíveis do movimento tropicalista, ele se lambuzava no rock and roll norte-americano e o misturava com uma série de outras influências da cultura pop, do brega e da música nordestina para criar uma linguagem própria e original. Raul era, indubitavelmente, um acontecimento na música brasileira, e o caldeirão de referências presentes em sua obra era fruto direto da sua trajetória peculiar.

Nascido em Salvador nos anos 1950, Raul Seixas foi um jovem apaixonado pela cultura pop e pelo rock americano, fã de nomes como Elvis Presley e Bill Haley. Em 1962, ainda na Bahia, criou o grupo The Panthers, que depois virou Raulzito e os Panteras. A banda teve uma carreira modesta, mas chegou a lançar um LP em 1967, pela Odeon. Em 1970, já morando no Rio de Janeiro, deixou de lado a carreira de cantor e se tornou produtor musical da CBS, gravadora que era o berço de artistas populares da Jovem Guarda e da canção romântica. Lá ele forneceu repertório e produziu discos para nomes como Jerry Adriani, Trio Ternura, Diana, entre muitos outros. Em 1971 ele lançou, ao lado de Sergio Sampaio, Miriam Batucada e Edy Star, o disco experimental *Sociedade da Grã-Ordem Kavernista Apresenta Sessão das 10*. Sem apoio da gravadora, o álbum não obteve boa repercussão, mas se tornou um item cult. Mais importante, foi o pontapé para Raul sair dos bastidores e voltar a investir em sua carreira de cantor.

O retorno se deu no ano seguinte, quando ele apresentou "Let Me Sing, Let Me Sing" no VII *Festival Internacional da Canção*, em uma performance catártica. Na mesma época, Raul cruzou seu caminho com um personagem que seria central em sua biografia dali para frente. Depois de ler na revista 2001 um artigo sobre extraterrestres, ele ficou interessado a ponto de ir até a redação do periódico para conversar com o autor, que logo descobriu se tratar de um certo Paulo Coelho. Os dois imediatamente travaram um diálogo que se transformou em amizade. Paulo introduziu Raul ao mundo do esoterismo, do ocultismo e da bruxaria, assunto que já lhe interessava antes. Não demorou para que se tornassem parceiros musicais, apesar da resistência inicial de Paulo, que não se imaginava como um compositor de música popular. "Al Capone", "A Hora do Trem Passar", "As Minas do Rei Salomão" e "Rockixe" foram algumas das canções dessa primeira leva que fizeram em conjunto. Todas elas foram parar no disco de estreia de Raul, *Krig-Ha, Bandolo!*, lançado pela Phillips em julho de 1973, que logo alcançou enorme repercussão pelo sucesso de faixas como "Mosca na Sopa" e "Ouro de Tolo", um retrato sobre o comodismo da vida burguesa em uma melodia típica do que era chamado na época de música "brega".

Quando o disco saiu, Raul Seixas e Paulo Coelho já eram duas figuras excêntricas e inquietantes que despertavam curiosidade e fascínio nas pessoas. Raul já havia causado impacto no público em apresentações esparsas, como no *Festival da Canção de 1972* e no *Phono 73*, evento promovido pela gravadora Phillips em maio daquele ano. Era chegada a hora de finalmente estrear um show próprio em teatro para atender à demanda e matar a curiosidade do público. Depois de algumas apresentações em São Paulo, a estreia da temporada carioca, que se tornaria um grande sucesso, se deu no dia 16 de outubro, no Teatro Tereza Rachel.

O show, dirigido por Paulo Coelho, contava com uma banda formada por Wagner Tiso (piano e órgão), Frederiko (guitarra), Luis Carlos Santos (bateria) e Milton Botelho (baixo). Raul surgia no palco vestindo seu figurino clássico da época: calça Lee, botas longas, camisa parda e uma boina estilo guerrilheiro. A ambientação era simples: apenas uma inscrição ao fundo do palco, onde se lia a frase "Nunca é tarde demais para começar tudo de novo". Depois de uma breve introdução da banda, o cantor dava o pontapé inicial no show com "Eu Sou Eu, Nicuri é o Diabo", canção autoral lançada por Lena Rios & Os Lobos no *Festival Internacional da Canção* do ano anterior. Na sequência, vinham as músicas do disco novo: "Al Capone", "Mosca na Sopa", "As

Minas do Rei Salomão", "Rockixe", "Ouro de Tolo" e "How Could I Know", além de uma inédita, "Assombração n° 13 em Lá Maior". Não havia muito texto falado ao longo do show. Talvez porque não fosse necessário – as letras, tão provocantes quanto bem-humoradas, já diziam tudo. Um dos poucos momentos em que Raul conversava com a plateia era quando parava para falar sobre a forma como sua obra era difícil de ser classificada. "Não é rock, é iê-iê-iê realista, pós-romântico. Mas já não é realismo fantástico, é figurativo", descrevia com sua verve contumaz.

No canto do palco, como parte do cenário, havia também uma cadeira branca, suspensa a três metros do chão por fios de nylon. Em dado momento do show, Raul abria os braços e um foco de luz iluminava a cadeira, que descia lentamente até o chão. O cantor sentava-se ali com as pernas cruzadas, e a banda iniciava a introdução de um bolero dos mais sentimentais, no estilo do repertório de Nelson Gonçalves. Era "Sessão das 10", lançada no disco *Grã-Ordem Kavernista*, interpretada por Edy Star "em homenagem aos boêmios da velha guarda", como ele próprio anunciava na gravação original. "Curtiu com meu corpo/ Por mais de dez anos/ E depois de tal engano/ Foi você quem me deixou", dizia a homenagem-paródia ao repertório dos antigos seresteiros. No ano seguinte, Raul registraria a música no seu disco *Gita*.

Um dos pontos altos do show viria em seguida: o *pot-pourri* com clássicos do rock and roll dos anos 1950 e 1960. Era uma alusão do artista à sua formação musical, mas também a um obscuro álbum da época que poucos sabiam que era dele. Antes de lançar *Krig-Ha, Bandolo!*, o baiano gravou pela Phillips um disco de covers intitulado *Os 24 Maiores Sucessos da Era do Rock*, que incluía de "Rock Around The Clock" e "Long Tall Sally" a "Rua Augusta" e "É Proibido Fumar". Raul estava empolgado com esse trabalho, mas a Phillips o impediu de assinar e promover o disco, com medo de que isso prejudicasse a divulgação de *Krig-Ha, Bandolo!*, prioridade da gravadora. O disco de covers, que mal repercutiu, foi atribuído ao fictício grupo Rock Generation.

Na sequência do *pot-pourri*, o cantor emendava com seu carro-chefe da época, "Let Me Sing, Let Me Sing", canção que unia o rock típico de Elvis Presley com o baião de Luiz Gonzaga. Mais Raul Seixas que isso, impossível. Um dos momentos do show mais elogiados pela crítica era a interpretação de "Lua Bonita", do repertório do paraibano Zé do Norte. Por fim, depois de "Cachorro Urubu", o roteiro fechava com "Loteria da Babilônia", parceria com Paulo Coelho, inspirada em um conto do escritor argentino Jorge Luis Borges, lançada meses antes no festival *Phono 73*: "Você aprendeu tudo enquanto estava mudo/ Agora é necessário gritar e cantar rock", bradava Raul antes de se despedir do público do Tereza Rachel.

A temporada carioca foi um sucesso, com datas extras e muito boca a boca. "O show, de qualquer forma pelo que Raul diz, pelo que canta e pelo que significa – é, sem dúvida, um dos acontecimentos mais importantes do ano em matéria de música", cravou Elias Fonseca na revista *Manchete*. Um pequeno detalhe da temporada, contudo, acabaria marcando para sempre a vida de todos os envolvidos no espetáculo. *A Fundação de Krig-Ha* foi um gibi criado por Raul Seixas e Paulo Coelho, ilustrado por Adalgisa Rios, namorada de Paulo na época, para divulgar o álbum *Krig-Ha, Bandolo!*. O gibi era inspirado na história de Tarzan, de onde saiu o título do disco, que significa "Cuidado, aí vem o inimigo!". A historinha era repleta de filosofias obscuras e termos em línguas desconhecidas e bebia na fonte da indústria de quadrinhos da época. Na temporada carioca do show, o gibi era oferecido ao público na entrada do teatro, junto com o programa do espetáculo.

Hoje pode parecer algo bobo e até ingênuo, mas em 1973 o Brasil vivia um dos momentos mais difíceis da ditadura militar, e a paranoia generalizada contra qualquer tipo de "subversão" comandava os atos da polícia política de repressão. Desde que surgiu, Raul estava na mira da ditadura e seus passos eram acompanhados de perto. Na época, como revelou Jotabê Medeiros no livro *Não Diga que a Canção Está Perdida*, a polícia chegou a apreender pilhas do gibi na porta do Tereza Rachel e a ficha de Raul na Polícia Federal informava que ele participara de um evento onde eram distribuídos folhetos contendo "propaganda subversiva e mensagens justapostas subliminares". No ano seguinte, a polícia ainda não havia engolido a história e questionava o significado do termo "Krig-ha, bandolo!", que eles acreditavam se tratar de uma mensagem oculta de oposição ao regime militar. O desfecho dessa desconfiança revela o perverso *modus operandi* do governo na época: Raul e Paulo foram intimados a depor no DOPS, e Paulo acabou preso ilegalmente nos porões da ditadura, onde foi torturado física e psicologicamente, assim como Adalgisa, sua namorada, responsável pela ilustração do gibi.

Em 2019, quando Jotabê Medeiros lançou a já referida biografia de Raul Seixas, os mistérios em torno da prisão de Paulo, que sempre pareceu injustificada, ressurgiram em forma de uma nova polêmica. No livro, o autor revelou um documento que mostra que Raul esteve no DOPS para depor alguns dias antes de voltar até lá acompanhado por seu parceiro. O mesmo documento afirmava que o órgão chegou a Paulo – que eles suspeitavam que fosse membro do Partido Comunista Brasileiro Revolucionário – "por intermédio do referido cantor". A partir daí, foi levantada a suspeita de que Raul teria sido responsável por entregar o amigo à ditadura, algo que Paulo comentou apenas alusivamente na época: "Fiquei quieto por 45 anos. Achei que levava segredo para o túmulo", ele publicou em seu Twitter. Após a repercussão, voltou a comentar o assunto na rede social: "Não confirmei e não confirmo nada. Eu apenas vi o documento e me senti abandonado na época".

Contudo, em uma reportagem dos jornalistas Cristina Serra e Rogério Marques publicada pela *Folha de S.Paulo* em 2020, foi revelado um novo documento que sugere que Paulo Coelho teria sido preso no lugar de um militante de esquerda praticamente homônimo. Enquanto o nome completo do compositor é Paulo Coelho de Sousa, o do militante, este sim pertencente ao PCBR, era Paulo Coelho Pinheiro. Ou seja, a polícia achava que os dois eram a mesma pessoa e que o gibi *A Fundação de Krig-Ha* era na verdade um panfleto com propaganda comunista disfarçada. Na reportagem da *Folha*, o biógrafo Fernando Morais, autor do livro *O Mago – A Incrível História de Paulo Coelho*, opinou sobre o caso: "Esses documentos e o novo personagem jogam luz sobre duas biografias – a do Paulo, porque põe fim a um mistério de meio século, e a do Raul, porque põe uma pedra sobre uma suspeita terrível, a de que ele teria delatado Paulo Coelho".

Seja como for, a temporada carioca do show *Krig-Ha, Bandolo!*, assim como o curioso gibi distribuído aos seus espectadores, são hoje capítulo importante das trajetórias de Raul Seixas e Paulo Coelho. Uma história tão positiva para a música popular brasileira quanto inquietante e fascinante em alguns aspectos até hoje folclóricos dessas duas biografias.

SECOS & MOLHADOS

GINÁSIO DO MARACANÃZINHO/
RIO DE JANEIRO
(10/02/1974)

12

COM VENDAS MILIONÁRIAS E SEMPRE NA MÍDIA, O SECOS & MOLHADOS ERA O GRANDE FENÔMENO DA MÚSICA BRASILEIRA NAQUELE INÍCIO DE 1974. EM FEVEREIRO, O GRUPO ENTROU PARA A HISTÓRIA COM UMA APRESENTAÇÃO APOTEÓTICA NO MARACANÃZINHO, QUEBRANDO RECORDES DE PÚBLICO.

Era a primeira vez que uma banda ou artista brasileiro sozinho atraía tanta gente para um show. Naquele início de noite de domingo, o Maracanãzinho, já acostumado a sediar grandes eventos, recebia uma verdadeira multidão para aplaudir o trio que se apresentava de uma forma nunca antes vista no Brasil e que se consagraria definitivamente como fenômeno da música nacional.

Havia 20 mil pessoas dentro do ginásio e mais 20 mil do lado de fora para assistir ao espetáculo do Secos & Molhados. Era um público heterogêneo, formado por homens, mulheres, jovens, velhos, crianças, gays, héteros, hippies, caretas, todos em estado de quase euforia. Havia câmeras da TV Globo espalhadas por todo canto, e um policiamento ostensivo de militares que mantinham tudo sob sua vigilância e deixavam no ar um clima de tensão latente. Afinal, não eram tempos pacíficos no Brasil, e o grupo que em breve subiria ao palco parecia uma bomba de desobediência política e moral prestes a explodir. Naquele dia, quem comandava a segurança do local era o coronel Ardovino Barbosa, militar conhecido entre os cariocas por perseguir homossexuais.

No camarim montado improvisadamente sobre o palco, João Ricardo, Gerson Conrad e Ney Matogrosso, os três integrantes do grupo em questão, estavam sentados diante de um espelho dando os retoques finais na maquiagem, em completo silêncio, observados por uma câmera da Globo que eternizou a cena. Já eram quase nove da noite quando Moracy do Val, empresário da banda, entrou animado no camarim. "Tá lotado já, 20 mil pessoas", ele disse. "Arquibancadas, cadeiras, tudo ocupado. Dizem que lá fora tem mais 20 mil. Se nós usássemos o centro do ginásio em vez de ter feito aqui o palco, colocaríamos mais cinco, seis mil". João Ricardo ouviu atentamente e disse em tom grave enquanto acertava o contorno dos olhos com um lápis: "É isso mesmo que nós queremos. Há muito tempo que nós queremos isso".

"Isso" – leia-se o sucesso, o impacto cultural e a consagração popular – era mesmo o que João Ricardo queria há pelo menos dois anos. Filho do poeta português João Apolinário, em 1971, quando tinha 23 anos, João teve a ideia de criar um grupo de rock que se chamaria Secos & Molhados e uniria música e poesia. A ideia era adaptar poemas de autores consagrados para melodias simples de sabor pop, que convidassem as pessoas a cantar junto. Ainda em 1971 ele criou a primeira formação do grupo ao lado de um amigo chamado Fred (bongô) e de Antônio Carlos "Pitoco" (vocais). Os três chegaram a fazer algumas apresentações que não deram certo em um inferninho em São Paulo, e Pitoco resolveu abandonar o projeto para seguir carreira solo, enterrando de vez a primeira e mal-sucedida formação do grupo. Pouco depois, contudo, João conheceu Gerson Conrad, vizinho no bairro Bela Vista, em São Paulo, durante uma disputa de pingue-pongue na casa de um amigo em comum. Os dois logo se aproximaram pelo interesse compartilhado pela música, passaram a tocar juntos, e Gerson aceitou fazer parte do tal conjunto de rock que tocaria poesia. Faltava ainda um vocalista. E de preferência de voz aguda.

Nessa época, João Ricardo era muito amigo de Luhli, com quem passava as tardes tocando violão, ouvindo Beatles e compondo músicas que em breve seriam sucesso, como "Fala" e "O Vira". Foi ela quem lhe indicou um amigo que poderia se encaixar no perfil que ele buscava para a banda. Era um hippie de 30 anos chamado Ney, que morava no Rio de Janeiro e estava tentando ganhar a vida como ator. Assim, no fim de 1971, João e Gerson Conrad foram ao Rio se encontrar com o tal cantor, que os impressionou de cara e topou fazer parte do grupo. Estava pronta a formação clássica do Secos & Molhados.

Em janeiro de 1972, Ney Matogrosso se mudou para São Paulo e os três ensaiaram e montaram o repertório da banda. Ney logo mostrou que não seria apenas a voz do trio. Com toda a sua experiência de vida nômade e sem regras, trouxe ao grupo novas informações. Foi ele quem deu a ideia da maquiagem que se tornou marca registrada, dos figurinos extravagantes e da performance baseada na dança e nos movimentos cênicos que ficavam entre o animalesco e o sensual. Os outros dois, mais jovens e frutos da classe média paulistana, de início resistiram às ideias, mas acabaram embarcando, sobretudo depois que elas se mostraram acertadas.

A estreia do grupo se deu em dezembro de 1972, com algumas apresentações na Casa de Badalação e Tédio, um espaço do Teatro Ruth Escobar, em São Paulo. O show foi um sucesso e logo repercutiu pela cidade, que correu para presenciar aquele acontecimento. Em uma dessas apresentações estava Moracy do Val, que se impressionou com o que viu e se ofereceu para empresariar a banda. Semanas depois, ele já havia conseguido descolar um contrato com a gravadora Continental, e em janeiro de 1973 João Ricardo, Gerson Conrad e Ney Matogrosso entraram em estúdio para gravar o primeiro disco do Secos & Molhados. O álbum saiu no meio do ano e alçou o trio a um sucesso meteórico. Músicas como "Sangue Latino", "O Vira" e "Rosa de Hiroshima" tocavam nas rádios sem parar. Só se falava naquele grupo que vivia um quase anonimato sob a máscara de maquiagem que o escondia em cena. Apesar da postura transgressora, quase agressiva, o trio conquistou um público amplo, o que repercutiu nas lojas de disco: o LP de estreia vendeu quase um milhão de cópias, número astronômico para a época, que só Roberto Carlos chegava perto de alcançar.

O Secos & Molhados iniciou o ano de 1974 como um dos assuntos musicais mais comentados do país. Depois do sucesso em São Paulo, passou o mês de janeiro em uma temporada explosiva no Teatro Tereza Rachel, no Rio. O sucesso foi tanto que as datas disponíveis não supriram a demanda do público. Moracy do Val teve então uma ideia: encerrar a estadia carioca em grande estilo, com uma apresentação apoteótica no Maracanãzinho. Era uma ideia ousada e arriscada. Até então nenhum artista brasileiro havia conseguido atrair público suficiente para um show solo no ginásio. Até mesmo Sergio Mendes, quando veio ao Brasil já consagrado internacionalmente em 1969, precisou recrutar um verdadeiro elenco para acompanhá-lo, transformando seu show em um festival. Portanto, lotar o Maracanãzinho com uma apresentação solo, sem números de abertura, seria a consagração definitiva do Secos & Molhados, e era exatamente isso que eles buscavam. Para ajudar na empreitada, Moracy e João foram conversar com Boni, o chefão da Globo na época. Eles acordaram que a emissora teria direito de registrar e exibir a apresentação em troca de ajudá-los na divulgação e na propaganda do show.

E foi assim que no dia 10 de fevereiro 40 mil pessoas se dirigiram ao Maracanãzinho para presenciar aquele acontecimento – mas, como se sabe, só 20 mil entraram. O palco, montado no fundo do ginásio, era enorme e de uma altura que os mantinha distantes do público. O cenário era formado ao fundo por uma ilustração com o rosto dos três. O show começou com a quase solene "As Andorinhas", adaptação de João Ricardo para um poema de Cassiano Ricardo. Uma faixa curta, precedida por uma introdução com bateria e piano, que preparava o terreno para que a voz de Ney tomasse conta: "Nos fios tensos/ Da pauta de metal/ As andorinhas gritam/ Por falta de uma clave de sol". Os três apareceram encobertos pela já famosa maquiagem em preto e branco, inspirada no estilo do teatro kabuki japonês. Ney usava um figurino clássico dessa época, que se tornou um dos mais icônicos de sua carreira. Ele vinha praticamente nu, com o torso todo de fora, usando apenas um penacho na cabeça e uma espécie de saia – na verdade um emaranhado de faixas de tecido amarrado na cintura – que produzia um efeito de ampliação e expansão de seus movimentos enquanto dançava. Gerson e João, apesar da maquiagem, vinham mais comportados, com calças boca de sino e camisa.

Logo nos primeiros minutos do show se desenrolou uma cena que poderia fazer a noite terminar em tragédia ou, no mínimo, acarretar a prisão de Ney Matogrosso. Por algum motivo, a organização do evento colocou a grade que separava o público muito distante do palco. Como o ginásio estava lotado, algumas pessoas tentaram romper o gradil à força. A polícia tentou evitar a ação do público e passou a conter as pessoas com o uso de puxões e pancadas de cassetete. Do palco, Ney avistou o que acontecia e, tomado de raiva, exclamou: "Parem com essa merda!". Nessa hora, o áudio do seu microfone foi cortado e ele ouviu uma ordem vinda dos bastidores: "Canta!". Era o coronel Ardovino Barbosa, que lhe gritava furioso da coxia. Mas Ney não obedeceu. Abaixou o microfone, colocou-o nas costas, em sinal de que não cantaria mais, e pousou a mão direita na cintura. Nessa hora, a banda interrompeu a música bruscamente.

Enquanto o coronel gritava ordens da coxia para que retomassem o show e deixassem a polícia agir, Ney ficou parado no palco, na mesma posição, encarando de frente os policiais com um olhar desafiador, quase de ameaça. A essa altura, as 20 mil pessoas presentes no Maracanãzinho assoviavam, aplaudiam e vaiavam. Alguns começaram a arremessar moedas nos policiais. O ato de Ney, naqueles tempos obscuros de ditadura, era uma desobediência pública e escancarada, que poderia facilmente colocá-lo em maus lençóis. "Eu imaginei que sairia de lá preso", contou 49 anos depois. Mas os policiais sabiam que ele não estava sozinho e temiam a fúria do público se não obedecessem ao artista. Fugindo dos olhos penetrantes de Ney, se desmobilizaram e deixaram o local, permitindo que a plateia avançasse sobre o gradil e ficasse mais próxima do palco. Com a mesma segurança com que encarou os policiais, Ney virou o rosto para João Ricardo e sinalizou que poderiam continuar o show. Sob aplausos gerais, a banda retomou a introdução de "Rosa de Hiroshima".

A apresentação durou pouco mais de uma hora, com roteiro calcado no repertório do disco de estreia. Naquela noite, o público presenciou as versões ao vivo de canções que ali entravam para a eternidade, como "Assim Assado", "O Patrão Nosso de Cada Dia", "Fala", "El Rey" e "Primavera nos Dentes". Havia pelo menos uma inédita: "Toada & Rock & Mambo & Tango Etc", de João Ricardo e Luhli, que seria gravada no segundo disco da banda. No final, antes de deixarem o palco, bisaram "Mulher Barriguda" e "Sangue Latino". Ney terminou o show com a certeza de que seria levado preso logo que pisasse no camarim. Mas isso não aconteceu. Os militares sabiam que naquela noite era o artista quem tinha o poder. Ele havia vencido a batalha. Assim, Ney, Gerson e João voltaram ao camarim, tiraram a máscara de Secos & Molhados, vestiram roupas mundanas, receberam das mãos de Moracy do Val sacolas com o cachê da apresentação e foram embora, cada um para um lado. O trio tinha acabado de se consagrar como a maior banda de música brasileira daquele momento, com recorde de vendas e agora de público. Parecia o capítulo inicial de uma história que ainda colecionaria outras glórias semelhantes ou ainda maiores. O Secos & Molhados parecia ter chegado para ficar. Uma carreira internacional já era vislumbrada naquele momento por Moracy, porém, aquele foi o início do capítulo final, e o grupo feneceu da mesma forma rápida e abrupta com que explodiu.

Na época do show no Maracanãzinho, boatos de uma iminente dissolução do trio já corriam em uma notinha ou outra de jornal. Nos meses seguintes, o clima entre os três começaria a azedar e, com o tempo, se tornaria quase insustentável, fruto sobretudo da ambição pessoal de João Ricardo, que passou a se mostrar cada vez mais autoritário e controlador. A gota d'água foi uma espécie de golpe interno que ele promoveu contra Moracy durante uma turnê no México, quando demitiu o empresário da noite para o dia para colocar em seu lugar seu pai, João Apolinário, mesmo sem o consentimento dos outros integrantes do grupo. Eles ainda gravaram um segundo disco, em junho, em um clima de quase hostilidade. O álbum saiu em agosto ao mesmo tempo em que Ney Matogrosso anunciava que estava fora e partiria para a carreira solo.

O show no Maracanãzinho foi simultaneamente o ato de consagração definitiva do grupo que acabava de surgir, mas também o ato triunfal de despedida de uma banda que não podia mais se sustentar.

ELIS REGINA
TEATRO BANDEIRANTES/ SÃO PAULO
(17/12/1975 – 18/02/1977)

13

ENTRE DEZEMBRO DE 1975 E FEVEREIRO DE 1977, ELIS REGINA REALIZOU UM DOS MAIORES FEITOS DE SUA TRAJETÓRIA. COM FALSO BRILHANTE, APRESENTOU AOS PAULISTANOS UM ESPETÁCULO DE PROPORÇÕES ENTÃO INÉDITAS NO BRASIL E EXPURGOU DIANTE DO PÚBLICO OS TRAUMAS DE SUA ASCENSÃO AO ESTRELATO.

Em meados de 1975, quem passasse pelo Viaduto do Chá, em plena movimentação do Centro de São Paulo, não poderia imaginar que lá embaixo, a poucos metros dali, uma das maiores estrelas da música brasileira ensaiava um espetáculo que se tornaria memorável. Elis Regina e mais uma dezena de músicos, atores e bailarinos lapidavam seu *Falso Brilhante*, que estrearia no final do ano.

A ideia tinha surgido meses antes. Um dia, Elis gritou da cozinha para seu marido e parceiro musical, César Camargo Mariano: "Estou com vontade de fazer um espetáculo!". Ele ouviu atentamente. Afinal, ela tinha dito "espetáculo" e não simplesmente "show". Elis queria contar ao público a via crucis percorrida por um artista desde a descoberta do dom, as tentativas de entrar no mercado, o sucesso consagrador e, finalmente, a crucificação pública e midiática tão comum no show business – e que ela conhecia intimamente. Mas não queria apenas um recital que agrupasse uma lista de canções sobre o tema. Seu desejo era fazer algo grandioso, uma superprodução circense, com cenário, atores, figurinos, maquiagem. Os olhos de César brilharam diante da ideia. Ele se lembrou imediatamente dos grandes musicais da MGM e suas fantasias de criança quando assistia àquilo tudo. Finalmente, chegara a hora de concretizar aqueles sonhos.

A partir daí, os dois começaram a discutir os detalhes do que se chamaria *Falso Brilhante*. O título foi retirado do bolero "Dois pra Lá, Dois pra Cá", de João Bosco e Aldir Blanc, que Elis havia gravado em 1974 e era a expressão perfeita para traduzir o cerne do que ela queria abordar com o projeto: a ideia de que a fama, o sucesso, o poder e o *glamour*, no fim das contas, não passam de uma ilusão. Para dar vida a tudo isso, eles logo perceberam, precisariam da ajuda de uma grande equipe e de um diretor que comandasse tudo. O primeiro nome que pensaram foi o de Ademar Guerra. Em um jantar com o diretor, explicaram o que pretendiam fazer e como imaginavam o espetáculo. Ademar, como narra César Camargo Mariano em suas memórias, se empolgou com a ideia, mas recusou o convite por estar envolvido em outra produção e indicou o nome de Myriam Muniz, respeitada atriz do Teatro Oficina desde 1961 e dona da academia de arte dramática Teatro Escola Macunaíma. Sua experiência com direção propriamente era pouca, mas ela aceitou dar vida àquela ideia. Afinal, tratava-se de Elis Regina.

O próximo passo era conversar com os músicos. César reuniu o grupo que sempre os acompanhava (Luizão Maia, Paulo Braga e Hélio Delmiro) e explicou do que se tratava. Os três se assustaram de cara. Fantasia, maquiagem, aula de dança? Nem pensar, eles não tinham perfil para aquilo. Com o trio fora do projeto, em seu lugar foram chamados Crispin Del Cistia (guitarra e teclado), Wilson Gomes (baixo), Nenê (bateria e percussão) e Natan Marques (guitarra).

Os ensaios eram um capítulo à parte. Ao todo, foram pelo menos sete meses de preparação, com uma jornada de trabalho que não raro ultrapassava 12 horas diárias. Os primeiros encontros, na sede da Escola Macunaíma, foram comandados por Myriam Muniz, com aulas de linguagem corporal com o bailarino José Carlos Viola e assistência do psiquiatra Roberto Freire, que entrava em ação quando a barra pesava demais para o emocional de alguém ou para mediar os constantes conflitos entre Elis e Myriam. A ideia era tirar daqueles músicos, acostumados apenas a tocar seus instrumentos, capacidade de interpretação, noções cênicas e técnicas para entrar no personagem. Nos três primeiros meses, nem se falou em música. Foi um mergulho total e profundo no mundo que estavam construindo.

Depois de um tempo, contudo, César e os músicos sentiram necessidade de estar perto de seus instrumentos, incorporá-los àquelas aulas de expressão corporal. Não viam a hora de começar a tocar juntos. O problema é que a escola de Myriam não tinha espaço suficiente. A solução foi encontrada por Elis, que arranjou, junto à prefeitura, um novo local para os ensaios: um enorme galpão que ficava embaixo do Viaduto do Chá, próximo ao Theatro Municipal. De tão podre, parecia mais um mictório público. Sem dinheiro para terceirizar a limpeza, a própria equipe arregaçou as mangas e limpou tudo, levantou a poeira, espantou os ratos que ali habitavam e transformou a pocilga num lugar mais confortável. Elis ainda instalou um fogão, onde cozinhava ovos e linguiças que os músicos comiam com pão, e alguns colchonetes para descansarem – caso sobrasse algum tempo, claro.

Depois de cerca de quatro meses de ensaios nesse galpão, os arranjos foram se desenhando, Elis botou a voz para funcionar e a mágica começou a acontecer. Um dos primeiros a presenciar aquilo que em breve deixaria o público paulistano boquiaberto foi o primogênito de Elis, João Marcello Bôscoli, então com 5 anos, que durante os ensaios passeava por ali com seu velocípede. "Quando as luzes acendiam e os músicos fantasiados começavam a tocar – palhaço, espantalho, arqueiro, vampiro, super-homem –, eu parava e ficava hipnotizado. Os camarins eram um parque de diversões com muita maquiagem e trocas de roupas", descreveu em seu livro *Elis e Eu*.

Depois de mais de meio ano de ensaios exaustivos, chegou a hora da estreia. Inicialmente o show seria apresentado em um grande circo em São Paulo e depois sairia em excursão por outras cidades do país, como uma verdadeira trupe mambembe. Mas a produção não conseguiu chegar a um acordo com a prefeitura para a liberação de um terreno, e a solução foi armar a lona no Teatro Bandeirantes, que tinha uma boca de cena grande o suficiente para não prejudicar o conceito circense. Também foi montada uma grande passarela central na frente do palco, que se estendia até metade da pista, emprestando ainda mais imponência ao cenário.

O público que lotou o Teatro Bandeirantes na noite de estreia, 17 de dezembro de 1975, nem imaginava o que estava prestes a assistir. *Falso Brilhante* era um espetáculo arrojado, um formato grandioso que ainda nenhum artista brasileiro havia experimentado. Com um roteiro de 42 músicas, era dividido em dois atos que contavam a história de ascensão ao estrelato e todos os dissabores que se desenrolam a partir dessa conquista. "É a crucificação pública, uma realidade tropical que conta como a gente 'pastou' até aparecer um 'Arrastão' na nossa vida", resumiu Elis para a *Folha de S.Paulo*.

O primeiro ato era o mais autobiográfico e relembrava a trajetória da menina que se descobriu artista ainda criança cantando no *Clube do Guri*, programa da Rádio Farroupilha de Porto Alegre, onde nasceu, e depois se mudou para uma cidade grande em busca de seus sonhos. Um facho de luz iluminava os músicos que chegavam por entre a plateia, subiam pela passarela e tomavam seus postos no palco. Vinham fantasiados cada um como um personagem que eles próprios escolheram: César de palhaço, Natan de espantalho, Crispin de Super-Homem, Nenê de caubói e Wilson de Drácula. Depois, ao som de "Fascinação", velha valsa italiana que fez sucesso em português na voz de Carlos Galhardo, era projetado no palco um filme que contava a história de uma menina que sonhava em botar o dedo nas estrelas. Quando ela finalmente conseguia, um canhão de luz abria uma clareira no palco e ali surgia Elis, vestida como a menina do filme: cachos loiros, bochechas rosadas, olhos grandes e um vestido colorido cheio de laços.

Ela entrava entoando uma série de cantigas de roda, como "Criança Feliz" e "Trevo de Quatro Folhas". O primeiro ponto de virada vinha com "No Dia em que Eu Vim-me Embora", de Caetano Veloso, que representava o momento em que a cantora decidiu sair de Porto Alegre para tentar a sorte no Rio de Janeiro – "Cidade Maravilhosa" era cantada logo em seguida. Um dos poucos registros a que temos acesso desse show atualmente é de um *pot-pourri* que acontecia no meio do primeiro ato, em que Elis cantava de "O Guarani" a "Singing In The Rain", passando por Carmen Miranda e canções de Ary Barroso – trocando de figurino praticamente a cada nova canção. Era uma referência ao repertório das orquestras dos anos 1950 e 1960 que precisava ser assimilado pelos crooners na época – primeiro passo para garantir um lugar no meio musical. Tudo isso num cenário de circo grandioso, elaborado por Naum Alves de Souza, com figurinos desenhados por Lou Martin, trocas de roupa e de peruca, além de um dinamismo cênico constante.

No final do primeiro ato, o público se encontrava com a Elis que os fãs conheceram a partir de sua gloriosa trajetória pelos festivais da TV Record. Clássicos como "Arrastão", "Upa Neguinho" e "Canto de Ossanha" ilustravam a chegada da artista ao estrelato. Logo em seguida, contudo, vinha a representação do primeiro choque com esse novo mundo. Elis, com uma camisa branca e larga sobre o vestido, já sem peruca ou qualquer outro adereço, agarrava-se com as duas mãos a um trapézio. Com o microfone dependurado no pescoço e a cabeça caída de lado, ela permanecia ali, agachada de joelhos, como se flutuasse no palco, atingida, morta. Era a crucificação pública a que os artistas se viam lançados pelo sucesso. O preço cruel que se pagava pela fama. Chegava ao fim o primeiro ato.

A segunda parte do espetáculo simbolizava o renascimento ou a autodescoberta da artista, que se tornava mais alerta depois do primeiro choque com o trator da indústria. Os figurinos lúdicos e coloridos abriam espaço para roupas brancas simples, e o formato era mais parecido com o de recital tradicional, embora não perdesse o marcante dinamismo do show. "Na primeira parte é como se o elemento 'teatro' aparecesse em grande plano, e no segundo o elemento 'música' tinha maior destaque: a música entra de protagonista e o teatro fica coadjuvante", explicou a diretora Myriam Muniz ao jornal *O Globo*.

A retomada do espetáculo, depois do intervalo, se dava ao som de "Gracias a La Vida", de Violeta Parra. Elis surgia cantando a música em um balanço sustentado por um trapézio repleto de flores, usando um vestido branco largo e frugal. Era como se estivesse se purificando e se reinventando na maturidade da vida artística. O roteiro do segundo ato se mostrava alerta à situação do Brasil e do mundo naquele momento. "Los Hermanos" estendia a mão aos nossos irmãos latino-americanos, que na época também viviam à sombra de abjetas ditaduras que promoviam repressão, exílio e morte. Em "Um por Todos", de João Bosco e Aldir Blanc, ela conclamava a união da classe artística, com direito a manifesto lido no palco. Mas havia espaço também para canções como "Tatuagem", de Chico Buarque, que proporcionava um dos momentos mais fortes do espetáculo, quando Elis cantava olhando para César Camargo Mariano, que a encarava de volta do banco de seu piano. Quase no final, a artista comprovava seu talento apurado para farejar novidades musicais com duas canções inéditas do então pouco conhecido compositor cearense Belchior: "Como Nossos Pais" e "Velha Roupa Colorida", dois gritos não contidos por mudança. Depois, com "O Cavaleiro e os Moinhos", de Aldir Blanc e João Bosco, Elis clamava esperança por dias melhores: "Acreditar na existência dourada do sol/ Mesmo que em plena boca/ Nos bata o açoite contínuo da noite". E tudo se encerrava com "Fascinação", a mesma que abria o espetáculo: "Os sonhos mais lindos sonhei/ De quimeras mil um castelo ergui/ E no teu olhar, tonto de emoção/ Com sofreguidão mil venturas previ".

No dia da estreia, ao fim das duas horas de espetáculo, o Teatro Bandeirantes foi tomado por uma onda de aplausos retumbantes. Público e crítica estavam maravilhados com o que haviam presenciado naquele palco. Nos bastidores, Elis se jogou aos prantos no colo da mãe, que apenas respondeu, também emocionada: "Bendita hora em que deixei você cantar no *Clube do Guri*".

A temporada de *Falso Brilhante* se transformou em uma comoção. Ficou 16 meses em cartaz no Teatro Bandeirantes. Ao todo, foram mais de 250 apresentações e 280 mil espectadores. Na coxia, antes de entrarem em cena, os músicos brincavam: "Hoje o movimento está fraco. Só tem 30 cadeiras extras". Houve um momento em que o público precisava comprar o ingresso com semanas de antecedência, algo raro para a época. Empresas de turismo ao redor do Brasil começaram a criar pacotes do tipo "Viaje a São Paulo e assista a *Falso Brilhante!*". Todas as noites, hordas de turistas desciam dos ônibus para conferir a nova criação de Elis Regina. Para se ter uma ideia, o impacto era tão grande que a prefeitura de São Paulo emitiu um alvará para que os estabelecimentos próximos ao teatro pudessem estender seu horário de funcionamento devido ao aumento de movimento nas redondezas.

A Philips, gravadora de Elis na época, não demorou em querer transformar aquilo tudo em um disco. A propaganda seria praticamente gratuita. Pouco depois da estreia, em janeiro de 1976, Elis, César e os músicos foram ao Rio de Janeiro, se enfurnaram nos estúdios da Phonogram, na Barra da Tijuca, e gravaram tudo em apenas dois dias. Não havia alternativa: segunda e terça eram os únicos dias de folga. *Falso Brilhante*, o álbum, foi lançado em fevereiro de 1976 e era uma versão reduzida do espetáculo. Elis e César priorizaram as canções que faziam parte do segundo ato, com destaque para as duas de Belchior, que logo tocaram nas rádios.

Inicialmente *Falso Brilhante* ficaria duas semanas em cartaz. Mas veio o Natal de 1975, o Carnaval de 1976 e o sucesso permanecia. Em dezembro de 1976, um ano depois da estreia, o Teatro Bandeirantes ainda lotava todas as noites. Na virada para 1977, o espetáculo ainda tinha fôlego e a intenção era pegar a estrada e levá-lo para outros cantos do país. Mas uma descoberta mudou os planos: Elis estava grávida de sua filha, Maria Rita, e seu médico a aconselhou a parar. Não seria seguro para uma mulher grávida se expor ao nível de esforço físico que ela precisava fazer todas as noites. Assim, quase três anos depois de ter tido a ideia inicial na cozinha de sua casa, Elis encerrava a trajetória de *Falso Brilhante*.

O espetáculo foi um ponto luminoso na carreira de uma artista que alcançou o estrelato, venceu a crucificação pública e toda sorte de dissabores, mas aprendeu que, no fim das contas, viver é melhor que sonhar.

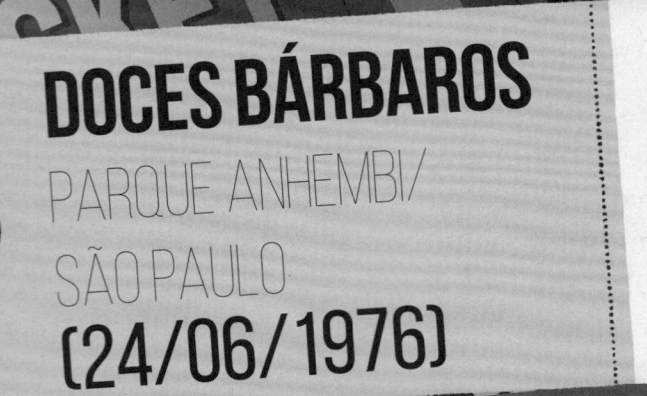

DOCES BÁRBAROS

PARQUE ANHEMBI/ SÃO PAULO

(24/06/1976)

14

CAETANO VELOSO, GAL COSTA, GILBERTO GIL E MARIA BETHÂNIA JUNTOS NO MESMO PALCO. UM SHOW COM CANÇÕES INÉDITAS QUE SE TORNARAM CLÁSSICOS DA MPB. UMA TEMPORADA CONTURBADA QUE FOI PARAR NO NOTICIÁRIO POLICIAL. A HISTÓRIA DOS DOCES BÁRBAROS SÓ PODERIA TER SE PASSADO NOS ANOS 1970.

A princípio seria apenas um show de verão. Um encontro casual e descompromissado entre aqueles quatro baianos que não subiam juntos em um palco há dez anos. A ideia partiu de Maria Bethânia em fins de 1975, quando se reuniu com seu irmão, Caetano Veloso, para fechar a parceria da canção "Pássaro Proibido". Na ocasião ela comentou da vontade de se reunir novamente com ele, Gal e Gil no palco para juntos celebrarem suas carreiras. Poderia ser uma curta temporada em Salvador, no início de 1976, mas Caetano gostou da ideia e foi além. Ele achava que o reencontro deveria se dar de forma mais ambiciosa, com um espetáculo bem produzido, repleto de canções inéditas, que pudesse rodar o Brasil. Gil e Gal foram sondados e concordaram imediatamente.

Das conversas iniciais, em fevereiro de 1976, até os ensaios começarem efetivamente, passaram-se alguns meses. À época, Gal estreava ao lado de Dorival Caymmi uma badalada temporada de shows no Teatro João Caetano, e Bethânia estava às voltas com a gravação do disco *Pássaro Proibido*, produzido por Caetano. Enquanto a imprensa soltava notinhas atrás de notinhas especulando sobre o show, Gil e Caetano compunham as canções que fariam parte do roteiro. Afinal, e isso era um detalhe importante, a ideia do encontro não era apenas que os quatro se reunissem para cantar sucessos ou músicas já conhecidas de suas carreiras individuais, e sim estrear como um novo grupo, único e coeso, que ficaria junto no palco do início ao fim, munido de um repertório quase todo inédito.

Só faltava um nome para o quarteto. Em sua coluna no *Globo*, Nelson Motta chegou a dar uma sugestão irônica: "Os Quatro Batutas", mas prevaleceu a sugestão de Caetano de algo que pegaria no imaginário coletivo muito mais do que eles poderiam imaginar: Doces Bárbaros. Tratava-se de uma referência interna a uma frase de Jorge Mautner e espécie de resposta ao jornal *O Pasquim*, publicação produzida por jornalistas cariocas que faziam de Ipanema seu reduto e torciam o nariz para quase tudo que ultrapassasse as fronteiras do bairro. Em fins dos anos 1960 e início dos 1970, *O Pasquim* se incomodava com a presença magnética dos baianos no Rio de Janeiro e por isso os apelidou de "baihunos", descrevendo-os como bárbaros que haviam invadido as terras cariocas. Um dia, em uma conversa com Jorge Mautner no Posto 9 de Ipanema, Caetano ouviu do amigo: "Jesus foi um doce bárbaro, porque os outros bárbaros invadiram Roma de maneira violenta e não conseguiram um milésimo do que Jesus conseguiu para destruir o Império Romano com doçura, perdão e compaixão". Portanto, se os quatro eram bárbaros baianos prestes a invadir a cidade, que fossem chamados com justiça de Doces Bárbaros.

Com tudo acertado e encaminhado, o quarteto só conseguiu se concentrar exclusivamente nos ensaios 15 dias antes da estreia, marcada para 24 de junho, no Anhembi, em São Paulo. A temporada seria curtíssima, com quatro apresentações. A expectativa de todos era grande, não porque fosse exatamente uma novidade, mas justamente porque a última vez que os quatro haviam se reunido em um palco, há dez anos, ainda nem sonhavam em ser estrelas da música brasileira.

As trajetórias de Caetano, Gal, Gil e Bethânia estiveram conectadas muito antes de o Brasil conhecê-los por suas carreiras individuais. Os quatro se conheceram em momentos diferentes, mas já no início da década de 1960 formavam, em Salvador, um grupo interessado por arte, cinema e, sobretudo, música, temas dos encontros com outros jovens na casa da atriz Maria Muniz. Em 1964 Caetano foi convidado para organizar um show no novo Teatro Vila Velha, em Salvador, e não hesitou em chamar aqueles amigos para participar da empreitada. No dia 22 de agosto os quatro subiram ao palco junto com Alcyvando Luz, Antonio Renato, Fernando Lona e Djalma Corrêa (que depois se tornaria percussionista dos Doces Bárbaros) para o show *Nós, por Exemplo*, com canções de nomes como Carlos Lyra, Tom Jobim e Noel Rosa, além de músicas autorais. O show fez tanto sucesso que o grupo foi chamado para outra apresentação em setembro e depois para a criação de um novo espetáculo.

Nova Bossa Velha, Velha Bossa Nova, que estreou no mesmo teatro em novembro de 1964, tinha um roteiro didático e contava a história da música brasileira a partir da bossa nova. Em 1965, quando Maria Bethânia foi ao Rio de Janeiro substituir Nara

Leão no espetáculo *Opinião*, o diretor Augusto Boal se encantou pelos jovens baianos e montou com eles o *Arena Canta Bahia*, que estreou em São Paulo com os quatro Doces Bárbaros mais Tom Zé. A repercussão foi pequena e ninguém ficou muito satisfeito, mas depois disso todos seguiram em carreiras individuais de sucesso. Bethânia se livrou do estigma de cantora de protesto que ganhou por causa do *Opinião* e fez marcantes temporadas em boates do Rio de Janeiro. Gilberto Gil era presença constante no programa *O Fino da Bossa*, que Elis Regina e Jair Rodrigues apresentavam na TV Record, e em 1967 lançou o seu primeiro disco, *Louvação*. No mesmo ano, Gal Costa e Caetano Veloso estrearam juntos no álbum *Domingo*, que explicitava a devoção de ambos por João Gilberto. Ainda em 1967, Gil e Caetano lideraram o movimento da Tropicália, do qual Gal também fez parte e que abalou as estruturas da música brasileira e os consagrou definitivamente.

Portanto, naquela noite de 24 de junho de 1976, quando as luzes do Anhembi se apagaram, era como se os quatro baianos estivessem de volta ao Teatro Vila Velha mais de dez anos depois. Do breu do palco, rompendo as palmas do público, surgia de início a introdução de guitarra de Perinho Santana. De repente, o cenário criado por Flávio Império, espécie de colcha de retalhos que formava algo entre a lona do circo e uma tenda mística, era iluminado por um foco de luz que revelava a silhueta dos quatro baianos por trás do cenário. As vozes surgiam em uníssono: "Com amor no coração/ Preparamos a invasão/ Cheios de felicidade/ Entramos na cidade amada". Nessa hora, os quatro saíam detrás da cortina que os ocultava e se revelavam diante do público. Gil usava um *collant* branco com uma cruz vermelha bordada no peito; Gal, uma saia longa vermelha, com a barriga de fora, muitos colares e pulseiras; Bethânia repetia o visual de Gal, mas toda de branco; Caetano usava calça de veludo azul e um colete de penas. A música de abertura, "Os Mais Doces Bárbaros", funcionava como carta de intenções, quase um manifesto. "Nossos planos são muito bons", bradavam.

Em seguida vinha "Fé Cega, Faca Amolada", um aceno dos baianos aos mineiros Milton Nascimento e Ronaldo Bastos. Ao longo do show, os quatro permaneciam sempre juntos em cena, pulando, dançando, revezando-se em duplas, alternando posições, mesmo nos momentos solo. Durante "Um Índio", um dos números mais fortes do espetáculo, Bethânia postava-se altiva na frente do palco para interpretar a canção, enquanto os outros três ficavam ao fundo fazendo a segunda voz. Em "Chuckberry Fields Forever" Caetano e Gil tomavam conta do palco, enquanto Gal e Bethânia permaneciam atrás, como espectadoras. O inverso acontecia quando as duas cantavam uma antológica interpretação de "Esotérico", canção então inédita de Gil, que explorava a diferença de seus timbres.

Na maior parte do tempo, porém, os quatro permaneciam em cena juntos. Um dos momentos mais marcantes era "O Seu Amor", em que Caetano e Gal ficavam numa extremidade do palco, Gil e Bethânia na outra, num jogo de revezamento de vozes que se tornou uma síntese do espírito do grupo, uma ode quase sofrida ao amor livre, que fazia ressoar a dor do agressivo slogan da ditadura militar, que poucos anos antes havia exilado Caetano e Gil: "O seu amor/ Ame-o e deixe-o/ Livre para amar...". Essa mesma ditadura, na época do show, impediu, pela censura, que a música "Como São Lindos os Chineses", presente de Péricles Cavalcanti, pudesse ser cantada pelo grupo. Ela só foi lançada muitos anos depois pelo próprio compositor.

No palco, além do guitarrista Perinho Santana e do percussionista Djalma Corrêa, velho conhecido dos tempos de Salvador, os quatro baianos eram acompanhados também por Arnaldo Brandão (baixo), Chiquinho Azevedo (bateria), Mauro Senise (flauta e sax), Tomás Improta (piano) e Tuzé Abreu (flauta e sax). A parte final do show, a partir de "São João, Xangô Menino", parceria de Gil e Caetano, caminhava na direção dos batuques, pontos de candomblé e da influência das religiões afro-brasileiras sobre o quarteto. O ápice acontecia com "As Aiabás", em que eles se revezavam para saudar quatro orixás femininas: Iansã, Obá, Ewá e Oxum. Depois Gal e Bethânia, para êxtase da plateia, recriavam o dueto que fizeram três anos antes no evento *Phono 73*, com "Oração de Mãe Menininha", de Dorival Caymmi. O show terminava com "Nós, por Exemplo", canção que relembrava o ponto de partida de tudo, o espetáculo de mesmo nome em que os Doces Bárbaros se lançaram simultaneamente em 1964, no Teatro Vila Velha.

Depois da estreia em São Paulo, os Doces Bárbaros tinham uma agenda intensa de shows para cumprir, mas logo a turnê foi interrompida. No início de julho, no Hotel Ivoram, em Florianópolis, onde fariam um show, músicos e equipe dos Doces Bárbaros foram acordados por policiais que revistaram os apartamentos à procura de drogas. A motivação foi uma suposta denúncia anônima vinda de Curitiba, que acusava os quatro de terem se apresentado drogados no show que haviam feito na capital paranaense no fim de semana anterior. Gilberto Gil e o baterista Chiquinho Azevedo foram presos em flagrante por porte de maconha, e confessaram que faziam uso da substância. Naquela mesma noite, foram liberados para fazer o show, mas o clima era de filme de terror. Um cordão policial na boca do palco reprimia qualquer gesto da plateia. Os quatro estavam tensos, angustiados. Bethânia chorou em cena. Gal bradou os versos de "Nós, por Exemplo" com raiva, sem se importar com tom e afinação. No dia seguinte, Caetano, Bethânia e Gal regressaram ao Rio de Janeiro, enquanto Gil e Chiquinho, por ordem judicial, foram internados em uma clínica psiquiátrica em Florianópolis. A turnê *Doces Bárbaros* estava suspensa.

No fim de julho, depois de um acordo judicial, Gilberto Gil e Chiquinho Azevedo puderam voltar ao Rio, onde deveriam se apresentar semanalmente no Sanatório de Botafogo para continuar o "tratamento". No dia 4 de agosto, a turnê *Doces Bárbaros* finalmente voltou à estrada, agora para uma temporada no Canecão. Na reestreia, Gil saiu às pressas do sanatório e chegou em cima da hora, e Chiquinho teve de ser "escoltado" por um médico até o Canecão. Os quatro retomaram o show com novo entusiasmo, mas sem nenhum ensaio, o que provocou alguns erros de marcação e deixou no ar uma impressão de desentrosamento, como se não bastasse a péssima acústica da cervejaria, e rendeu uma série de críticas negativas nos jornais cariocas. Apesar disso, a temporada no Canecão foi um sucesso de público (que costumava gritar mensagens de apoio a Gil) e só terminou no dia 19 de setembro.

Em dezembro, quando a turnê já havia acabado, saiu o LP duplo *Doces Bárbaros*, registro importante daquele momento histórico, apesar da precária qualidade da gravação. Desde então, os Doces Bárbaros se tornaram um ser à parte, algo como um quinto elemento de Caetano, Gal, Gil e Bethânia, como uma estrela colorida e brilhante.

EM SEU SEGUNDO SHOW SOLO, NEY MATOGROSSO DEFINIU SUA PERSONALIDADE ARTÍSTICA E SE FIRMOU COMO UM DOS GRANDES ARTISTAS DE PALCO DO BRASIL. COM REPERTÓRIO ECLÉTICO E PERFORMANCE PROVOCADORA, QUE INCLUÍA UM STRIP-TEASE E UMA SIMULAÇÃO DE ORGASMO EM CENA, BANDIDO CHOCOU E CONQUISTOU MUITA GENTE.

NEY MATOGROSSO

TEATRO IPANEMA / RIO DE JANEIRO

(20/01/1977)

15

Depois que deixou o Secos & Molhados para seguir carreira solo, Ney Matogrosso virou bicho. Sua experiência com a banda havia sido arrebatadora, e o sucesso explosivo ainda era muito recente. A expectativa em torno dele era altíssima, e a cobrança também. Como resposta e defesa, o cantor adotou uma postura radical, quase agressiva diante do público. Seu primeiro disco solo, *Água do Céu – Pássaro* (1975), deu origem a um show que estreou no mesmo ano, chamado *O Homem de Neanderthal*, em que Ney aparecia em cena ainda com o rosto pintado, vestido dos pés à cabeça com pelos, penas, ossos e chifres de verdade, não sorria no palco e não dava espaço para brincadeiras. Parecia mesmo um bicho acuado, saindo da jaula e prestes a dar o bote. Era como se fosse uma radicalização do tipo de performance que fazia no Secos & Molhados.

Para o seu segundo disco, contudo, Ney resolveu voltar a ser gente. No ano anterior ele havia recebido um duro conselho de Caetano Veloso, ídolo e amigo, que reclamou muito do show *O Homem de Neanderthal*. "Ele disse que eu estava muito sério em cena, muito sisudo, que era excessivamente teatral e que eu precisava dar brecha para a plateia", contou Ney 46 anos depois. Depois desse conselho e de perceber o carinho do público, ele entendeu que não precisava mais adotar uma postura defensiva e poderia finalmente se divertir e trabalhar com a liberdade que quisesse. De bicho, virou *Bandido* – nome do álbum lançado no final de 1976 com direção artística de Rosinha de Valença. Era o nascimento de um novo Ney Matogrosso, com um repertório de ecletismo surpreendente, que não se prendia a um estilo ou gênero específico e abarcava tudo e todos sem preconceitos, sob o tempero latino do grupo Terceiro Mundo. O título foi inspirado na faixa "Bandido Corazón", um bolero de sabor roqueiro enviado pela amiga Rita Lee, com uma letra que Ney sempre diz que poderia ter escrito: "Meu coração é de cigano/ Mas o que salva é a minha insensatez". Gilberto Gil mandou "A Gaivota", uma canção sobre liberdade que ele compôs após a experiência da prisão em Florianópolis durante a passagem da turnê dos Doces Bárbaros pela cidade. Para provar que não respeitava nenhum tipo de fronteira, Ney ainda gravou Odair José, detestado pela crítica da época, com uma faixa inédita também feita para ele, "Cante uma Canção de Amor". Havia ainda Chico Buarque ("Mulheres de Atenas") e o resgate de pérolas como a rumba "Paranpanpan" e a maliciosa "Trepa no Coqueiro".

Na capa do disco, o artista encarnava o personagem do bandido cigano e aparecia com um chapéu escuro, lenço amarrado na cabeça, muitos colares e pulseiras, posando sério e sem maquiagem ao lado de uma faca pregada na parede. Na verdade, ele queria para a capa uma foto em que aparecia com a faca em punho na frente de uma fogueira (que foi para o encarte do LP), mas a gravadora vetou com medo de represálias da censura.

A metamorfose completa seria concluída no palco, mais precisamente em janeiro de 1977, no Teatro Ipanema. Três meses antes, Ney fez uma espécie de pré-estreia no local mais apropriado possível para um show que se chamaria *Bandido*, o presídio Lemos de Brito, no Rio de Janeiro. O convite foi feito pelos próprios presidiários, que escolheram o cantor para se apresentar no festival *Música do Sistema Penitenciário*. Ele foi recebido com euforia e apresentou uma prévia do que faria a partir de janeiro. A resposta foi mais do que positiva, e o cantor saiu de lá idolatrado. "Percebi que estava fazendo um trabalho que atinge a todas as pessoas. Isso me deu a certeza de que estava no caminho certo", contou para a *Folha de S.Paulo*.

Após esse aval consagrador, *Bandido* estreou oficialmente no dia 20 de janeiro de 1977, no Teatro Ipanema. Seria um show decisivo para a carreira de Ney, que tinha consciência disso. "Sabia que aquilo tudo que eu estava passando era um recomeço da história", ele contou anos depois em depoimento ao pesquisador Rodrigo Faour. A inspiração para criar o novo espetáculo foram os antigos teatros de revista, que já haviam sido muito populares no Brasil e tinham como marca a malícia, o duplo sentido, a ousadia e um deboche sutil, capazes de incomodar e rachar a estrutura de qualquer caretice. Quando criança, Ney via fotos das vedetes da época em roupas mínimas ou completamente nuas nos jornais e ficava fascinado. Foi no que pensou quando montou *Bandido*. Como estava endividado por causa do caríssimo show do ano anterior, optou pela produção mais simples possível, algo que não era exatamente um problema diante de sua criatividade. Para montar o cenário, Ney trouxe de casa um espelho oval enorme, um baú, um pequeno biombo onde trocaria de roupa, uma rede felpuda, um caixote e uma pele de carneiro que servia de tapete. Para concluir, conseguiu descolar um tronco de árvore cenográfica que tinha sido parte da ambientação da peça *Quarteto*, de Antônio Bivar, cartaz anterior do Teatro Ipanema. E assim foi criado o cenário de *Bandido*, tão simples quanto impactante.

O show começava com a entrada dos músicos do grupo Terceiro Mundo em cena, um por um, em direção aos seus instrumentos: Roberto de Carvalho nos teclados e guitarra, Jorge Omar no violão, Jorjão Carvalho no baixo, Elber Bedaque na bateria e Marcelo Salazar na percussão. O primeiro músico a entrar jogava um fósforo em um grande tacho disposto no chão, que logo se acendia, dando a impressão de que havia uma fogueira no palco. Com as luzes apagadas, só se viam as chamas do fogo subindo e espalhando um leve aroma de fumaça pelo teatro. A banda então dava os primeiros acordes de "San Vicente", de Milton Nascimento e Fernando Brant. Um facho de luz iluminava a árvore cenográfica, que escondia a figura esguia de Ney Matogrosso, que se revelava aos poucos – primeiro a perna, depois um braço, parte do torso, a cabeça, até surgir por completo, para delírio geral, tocando castanholas e dançando de um lado para o outro.

Pela primeira vez ele aparecia no palco sem usar maquiagem pesada – tinha apenas o contorno dos olhos pintados e um batom vermelho na boca. Usava um chapéu preto, lenço amarrado na cabeça, calça vermelha muito justa com meias de lurex brilhantes por cima, bota preta e uma túnica de cetim que deixava o peito peludo à mostra, encoberto apenas parcialmente por diversos colares e penduricalhos. "Coração americano/ Acordei de um sonho estranho", ele cantava, arrancando os primeiros assobios da plateia. O repertório do show, baseado no disco recém-lançado, era pautado por uma defesa da identidade latino-americana no Brasil. Num tempo em que o simples ato de cantar em espanhol já era considerado cafona, Ney defendia boleros, rumbas e merengues, sem esquecer as raízes brasileiras, desde o sambão "Pra Não Morrer de Tristeza", de João Silva e Caboclinho, ao clássico "Da Cor do Pecado", de Bororó.

Mas acima de tudo, *Bandido* era um show provocador e muito sexual, mais do que simplesmente sensual. Se antes Ney parecia querer agredir ou assustar a plateia, agora ele a convidava a participar de um rito pela liberação dos desejos, da libido e da liberdade. E o artista fazia de tudo para provocar o público: lambia o salto da bota, gemia, dançava mexendo os quadris, alisava o próprio corpo, enfiava a mão dentro da calça em movimentos sugestivos e ainda protagonizava um ritual que se repetiria em quase todos os seus espetáculos seguintes: o strip-tease.

Na segunda parte do show, a banda tocava a introdução de um bolero, enquanto Ney posicionava-se atrás do biombo, que ficava na altura da sua cintura, e começava a tirar a roupa, contorcendo-se em poses sensuais até ficar somente de tapa-sexo preto. O biombo encobria parte da cena, mas atrás dele, estrategicamente, estava o enorme espelho oval, que revelava a uma parte do público a imagem de suas nádegas desnudas. E assim, quase nu, ele pegava um abano de acender brasa e o balançava enquanto cantava a canção de Biá e Bolinha: "Boneca cobiçada/ Das noites de sereno/ Teu corpo não tem dono/ Teus lábios têm veneno...". Era uma provocação das mais deliciosas, num tempo em que "boneca" era também gíria pejorativa para homosse- xual. "Nem Elvira Pagã teria tanta coragem", escreveu à época Joaquim Ferreira dos Santos na *Veja*. "Com aquilo, eu não estava dizendo que eu era uma boneca cobiçada, como pensavam. Estava debochando da coisa toda. Era um duplo sentido intencio- nal", explicou Ney tempos depois.

Mas não parava por aí: depois que terminava de cantar "Boneca Cobiçada", ele tirava o tapa-sexo preto e vestia outro, todo branco. Alguns assentos do teatro ti- nham vista privilegiada para a cena e logo se tornaram os mais disputados entre os fãs ardorosos. Na sequência, vestia uma calça idêntica à anterior, só que branca, além de uma bota de cano alto de 15 centímetros, da mesma cor. Esse momento do show, lógico, se tornou o assunto mais comentado da época e era o que mais atiçava a curiosidade e o furor do público, que se dividia entre o choque, a diversão e o de- sejo. Mas foi por causa dele que a censura aumentou a classificação indicativa para maiores de 18 anos.

O protagonismo do tal espelho oval não terminava por aí. Depois de cantar "A Gaivota", em cima de um caixote, imitando com os braços os movimentos do voo de um pássaro, Ney novamente se dirigia para a frente do espelho e, enquanto a banda atacava a introdução de "Com a Boca no Mundo", de Rita Lee, empunhava um adereço de metal com penas e um penduricalho, que trazia amarrado na cintura, e o balançava em um movimento de vai e vem com os quadris. Ao mesmo tempo, uma luz era projetada em cima dele e o espelho refletia sua sombra nas paredes do teatro, criando a ilusão, pelos contornos difusos da imagem, de que Ney estava se masturbando. Em seguida, ele beijava o espelho, esfregando-se em si mesmo, em mo- vimentos de quase contorcionismo, até que finalmente simulava um orgasmo, com um sussurro sufocado e a cabeça jogada para trás. Esse momento exato foi registrado pela fotógrafa Vânia Toledo e parou na contracapa do disco *Pecado*, que mostra Ney olhando para cima com os músculos contraídos, de olhos fechados e boca aberta. Os versos de Rita Lee que ele cantava na sequência não poderiam ser mais apropriados: "Em pleno movimento/ Meu corpo é um instrumento/ Eu sopro aos sete ventos/ Pra você me escutar...".

Quando o show viajou para Pernambuco, esse número quase trouxe problemas com a censura. Assim que o espetáculo terminou, Ney foi avisado de que havia cinco censores querendo falar com ele. Depois de fazê-los esperar por uma eternidade, deixou que entrassem no camarim e os recebeu da forma mais inusitada possível. Estava sentado em cima de uma toalha, completamente nu – "para me exibir mesmo", explicou. Depois do choque inicial, Ney se cobriu e iniciou a conversa. Os censores ordenaram que a cena fosse cortada. Para eles, aquilo tudo era malicioso demais e não seria permitido. "Pois é. Mas eu acabei de vir do Piauí e lá não tive problemas. Achei que Pernambuco fosse mais evoluído", foi a resposta de Ney, que desconcertou os censores. "Quantas vezes você faz esse movimento?", perguntaram. "Não sei, umas seis, sete", rebateu o cantor. "Então faça metade", foi a esdrúxula imposição da censura. "Nessa passagem por Pernambuco foi a única vez que precisei passar por um corredor polonês de policiais. Foi na hora de pegar o avião, eu passando e eles em volta me xingando", relembrou Ney 46 anos depois, com a serenidade de quem não se deixa intimidar por nada.

Para além dessa transgressão, foi também em *Bandido* que Ney Matogrosso incorporou em sua linguagem cênica o deboche, que se tornaria uma marca e sua arma mais poderosa dali para frente. Um deboche sutil, malicioso e cheio de segundas intenções, tudo a ver com a linguagem do teatro de revista. Isso aparecia no strip-tease de "Boneca Cobiçada" e em outros números do show, como em "Seu Waldir", canção do grupo pernambucano Ave Sangria. Ao cantar essa música, Ney descia do palco e circulava entre a plateia, brincando de flertar com o público. Ele se sentava nos braços das cadeiras e se debruçava sobre as pessoas, enquanto cantava: "Eu trago dentro do peito/ Um coração apaixonado/ Batendo pelo senhor [...]/ Seu Waldir, meu amor...". Os "homenageados" quase sempre ficavam inquietos e envergonhados, sobretudo os homens. Mas alguns surpreendiam. Certa vez, Ney cantou a música para um senhor que estava vestido formalmente com um terno branco, mas, em vez de se intimidar, ele sacou um lenço do bolso e enxugou o suor do rosto do cantor. "E aí quem ficou sem graça fui eu, porque ele tirou de letra a brincadeira", confessou.

Mas havia também outros momentos mais sérios que geravam impacto semelhante, como em "Mulheres de Atenas", em que Ney se ajoelhava no tapete de pele de carneiro. O cantor ainda pinçava uma pérola do repertório de Raul Seixas, "Metamorfose Ambulante", que traduzia e anunciava as mudanças que ele próprio vinha passando na época. Da fase Secos & Molhados havia apenas "Sangue Latino", tocada logo no início com arranjo repaginado. No final do show, a mensagem de emancipação do Terceiro Mundo era reforçada de forma ainda mais explícita. Ney ressurgia em cena vestindo chapéu e uma túnica preta à la Zorro e cantava "América do Sul", de Paulo Machado, sucesso do seu disco anterior. "Desperta América do Sul/ Deus salve essa América Central!", bradava com um porrete de osso em punhos, como se conclamasse todos ali presentes a se mobilizar junto com ele. O público obedecia e por vezes ameaçava invadir o palco.

Bandido caiu como uma bomba. Ney viajou com o show por todo o Brasil e só encerrou a turnê no início de 1978, quando já se preparava para o trabalho seguinte. Nesse meio tempo, ainda lançou outro disco, *Pecado*, com registro em estúdio de canções presentes no show, mas que não tinham sido gravadas no álbum anterior, como "Com a Boca no Mundo", "Retrato Marrom" e "Boneca Cobiçada".

Ao fim de tudo, *Bandido* foi o show que dissociou Ney do Secos & Molhados definitivamente e marcou sua personalidade artística. Foi quando ele encontrou seu público e passou a adotar o estilo que seguiria dali em diante, com uma postura sensual e dúbia, cheia de deboche, provocação e malícia, que enfeitiçava tanto homens quanto mulheres e deixava uma porção de gente escandalizada ou confusa com o visual e os gestos que transcendiam os limites entre o masculino e o feminino. No palco, o cantor deixou de ser um bicho enfurecido e se tornou algo mais difuso e poderoso, entre o bandido e a bailarina, o malandro da Lapa e a vedete da Cinelândia, Marlon Brando e Greta Garbo, James Dean e Marlene Dietrich, Luiz Gonzaga e Emilinha Borba. Confundindo e desmistificando todas as fronteiras imaginadas que separavam e limitavam tudo isso, havia um só nome, escrito com o corpo de uma serpente: Ney Matogrosso.

TOM JOBIM, VINICIUS DE MORAES, TOQUINHO E MIÚCHA

CANECÃO/RIO DE JANEIRO (05/10/1977 – 08/04/1978)

16

MIÚCHA TINHA ACABADO DE LANÇAR SEU DISCO DE ESTREIA AO LADO DE TOM JOBIM, QUE NÃO SE APRESENTAVA NO BRASIL HAVIA 15 ANOS. VINICIUS DE MORAES DESCOBRIRA UM NOVO PARCEIRO, TOQUINHO, COM QUEM JÁ HAVIA COMPOSTO NOVOS CLÁSSICOS. ENTRE 1977 E 1978, OS QUATRO SE UNIRAM E FIZERAM DO CANECÃO SUA SALA DE VISITAS.

Heloísa Maria Buarque de Hollanda, conhecida pelos amigos como Miúcha, finalmente entrou em estúdio para gravar seu primeiro disco solo em fevereiro de 1977. A carreira musical não era algo exatamente distante do seu universo, afinal, ela era irmã de Chico Buarque e havia sido casada, até bem pouco tempo, com João Gilberto. E ela própria sempre gostou de cantar. Na época em que estudou na Sorbonne, em Paris, costumava se apresentar na noite e chegou a dar canjas em shows de Violeta Parra. No ano anterior, havia ganhado alguma notoriedade ao participar do terceiro álbum de João Gilberto com Stan Getz, *The Best of Two Worlds*, e da faixa de abertura do disco *Urubu*, de Tom Jobim. Solo, contudo, ainda não havia engatado muita coisa além de alguns jingles. Ela chegou a ter um contrato com a Phillips, onde gravou uma coisa ou outra, mas permaneceu muito tempo na geladeira da gravadora, sem a chance de um álbum de estreia. Foi quando Aloysio de Oliveira lhe ofereceu uma oportunidade na RCA Victor.

A primeira providência de Miúcha foi pedir uma música inédita para o seu amigo Tom Jobim. Ele respondeu que não havia nenhum material disponível no momento, mas sugeriu que ela gravasse "Olhos nos Olhos", do mano Chico Buarque, e se ofereceu para fazer o arranjo. A química dos dois no estúdio era clara e evidente, além de muito espontânea. "Tom gosta do que é realmente bom, e Miúcha é uma cantora que canta como Tom Jobim gosta", explicou o produtor do disco, Aloysio de Oliveira, para a revista *Manchete*. Assim, logo depois de "Olhos nos Olhos", Miúcha decidiu gravar "É Preciso Dizer Adeus", de Tom e Vinicius, que também foi arranjada por Tom.

Na sequência, decidiram incluir "Samba do Avião" no repertório. Aí já estava claro que aquele não seria mais um disco solo de Miúcha. Tom assumiu todos os arranjos, e o álbum se transformou em um trabalho em dupla. "A verdade é que nós começamos de brincadeira, aí o disco foi ficando sério, ficou bom. Bom mesmo. Um disco sem truques. Na madeira. Tudo na madeira", descreveu o maestro para a *Manchete*.

A participação de Chico Buarque foi outra que acabou crescendo de forma natural. Ele apareceu para gravar com eles "Vai Levando", sua parceria com Caetano Veloso, mas acabou entrando também em "Sei Lá (A Vida Tem Sempre Razão)", de Toquinho e Vinicius, e ainda contribuiu com uma nova composição, "Maninha", feita especialmente para a irmã.

O disco *Miúcha & Antonio Carlos Jobim* saiu em julho de 1977 com boas vendas e ótima repercussão nos suplementos culturais dos jornais. Eram inúmeras as reportagens que falavam sobretudo de Miúcha, sua trajetória e a empreitada de finalmente se lançar na carreira discográfica ao lado de um nome de peso como Tom Jobim. Acompanhando esse burburinho, Mário Priolli, o dono do Canecão, convidou Aloysio de Oliveira para dirigir um show de lançamento do álbum em sua casa de shows. Seria, de fato, um acontecimento. Tom estava longe dos palcos brasileiros desde 1962, quando fez a histórica temporada ao lado de Vinicius de Moraes e João Gilberto no restaurante Au Bon Gourmet, em show dirigido pelo mesmo Aloysio.

A resposta do produtor, contudo, foi um balde de água fria. Ele disse a Priolli que o disco não era exatamente um estouro nacional e seu sucesso estava restrito a um público mais elitizado da Zona Sul carioca. Talvez o Canecão não fosse o melhor local para uma temporada dos dois artistas. Surgiu então a ideia de aumentar o elenco e transformar o show em algo ainda mais grandioso. Por que não convidar também Toquinho e Vinicius de Moraes, que já tinham construído uma parceria sólida, com mais de 800 shows ao redor do mundo e discos lançados em conjunto?

Com a resposta positiva de Aloysio e dos quatro artistas, as primeiras conversas sobre o que seria o show aconteceram na churrascaria Plataforma, no Leblon. Mas elas não foram muito produtivas, como recordou Toquinho tempos depois: "Começávamos a chegar às duas da tarde mais ou menos. Aperitivos, vinha o almoço, as bebidas continuavam. Ficávamos tocando violão e só. Saíamos às sete da noite, e não se decidia nada". Quando finalmente começaram a falar sobre repertório, surgiu um pequeno impasse. Tom pensava apenas nas músicas mais sofisticadas dos quatro compositores, o oposto do que Aloysio imaginava para o show. Coube a Toquinho sugerir que ele incluísse coisas como "Garota de Ipanema" e "Corcovado", que fizessem o público cantar junto. Tom acabou concordando. "Sei que o Canecão é uma cervejaria onde as pessoas, o povo vai beber chope, e nós vamos cantar para o povo", diria o próprio maestro para o *Jornal do Brasil*.

O show estreou numa quarta-feira, 5 de outubro de 1977. Além dos quatro, havia uma orquestra comandada pelo maestro Edson Frederico, de apenas 28 anos, que por conta do sucesso precoce era chamado de "Sucessinho" ou "Mister Sucesso". Os vocais ficariam a cargo de um coro formado por Olivia Hime, Elizabeth Jobim, Georgiana de Moraes e Ana Lontra. A estrutura do show era simples, longe de qualquer superprodução. Aloysio concebeu um show para que as pessoas, mesmo diante do enorme palco do Canecão, se sentissem na sala de visitas daqueles quatro amigos que contavam piadas e conversavam despretensiosamente entre uma música e outra. E a ideia deu certo, de acordo com o que escreveu a exigente Maria Helena Dutra em sua resenha para o *Jornal do Brasil*: "Parece que voltamos ao Zum Zum, uma pequena boate de Copacabana onde se começou a fazer shows de bolso no Rio, só que em dimensões gigantescas".

A estrutura do roteiro também era simples e se baseava no jogo de duplas presentes no palco. Havia as duas mais óbvias e recentes, Tom & Miúcha e Toquinho & Vinicius. Mas pairava sobre todas, claro, Tom & Vinicius, mesmo que a parceria deles tivesse se encerrado há 15 anos. Ao longo do show, os quatro iam se intercalando em todas as combinações de duetos possíveis, além dos momentos em que se encontravam todos juntos no palco.

O repertório, formado por cerca de 30 canções, privilegiava músicas mais conhecidas, com exceção de poucas inéditas, como era o caso de "Estamos Aí", que Tom e Vinicius fizeram como espécie de vinheta para abrir e fechar o show: "Estamos aí/ Gente amiga que muito se quer/ Estamos aí/ Pro que der e vier...". Havia espaço sobretudo para clássicos como "Wave", "Minha Namorada", "Tarde em Itapoã", "Corcovado", "Chega de Saudade", "Se Todos Fossem Iguais a Você", entre muitos outros. Se 15 anos antes, quando Tom, Vinicius e João Gilberto cantaram "Garota de Ipanema" pela primeira vez no show do Au Bon Gourmet, ninguém poderia imaginar que ela se tornaria um dos maiores clássicos da música brasileira, agora ela era um dos números mais aplaudidos.

Tom também se encontrava com Miúcha para tocar algumas faixas do novo LP, como "Pela Luz dos Olhos Teus" e "Saia do Caminho". Vinicius ainda brilhava solo em dois momentos, ao declamar os poemas "Pátria Minha" – com alguns versos cortados pela censura – e "Dia da Criação", quando o público o acompanhava em coro no refrão repetido diversas vezes: "Porque hoje é sábado".

Chico Buarque foi a um dos ensaios e, de brincadeira, se juntou a Tom para fazer uma paródia da música "Carta ao Tom 74", que Toquinho e Vinicius haviam composto em homenagem ao amigo anos antes: "Rua Nascimento Silva 107/ Você ensinando pra Elizeth/ As canções de *Canção do Amor Demais*/ Lembra que tempo feliz, ai que saudade/ Ipanema era só felicidade/ Era como se o amor doesse em paz". A versão de Chico e Tom se apropriava da melodia original para atualizar aquela visão do Rio, só que com um enfoque mais contemporâneo e realista: "Rua Nascimento Silva 107/ Eu saio correndo do pivete/ Tentando alcançar o elevador/ Minha janela não passa de um quadrado/ A gente só vê Sérgio Dourado/ Onde antes se via o Redentor". As duas músicas entraram no roteiro e arrancavam risadas da plateia.

Consagrada pela crítica, a temporada também foi sucesso de público. O Canecão recebia sempre filas enormes nas bilheterias, e o show se tornou a grande sensação do Rio naquele fim de 1977. Ainda em outubro, mês da estreia, a demanda foi tanta que eles precisaram abrir mais uma sessão aos sábados. A temporada, que aconteceria até dezembro, foi prorrogada até março de 1978, e depois até abril. Mesmo em fevereiro, quando as apresentações foram suspensas por conta do Carnaval, o quarteto não tirou férias e foi cantar em Mar del Plata, na Argentina.

Um dos motivos para o sucesso do show, além do peso dos nomes envolvidos, era a descontração e o clima de entrosamento espontâneo que reinava no palco. O cenário era simples, sem artifícios cênicos complexos, e esse era justamente seu atrativo. Além disso, os causos que os quatro contavam em cena eram deliciosos, sobretudo quando partiam de Vinicius, que sempre melhorava sua performance de acordo com o grau etílico da noite. Aliás, o repertório do show podia mudar de acordo com o número de doses de uísque degustadas pelo quarteto. A plateia sentia-se em casa com amigos.

A espontaneidade era tanta que até as canjas com grandes estrelas pareciam despretensiosas. Em uma das noites de janeiro de 1978, o reservadíssimo Roberto Carlos foi conferir o show e, convidado por Tom Jobim, subiu ao palco de surpresa para acompanhá-lo na música "Lígia", um dueto que depois eles repetiram em um especial de fim de ano do Rei. Em outra noite do mesmo mês, os felizardos da plateia presenciaram o jazzista Oscar Peterson tocar "Wave" ao piano. Caetano Veloso foi outro espectador ilustre fisgado para o palco, e a pedido de Tom cantou "Coração Vagabundo". Nada mau para, digamos, uma quarta-feira à noite.

Em abril, perto do fim da temporada carioca, o show poderia ter ganhado um novo capítulo igualmente histórico. Na ocasião, Toquinho e Tom Jobim já estavam com novos compromissos firmados, mas Vinicius e Miúcha queriam seguir com mais apresentações. E foi justamente nessa época que João Gilberto esteve no Brasil para realizar alguns shows no país. De acordo com o que publicou Nelson Motta em sua coluna no jornal *O Globo*, Vinicius e Miúcha foram até Salvador convidar João para estrelar com eles uma nova temporada no Canecão. Ainda segundo Nelson Motta, João não disse que sim nem que não, mas que essa decisão caberia ao diretor da Warner americana, com a qual mantinha contrato, e a resposta, infelizmente, foi negativa. Assim, Tom Jobim, Vinicius de Moraes, Toquinho e Miúcha se despediram do Canecão no dia 8 de abril de 1978, seis meses depois da estreia – um recorde para a época. Ao longo do ano, os quatro ainda fariam uma pequena temporada no Anhembi, em São Paulo, e se reencontrariam para uma excursão pela Europa, incluindo dez shows no Olympia de Paris, com direito a participação especial de Baden Powell.

O sucesso da empreitada tinha um bom motivo. Aquele era o tipo de show que a maioria das pessoas saía de casa sabendo que se tratava de um evento histórico. Não é todo dia que quatro talentos desse porte se encontram com tamanha desenvoltura em um mesmo palco para cantar um repertório com esse nível de qualidade. Além disso, Tom e Vinicius já eram lendas vivas há muito tempo e aquele, de certa forma, era o reencontro de dois artistas que ajudaram a escrever capítulos fundamentais da música brasileira.

A melhor definição desse encontro veio da crítica Maria Helena Dutra, quando descreveu o momento em que Tom e Vinicius se encontraram a sós pela primeira vez no palco do Canecão: "Uma confraternização que nada tem de nostálgico, mas de muita afirmação de eternidade".

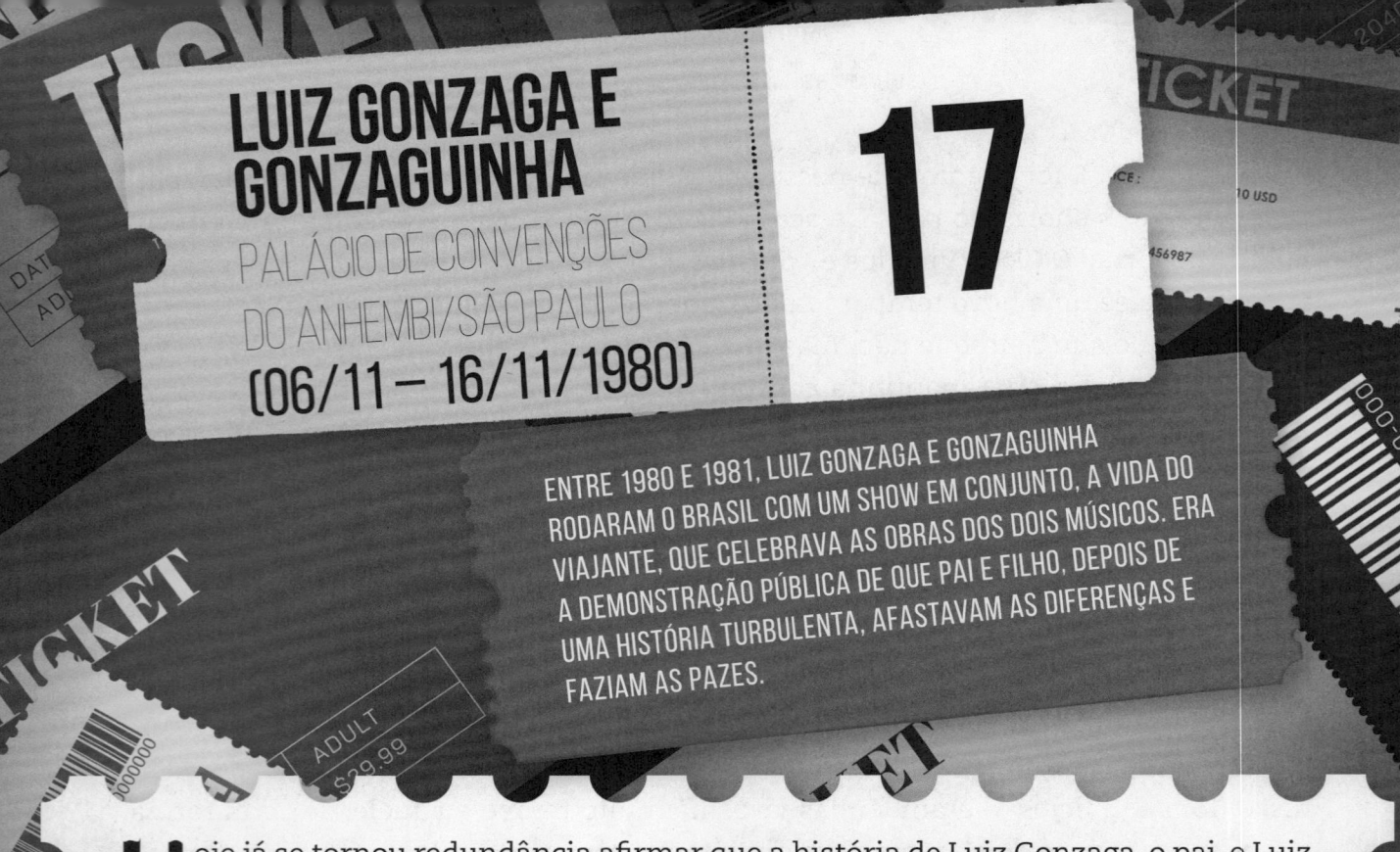

LUIZ GONZAGA E GONZAGUINHA

PALÁCIO DE CONVENÇÕES DO ANHEMBI/SÃO PAULO

(06/11 – 16/11/1980)

17

ENTRE 1980 E 1981, LUIZ GONZAGA E GONZAGUINHA RODARAM O BRASIL COM UM SHOW EM CONJUNTO, A VIDA DO VIAJANTE, QUE CELEBRAVA AS OBRAS DOS DOIS MÚSICOS. ERA A DEMONSTRAÇÃO PÚBLICA DE QUE PAI E FILHO, DEPOIS DE UMA HISTÓRIA TURBULENTA, AFASTAVAM AS DIFERENÇAS E FAZIAM AS PAZES.

Hoje já se tornou redundância afirmar que a história de Luiz Gonzaga, o pai, e Luiz Gonzaga Júnior, o filho, daria um filme. Além de serem dois nomes fundamentais da música brasileira, cada um em sua época e estilo, ambos protagonizaram uma trama de conflitos que envolveu mágoas profundas, desentendimentos, mas também o amor e o perdão. Sem dúvidas, um dos capítulos mais simbólicos e importantes dessa história foi o show que eles realizaram juntos em uma turnê que rodou o país entre 1980 e 1981 e que selou a paz entre o pai e o filho e entre dois artistas geniais – e geniosos –, que ali finalmente se aceitavam e se reconheciam.

Luiz Gonzaga do Nascimento Júnior, que depois ficaria conhecido como Gonzaguinha, nasceu em 1945, quando Luiz Gonzaga já morava no Rio de Janeiro e começava a galgar o sucesso que se tornaria estrondoso a partir dos anos 1950, com o baião que tomou conta do país. Era filho da dançarina e cantora Odaléia Guedes dos Santos, que contraiu tuberculose quando o menino tinha apenas 2 anos. Luiz Gonzaga internou a esposa em uma clínica em Petrópolis e, ocupado com a carreira musical e as viagens constantes, deixou o filho aos cuidados de Dina e Xavier, amigos desde quando foi morar no Rio. Odaléia faleceu pouco tempo depois, e Gonzaga se casou em 1948 com Helena das Neves, que não queria conviver com o filho de outro casamento do marido. Assim, Gonzaguinha cresceu com os padrinhos no morro de São Carlos, no Estácio, sentindo a ausência do pai, sempre longe, sempre viajando, embora nunca tenha negado apoio material.

Quando Gonzaguinha fez 16 anos, mudou-se para a casa do pai, onde os conflitos eram intensos e constantes. O menino era arredio, criado no Rio de Janeiro, de espírito livre e rebelde, acostumado a viver solto pelo morro, sem precisar dar satisfações a ninguém. Luiz Gonzaga, por outro lado, era nordestino à moda antiga, que valorizava a ordem e as figuras de autoridade. Entre esses dois extremos, era quase impossível alcançar o meio termo. "Ele dizia: 'faça isso', e eu não cumpria sua ordem. Eu ficava ressentido porque ele ordenava; ele, porque eu não obedecia", contaria Gonzaguinha anos depois em uma entrevista para o *Jornal do Brasil*.

A partir dos anos 1970 a distância entre os dois se ampliaria mais ainda pela imposição de divergências políticas e ideológicas. Gonzaguinha também seguiu a carreira musical, mas em um estilo totalmente diferente do pai. Um dos principais nomes do MAU (Movimento Artístico Universitário), ganhou no início da carreira o apelido de "cantor rancor" pelas letras de tom soturno e pessimista, que retratavam e contestavam a realidade sombria que o Brasil vivia à época da ditadura militar. Luiz Gonzaga, por outro lado, apesar das inúmeras canções que denunciavam a realidade do Nordeste, chegou a fazer declarações públicas de apoio ao regime militar. Gonzaguinha não entendia e não aceitava essas contradições, e ambos pareciam cada vez mais longe de estabelecer uma relação próxima.

Na virada para os anos 1980, contudo, as coisas começaram a mudar. Gonzaguinha aos poucos perdeu a pecha de "cantor rancor" e seu repertório se tornou mais solar, com músicas românticas que o transformaram em um artista verdadeiramente popular e concorrido por intérpretes como Maria Bethânia e Simone. Até mesmo as esfuziantes Frenéticas mostraram ao Brasil que aquele compositor de olhar sério também conseguia enxergar o mundo com humor e uma boa dose de ironia. Mais velho e amadurecido, Gonzaguinha achava que era hora de se reaproximar do pai e de sua obra. E a melhor maneira de fazer isso, pensava, seria cair na estrada a seu lado. Na época, ele se sentia insatisfeito com a forma com que a imprensa do Sudeste tratava Luiz Gonzaga, tomada pelo olhar preconceituoso contra tudo o que vinha do Nordeste, e achava que o pai se vendia barato demais para o mercado. Afinal, àquela altura o velho Lua já era uma lenda viva, e merecia ser tratado como tal.

No início de 1980, Gonzaguinha foi até o apartamento do pai na Ilha do Governador, ao lado de Nelson Drucker, seu amigo e sócio, com quem tinha fundado um escritório havia pouco tempo. "Eu quero fazer um show junto com você", ele disse. "Eu quero contar a sua história, pai. Você pode parar tudo o que você está fazendo que de agora em diante quem toma conta da sua carreira artística é o escritório", explicou, segundo relata Regina Echeverria no livro *Gonzaguinha e Gonzagão*. Luiz Gonzaga não hesitou e topou na hora.

Contando com a boa vontade de ambos, os ensaios começaram logo na sequência. Gonzaguinha idealizou o roteiro ao lado de Fernando Faro, que também assumiu a direção do show, embora Luiz Gonzaga não respeitasse muito as marcações impostas. "Ele era do tipo Jair Rodrigues. Você marca a luz, mas ele não para. Não adiantava marcar. O velho foi ótimo", narrou o diretor anos depois para Echeverria. Seria uma turnê cara, feita para plateias de até três mil pessoas, contando com uma infraestrutura de produção que Luiz Gonzaga nunca havia experimentado. O show, apropriadamente batizado de *A Vida do Viajante*, o mesmo nome da canção de Luiz Gonzaga feita em parceria com Hervê Cordovil, estreou em abril de 1980. Depois de passar pelo Nordeste, Goiás, Minas Gerais e interior de São Paulo, a turnê desembarcou na capital paulista em novembro para a temporada de dez dias no Palácio de Convenções do Anhembi.

O roteiro de Gonzaguinha pretendia mostrar que o pai era muito mais do que o compositor de "Asa Branca" e fazer as pessoas relembrarem ou até tomarem conhecimento de outras facetas de seu repertório, como "Acauã", "Vozes da Seca" e "Légua Tirana". Ele abria o show, acompanhado por Jota Moraes (teclados, flauta e direção musical), Frederico (guitarra), Ary Piassarollo (guitarra), Paulo Maranhão (baixo) e Paschoal Meirelles (bateria), anunciando que se tratava de uma celebração à obra de Luiz Gonzaga, com toda a sua força e alegria. Antes, porém, desfilava algumas músicas próprias, como "Sangrando", "Achados e Perdidos" e "Pequena Memória para um Tempo sem Memória", de tom mais politizado, hits populares e recentes, como "Explode Coração", "Com a Perna no Mundo" e "Grito de Alerta", e no encerramento da primeira parte o bolero "Começaria Tudo Outra Vez".

Luiz Gonzaga, o grande homenageado, entrava logo depois, com a sanfona no peito e acompanhado pelos dois fiéis escudeiros de palco: Azulão na zabumba e Xaxado no triângulo, relembrando pérolas de seu repertório, como "Apologia ao Jumento", "Baião", "Juazeiro", "Baião de São Sebastião", "Assum Preto" e "Pau de Arara". Um dos pontos altos era "Karolina com K", em que ele, depois de cantar, permanecia quase dez minutos marcando o ritmo na sanfona e conversando improvisadamente com o público. "Eu vou enrolando aqui, e o tempo de show vai passando...", costumava brincar.

Algumas músicas do repertório serviam para mostrar que aquele jeito contestador de Gonzaguinha tinha muito mais a ver com a obra de seu pai do que se pensava pelo senso comum. Isso ficava nítido, por exemplo, quando Luiz Gonzaga cantava "A Morte do Vaqueiro", parceria com Nelson Barbalho: "Bom vaqueiro nordestino/ Morre sem deixar tostão/ O seu nome é esquecido/ Nas quebradas do sertão". São versos que guardam semelhança com "Pequena Memória para um Tempo sem Memória", de Gonzaguinha: "São cruzes sem nomes, sem corpos, sem datas/ Memória de um tempo/ Onde lutar por seu direito/ É um defeito que mata". A diferença é que enquanto Luiz Gonzaga narrava a dor do homem nordestino abatido pela seca e pela desigualdade social, Gonzaguinha falava de sua realidade, em que os idealistas estavam sendo perseguidos pela ditadura militar. À medida que o show seguia, esse elo entre pai e filho se explicitava.

Por fim, os dois se uniam e as bandas viravam uma só para cantar algumas canções em conjunto, como "Juazeiro", "Diga Lá, Coração" e "Respeita Januário". O show terminava em clima de festa com "A Vida do Viajante", a música que batizava a turnê que em breve se tornaria sucesso nacional: "Minha vida é andar por esse país/ Pra ver se um dia descanso feliz". No palco, a comunhão entre os dois era palpável. Eles manifestavam a toda hora a alegria de estar ali juntos e o orgulho que sentiam um do outro. "Quando a gente se encontra forma a dupla. A gente se diverte", contou Luiz Gonzaga à época para a *Folha de S.Paulo*. O público percebia essa química e passou mesmo a vê-los como uma dupla.

Durante essa temporada paulistana, os dois visitaram um forró promovido por Pedro Sertanejo, pai de Oswaldinho do Acordeom. Quando chegaram lá, havia um público imenso, eufórico, exibindo faixas e cartazes em homenagem aos dois. Um deles chamou atenção: "Gonzaguinha e Gonzagão, a maior dupla sertaneja do Brasil". Era a primeira vez que Luiz Gonzaga lia seu nome escrito assim, no aumentativo. Ele gostou tanto que adotou aquela frase como slogan da turnê e estampou quase todos os seus discos dos anos 1980 com o novo apelido.

A Vida do Viajante foi muito importante para a carreira de Luiz Gonzaga, que o colocou no patamar que merecia. Até então, cantar em grandes palcos do Brasil e ganhar espaço nas sessões de crítica musical dos principais cadernos culturais do país não era frequente em sua carreira. Além disso, ele se aproximou de um público mais jovem, fã de Gonzaguinha, que passou a conhecer sua obra mais profundamente. "Beneficiando-se do respeito devido aos antigos e do sucesso reservado às novidades, ele era simultaneamente patriarca e galã, perfeitamente atualizado e integrado à onda do momento", definiu Dominique Dreyfus na biografia que escreveu sobre o cantor.

Além disso, havia a realização pessoal de percorrer o Brasil ao lado do seu filho. O próprio Luiz Gonzaga confessou essa felicidade em entrevista para a revista *Ele e Ela*: "No fim de uma carreira ser contratado pelo próprio filho e receber atenções, carinho, participando dessa liberdade que os jovens sabem concentrar, misturada com inteligência, cultura e atualização de tudo, é uma dádiva".

Depois de São Paulo a turnê seguiu para o Rio de Janeiro e continuou Brasil afora até o ano seguinte. Entre junho e julho de 1981, Luiz Gonzaga e Gonzaguinha fizeram algumas concorridas apresentações na sede da gravadora EMI para uma seleta plateia de 120 convidados. Ao vivo no estúdio, apresentaram o show que vinham fazendo para grandes plateias brasileiras há mais de um ano. O disco saiu no fim de 1981 com o título *Danço em Casa, Moro no Mundo – A Vida do Viajante* e trouxe na capa o nome dos dois escrito da mesma maneira que tinham visto em uma faixa durante aquele forró em São Paulo: "Gonzagão e Gonzaguinha".

Agora o mundo teria para a eternidade o registro do encontro que selou a paz entre pai e filho, que perdoaram suas próprias histórias para finalmente viver em harmonia. Mas, acima de tudo, havia a comunhão de dois artistas brasileiros que se admiravam e se respeitavam mutuamente. Melhores do que qualquer dupla sertaneja do Brasil.

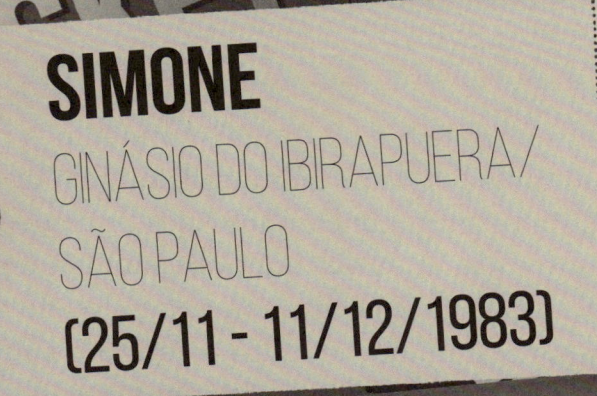

SIMONE ARRASTOU UMA MULTIDÃO AO IBIRAPUERA PARA CELEBRAR DEZ ANOS DE CARREIRA. NO AUGE DA APRESENTAÇÃO, EXIBIU SUA SENSUALIDADE DEITADA ENTRE ALMOFADAS DE CETIM EM UMA CAMA REDONDA NO CENTRO DO PALCO, CRISTALIZANDO NO IMAGINÁRIO COLETIVO UMA CENA TÃO POLÊMICA QUANTO TRANSGRESSORA.

Em 1990, durante a sua *Blond Ambition World Tour*, a cantora norte-americana Madonna escandalizou o Vaticano e a comunidade católica com sua performance repleta de referências a símbolos religiosos inseridos em uma ambientação sexualizada. Em um dos momentos mais polêmicos do show, enquanto cantava o sucesso "Like a Virgin", a cantora deitava-se em uma cama redonda, rodeada por seus bailarinos, enquanto simulava uma masturbação. Em um tempo em que a sexualidade da mulher era quase criminalizada, a cena chocou muita gente e ampliou o caráter transgressor e polêmico da diva pop.

Mas para alguns brasileiros a cena da cama não parecia uma ideia tão chocante assim. Afinal, sete anos antes, uma cantora nacional já havia feito algo parecido, que causou alvoroço semelhante, mantidas as devidas proporções. Foi no Ginásio do Ibirapuera, em São Paulo, em fins de novembro de 1983, protagonizada por uma mulher alta, de cabelos negros cacheados chamada Simone Bittencourt de Oliveira. Ou simplesmente Simone.

A cantora começou sua carreira em 1973, quando trocou as quadras de basquete pela música. Logo chamou atenção pelo timbre grave, o sotaque baiano e a dramaticidade de suas interpretações. Em 1977 passou a atingir um público maior com o sucesso do disco *Face a Face* e, logo depois, com *Cigarra*, que lhe rendeu o apelido pelo qual ficou conhecida. A consagração definitiva, contudo, veio em 1979, com o álbum *Pedaços*. A música "Começar de Novo", de Ivan Lins e Vitor Martins, virou abertura do seriado

Malu Mulher e se tornou um hino da emancipação feminina naquele momento. A partir daí, Simone virou uma estrela de grandeza maior da música brasileira, com discos sempre entre os mais vendidos e shows cada vez mais concorridos. Seus lançamentos seguintes, *Simone* (1980), *Amar* (1981) e *Corpo e Alma* (1982) apontavam para um repertório mais popular, somando a MPB tradicional a canções pop românticas ou de tom sensual. Nessa época, o Canecão e os teatros ficaram pequenos para abrigar o público crescente da cantora, que passou a se apresentar em estádios e ginásios.

Foi nesse contexto que ela lançou *Delírios, Delícias* em outubro de 1983, ano em que comemorava dez anos de carreira. Apesar da data festiva, o disco foi gravado em um momento de dor para Simone, que naquele ano havia perdido amigos, colegas de trabalho e familiares. Foi para aliviar o peso do luto que ela entrou em estúdio no meio do ano, ainda com poucas canções na manga. "Tenho absoluta certeza de que esse foi o disco mais difícil que fiz. Perdi tantas pessoas que amava e, para não pensar em nada, queria passar as 24 horas do dia no estúdio. Um disco feito com sabor da perda, mas que acabou tendo um resultado excelente", ela comentou à época para o *Jornal do Brasil*. O resultado agradou público e inclusive a crítica, que não aprovara seus últimos dois lançamentos.

Delírios, Delícias foi produzido por Sérgio de Carvalho e contou com arranjos de nomes de peso como Chiquinho de Moraes, Eduardo Souto Neto, Dori Caymmi, Djavan, Paulinho da Viola, Cristóvão Bastos e Lincoln Olivetti. O repertório variava entre o sentimental e o erótico, com canções inéditas como "Só de Amor", "Coração Aprendiz", "Coisa Feita" e "Depois das Dez". Havia ainda algumas regravações que também se destacaram, como o bolero "Contigo Aprendi", de Armando Manzanero, "Paixão", sucesso da dupla Kleiton e Kledir, e "O Amanhã", samba-enredo da União da Ilha do Carnaval de 1979, que Simone já vinha apresentando em shows anteriores.

Entre novembro e dezembro, a cantora agendou três finais de semana no Ginásio do Ibirapuera para os shows de lançamento do disco, que também celebrariam seus dez anos de carreira. As três primeiras apresentações seriam filmadas pela TV Globo, que as exibiria como um especial de fim de ano. Assim que se encerraram as gravações do disco, Simone começou a elaborar o roteiro do show. Para isso, contou com a colaboração de Flávio Rangel, famoso dramaturgo e diretor de teatro, que tinha em seu currículo montagens históricas como *Liberdade, Liberdade*, de Millôr Fernandes, num dos primeiros gritos contra a ditadura militar em 1964, e *Piaf*, estrelada por Bibi Ferreira.

A relação de Flávio com Simone começou em 1978, quando ele a indicou para cantar no Canecão. Os dois ainda não se conheciam pessoalmente, mas o dramaturgo ficara encantado com a gravação que ela tinha feito para "Gota d'Água", de Chico Buarque, e achou que a cantora teria força suficiente para estrelar uma temporada na famosa cervejaria de Botafogo, o que acabou acontecendo. Os dois trabalharam juntos pela primeira vez quando Flávio dirigiu Simone em sua segunda temporada no Canecão, em fins de 1979, com o show *Pedaços*, que encantou a crítica e se transformou em um histórico disco ao vivo, lançado em 1980. O início da relação foi difícil, cheio de atritos, mas em pouco tempo os dois criaram uma profunda amizade e uma cumplicidade que originou uma série de shows. Foi assim também com o espetáculo *Delírios, Delícias*.

A estreia aconteceu no dia 25 de novembro, uma sexta-feira. O show contava com uma estrutura enorme, com palco gigantesco e uma orquestra de 25 componentes, comandada pelo maestro Chiquinho de Moraes. O roteiro misturava canções do novo disco com outras músicas que haviam marcado a carreira de Simone, tudo organizado em blocos, numa sequência narrativa feita para mostrar algumas faces da cantora. "Quem prestar atenção poderá ver que, na verdade, estou contando uma história durante o espetáculo. Quase sempre é a história da minha própria vida, quando me vejo criança, mocinha, sensual, adulta, e narro meus amores e desamores", adiantava Simone ao jornal *Folha de S.Paulo* às vésperas da estreia.

Ao longo dos três finais de semana, ela aparecia diante de mais de 15 mil pessoas, encarando os holofotes e as inúmeras câmeras da Globo ao som do samba "O Amanhã", música gravada no novo disco e que encerrara seu espetáculo do ano anterior, *Corpo e Alma*. Como de costume, Simone vestia um figurino todo branco – um paletó assinado por Chico Spinoza com uma enorme fenda na parte de trás que deixava suas costas nuas, tirado já no começo do show para revelar um top cheio de vidrilhos, assinado por Markito, seu amigo e costureiro falecido meses antes.

Depois de "O Amanhã", Simone saudava o público paulistano com uma versão em arranjo big band de "Petúnia Resedá", canção de Gonzaguinha gravada por ela no disco *Cigarra*: "Alô, amigo velho, novo/ Como vai, mas que prazer!". Nesse primeiro bloco havia nada menos do que três canções de Milton Nascimento, seu amigo e ídolo. "Maria, Maria", a primeira a realmente agitar o público do Ibirapuera, "Caçador de Mim", que Simone cantava em uma interpretação visceral, com a voz rasgada e sentida, e "Canção da América". Nesse momento especial o telão projetava estrelas emoldurando rostos de artistas nacionais já falecidos, como Vinicius de Moraes, Noel Rosa, Cartola, Adoniran Barbosa, Dalva de Oliveira e Elis Regina.

A primeira parte do show se encerrava com o seu momento mais intimista: em frente ao cenário formado por uma enorme mandala, Simone, parada no palco, interpretava "Jura Secreta", um de seus primeiros grandes sucessos. Na sequência "Alma", do disco anterior, cantada sob um arranjo mais acelerado do que o original, também empolgava o público. Depois Simone celebrava sua criança interior com "Vevecos, Panelas e Canelas" e "A Bicicleta", gravada para o projeto *Casa de Brinquedos*.

O show começava a se encaminhar lentamente para o clímax quando a criança interior dava vez ao corpo da mulher sensual, como Simone se mostrava orgulhosamente no palco ao interpretar "Coisa Feita", de João Bosco, Aldir Blanc e Paulo Emílio. Nesse momento, sua interpretação tornava-se mais lânguida. Ela arranhava as próprias costas e passava a mão pela barriga lentamente. Em seguida, uma grande surpresa: "Adivinha o quê", canção que Lulu Santos havia lançado naquele ano no seu disco *O Ritmo do Momento*. "Porque eu só faço com você/ Só quero com você/ Só gosto com você/ Adivinha o quê?", Simone perguntava ao público, enquanto caminhava de um lado para o outro do enorme palco. No final da canção, o ritmo ficava mais arrastado, enquanto o refrão era repetido de forma cada vez mais sugestiva. De repente, uma cama redonda coberta por almofadas e lençol de cetim cor-de-rosa surgia no centro do palco. Simone se encaminhava lentamente até ela, enquanto ainda cantava a canção de Lulu, e pouco a pouco se ajeitava ali entre as almofadas, com um sorriso na boca, até terminar de cantar quase num sussurro: "Adivinha o quê...?".

Enquanto a plateia ainda aplaudia, Simone já estava jogada entre as almofadas e a banda atacava a introdução inconfundível de "Paixão", de Kleiton e Kledir. Uma enorme cortina rosa e cheia de babados descia do palco e cobria a banda e o cenário ao fundo. Agora Simone estava sozinha em cena. Só ela, a cama, as almofadas e os 15 mil presentes que assistiam a tudo hipnotizados. "Amo tua voz e tua cor/ E teu jeito de fazer amor/ Revirando os olhos e o tapete/ Suspirando em falsete/ Coisas que nem sei contar...", cantava, para delírio geral. À medida que prosseguia descrevendo uma cena de paixão entre quatro paredes, com direito a "marcas no pescoço" e um "maldito fecho ecler", Simone passava os dedos pelo próprio corpo e alisava e abraçava as almofadas ao seu redor. A cena bonita, poética e transgressora na mesma medida, deixava o público em transe.

Quando já estavam todos entregues, a cortina de babados subia, revelando novamente a banda, que entrava com "Depois das Dez", canção de Tunai e Sérgio Natureza que abria o disco *Delírios, Delícias*. Era uma música pop, dançante, desavergonhadamente erótica que, assim como "Paixão", também descrevia uma transa, só que de modo mais explícito e eufórico. Se uma falava das preliminares, a outra falava do ato em si. E Simone continuava entregue à brincadeira. Agora de joelhos na cama, ela dançava mexendo os quadris freneticamente, de trás para frente, em cima das almofadas, enquanto cantava: "Vai, me enlouquece/ Vem, me tonteia/ Num sobe e desce/ Queima, incendeia o coração/ Faz que tá bom". Era uma explosão de sensualidade, euforia e fantasia em que o público cantava junto, pulava e batia palmas do início ao fim.

No número seguinte, Simone finalmente descia da cama, que desaparecia novamente sob o palco, mas a brincadeira continuava com "Tô que Tô", também de Kleiton e Kledir, que ela gravara com sucesso no ano anterior. O show terminava com a energia em alta voltagem ao som de "O Amanhã", só que em uma versão ainda mais acelerada que na abertura, com a bandeira do Brasil projetada ao fundo. Entre chuvas de confete e a ovação do público, Simone se despedia com seus votos para o ano de 1984: "Feliz ano novo pra todo mundo, muita paz, muita saúde, muita felicidade e… eleições diretas para presidente!"

Nessa temporada inicial, o show permaneceu nove dias em cartaz no Ibirapuera, sendo visto por mais de 130 mil pessoas. O especial da Rede Globo foi ao ar no dia 30 de dezembro, envolto por algumas polêmicas. A primeira delas foi o desentendimento público entre Simone e o diretor-geral do programa, Aloysio Legey. A briga se deu por uma divergência artística em torno da concepção do show. Enquanto Legey queria que a estrutura privilegiasse a gravação do especial, Simone quis fazer um show feito para o público que pagou pelo ingresso, sem nenhum tipo de interrupção, em que a Globo apenas filmasse a apresentação para a exibição posterior. De tão frustrado, Legey nem assistiu às gravações. No dia do show, deixou sua equipe no Ibirapuera e retornou ao Rio de Janeiro. Mais tarde, chegou a dizer aos jornais que aquele seria "o mais fraco especial do ano".

Mas a polêmica maior foi a cena da cama. Antes da exibição pela Globo, Ronaldo Bôscoli noticiou em sua coluna do jornal *Última Hora* que havia problemas com a censura: "A almofada explícita, usada por Simone no seu show, não pintará no especial global. A censura não engoliu". Semanas mais tarde, a jornalista Cleusa Maria informou que "Paixão" foi regravada posteriormente por Simone, com gestos menos provocativos do que o que fizera no palco do Ibirapuera. "Acho que até o público do show ficou agredido", justificou um irritado e ressentido Aloysio Legey. Mesmo assim, o que foi ao ar pela Globo às vésperas da noite de ano-novo bastou para se tornar notícia em todas as colunas musicais. Não chegou a ser um escândalo, e Simone não sofreu represálias de entidades religiosas, mas foi uma celeuma, assunto comentado por todos, com admiração ou um certo preconceito indisfarçado. Críticos e colunistas de música da época falavam sempre no "show explícito" de Simone e comentavam em tom debochado uma suposta "nova moda" entre as fãs femininas da cantora, que estariam jogando calcinhas e sutiãs para ela no palco.

No início dos anos 1980, mesmo com toda aura libertária e transgressora proporcionada pela década anterior, uma mulher exibir-se segura e dona de sua própria sexualidade em um palco, na frente de milhares de pessoas, ainda parecia uma ameaça ou algo ultrajante. Ao explicitar sua sensualidade e seus desejos em um espetáculo musical daquela proporção, Simone causou, na mesma intensidade, medo e fascínio em uma parcela do público.

No início de 1984, enquanto o especial ainda repercutia, a cantora foi questionada sobre o episódio em entrevista à jornalista Marília Gabriela: "Nesse espetáculo você assumia uma característica como cantora de muita sensualidade. O que é isso? É uma explosão ou é um filão profissional?". Em sua resposta, Simone enfatizou a espontaneidade do gesto: "Acho que é uma coisa que vai fluindo naturalmente. Não houve uma cena de sexo explícito naquele especial. Era uma música de amor e que falava do amor de duas pessoas, de cama, de paixão, de tudo isso. É muito normal para mim eu me acariciar no palco, passar a mão no meu rosto, ou mesmo beijar o meu ombro. Eu acho que palco é uma coisa que me dá um barato tão legal na cabeça que eu fico senhora absoluta, dona absoluta daquele espaço. É tão verdadeiro que não tem barreiras".

De fato, para quem esteve em algum dos nove shows do Ibirapuera em fins de 1983, antes de qualquer polêmica, houve a mágica comunhão entre público e artista, quando 130 mil pessoas se transformaram em uma entidade só, convidada a experimentar suas fantasias, entre delírios e delícias na cama com Simone.

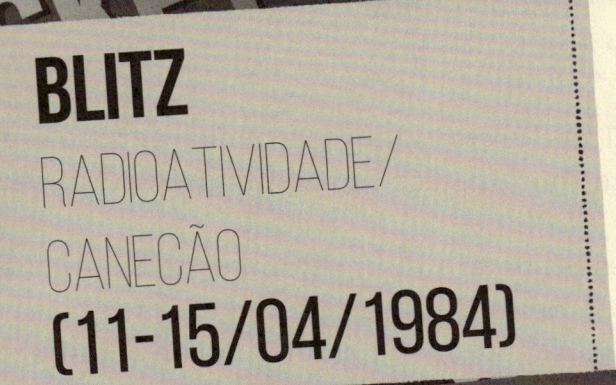

NA TURNÊ DE LANÇAMENTO DO SEU SEGUNDO ÁLBUM, A BLITZ ESTAVA COM TUDO. SÓ FALTAVA MESMO INVADIR A CASA DE ESPETÁCULOS MAIS FAMOSA DO BRASIL, O CANECÃO, O LOCAL ONDE "SE ESCREVE A HISTÓRIA DA MÚSICA POPULAR BRASILEIRA". E A BANDA CONSEGUIU, QUEBRANDO ATÉ MESMO O RECORDE DE ROBERTO CARLOS. COISA PARA POUCOS.

"Eu não soube te amar/ Mas não deixo de querer conquistar…" Os versos cantados por Caetano Veloso na canção "Eclipse Oculto", do álbum *Uns*, lançado em 1983, não deixavam dúvidas de quem era a onda do momento. No mesmo ano Gilberto Gil soltou a seguinte frase: "O rock deu uma blitz na MPB". É verdade, desde que a Blitz lançara "Você Não Soube Me Amar" parecia que mais nada existia na música brasileira. Nem Caetano nem Gil.

As condições eram mais do que propícias. A juventude brasileira estava à procura de ídolos para chamar de seus, e, dos muitos que ganhou nos anos 1980, os integrantes da Blitz foram os primeiros. Tudo parecia dar tão certo para a banda liderada por Evandro Mesquita que a sua história mais parece o roteiro de um filme. O curioso – e talvez por esse motivo a Blitz tenha feito tanto sucesso – é que ela não nasceu nos palcos das casas de shows, mas nos dos teatros.

A cantora Marina Lima escolheu o Teatro Ipanema para lançar o álbum *Olhos Felizes*, em 1980. Seu show começava às 24 horas, três horas depois de o grupo teatral Asdrúbal Trouxe o Trombone apresentar no mesmo palco o espetáculo *Aquela Coisa Toda*. No dia em que Marina e seus músicos decidiram conferir a performance, Lobão, que tocava bateria na banda da cantora, ficou fascinado com um sujeito que fazia o papel de um surfista com um sotaque carioca pra lá de carregado. O ator atendia pelo nome de Evandro Mesquita, e o seu personagem na peça, curiosamente, se chamava Lobão. A peça também dava espaço para o violonista Ricardo Barreto tocar algumas canções. Lobão e a dupla do Asdrúbal logo ficaram amigos e menos de uma semana depois se encontraram para "levar um som" na casa do baterista. A história da Blitz estava apenas começando.

A ideia era ousada. Evandro queria montar um projeto metade teatro, metade música, aproveitando a sua experiência no Asdrúbal, grupo que falava as coisas que a geração nascida na época do regime militar queria escutar. A banda já tinha até uma canção pronta, "Você Não Soube Me Amar", mas faltava ser batizada, até Lobão se inspirar no trio The Police, que estava se apresentando no Rio de Janeiro, e nas constantes duras que a garotada tomava da polícia e propor o nome de Blitz. A princípio Evandro não gostou, mas, quando a produtora do primeiro show perguntou o que deveria colocar nos lambe-lambes que colaria pelos muros da cidade, ele acatou a sugestão do baterista. A estreia foi no dia 19 de fevereiro de 1981, no bar Caribe, no bairro carioca de São Conrado. Essas apresentações iniciais começavam com o bar completamente no escuro, e a banda entrando em cena portando lanternas, meio que dando uma "dura" na plateia. No dia seguinte, era o principal assunto dos antenados da praia de Ipanema.

Empolgado com as meninas da Gang 90, banda paulista liderada por Júlio Barroso, Lobão propôs colocar vozes femininas na Blitz. Assim, Márcia Bulcão e Fernanda Abreu foram recrutadas, e a sonoridade da banda acabou por se tornar mais pop. Com elas na formação, o grupo seguiu se apresentando no Rio de Janeiro. Os shows mais lembrados, que marcaram a estreia do tecladista William Forghieri, aconteceram no Circo Voador da praia do Arpoador, dias 9, 10 e 11 de fevereiro de 1982 – em outubro daquele ano o Circo seria reinaugurado na Lapa. Em uma das apresentações, alguém teve a brilhante ideia de gravar a banda tocando "Você Não Soube Me Amar", e a fita foi parar nas mãos de Luiz Antonio Mello, diretor da Fluminense FM, que incluiu a faixa na programação da rádio que entrou no ar em março. A partir daquela fitinha com a gravação pirata, tudo mudou. Para a Blitz e para a Fluminense FM.

A emissora passou a ser a principal divulgadora das bandas do nascente BRock, e a banda ganhou um contrato com a EMI-Odeon. Mariozinho Rocha, então presidente da gravadora, tinha certeza de que aquela canção seria um estouro. O compacto chegou às lojas em julho de 1982, 200 mil cópias foram vendidas em poucos meses, e o bordão "ok, você venceu, batata frita" transformou-se na gíria mais falada daquele tempo no Rio.

No entanto, havia um certo mal-estar entre Lobão e os demais integrantes da Blitz. Insatisfeito com o rumo musical da banda, o baterista decidiu sair para lançar o seu primeiro álbum solo. Quando As Aventuras da Blitz aterrissou nas lojas, Juba já ocupava o posto de baterista. O disco misturava música pop com referências de quadrinhos, esquetes de teatro e citações cinematográficas, e gerou mais sucessos como "Mais uma de Amor (Geme Geme)" e "O Beijo da Mulher Aranha". De cara, vendeu 150 mil cópias, número expressivo para uma banda estreante. Todo mundo gostou, do netinho ao vovô, o rock brasileiro voltou a ser ouvido nas casas das famílias de classe média, e as gravadoras viram que havia coisa ali. O jornalista Paulo Ricardo, futuro RPM, então escrevendo para a revista *Somtrês*, concluiu: "Meus parabéns. Vocês são os pais de um lindo LP levadíssimo. Vou sair por aí com a mão no bolso, o fone no ouvido, e quem sabe levar uma blitz". A banda logo passou a se apresentar constantemente no programa do Chacrinha e também emplacou música em trilha sonora de novela: "Você Não Soube Me Amar" tocou em *Sol de Verão*, da Globo. E nos intervalos comerciais a Blitz ainda podia ser ouvida em um anúncio de xampu!

Com o início da abertura política e o iminente fim do regime militar, a música da banda carioca descia muito bem nos ouvidos da rapaziada e atraiu a atenção do empresário Manoel Poladian, o mesmo de Roberto Carlos. Ele contratou a Blitz para uma turnê muito bem produzida e que fez tanto sucesso que chegou a ter matinês para atender aos fãs mirins, mas foi interrompida quando a gravadora mandou a banda de volta ao estúdio, dessa vez sob a produção de Liminha – afinal de contas, a Blitz era prioridade na EMI.

Em setembro de 1983 saiu o álbum *Radioatividade*, composto basicamente de sobras do disco anterior. O texto de apresentação do LP dizia: "Não faltou abutre para agourar o trabalho do grupo. Os chacais não perdoam: fazer sucesso e ser criativo. Mais uma vez terão que engolir em seco e aturar Blitz". Sobre o trabalho, o baixista Antônio Pedro afirmou: "Agora, está mais difícil para bandas, sim. E uma peneira mais fina, o pessoal está exigindo mais, o que, no fim, é bom. A gente saiu primeiro, mas acho que agora já está estabelecido, mais maduro. As pessoas já sacaram que a gente está a fim de ficar". Provando que a Blitz não era banda de apenas um verão, o álbum vendeu 150 mil cópias antecipadas. Gilberto Gil, mais uma vez, elogiou: "*Radioatividade* mostra que o primeiro (disco da Blitz) não era uma aventura beócia".

Primeiro sucesso de *Radioatividade*, "Weekend" tocava em média 120 vezes por dia nas rádios, com direito a videoclipe no *Fantástico*, da Rede Globo. Entre uma e outra faixa do álbum, que simula uma estação de rádio, a Rádio Atividade, a banda leva uma dura na estrada em uma viagem de fim de semana, dedica uma canção de amor a quem ama e ainda conta "a estranha história de Rony Rústico e Betty Frígida". Agora o bordão da vez era "calma, Betty, calma!". No final do disco, a banda se despedia da seguinte forma: "Foi um prazer quase que sexual estar aqui com vocês, prometendo voltar no próximo disco, no próximo show ou a qualquer momento em edição extraordinária".

Radioatividade virou um fenômeno tão grande quanto o disco de estreia, e nem a Blitz poderia imaginar onde seria seu próximo show, até a edição de 3 de abril de 1984 do jornal *O Globo* anunciar: "Com o adiamento da estreia de Djavan, quem vai ocupar o palco do Canecão, de 11 a 15 deste mês, é o grupo Blitz, que vai se apresentar às 21 horas, quarta e quinta; 21h30, sábado; e 18h e 21h30, domingo".

A nota era tão simples quanto significativa. No decorrer dos anos 1980, em especial na sua segunda metade, o Canecão passou a receber bandas de rock aos borbotões, mas em 1984 não era bem assim. Pelo contrário. Não havia a possibilidade de um artista do gênero tocar na casa. Aquele era o espaço do Djavan, do Ney Matogrosso, da Gal Costa, do Caetano Veloso, do Chico Buarque... "Aqui se escreve a história da música popular brasileira", era a frase – pra lá de intimidadora – de Ronaldo Bôscoli, que estampava a entrada da casa de shows. No dia da estreia, em sua coluna no jornal *Última Hora*, o próprio Bôscoli escreveu: "Veremos – e torçamos para que o fato se consume – a rádio e principalmente a atividade da Blitz no difícil palco do Canecão. Um templo da música brasileira. O maior até hoje".

"Não há a menor dúvida de que estamos diferentes. Amadurecemos, eu, as meninas, os outros rapazes. Não fosse isso e não teríamos aceito fazer o Canecão. Mas chegou a nossa hora", disse Evandro Mesquita à revista *Domingo* três dias antes da estreia. Agora seria tudo bem diferente do bar Caribe, tanto que a banda confiou a direção do espetáculo à atriz e antiga companheira de Asdrúbal Trouxe o Trombone Patricya Travassos. A Blitz estava mais do que preparada. Antes de aportar no Canecão, a turnê havia passado por cerca de 60 cidades pelo Brasil, para um público de mais de 550 mil pessoas, do sofisticado Palace em São Paulo a teatros de pequenas cidades do Nordeste. Em Arapiraca, Alagoas, encheram um ginásio com oito mil pessoas. No festival de Arembepe, na Bahia, tocaram para outras 50 mil. Mas, como disse Evandro, "entrar no Canecão é uma coisa superimportante; a gente não tem 20 anos de carreira".

Fato é que a Blitz não decepcionou. No dia da estreia havia apenas 700 lugares disponíveis para os sete shows da temporada, o que fez com que o Canecão agendasse mais 11 apresentações para uma segunda etapa de mais duas semanas, logo após o período de shows de Djavan. Os ares eram de superprodução. Do lado de fora havia um quiosque vendendo camisetas, adesivos, discos e pôsteres. As filas davam voltas no quarteirão, e, quando os fãs ingressavam no hall de entrada da casa, uma maquete com a arte da capa do álbum estava lá gloriosamente exposta. O baterista Juba ressaltou a preocupação da Blitz com todos os pormenores daquele show. "Não se economizava para fazer um cenário com Gringo Cardia e Luiz Stein. No Canecão, para o nome da Blitz eles fizeram um letreiro que mexia. A gente investia muito forte", disse.

Do lado de dentro as coisas não eram diferentes. Além da banda, havia a participação do grupo de teatro Banduendes por Acaso Estrelados, que somava lances teatrais e jogos de cena à apresentação de 19 canções em 90 minutos. "O show da Blitz era o Cirque du Soleil daquela época. Até nevava, sem exagero nenhum. Até hoje o Canecão deve ter bolinhas de isopor espalhadas por lá. Acompanhei a reforma e soube que acharam bolinha de isopor, foi uma coisa que contaminou", disse o cenógrafo Luiz Stein ao jornalista Rodrigo Rodrigues no livro As Aventuras da Blitz.

O espetáculo ainda contava com um carro de verdade (um jipe Gurgel) cheio de pernas levantadas na parte de trás durante a canção "Meu Amor, que Mau Humor". "O cenário e os figurinos misturam high tech, anos 50 e bossa carioca", resumiu O Globo. Atrás da banda, letras gigantes mudavam de cor no embalo do ritmo, enquanto Evandro Mesquita discursava entre um número e outro. Antes de cantar "Cruel, Cruel Esquizofrenético Blues", ele cutucou: "A censura está o maior barato, tá passando tudo!". Acompanhado por Fernanda Abreu e Márcia Bulcão, o vocalista também mandava piruetas, danças e passos de ginástica. Durante "O Tempo Não Vai Passar", algo inusitado acontecia. Evandro saía pela direita do tablado e, de repente, cruzava todo o palco dando sucessivos saltos mortais. Em seguida, voltava correndo e continuava cantando. Só um detalhe: não era Evandro quem fazia a tal performance, mas um dublê vestido da mesma forma.

O show tinha início com o prefixo "Blitz Cabeluda", seguido por "Weekend", "Última Ficha" e "Ridícula". Um bloco de rock, outro de reggae, começando por "Geme Geme", vinham em seguida. Aí era a vez de "Apocalipse, Não", com o auxílio dos Banduendes. Enquanto Evandro usava capacete e óculos que emitiam luzes, os atores entravam com grandes batas negras com a letra Y desenhada, além de lanterninhas. Ao final do número, eles "morriam" em uma explosão. No meio da canção, Evandro brincava: "Todo homem, ao completar 18 anos, deve apresentar seu órgão ao militar mais próximo". Em "Biquíni de Bolinha Amarelinha" os rapazes do grupo de teatro voltavam trajando calções floridos de surfista, enquanto as moças seguravam um enorme cachorro-quente com uma salsicha fálica para brincar com as "Anas Marias" encarnadas por Fernanda e Márcia.

Já quase no fim do show, quando a Blitz interpretava "A Dois Passos do Paraíso", as duas vocalistas se fantasiavam de noivas, ao mesmo tempo que fumaça de gelo seco subia do chão, e Evandro, para contar a história da letra, abria um envelope gigante.

A resenha de Jamari França publicada no *Jornal do Brasil* classificou Fernanda, Márcia e Evandro de "três mísseis musicais de energia". De tão puxado o ritmo, o vocalista desmaiou no camarim após o derradeiro show da temporada, que, aliás, foi gravado e merecia um lançamento.

O jornalista ainda escreveu que um conhecido produtor disse que "o Canecão devia estender um tapete vermelho para a banda sair" e completou na elogiosa resenha: "A Blitz mostrou que uma banda de rock brasileira pode subir ao palco mais consagrado do Rio com luzes, cores, vestuários e aprontações diversas, mantendo o ritmo do espetáculo com muita adrenalina". Já o jornal *O Globo* publicou que o show era "uma espécie de Disneylândia musical capaz de divertir adultos e crianças". É verdade, as crianças também se esbaldaram nas famigeradas matinês que aconteciam aos sábados e domingos antes das apresentações noturnas. Os shows da tarde eram mais curtos, e os textos de Evandro, modificados para que a criançada entendesse tudo.

A jornalista Cleusa Maria resumiu o ambiente: "É melhor do que festa de aniversário. Para milhares de crianças e adolescentes que lotavam o Canecão no final da tarde de sábado (o público foi calculado em quatro mil pessoas e cada adulto levava, na maioria, duplas, trios e até sextetos infantis), mais gostoso do que brigadeiros, cachorros-quentes ou pipocas, foram as 15 músicas servidas com muito humor, irreverência e truques teatrais. Mais emocionante do que o 'parabéns pra você' era gritar 'frígida, frígida' – mesmo sem saber do que se tratava. As menininhas estavam produzidas com seus vestidos mais curtos, pulseiras e óculos escuros. (…) Em 'Biquíni Amarelinho', Evandro faz embaixadas intermináveis com uma bola, e a criançada começa a escalar o palco". Quem esteve em uma dessas matinês foi Paulinho da Viola. Para a revista *Manchete*, ele disse: "É incrível como eles são fortes. Quem não dança, é porque segura uma criança". Mas ele dançou, mesmo segurando a filha.

Quase 40 anos depois, Fernanda Abreu relembrou o momento. "Foi um estouro, a gente montou um show superincrível, mas o mais impressionante foi o público. A gente chegava no Canecão e já tinha fila dando voltas no quarteirão. Foi um acontecimento." Contando as duas temporadas no Canecão, foram 18 espetáculos, com uma média de três mil pagantes por show, perfazendo o total de 54 mil pessoas. O recorde de Roberto Carlos estava devidamente quebrado. De fato, naquela casa se escrevia a história da música popular brasileira.

Ok, Blitz, você venceu!

ELYMAR SANTOS

CANECÃO/ RIO DE JANEIRO (12/11/1985)

20

MUITA GENTE DUVIDA ATÉ HOJE QUE A HISTÓRIA SEJA VERDADEIRA, MAS ELA REALMENTE ACONTECEU. AOS 32 ANOS, QUANDO ERA UM CANTOR RESTRITO AO CIRCUITO DAS CHURRASCARIAS, ELYMAR SANTOS SE ENDIVIDOU ATÉ O PESCOÇO E ALUGOU O CANECÃO POR UMA NOITE. SAIU DE LÁ CONSAGRADO E SE TORNOU UMA ESTRELA DA MÚSICA BRASILEIRA.

Um ambicioso cantor de churrascarias do subúrbio carioca, desconhecido pelo público da Zona Sul, decide arriscar tudo o que tem para se apresentar no Canecão por uma noite e realizar o sonho de cantar no palco das grandes estrelas. Parece o argumento de um filme hollywoodiano, no melhor estilo *Nasce uma Estrela*. Mas é a história de Elymar Santos. Ninguém, antes ou depois, conseguiu fazer algo sequer parecido. É uma trama que envolve os melhores elementos de uma boa narrativa, com obstáculos superados, conflitos que parecem intransponíveis e, por fim, a redenção e a glória do protagonista. Uma jornada do herói completa. A melhor parte? Aconteceu de verdade.

A história começa em meados de 1985. Elymar Santos tinha 32 anos de idade e 12 de carreira. Nascido no morro do Alemão e criado por mãe solteira em Ramos, no Rio de Janeiro, se apaixonou por música ainda criança, quando costumava visitar os programas de auditório da Rádio Nacional. Quando cresceu, fez dessa paixão o seu ofício e se tornou um cantor especializado em churrascarias como Dom Franguito e Bar Galeão (Ilha do Governador), Bebum (Bonsucesso) e Sulinhas (Pilares), para citar alguns exemplos. Todo fim de semana ele fazia uma extensa maratona por várias delas, se apresentando com um repertório de MPB que ia de Gonzaguinha a Gilberto Gil, com uma voz que sofria a influência do ídolo Cauby Peixoto, além de um carisma nato, típico dos melhores showmen, sempre bem-humorado e provocador.

Certa noite, depois que terminou o show em uma dessas churrascarias, um sujeito sentado em uma das mesas veio cumprimentá-lo e falou, meio de brincadeira: "Isso aqui está ficando pequeno para você. Daqui a pouco vai cantar no Canecão!". A frase caiu como uma bomba na cabeça de Elymar. Ele passou dias ruminando a ideia, que virou obsessão e depois se transformou em sonho.

O Canecão já era o grande palco da música brasileira, onde cantavam nomes como Maria Bethânia, Simone, Roberto Carlos, Chico Buarque, Caetano Veloso e quase todo mundo que tinha prestígio na época. "Cantar lá? Será?", perguntava-se Elymar. "Por que não?", completava em seguida, com a inquietação de todo sonhador. Afinal, ele já havia feito coisas parecidas. Em 1976 conseguiu algumas datas no Teatro da Praia, em Copacabana, para se apresentar ao público da Zona Sul – e ganhou uma repercussão ínfima. Em 1981 arrendou o Teatro da Galeria, mas também não aconteceu muita coisa. Conquistar o Canecão por uma noite seria levar essas experiências ao extremo, afinal, aquele era um palco bem maior, o "Carnegie Hall brasileiro", como era cafonamente descrito pela imprensa da época. Mas ele estava disposto a enfrentar os desafios que aparecessem.

Elymar pediu que uma amiga ligasse para o Canecão e perguntasse quais as condições para se apresentar por lá. Ela ligou, sem citar o nome do cantor, e a produção respondeu protocolarmente com as informações que passava aos empresários de artistas consagrados: a casa bancaria a produção e ficaria com 50% da bilheteria. O artista levaria 30% e a Eventos, firma que fazia a divulgação, 20%. Pouco depois, Elymar foi pessoalmente ao Canecão falar com a direção e tentar fechar contrato – afinal, parecia tudo muito simples e possível de se fazer. Quando se depararam com o cantor, no entanto, acharam que se tratava de um louco e tentaram fazer de tudo para que ele desistisse da ideia. De reunião em reunião, disseram que não poderiam fazer dessa forma, que o esquema funcionava apenas para artistas que já tinham certo renome nacional. Colocar um cantor pouco conhecido ali seria um risco para a casa. Mas Elymar já havia espalhado para todo mundo que se apresentaria lá e não queria voltar atrás. Quis saber então quais eram as condições. Em uma reunião que contou com a presença de Mário Priolli, o dono, a direção resolveu acabar logo com aquilo e oferecer o aluguel da casa por um preço estratosférico, na esperança de que ele finalmente caísse fora: 40 milhões de cruzeiros. "Negócio fechado", respondeu Elymar, para surpresa geral, antes de sair dali feito um desesperado e tomar um porre num bar, sem saber onde estava se metendo.

Na época, ele não tinha nenhum dinheiro no banco e recebia uma média de 12 milhões de cruzeiros por mês. Qualquer outra pessoa em seu lugar desistiria. Mas

Elymar foi em frente: pediu dinheiro emprestado para todo mundo, vendeu o que tinha e hipotecou seu apartamento. Sem ter como dispensá-lo mais uma vez, o Canecão engoliu em seco, e o show foi marcado para o dia 12 de novembro. Na época, Maria Bethânia estava em cartaz com o show comemorativo dos seus 20 anos de carreira, em temporada que ia de quarta a domingo. Elymar ocuparia a noite de terça-feira.

No meio das negociações, o Canecão ainda impôs outra condição: com medo de que Elymar não cumprisse o contrato e temendo um prejuízo, exigiu que o cantor pagasse à casa todos os ingressos antecipadamente e, após o show, o valor seria devolvido a ele. Elymar aceitou os termos, comprou os bilhetes e montou a operação para revendê-los. A casa de sua mãe virou um ponto de vendas, e ele saiu de porta em porta oferecendo os convites. Seus shows nas churrascarias também eram um chamariz importante. E o cantor ainda fez questão de vender os bilhetes com preço único para todos os setores, de forma que fosse acessível ao seu público: 30 mil cruzeiros. Para se ter uma ideia, isso era quase metade do preço do setor mais barato do show de Maria Bethânia. Em pouco tempo, sua noite de glória no "Carnegie Hall brasileiro" já estava esgotada.

A repercussão, contudo, não ficaria restrita somente ao seu público cativo. Na época, a jornalista Léa Penteado prestava serviços ao Canecão como assessora de imprensa, trabalhando na divulgação dos shows. Quando ficou sabendo que um sujeito havia alugado o local por conta própria, ficou curiosa e quis conhecê-lo. Pensou que se tratava de um milionário excêntrico que tinha o sonho de ser estrela por uma noite. Aquilo poderia render uma boa notinha. Quando se encontrou com Elymar, vestido com bermudão de surfista, camiseta regata, tênis e uma sacola nas mãos, e descobriu quem ele era de verdade, ficou maravilhada. Aquela era uma história fantástica, inédita, que poderia fazer muito barulho na imprensa. Quando viu que o cantor não tinha nenhuma experiência ou traquejo com os mecanismos do show business, se dispôs a ajudá-lo. "Mas eu não tenho dinheiro para te pagar", ele alertou. "Não tem problema. Quando você ficar famoso, me manda uma garrafa de champanhe e meia dúzia de rosas vermelhas", respondeu Léa.

De início, houve um impasse. Elymar não queria de jeito nenhum que ela contasse que ele estava bancando aquela experiência do próprio bolso. Afinal, já tinha espalhado para todo mundo que o show seria em decorrência de um concurso que havia ganhado. Foi preciso muita lábia de Léa Penteado para convencê-lo de que a história verdadeira era bem mais interessante e apelativa, e que aquela lorota de concurso poderia ser facilmente desmentida com apenas uma ligação para a direção do Canecão. Por fim, Elymar aceitou – e não se arrependeu. Nas semanas seguintes, sua história dominou os suplementos culturais dos maiores veículos do país: *Jornal do Brasil*, *O Globo*, *Tribuna da Imprensa* e até a *Folha de S.Paulo*, que quis entrevistá-lo. No dia do show, ele ainda ganhou uma matéria de página inteira no *Caderno B* do *Jornal do Brasil*, com o título "A noite do sonho".

Mas antes da estreia Elymar ainda teria tempo de realizar mais uma façanha. Os ingressos tinham sido vendidos com muita antecedência e para um público que não costumava frequentar os lugares badalados da Zona Sul carioca – a maioria nunca nem tinha pisado no Canecão –, e Elymar ficou com medo de que ninguém aparecesse na noite do show. Como não costumava pensar pequeno, ligou logo para a TV Globo e perguntou quanto custava para colocar uma chamada no ar em horário nobre. Era um preço altíssimo, claro, mas como disseram que ele teria 60 dias para pagar, topou na hora. Assim, nos dias que antecederam ao show, a Globo exibiu sete vezes uma chamada que ia ao ar durante os intervalos da novela *Roque Santeiro*, o maior fenômeno de audiência da época: "Canecão apresenta a voz e a sensualidade de Elymar. Nesta terça-feira, às 21h30. Não perca!", dizia a locução, para a surpresa de muitos telespectadores, que devem ter se questionado: "Quem é Elymar?!". Em breve saberiam, mais precisamente no dia 12 de novembro, data que marcaria sua vida para sempre.

Naquela noite, o Canecão estava apinhado de gente. Havia câmeras de TV, jornalistas e críticos musicais de todos os veículos possíveis afiando as canetas para cobrir aquele que se transformara em um grande evento, acompanhado com curiosidade por todos. No camarim, Elymar se assustou com a presença de tanta gente querendo falar com ele. Pediu um tempo a sós, rezou com sua mãe, tomou banho, vestiu a roupa do show – uma calça branca e uma camiseta de paetê – e se olhou no espelho antes de entrar em cena. Respirou fundo, encarando o próprio reflexo, e notou que havia acontecido a pior tragédia para um cantor em noite de estreia: estava completamente sem voz. O pânico provocou um apagão em sua mente, e os passos seguintes foram dados quase no automático. Quando recobrou os sentidos, já estava no palco do Canecão, iluminado por um enorme refletor, cantando "Sangrando", de Gonzaguinha, diante de uma multidão: "Quando eu soltar a minha voz/ Por favor, entenda/ Que palavra por palavra/ Eis aqui uma pessoa se entregando...". Terminou a canção aos prantos, ovacionado pelo público. Aquela já era a terceira música do show, que havia começado com "Mambembe", de Chico Buarque. Elymar respirou aliviado. Não só sua voz tinha voltado, como já tinha a plateia inteira na palma das mãos.

Durante duas horas, ele fez um show que não diferia muito do que costumava apresentar diariamente nas churrascarias. Era um repertório de MPB, com músicas já conhecidas pelo grande público, como "Maria, Maria" (que ele cantou em homenagem a Elis Regina), "Se Eu Quiser Falar com Deus", "Vaca Profana", "Geni e o Zepelim", "Jura Secreta", "Você Não Entende Nada", "Yolanda" e muitas outras. Elymar brilhou com três figurinos diferentes, costurados por Germano Machado, e conquistou o público com sua performance que revezava romantismo e brincadeiras, com direito a frases espirituosas que arrancavam risadas da plateia. O público, inclusive, era uma novidade para o Canecão, que em estreias costumava ficar repleto de celebridades e colunáveis. Naquela noite, quem lotou o espaço foram os moradores da Zona Norte do Rio de Janeiro, que acompanhavam Elymar em seus shows por lá e que em grande parte estavam no Canecão pela primeira vez na vida.

Foi mesmo uma noite atípica, tanto que muitos jornalistas explicitaram a surpresa em suas resenhas posteriores. Cleusa Maria, por exemplo, descreveu em sua coluna no *Jornal do Brasil*: "Muita gente se levantava das cadeiras, e as arquibancadas lembravam os bons tempos dos festivais, com verdadeiras torcidas organizadas". Na *Tribuna da Imprensa*, Débora Dumar sentenciou que aquela foi "a mais animada plateia que o Canecão já teve".

Para surpresa de muitos, inclusive do próprio Elymar, o show foi um sucesso. "Tinha tudo para dar errado, mas os deuses da arte estavam do meu lado", contou. Foram tantos empecilhos e obstáculos até o último segundo da apresentação que parecia um milagre tudo ter dado certo. "Tinha músico no palco que eu olhava e nem sabia quem era", ele confessou 38 anos depois, pois teve que mudar a banda de apoio várias vezes ao longo dos ensaios. Mas deu mais certo do que qualquer um poderia imaginar. Elymar terminou o show ao som de "Só Dá Lalá", samba-enredo de 1981 da Imperatriz Leopoldinense, sua escola do coração, pela qual desfilava todo ano, com participação de seis baianas, passistas e porta-estandarte da agremiação – uma participação, inclusive, que também foi acertada de última hora. "Nem sei como foi. Acho que alguém colocou todo mundo em uma Kombi e levou para o Canecão", brincou Elymar.

Quando as cortinas já estavam fechadas, Manuel Valença, um dos diretores do Canecão, sentado no meio da plateia, pegou um microfone e se dirigiu ao cantor: "Elymar, por favor. Volte ao palco". Ele levou um susto: "Que merda que eu fiz?", perguntou na coxia a Léa Penteado, antes de voltar ao palco duro feito uma estátua. As cortinas se reabriram e a voz em off anunciou: "Elymar, quem está falando é a direção do Canecão. Estamos impressionados com sua raça, persistência e ousadia". A essa altura, ele já estava aos prantos e a plateia não parava de aplaudir. Era um convite para que ele reapresentasse o show nas noites de sábado e domingo, quando Maria Bethânia estaria ausente por conta de compromissos em São Paulo. Elymar se recobrou da emoção e perguntou à banda: "Posso contar com vocês para assumir esse compromisso?". Emocionado, ainda ganhou um coro ensurdecedor do público, que não parava de gritar: "Ele merece! Ele merece! Ele merece!". Antes de deixar o palco mais uma vez, encerrou aquela noite que já se desenhava histórica com "Escrito nas Estrelas", de Tetê Espíndola.

O bis da temporada acabou acontecendo com mais pompa ainda, na semana entre o Natal e o Ano-Novo – e dessa vez Elymar foi tratado como um artista de renome, com ingressos disputados por um público que se tornaria cada vez mais amplo. Nesses shows foi gravado o disco ao vivo que saiu no ano seguinte pela Arca Som, gravadora com a qual ele já tinha contrato, mas que investia pouco em seu artista até aquele momento.

Assim terminou uma parte da história e se iniciou outra. Elymar Santos calou a boca dos que duvidaram dele ou o ridicularizaram: virou estrela, saldou as dívidas, conseguiu seu apartamento de volta e realizou seu sonho. Tudo isso sem estratégias de marketing pesadas, apoio de gravadora, empresário, nada. Fez tudo movido apenas pela força de vontade, uma inconsequência quase ingênua e uma fé sem tamanho em si mesmo e em seu próprio sonho. "A música popular brasileira teve alguns movimentos: bossa nova, Tropicália, Jovem Guarda. Eu fiz o meu movimento sozinho", resumiu o cantor anos mais tarde para *O Globo*. Depois disso, Elymar conquistou a fama e o sucesso, e os palcos das churrascarias ficaram pequenos para ele. Mas o cantor nunca virou as costas para o público que o consagrou e nos anos seguintes apostou em um repertório mais popular, orgulhosamente brega, entre o erótico e o romântico, como os hits "Taras e Manias", "Escancarando de Vez", "Subindo pelas Paredes" e "Dez a Dez". Enquanto o Canecão existiu, Elymar nunca deixou de fazer shows por lá – se tornou o artista mais ligado à história da famosa cervejaria de Botafogo. Em 2005, 20 anos depois de seu primeiro show, gravou um DVD que comemorava sua centésima apresentação.

É mesmo uma história única, para roteirista nenhum botar defeito. Um roteiro hollywoodiano, mas de sabor bem brasileiro, que só pode ter como desfecho a frase que Elymar repetiu diversas vezes depois que deixou o palco do Canecão pela primeira vez, em 12 de novembro de 1985, ainda com a voz rouca e embargada: "Só vence na vida quem acredita nela".

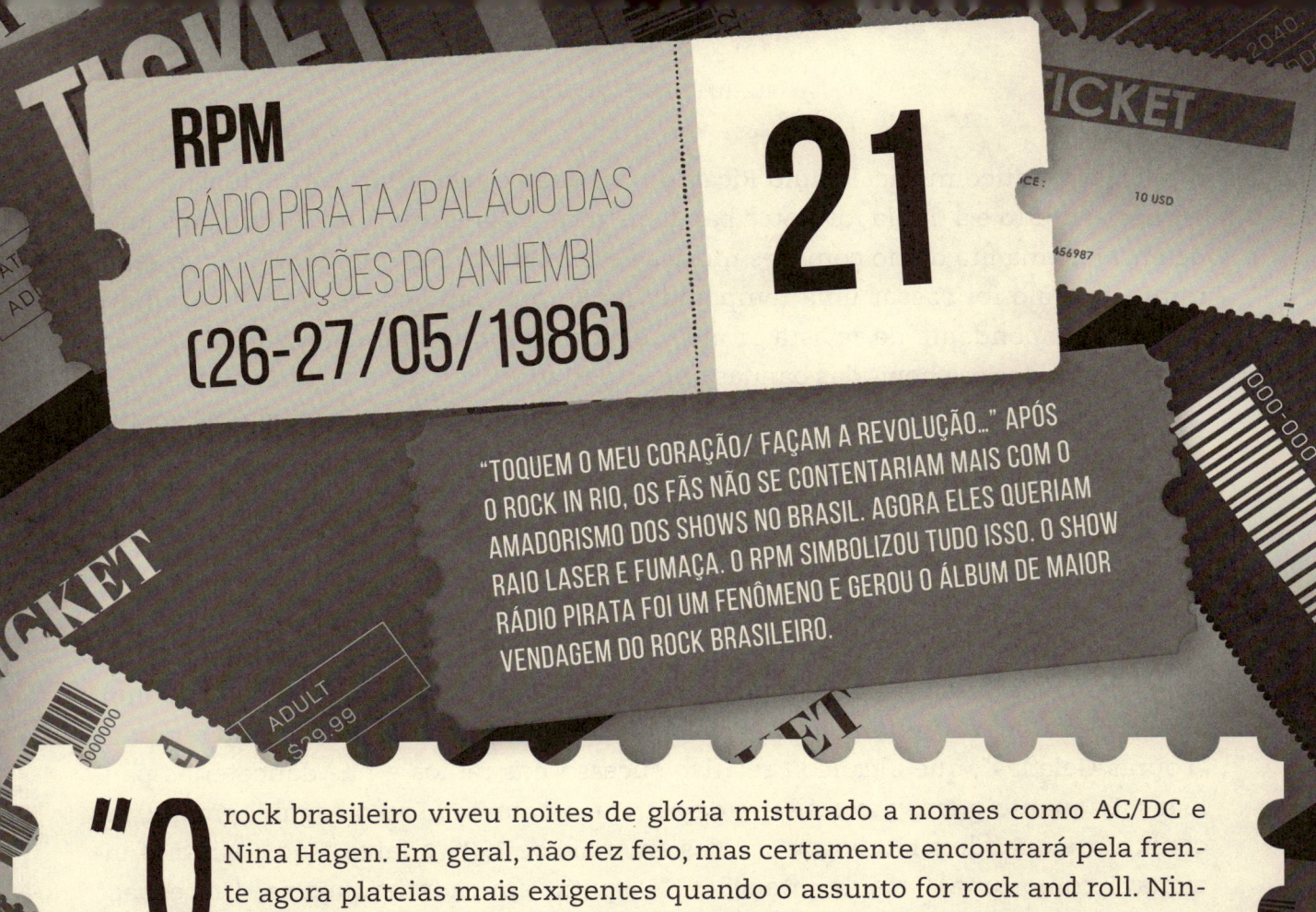

"TOQUEM O MEU CORAÇÃO/ FAÇAM A REVOLUÇÃO…" APÓS O ROCK IN RIO, OS FÃS NÃO SE CONTENTARIAM MAIS COM O AMADORISMO DOS SHOWS NO BRASIL. AGORA ELES QUERIAM RAIO LASER E FUMAÇA. O RPM SIMBOLIZOU TUDO ISSO. O SHOW RÁDIO PIRATA FOI UM FENÔMENO E GEROU O ÁLBUM DE MAIOR VENDAGEM DO ROCK BRASILEIRO.

"O rock brasileiro viveu noites de glória misturado a nomes como AC/DC e Nina Hagen. Em geral, não fez feio, mas certamente encontrará pela frente agora plateias mais exigentes quando o assunto for rock and roll. Ninguém assiste duas vezes na mesma semana a um espetáculo de luz, som e ação como o do Queen e fica fissurado no mês seguinte por um show dos Titãs na danceteria Mamute. A brincadeira do rock ficou sofisticada demais e os conjuntos brasileiros precisam adquirir sua técnica." Certamente o autor dessas linhas, o jornalista Joaquim Ferreira dos Santos, não tinha uma bola de cristal, mas sabia muito bem o que dizia.

Quem estava atento ao show business brasileiro sabia que nada seria como antes depois da primeira edição do *Rock in Rio*, em janeiro de 1985. O festival criou um forte mercado para o público jovem, não só na música, mas na televisão, em coleções de roupas, além de novas emissoras de rádio que foram inauguradas, como a Cidade, no Rio de Janeiro, e a 89 FM, em São Paulo, e de revistas como a Bizz. Não bastava as bandas se profissionalizarem – o Kid Abelha, por exemplo, só foi ter um empresário depois do *Rock in Rio*. Elas tinham que mostrar algo diferente, de nível internacional, para um público que ficou pra lá de mal acostumado a partir do festival criado por Roberto Medina. O RPM simbolizou tudo isso.

O sucesso não veio da noite para o dia, como costuma acontecer em tempos hodiernos. Pelo contrário, o RPM teve que comer muita grama. Tudo começou quando o músico e crítico musical Paulo Ricardo conheceu o tecladista Luiz Schiavon. Não demorou muito e a dupla formou a banda de rock progressivo Aura. Foram dois anos de ensaio, uma fita demo com três músicas e zero show. Desanimados, eles se separaram, e Paulo foi passar uma temporada na Europa. Em Londres, onde trabalhava como correspondente da revista *Somtrês*, ele observou atentamente a cena do pós--punk, viu todos os shows das bandas que importavam, voltou a se corresponder com Luiz e também a compor mais seriamente. Quando retornou, em julho de 1983, antes de deixar as malas em casa, bateu na porta do colega e propôs montar uma banda no estilo new romantic que fazia sucesso na Inglaterra. Para tanto, recrutaram o guitarrista Fernando Deluqui e o baterista Moreno Júnior. Já nos primeiros encontros, Paulo e Luiz compuseram "Olhar 43" e "Revoluções por Minuto". Nascia o RPM.

Um compacto com as duas canções foi levado para a gravadora CBS, que recusou o produto, por considerá-lo "pouco comercial". Meses depois, o baterista Charles Gavin entrou e saiu da banda num piscar de olhos. Mas a boa nova é que a CBS voltou atrás, contratou o grupo e colocou nas lojas um compacto com uma versão remix de "Louras Geladas", que alcançou relativo sucesso nas rádios e nas danceterias paulistas. Enquanto gravavam o álbum de estreia, o baterista Paulo Pagni ingressou no conjunto, e quando o LP chegou às lojas em maio de 1985, a faixa "Rádio Pirata" funcionava como uma carta de intenções: "Disputar em cada frequência/ Um espaço nosso nessa decadência/ Toquem o meu coração/ Façam a revolução". A gravadora previa vender 20 mil cópias, se tanto. Acabou vendendo 600 mil discos.

Além do sucesso de público, o álbum rendeu elogios na imprensa. A jornalista Ana Maria Bahiana escreveu no jornal *O Globo*: "Corra, rápido, e compre *Revoluções por Minuto*, o elepê de estreia do RPM. Compre e ouça: produção de gente grande (Luiz Carlos Maluly), inteiramente antipadrão, antipasteurização, música vigorosa, em que as influências estão digeridas, transmutadas e maduras e um texto que corrobora tudo o que se pensa de melhor desta nova geração que pintou nos últimos anos – estão mesmo saindo do impasse metafórico-reclamativo dos anos 70 e falando de outras coisas, de aqui e agora, com outra linguagem".

Logo que o álbum saiu, a banda realizou alguns shows, inclusive no Noites Cariocas, no alto do morro da Urca, Rio de Janeiro. Uma das apresentações contava com 103 pessoas na plateia, sendo apenas 16 pagantes. Apesar do fracasso de bilheteria, Luís Carlos Mansur, da revista *Roll*, elogiou: "O RPM confirmou ao vivo a sua qualidade, mantendo atento o público do Noites, que não arredou pé e aplaudiu freneticamente. O mais importante disso tudo é que o RPM se impôs com sua música a um público que só ouve FM-hits e que permaneceu até o fim do show, aplaudindo o virtuosismo instrumental dos rapazes". Contudo, mais importante do que a crítica foi a presença de um sujeito entre aquelas 103 testemunhas.

Manoel Poladian empresariava Ney Matogrosso e tinha lhe pedido uma sugestão de alguma banda de rock. Ney, que já conhecia Paulo Ricardo desde os tempos em que era entrevistado por ele para a *Somtrês*, viu o show na Urca e indicou o RPM. "Tem essa banda aqui que está tocando pouco nas rádios, mas acho que eles têm um potencial enorme", disse. O empresário desistiu de contratar Os Paralamas do Sucesso ou a Legião Urbana e foi atrás do RPM. Tudo correu muito rápido. Ele procurou Paulo Ricardo que, em seguida, ligou para Luiz Schiavon: "Está sentado? O empresário do Roberto Carlos acabou de me ligar e quer contratar a gente".

Poladian, que confiava plenamente em Ney Matogrosso, fechou com o RPM sem ter visto sequer um show da banda. E quase se arrependeu. Quando se dignou a presenciar os rapazes ao vivo, não gostou nem um pouco do que viu no palco do Madame Satã, em São Paulo. "Saí de lá horrorizado com o amadorismo e a falta de postura no palco. Eram jovens de muito talento, mas muito ruins", disse o empresário a Marcelo Leite de Moraes, biógrafo da banda. Ele então alugou o Teatro Bandeirantes por 60 dias para o grupo ensaiar com Ney Matogrosso, que, por sua vez, ganhou carta branca para fazer o que bem entendesse. O investimento inicial, absurdo para a época, foi de 400 mil dólares. A banda, inclusive, teve que diminuir o seu cachê praticamente pela metade para que fosse possível bancar uma superprodução com canhões de raio laser, duas carretas de equipamento e muita propaganda nos jornais e na televisão.

O repertório do show contava com todas as músicas do disco. Novidades como "Alvorada Voraz" e a instrumental "Naja" (uma junção de duas canções dos tempos do Aura) também entraram no roteiro, assim como uma versão de "Ciúme", do Ultraje a Rigor. Quando os ensaios estavam terminando e o setlist foi finalizado, Ney, que pela primeira vez dirigia um show, pensou em acrescentar uma música ligada à MPB tradicional.

Desde o começo "Flores Astrais", dos Secos & Molhados, foi cogitada pela banda, mas Ney pediu uma música mais tranquila, porque achava o repertório do RPM muito denso. Paulo Ricardo ficou em dúvida entre "Conversando no Bar (Saudade dos Aviões da Panair")", de Milton Nascimento, e "London, London", de Caetano Veloso – ele adorava cantar em inglês e decidiu-se pela música que fala da cidade onde morou. Ney aprovou imediatamente e incluiu no show a canção que levaria a banda a alçar voos muito mais altos do que qualquer avião da Panair.

Ney Matogrosso cuidou de tudo: marcação de palco, iluminação, concepção de cenário e figurinos. "Quero apenas cercá-los, mas sem encobrir as características do grupo", disse. A ideia inicial de incluir textos entre as músicas foi logo abortada. Ney achava que as canções falariam por si só. Em entrevista a Jamari França, Paulo Ricardo falou sobre a parceria com o diretor: "Além do aval que deu, ele passou mil coisas, ensinou a gente a encarar um espetáculo como uma sucessão de climas, aquela coisa de ter começo, meio e fim".

Trinta e sete anos depois, indagado sobre qual foi a sua principal contribuição para o RPM, Ney respondeu: "Eu peguei aqueles paulistas caretas e fui só envenenando". Nos primeiros ensaios ele perguntou por que eles estavam usando camisetas. "Gente, pelo amor de Deus… Tira essa camisa!", pediu. Paulo Ricardo e Fernando Deluqui toparam. Em determinado momento, Ney sugeriu que eles poderiam fazer o show desse jeito. "As pessoas vão adorar ver o corpo de vocês… É rock and roll! Vamos usar todos os recursos!" No entanto, algumas ideias do diretor assustaram Deluqui. "Como eu era o cara mais punk, comecei a achar aquilo tudo um pé no saco. Quando entrava o neon, a guitarra começava a fazer barulho. Tinha um solo de guitarra que eu tinha de ir de um lado para o outro", relatou ao biógrafo da banda.

A turnê pra valer estreou no dia 19 de setembro de 1985, no Teatro Bandeirantes, em São Paulo. "O rock brasileiro não será mais o mesmo depois de *Rádio Pirata*", profetizou Miguel de Almeida, na *Folha*. A cidade parou. Até Chacrinha, que andava mal de saúde, saiu do Rio de Janeiro para ver do que se tratava. Gelo seco, raio laser, 250 refletores, 60 toneladas de som e 22 técnicos: era o Primeiro Mundo em termos de produção. Paulo Ricardo resumiu a experiência a Guilherme Bryan, no livro *Quem Tem um Sonho Não Dança*: "O Poladian disse que o seu plano era tirar o rock dos porões e colocar num teatro às nove e meia da noite com grande produção, e era tudo o que queríamos. O raio laser era um sonho dele desde que o Genesis veio ao Brasil. E ele convidou o Ney, que poliu aquela banda bruta e nos deu aula de show business em todos os sentidos".

E bota show business nisso. Um repórter do *Estadão* enumerou os efeitos especiais e ainda se surpreendeu: "Haverá até um microcomputador no palco fazendo as vezes de mais um instrumento". E, quando a banda pisava no palco, o neon que o contornava, misturado ao efeito da fumaça de gelo seco e água quente que se arrastava pelo chão, dava a impressão de que aquilo tudo ia decolar tal qual um disco voador. "Parecia uma nave levantando voo, a ideia era essa", relembrou Ney. A inspiração para tudo isso? O filme de ficção científica *Blade Runner* (1982), dirigido por Ridley Scott.

A turnê do RPM, que começara em teatros de médio porte, como o Bandeirantes em São Paulo, e o do Hotel Nacional, no Rio de Janeiro, num piscar de olhos já estava na Praça da Apoteose (para 50 mil pessoas) e no Maracanãzinho, com ingressos esgotados para dois finais de semana. O principal motivo foi justamente o estouro de "London, London" em meio à temporada. No dia 5 de outubro, durante o festival *Atlântida Rock Sul Concert*, no ginásio Gigantinho, em Porto Alegre, o divulgador da CBS permitiu a gravação do show, e na semana seguinte a rádio Atlântida FM passou a tocar em sua programação a releitura da música que Caetano gravou no exílio. O sucesso da faixa gravada ao vivo foi imediato, inicialmente no Rio Grande do Sul, e logo nas emissoras de todo o Brasil. Quando a banda e Ney receberam o disco de platina pelas 250 mil cópias vendidas no palco do Maracanãzinho, Caetano Veloso, que estava na plateia, viu o show de costas para o palco só para testemunhar o público cantando sua música na versão do RPM.

Se nos primeiros shows a crítica especializada disse que o grupo RPM perdera a espontaneidade, no decorrer da turnê percebeu que não era esse o ponto, mas a aquisição de um profissionalismo nunca visto antes por essas terras. Em pouco tempo os quatro integrantes se transformaram em verdadeiros rockstars. Em Belém, a banda só pôde andar de carro blindado, numa época em que isso praticamente nem existia no país. No Recife, duas mil pessoas recepcionaram o RPM no aeroporto dos Guararapes. Em Brasília, fãs quase viraram o ônibus do quarteto de pernas para o ar.

À medida que o sucesso aumentava, porém, o cansaço tornou-se insuportável, e tudo o que a banda queria era um período de férias antes de gravar o segundo álbum. A CBS também desejava que o RPM encerrasse logo a turnê, mas Manoel Poladian queria que os shows continuassem. Assim, decidiram gravar um LP ao vivo para que "London, London" fosse lançada oficialmente, pois a execução em rádio de faixas não gravadas em disco não rendia direitos autorais nem ao compositor nem ao intérprete. Alguns executivos da gravadora não viam muito sentido em registrar um álbum ao vivo logo depois do primeiro de estúdio, mas diante das outras opções, lançar um compacto com "London, London" ou acrescentar a música no próximo LP, a CBS levou adiante a ideia do ao vivo para evitar que muita grana continuasse escorrendo pelo ralo. Se até a gravação do disco um milhão de pessoas já tinham visto o RPM no palco, quantas não levariam o bolachão para casa? Chamado para produzir a obra, Marco Mazzola tinha certeza de que pegar toda aquela emoção histérica do público e colocá-la em disco seria um sucesso: "É a oportunidade de passar toda a verdade do que está acontecendo com o RPM", escreveu em seu livro de memórias *Ouvindo Estrelas*.

Assim, nos dias 26 e 27 de maio de 1986, o RPM subiu ao palco do Palácio das Convenções do Anhembi, em São Paulo, para gravar *Rádio Pirata ao Vivo*. Foi a catarse de sempre. Quando as luzes se apagaram, o palco ganhou uma iluminação em tons de azul envolta em uma cortina de fumaça, e os teclados de Luiz Schiavon atacaram a introdução de *Revoluções por Minuto*. "Sinais de vida no país vizinho/ Eu já não ando mais sozinho/ Toca o telefone/ Chega um telegrama enfim/ Ouvimos qualquer coisa de Brasília/ Rumores falam em guerrilha/ Foto no jornal/ Cadeia nacional, uou!".

Àquela altura, era muito mais do que cadeia nacional. O RPM virou álbum de figurinhas e capa de quase todas as revistas do Brasil, como *Capricho*, *IstoÉ* e *Bizz*. Só não foi capa da *Veja* porque, na mesma semana em que sairia a matéria, Paulo Ricardo foi preso por porte de maconha. A banda era um acontecimento, provocava uma verdadeira beatlemania, ou melhor, RPM-mania, com direito a quatro semanas de temporada no Canecão, participação no programa *Chico & Caetano* e um *Globo Repórter* inteirinho no horário nobre da Rede Globo para explicar aquele fenômeno todo. Caetano, que elogiou os ombros de Paulo Ricardo, depois de anos e anos voltou a tocar "London, London" em suas apresentações, além de uma versão para "Olhar 43". O RPM ainda se deu ao luxo de recusar um contrato de 40 mil dólares com uma marca de jeans sob a singela justificativa de que seus músicos não usavam tal tipo de roupa.

E estava tudo lá no roteiro do show. O álbum de estreia na íntegra, a inédita "Alvorada Voraz", as versões de "London, London" e "Flores Astrais". O final da apresentação, com "Olhar 43", "A Fúria do Sexo Frágil contra o Dragão da Maldade" e "Rádio Pirata", com direito a citações de "Light My Fire" (The Doors) e "It's Only Rock n' Roll (But I Like It)" (The Rolling Stones), dispensa maiores comentários.

Mesmo quem tinha visto o Queen ou o AC/DC no *Rock in Rio*, um ano antes, não podia reclamar. O RPM provou que era possível fazer shows de grande porte no Brasil, como qualquer banda gringa do *Rock in Rio*. A revolução estava feita.

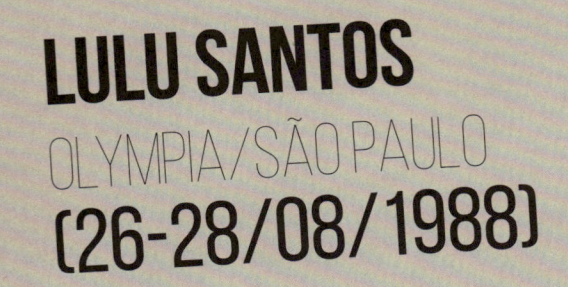

LULU SANTOS
OLYMPIA/SÃO PAULO
(26-28/08/1988)

22

DESDE A SUA ESTREIA EM DISCO, LULU SANTOS FOI RESPONSÁVEL POR ALGUMAS DAS MAIS BELAS CANÇÕES DO POP BRASILEIRO. MAS EM 1988, COM O LANÇAMENTO DE TODA FORMA DE AMOR, ELE ENTROU EM OUTRO PATAMAR. O ÁLBUM GEROU UMA IMENSA TURNÊ PATROCINADA PELA COCA-COLA, COM SHOWS QUE BEIRAVAM TRÊS HORAS E ORIGINARAM O DISCO AMOR À ARTE.

"Se vocês quiserem fazer sucesso de verdade, enfrentem os programas de auditório, invadam as rádios, frequentem as revistas femininas de fofocas, façam telenovelas, naveguem na breguice brasileira, porque música popular é isso aí e não ficar tocando em cinema da Zona Sul em sessão da meia-noite, pra meia dúzia de ripongas maconheiros de classe média alta, pombas!" Isto foi o que DJ Big Boy, influente figura da música na virada dos anos 1970 para os 1980 disse para os integrantes da banda de rock progressivo Vímana.

O grupo, formado por Lulu Santos, Lobão e Ritchie, entre outros, havia acabado de lançar um compacto que não tinha dado em nada. Depois de anos em atividade, continuava tocando em cinemas da Zona Sul do Rio de Janeiro para ripongas e não havia nenhuma perspectiva de sucesso. Lulu entendeu o conselho direitinho e respondeu ao DJ: "É isso que eu quero fazer! Música pra tocar na rádio. Música popular. Temos que deixar de frescura e enfrentar o cenário brasileiro como ele é. Entrar nele primeiro para depois transformá-lo".

Tecnicamente, Lulu Santos pertence à geração 80 do rock brasileiro, que o jornalista Arthur Dapieve batizou de BRock. Mas sua história vem de antes. O Vímana, formado em 1974, nas palavras de Lobão era "um celeiro de hitmakers da década vindoura", mas na época ninguém sabia disso. Eles começaram acompanhando a atriz e cantora Marília Pêra no musical *A Feiticeira*. O único LP que gravaram foi abortado pela gravadora e nunca saiu. Logo após a gravação, o tecladista Patrick Moraz (que tocou no Yes entre 1974 e 1977) propôs que a banda se mudasse para Genebra. Todos se animaram, no entanto, o número de ensaios foi proporcional ao número de brigas, e Lulu acabou expulso da banda.

A mudança para Genebra não aconteceu, mas o Vímana lançou o compacto *Zebra*, uma tentativa de a banda soar um pouco mais pop e comercial. Foi nesse momento que Lulu escutou o conselho de Big Boy e decidiu conhecer como funcionava o mercado da música pop. Guto Graça Mello, da gravadora Som Livre, ofereceu-lhe um emprego de diretor de trilhas de novela. Lulu então selecionava cerca de 40 músicas que tivessem relação com a sinopse de determinado folhetim. A trilha nacional de *Água Viva* (1980), por exemplo, foi produzida por ele, assim como a de *Plumas e Paetês*, do mesmo ano, que contava com "Melô do Amor", canção de autoria de um tal de Luiz Maurício, que mais tarde seria conhecido como... Lulu Santos! Inicialmente a faixa tinha sido excluída da trilha pelos diretores da Som Livre, mas acabou entrando de última hora, após Lulu praticamente chorar na sala de João Araújo, chefão da gravadora.

Além do trabalho na Som Livre, Lulu Santos fez uma tentativa junto à Polygram para gravar um disco e também estava compondo para a trilha sonora do filme *Menino do Rio*, quando iniciou a sua gloriosa parceria com Nelson Motta em "De Repente, Califórnia" e "Tesouros da Juventude". Lulu também fez trilha sonora para jingle e desenho animado, gravou como músico de estúdio e ainda teve um breve período como crítico de música da revista *Somtrês*. A participação no festival MPB Shell 81, da Globo, com "Areias Escaldantes", animou André Midani a contratá-lo para a gravadora Warner.

Só que, antes de gravar o primeiro LP, Lulu já corria o risco de ser dispensado. Isso porque ele havia gravado a canção "De Leve" (versão para "Get Back", dos Beatles) para a trilha de uma novela, e a Warner queria porque queria que ele gravasse um álbum interpretando músicas internacionais com letras vertidas para o português. Quando o cantor lembrou ao diretor artístico da gravadora que a música mais tocada no Brasil naquele momento era dele ("De Repente, Califórnia", na voz de Ricardo Graça Mello), a Warner decidiu dar-lhe uma chance. E assim, em 1982, saiu *Tempos Modernos*, seu primeiro álbum solo, produzido por Liminha.

O disco já mostrava quem era Lulu Santos, marcando um novo começo de era para a música pop brasileira. A trinca inicial de faixas é arrasadora: "Tempos Modernos", "Tudo com Você" e "De Repente, Califórnia", agora em sua própria voz. O segundo LP, *O Ritmo do Momento* (1983), foi pelo mesmo caminho, com sucessos que se tornariam eternos, como "Um Certo Alguém", "Como uma Onda" e "Adivinha o quê". Novamente contando com a ajuda de Liminha, parecia que Lulu e seu produtor tinham encontrado a fórmula do sucesso.

O artista continuou navegando nas águas da nova ordem musical, arriscando no incompreendido disco *Normal* (1985) e criando clássicos como "Casa" e "Condição" em *Lulu* (1986). Esse álbum originou a primeira grande turnê do músico, que teve direito a show até mesmo no ginásio do Maracanãzinho, no Rio de Janeiro. Mas o que aconteceria com ele dois anos depois seria algo sem precedentes em sua carreira. Lulu nunca enfrentaria tantos programas de auditório, tantas rádios, tantas revistas femininas de fofocas, tantas telenovelas. Afinal de contas, "música popular é isso aí".

No primeiro semestre de 1988 chegou às lojas *Toda Forma de Amor*, gravado em um mês e meio, com arranjos, produção e composição de Lulu Santos em dez das 11 faixas. O álbum causou polêmica por causa da capa, que trazia o casal de bonecos Barbie e Ken pelados na cama. Pouco depois, quando a empresa Mattel Inc. (detentora dos direitos da Barbie) notificou a gravadora, ela foi substituída por uma capa preta contendo apenas o título do álbum e o nome do artista.

Se a capa foi proposital para que o LP fosse notícia, nem precisava. O que tinha lá dentro era uma das melhores seleções de canções jamais feitas por Lulu. Duas delas já valem por uma eternidade. "A Cura" foi composta após o compositor assistir a uma entrevista do cartunista Henfil. "Quis me colocar ao lado dos que ainda têm alguma esperança", disse. Foi a música mais tocada nas rádios do país em 1988. "Ela é positiva e tem muito a ver com meu ideal ingênuo e romântico. Me lembra aquela imagem americana dos anos 1960, de um hippiezinho colocando uma flor na boca de uma metralhadora, durante a Guerra do Vietnã", disse o artista ao *Jornal do Brasil*. E a faixa-título... Bem, não são necessários maiores comentários. Uma letra atemporal com uma melodia que será lembrada para sempre.

No jornal *O Globo*, Carlos Albuquerque elogiou o trabalho. "São 11 canções, onde, por trás da roupagem acessível, descobre-se novos horizontes, além dos limites das fórmulas consagradas de se fazer um hit". E concluiu: "Lulu é o flautista de Hamelin do pop. Produz melodias que pegam na primeira audição e não saem mais do ouvido". O sexto álbum do músico geraria uma turnê como ele nunca teve antes, ainda maior que a de 1986. Se a letra de "O Último Romântico" diz para a gente "tomar o mundo feito Coca-Cola", a turnê *Lulu ao Vivo* teria patrocínio exatamente do refrigerante mais famoso do mundo. Depois de trazer Sting ao estádio do Maracanã em 1987, a empresa fechou contrato com Luiz Oscar Niemeyer, então empresário de Lulu, para que o artista fosse a estrela da série *Coke in Concert*. Na coletiva de lançamento do projeto, o artista disse que bebia de quatro a cinco litros do refrigerante diariamente. Tomara que ele estivesse brincando.

No palco, Lulu Santos seria acompanhado por uma das melhores bandas de apoio já formadas no país. A Auxílio Luxuoso era composta por Marcelo Costa (bateria), Sacha Amback (teclados), Paul di Castro (violino e guitarra), Décio Crispim (baixo), Marcos Amma (percussão) e Milton Guedes (vocal, sax e gaita). No setlist, o músico prometia canções do novo disco além de sucessos antigos, somando 28 números e outros vários no bis. Ele, que assinava o roteiro e a direção do espetáculo, prometeu também músicas de Caetano Veloso, Roberto Carlos e dos Beatles.

A estreia nacional aconteceu no Canecão em 19 de maio de 1988. Era a primeira vez que Lulu fazia um show na casa carioca. No total, foram três semanas, de quinta a domingo, para um público de cerca de 45 mil pessoas, que esgotou e superlotou todas as sessões, que duravam cerca de duas horas com mais 30 minutos de bis. A comoção era tanta que, em algumas apresentações, fãs invadiam o palco. Caetano Veloso e o guitarrista Pat Metheny, que estavam na estreia, aprovaram a apresentação, assim como a crítica. "Resumindo, um show impecável do início ao fim. Sem truques mirabolantes ou aqueles falatórios artificiais que entremeiam certos espetáculos do gênero", resenhou Carlos Heli de Almeida na *Tribuna da Imprensa*.

Depois do Canecão, a turnê partiu para o Palace, em São Paulo, e em julho fez uma escala no festival de Montreux, na Suíça, na mesma noite de Rita Lee, Martinho da Vila e Alcione. Na volta ao Brasil, Lulu incluiu uma nova música no roteiro. "Dinossauros do Rock", parceria com Nelson Motta, era uma espécie de resposta para quem achava que, no fim dos anos 1980, o gênero musical estava saindo de moda. "Os dinossauros do rock/ Deixam seu rastro na lama/ Se tornarão combustível/ Pra alimentar outra chama."

Após nova temporada no Canecão, foram agendados shows no Olympia, uma casa recém-inaugurada em São Paulo, com capacidade para cinco mil pessoas, aberta no dia 22 de julho de 1988 com uma apresentação da cantora norte-americana Roberta Flack e uma lista de convidados que incluía Pelé, Chico Buarque, Cazuza e o então governador de São Paulo, Orestes Quércia. O projeto era do empresário Alejandro Figueroa (também sócio do Scala, no Rio de Janeiro) e contava com seis mil metros quadrados, sendo 240 de palco. Localizado no antigo Cine Nacional, da Companhia Serrador, o espaço passou por uma reforma que durou cinco meses, em um investimento inicial de 500 mil dólares.

A decoração da casa é algo que não pode deixar de ser comentado. O Olympia contava com uma cobertura de argamassa de quartzo que dava um brilho de pur-

purina às suas paredes negras. A ornamentação, pra lá de kitsch, era baseada nas cores preto e ouro. No hall de entrada, colunas douradas e estátuas gregas com mais de três metros de altura cada uma recepcionavam o público. A casa ainda tinha oito camarins com capacidade para até 200 pessoas. Não se sabe se o público aprovou a decoração, mas o show de Roberta Flack, que cantou "Killing Me Softly" e "The First Time Ever I Saw Your Face" foi um sucesso. Depois dela, Robert Cray e Elba Ramalho se apresentaram antes da estreia da turnê *Toda Forma de Amor*, marcada para o dia 5 de agosto, que duraria três semanas. Como aquela temporada marcava uma mudança de patamar na carreira do artista, ele decidiu gravar o seu primeiro álbum ao vivo exatamente naqueles shows.

A cidade de São Paulo estava ansiosa. "Dizem que ele é um novo Roberto Carlos", noticiou o jornal *O Estado de S. Paulo*. Mas Lulu andava meio de mal com o gênero musical que lhe trouxe fama. "Estou de saco cheio do rock. A gente tá na boca dos anos 1990 e tá vivendo ainda nos anos 1960. Ontem fui ver o show do Iggy Pop [no Canecão] e cheguei à conclusão de que o rock é um avozinho que a gente deve botar pra dormir. Me deu vontade de tirar o brinco, cortar o cabelo...", disse à *Folha de S.Paulo*.

Mas o que se viu no palco do Olympia, acima de tudo, foi rock mesmo. Àquela altura, os shows de Lulu beiravam as três horas de duração. Tudo começava com o vulto do cantor trajando chapéu no fundo do palco. Entre as sombras de uma cerca e de um cacto, ele tocava a instrumental "Mojo", um blues com sample de Sacha Amback, faixa de abertura do disco *Toda Forma de Amor*. A introdução do espetáculo já era uma amostra de que aquele show era mesmo diferente, contando com cenário luxuoso de Kaká e Mário Monteiro e iluminação de Samuel Bets. Em seguida vinham, como cartão de visitas, os dois hits do último álbum: "A Cura" e a faixa-título – além de tocar nas rádios, agora a primeira também tocava todo dia na novela *Fera Radical*, da Rede Globo.

Em um show com canções como "O Último Romântico", "Condição", "Tudo Azul", "Um Certo Alguém", "Casa", "Adivinha o quê" (com citação de "Bete Balanço", do Barão Vermelho), "Como uma Onda", "De Repente, Califórnia" e "Lua de Mel", é claro que os fãs cantavam tudo do início ao fim. O repertório ainda teve espaço para surpresas como "Não Identificado", de Caetano Veloso, momento em que o palco – decorado com uma cerca com pintura descascada, em que foram colados pedaços de cartazes de shows e discos de Madonna, Jimmy Cliff e do próprio Lulu –, por conta da iluminação, parecia uma nave espacial. Cada mínimo gesto do artista provocava gritos semelhantes aos dos tempos da Jovem Guarda. No setlist, Roberto Carlos, inclusive, foi homenageado com "Esqueça", acompanhada em coro pelos maiores de 30 anos na plateia – e eles não eram muitos. O artista se divertia homenageando seus ídolos. Só parecia não gostar muito quando o neon "Coke in Concert" se acendia no fundo do palco.

Lulu ainda pagou tributo aos Beatles, com "You've Got to Hide Your Love Away" e uma versão em português de "Here Comes the Sun", que virou "Lá Vem o Sol". Tocou também uma versão solo de "Luka" (um dos hits da época, de autoria de Suzanne Vega), e terminou com a repetição de "Toda Forma de Amor", com a plateia berrando "E dá-lhe Lulu, dá-lhe Lulu, olê, olê, olá".

Uma das canções que mais chamou atenção dos fãs foi a inédita "Lei da Selva", inspirada na lambada que tanto sucesso fazia à época. Durante uma temporada nos Estados Unidos, Lulu se deu conta de que "estava faltando Bahia na música do mundo". Passou a escutar a Banda Reflexu's e a cantora Sarajane, e daí veio a nova canção, "uma lambada do ano 3000", em suas palavras. "Lei da Selva" seria o carro-chefe do disco ao vivo *Amor à Arte*, uma seleção de 12 faixas gravadas entre os dias 26 e 28 de agosto, durante a temporada no Olympia.

Vitor Paolozzi, na *Folha de S.Paulo*, resumiu a apresentação na resenha cujo título era "Público louva Lulu Santos como um Deus na estreia em São Paulo". "O cantor foi elevado à condição dos deuses que as estátuas colocadas no saguão da casa de espetáculos parecem cultuar, mesmo com a profana presença entre elas de uma lata gigante de Coca-Cola – a patrocinadora do show", escreveu.

Depois de *Toda Forma de Amor*, Lulu Santos radicalizou na mistura do rock com ritmos brasileiros no genial *Popsambalanço e Outras Levadas* (1989). Exatamente o que bandas como Chico Science & Nação Zumbi, Raimundos e Skank, apenas para citar algumas, fariam na década seguinte. Era a prova de que, mesmo enfrentando os programas de auditório, invadindo as rádios e frequentando as revistas femininas de fofocas, Lulu sempre esteve à frente de seu tempo.

QUANDO GRAVOU O ÁLBUM IDEOLOGIA, CAZUZA QUERIA OLHAR MENOS PARA O SEU UMBIGO. NAQUELE MOMENTO, ELE DESEJAVA CANTAR O SEU PAÍS: "BRASIL, MOSTRA TUA CARA". E, QUANDO ARREMESSARAM A BANDEIRA VERDE E AMARELA NO PALCO DO CANECÃO, ELE NÃO TEVE DÚVIDAS. CUSPIU COM VONTADE EM CIMA DAQUELA "HISTÓRIA TRISTE E PATÉTICA".

"Vida louca vida, vida breve/ Já que eu não posso te levar/ Quero que você me leve." Autor de tantas letras emblemáticas, foi com esses versos de "Vida Louca Vida", canção de Lobão e Bernardo Vilhena, que Cazuza decidiu iniciar os shows da turnê mais importante de sua carreira. "Sabia-se, naquele instante que a história estava se fazendo diante dos olhos de cada espectador", escreveu Arthur Dapieve no livro *BRock*. Não era por acaso que Cazuza começava o show entoando esses versos. Cada apresentação da turnê *Ideologia* contava com 17 músicas. Em oito delas, aparecia a palavra "vida". "Acho que esse show podia se chamar *Vida*", disse Cazuza. Talvez devesse mesmo.

Desde a sua saída do Barão Vermelho, em 1985, o cantor passou por sérios problemas de saúde. Lançou o álbum de estreia solo homônimo no mesmo ano e, em 1987, *Só Se For a Dois*. A partir de então, as internações entre Boston, São Paulo e Rio de Janeiro se tornaram uma constante. Tanto que o seu próximo álbum estava previsto para sair no Natal daquele mesmo ano de 1987, mas devido a uma internação nos Estados Unidos em outubro não rolou. Quando retornou ao Brasil, o disco já era outro. Em Boston, durante dois meses, Cazuza escreveu várias letras e só restou mesmo o título original do projeto: *Ideologia*. A faixa-título, parceria com Roberto Frejat, segundo Cazuza, fala da sua geração "sem ideologia, compactada entre os anos 1960 e os dias de hoje". "Eu fui criado em plena ditadura, quando não se podia dizer isso ou aquilo, em que tudo era proibido. Uma geração muito desunida", resumiu.

A propósito, ele estava interessado em falar sobre a sua geração. "Antigamente, trabalho para mim era diversão. Eu queria me mostrar. Cantava para arranjar broto e para provar para o meu pai que eu era bom. Eu queria era comer todo mundo. E consegui. Agora vejo o trabalho de outra maneira. Comecei a me preocupar em cantar melhor. Como letrista, passei a falar de coisas mais abrangentes. Parei de falar um pouco do meu quintal e passei a falar da minha geração", afirmou ao *Jornal do Brasil*.

O trabalho para gravar o disco foi penoso. Depois que voltou de Boston, Cazuza escrevia duas letras por semana. Quando entrava em estúdio, gravava quatro faixas em bloco, parava para descansar, de preferência em Itaipava, e voltava para mais uma rodada. "Esse disco é o disco da sobrevivência", concluiu o compositor.

Ideologia foi lançado somente em abril de 1988, três semanas após Cazuza ter completado 30 anos de idade. Ele considerou o seu trabalho mais completo. Afinal, tinha de tudo lá: canção de amor ("Minha Flor, Meu Bebê"), de protesto ("Brasil"), parceria com Gilberto Gil ("Um Trem para as Estrelas"), bossa nova ("Faz Parte do Meu Show"), humor ácido ("Vida Fácil"), uma canção que era para ter sido escrita com Renato Russo ("A Orelha de Eurídice") e gritos pela vida ("Boas Novas"). Nesta última, Cazuza rememorou a sua última internação: "Eu vi a cara da morte e ela estava viva". "Usei minha rebeldia contra a morte. Não tenho qualquer pudor em documentar meus momentos de dor e angústia. Não entro nessa de ter que dizer que está tudo bem sempre", confessou ao *Globo*. No entanto, o artista estava mais positivo do que nunca. "Quando minha vida era um mar de rosas e eu não tinha do que reclamar, reclamava de tudo. Agora que tenho todas as razões para reclamar, estou achando tudo ótimo. Estou em momento de ser atento e forte. Não tenho tempo de temer a morte." O disco chegou às lojas causando polêmica por causa de sua capa. Nela, entre diversos símbolos, uma estrela de Davi juntava-se a uma cruz suástica. "Eu quis chocar e não ofender", defendeu-se.

A crítica aprovou unanimemente o álbum. "Cazuza apenas confirma em *Ideologia* o que já vinha mostrando desde a sua separação do Barão Vermelho, há três anos. É um dos mais inspirados letristas da nova geração, louco para se livrar do rótulo de roqueiro e integrar as fileiras dos grandes nomes da MPB", escreveu Mauricio Stycer na *Folha de S.Paulo*. Diana Aragão, em *O Globo*, seguiu o mesmo caminho: "É um soco na emoção do ouvinte". Antônio Carlos Miguel, na revista *Manchete*, fez coro: "O disco que faltava para a MPB e o rock neste início de 88".

Em junho, Cazuza e os músicos Nilo Romero (direção musical e contrabaixo), João Rebouças (teclados), Chrystiaan Oyens (gaita e bateria), Widor Santiago (saxofone), Ricardo Palmeira e Luciano Oliveira (ambos na guitarra), iniciaram os ensaios para a turnê do novo trabalho, que teria 44 datas. "Sinto que esse disco tem que ter um show mais trabalhado, com direção e luz mais bem cuidados, roteiro e tudo", falou ao *Estado de S. Paulo*. Para tanto, convidou o velho amigo Ney Matogrosso para dirigi--lo. "O Cazuza ficou puto, superenciumado, quando eu dirigi o RPM. Aí, quando ele perguntou se eu dirigiria o show, eu disse 'claro que sim'." Uma curiosidade: desde os tempos do Barão Vermelho, Ney queria dirigir Cazuza. Quando assistiu ao show de lançamento do segundo álbum da banda no Teatro Ipanema, falou para Ezequiel Neves, produtor do grupo: "Coloca eles na minha mão que eu sei o que fazer". Zeca nunca transmitiu o recado à banda.

Quando Cazuza fez o convite, Ney pressentiu que aquele seria o último encontro marcante deles. "Existia um grande amor entre nós, então eu fiz isso com muito amor por ele, entendendo aquele momento de sua vida, a situação em que ele se encontrava, e procurando fazer a melhor coisa que eu pudesse fazer para ele, naquele momento, subir no palco e se expressar", disse. Ele ainda deixou claro que Cazuza não precisava se esforçar, devendo se apresentar dentro de suas possibilidades. Dessa forma, desenhou uma luz que dançaria ao redor de seu corpo. Mas não deixou de fazer uma advertência. "Você não vai ficar fazendo palhaçada, botar o pau pra fora, entrar com cotonete enfiado nos ouvidos... Agora nós vamos pegar de você o seu pensamento, que é a coisa mais importante da sua obra."

A última semana de ensaios aconteceu na danceteria Mamão com Açúcar, na Lagoa. Ney montou o equipamento de iluminação, e Cazuza já vestia o figurino do show, uma camiseta de seda fina e gola larga, além de uma calça num molde confortável, tudo desenhado por Ney. Durante "Blues da Piedade", o diretor colocou uma luz branca atrás do cantor. "A única coisa que pedi a ele foi que abrisse os braços no final da música. Parecia que estava crucificado numa cruz de luz branca. O efeito era muito bonito."

Outra contribuição importante de Ney foi a inclusão de "O Tempo Não Para" no roteiro da apresentação. Em um dos últimos ensaios, Cazuza lhe disse que tinha uma música nova, mas pensava que não caberia no roteiro. Quando Ney escutou, deu o veredito: "Você tá louco, Cazuza! Ela não só cabe no show, como vamos fechar com ela". Terminar o show com uma canção que poucos conheciam seria ousado. Lógico que Cazuza topou. O raciocínio de Ney era simples: encerrar com "O Tempo Não Para" daria uma ideia de continuidade. "Assim você não encerra fechando, você encerra abrindo. O tempo não para... É uma coisa que continua", explicou. Dessa forma, a bossa nova "Faz Parte do Meu Show", que seria a última, foi realocada para o bis. Também funcionaria. "Nesse show, ele queria mostrar que era muito mais do que um cantor de rock", afirmou o diretor musical Nilo Romero.

Após mais de ano sem subir num palco, Cazuza estreou o show no Aeroanta, em São Paulo, no dia 17 de agosto de 1988. Durante pouco mais de uma hora, queixou-se bastante do calor. A casa estava tão cheia que só era possível mover os músculos da face. No final, resumiu tudo em duas palavras: "Estou feliz". Fernando Gabeira, na *Folha*, previu o que representaria aquela turnê para a música brasileira: "Ao vê-lo desfilar os 15 números que vai apresentar no Aeroanta, senti-me antecipando um momento histórico. Estava diante de um dos mais poderosos cronistas desse fim de século, falando e lutando, exatamente pelo que está mais ameaçado em nosso tempo: a vida".

Após passagens por Salvador, Belém, Porto Alegre, Curitiba e Belo Horizonte, o show enfim chegou ao Canecão, no Rio de Janeiro. A princípio, Cazuza imaginava se apresentar no Circo Voador, palco de tantos momentos importantes do Barão Vermelho no início de carreira. Para convencer Perfeito Fortuna, criador da casa, a se apresentar lá, brincou: "Já tenho ambulância, balão de oxigênio...". Mas Perfeito não topou. Ele não queria ver um show do Cazuza com a saúde debilitada. Somente depois ele teve noção de que Cazuza queria exatamente homenagear o Circo.

Algo muito comum nessa turnê era a presença de famílias na plateia. "Vejo a avó, a filha e o neto na mesma mesa. Vão famílias inteiras me ver." Na estreia no Canecão, Cazuza viu a sua avó, Maria José de Araújo, então com 91 anos, vindo diretamente de Vassouras, numa mesa na segunda fila em frente ao palco. Era o primeiro show de rock de sua vida. "As músicas eu não compreendo muito bem, porque são músicas modernas, que, pra minha idade, é difícil compreender, mas cantadas por ele eu adoro, acho extraordinário", derreteu-se. E completou: "Devia ter levado o algodãozinho que ele falou, mas deu pra aguentar. Ele é ótimo! Canta muito bem." E não foi só ela que gostou. "Quem não for ao Canecão até domingo, corre o risco de perder o show do ano", escreveu Alfredo Ribeiro no *Jornal do Brasil*.

Na estreia, o senso de humor de Cazuza não ficou de fora. "Um banquinho sem violão, porque não toco porra nenhuma, mas todo mundo tem banquinho: a Nana Caymmi, o Caetano. Eu também posso ter um banquinho", ralhou. E ainda citou Caetano: "Noutras palavras sou muito romântico". Apesar das brincadeiras, a emoção foi a tônica da apresentação. Depois de "Preciso Dizer que Te Amo", Cazuza saiu do script. "Estou emocionado, bebi pra caralho, fumei um antes de chegar aqui e tenho que seguir esse roteiro...". Ao final, quando terminou de cantar "O Tempo Não Para", disse: "Vocês vão pedir bis e eu vou voltar, é claro. Se não pedirem, vou aí e esfaqueio vocês". Claro que a plateia pediu. E ele voltou cantando "Faz Parte do Meu Show" e ainda repetiu "Brasil".

Ronaldo Bôscoli, autor da célebre frase cunhada na entrada do Canecão – "Aqui se escreve a história da música popular brasileira" – aprovou o espetáculo. "Dramático, forte, pungente e emocionante. É o mínimo que se pode dizer desse rebelde Cazuza, de longe, agora eu tenho certeza, o maior poeta de sua geração. Cazuza na arena do Canecão me lembra um touro ferido, exangue e, ainda assim, avassalador."

Os shows da turnê não mudavam muito entre um e outro. Mas a apresentação do dia 16 de outubro ganhou um recheio diferente. Cazuza entrou no palco do mesmo jeito, cantando "Vida Louca Vida". Aliás, Lobão nem imaginava que Cazuza cantaria a sua canção no show. Ele estava num hall de hotel em Maceió quando viu um trecho da apresentação na televisão. E pensou: "Porra, ficou a cara dele". A canção composta sobre uma das detenções de Lobão ganhava uma nova dimensão. "O Cazuza, de certa forma, se tornou um autor daquela música, porque ele ressignificou todo aquele texto. Se eu pudesse, eu dava essa música pra ele", disse Lobão 35 anos depois.

O show continuou na mesma temperatura. Cazuza emendou "Boas Novas", cantou "o meu tesão agora é risco de vida" em "Ideologia", causou comoção com a iluminação deslumbrante de Ney Matogrosso durante "Blues da Piedade", sentou-se no banquinho para cantar "Todo Amor que Houver Nessa Vida" e "Codinome Beija-Flor", e ainda recebeu uma chuva de rosas brancas na hora de "Exagerado". Aliás, as tais rosas tornaram-se um símbolo da temporada no Canecão. Antes das portas da casa se abrirem, Lucinha Araujo, mãe de Cazuza, deixava algumas delas sobre as mesas das filas do gargarejo. Gilberto Braga, Daniel Filho, Scarlet Moon de Chevalier, Sandra Sá e Vera Fischer foram algumas das pessoas que arremessaram as tais rosas. Em tempo: Cazuza achava ridícula essa história toda, mas Lucinha falou para ele não se meter.

Naquele 16 de outubro, antes de cantar "Brasil", ele perguntou: "E o Brasil, hein rapaziada, como é que o Brasil tá?". Os fãs responderam em coro: "Uma merda!". E, quando Cazuza começou a cantar os versos "Não me convidaram/ Pra esta festa pobre", um outro objeto que não rosas brancas foi parar no palco do Canecão: a bandeira nacional. O guitarrista Ricardo Palmeira se agachou, recolheu o objeto – que havia sido arremessado por uma prima do cantor – e o colocou sobre o ombro de Cazuza. Em poucos segundos, o cantor pegou a bandeira, a esfregou em seu corpo e tascou-lhe uma cusparada. Com vontade. Na hora, Nilo Romero pensou: "Vai dar merda!". E deu.

No dia seguinte, a imprensa toda ligou para a casa de João e Lucinha Araújo. A mãe de Cazuza, tão preocupada a ponto de imaginar que o filho pudesse ser preso, disse que ele não tinha cuspido na bandeira, estava apenas expelindo algumas pétalas de rosas que ele fingia comer nos shows. Mas, quando ligaram para o cantor, ele confirmou o que tinha feito. "Eu estava cuspindo no símbolo, na bandeira que simboliza mesmo é a família Orleans e Bragança. Acho que não é hora de teatro com bandeira. O momento é de criticar, de virar a mesa, de sair da merda", disse à revista *IstoÉ*. O jornal *O Estado de S. Paulo* chegou a proibir o nome do cantor em suas páginas por conta do episódio.

Após um rápido descanso e a gravação de um especial para a Rede Globo, Cazuza retornou para uma temporada de mais duas semanas no Canecão, em novembro. "A bandeira brasileira que se cuide", noticiou o *JB*, que na época do fato publicou uma matéria com a opinião de várias personalidades sobre o ocorrido. Nos shows, Cazuza fez questão de relembrar o episódio. "Agora não vou apertar um não... No camarim, claro... No palco, não fica nem bem, gente... Já cuspi na bandeira, agora vou fumar um baseado no palco, cheirar uma carreira, não fica nem bem." E antes de cantar "Brasil" disparou: "Povinho bunda!", uma referência aos caretas que o criticaram no *JB*. Na apresentação seguinte, foi mais enfático: "Eu tô feliz de viver no Brasil. Eu acho que, apesar de tudo, é um lugar que não tem terremoto, aqueles furacões, agora, tem um povinho foda, né? Mas mesmo com esse povinho foda eu acho genial. Porque quando eu vou a Nova York me dá uma irritação, porque as pessoas só pensam em trabalho, em ordem e progresso. Eu não gosto de ordem e progresso, eu cuspi, inclusive, na ordem e progresso".

Mas a verdade é que Cazuza estava preocupado. Tanto que, dois dias depois, datilografou uma carta explicitando o seu ponto de vista. "Eu realmente cuspi na bandeira, e duas vezes. Não me arrependo. Sabia muito bem o que estava fazendo, depois que um ufanista me jogou a bandeira da plateia. O senhor Humberto Saad [um dos que o criticou no *Jornal do Brasil*] declarou que eu não entendo o que é a bandeira brasileira, que ela não simboliza o poder, mas a nossa história. Tudo bem, eu cuspo nessa história triste e patética. (...) Eu sei muito bem o que é a bandeira do Brasil, me enrolei nela no *Rock in Rio* junto com uma multidão que acreditava que este país podia realmente mudar. A bandeira de um país é o símbolo da nacionalidade para um povo. Vamos amá-la e respeitá-la no dia em que o que está escrito nela for uma realidade. Por enquanto, estamos esperando."

João Araújo pediu para que o filho não distribuísse a carta à imprensa. Ele obedeceu. O seu conteúdo só foi conhecido 21 meses depois. Dias após a morte de Cazuza, seu pai enviou a carta para o jornal *O Globo*. Ele sabia que tinha essa dívida com o filho. E o Brasil, que teima em não mostrar a sua cara, continua em dívida com Cazuza.

ENGENHEIROS DO HAWAII

CANECÃO/RIO DE JANEIRO (07-09/07/1989)

24

NO MESMO DIA EM QUE A PRIMEIRA EDIÇÃO DO ROCK IN RIO TINHA INÍCIO, UMA BANDA GAÚCHA COM UM NOME BEM DIFERENTE FAZIA O SEU SHOW DE ESTREIA PARA UMA OU DUAS CENTENAS DE CURIOSOS. QUATRO ANOS DEPOIS, ELA ESTARIA NO PALCO DO CANECÃO PARA GRAVAR O SEU PRIMEIRO DISCO AO VIVO NA FRENTE DE MILHARES DE FÃS MAIS DO QUE FIÉIS.

O dia 11 de janeiro de 1985 marcou um dos momentos mais importantes para a história dos shows no Brasil. Naquele dia, às 18h, Ney Matogrosso subiu ao palco da Cidade do Rock, no Rio de Janeiro, para abrir o *Rock in Rio*. Foi uma noite histórica para quem esteve lá e ainda viu Pepeu Gomes & Baby Consuelo, o pai do rock brasileiro Erasmo Carlos, o metal farofa do Whitesnake, a superprodução do Iron Maiden, além de Freddie Mercury regendo o coro da plateia durante "Love of My Life" no show do Queen.

No entanto, a cerca de 1,5 mil quilômetros da Cidade do Rock, uma ou duas centenas de pessoas testemunharam outro momento histórico. Naquele mesmo 11 de janeiro, os Engenheiros do Hawaii se apresentavam ao vivo pela primeira vez. O palco era bem mais simples do que aquele nababesco construído em Jacarepaguá. Em um terraço da Faculdade de Arquitetura da Universidade Federal do Rio Grande do Sul (UFRGS), Humberto Gessinger, Carlos Maltz, Marcelo Pitz e Carlos Stein, todos colegas da faculdade, fizeram um show que, em tese, seria o único da banda.

Muito se fala sobre a geração carioca do rock brasileiro nos anos 1980, mas a cena gaúcha não deixou nada a desejar. Em outubro de 1983, em Porto Alegre, a rádio Bandeirantes FM foi rebatizada como Ipanema FM, seguiu com a mesma equipe de comunicadores, mas com os ares de novidade passou a ocupar um lugar de muito mais destaque entre os ouvintes. Em seis meses já ocupava o segundo lugar do Ibope, com uma programação que dava amplo espaço para as novas bandas de rock, inclusive as locais – das quais também lançou coletâneas em LPs como o *Rock Garagem*.

Entre essas bandas estava a que se tornou a mais importante da década de 1980 entre as gaúchas, Engenheiros do Hawaii. As raízes do conjunto vêm lá do chorinho, acredite se quiser. Explica-se: bem antes de sonhar em ser astro do rock brasileiro, Humberto Gessinger tocava bandolim em um grupo de choro. Os anos se passaram, ele foi aprovado para ingressar na UFRGS, onde conheceu Carlos Maltz. Se no início um mal olhava para a cara do outro, não demorou para descobrirem que tinham a música como paixão. Humberto mostrou umas duas dezenas de letras a Carlos, incluindo o primeiro rascunho de "Toda Forma de Poder". O baterista gostou e logo pintou o show naquele 11 de janeiro.

A chamada para o tal evento, intitulado *Rock no Terraço da Arquitetura*, saiu até na *Zero Hora*, jornal de maior circulação do Rio Grande do Sul. Como não tinham ensaiado muitas composições próprias, a apresentação contou com uma miscelânea que ia de jingles de propaganda (como a do extrato de tomate Elefante) a covers, como uma versão reggae de "Lady Laura", de Roberto Carlos. O público gostou. E pediu até bis.

A banda só duraria aquela noite, mas um dos espectadores trabalhava em uma danceteria e propôs algumas apresentações por lá. A partir daí, o quarteto começou a levar as coisas mais a sério. Os ensaios na casa de Carlos Maltz corriam soltos, e, com a saída de Carlos Stein, os Engenheiros do Hawaii (que por pouco não se chamaram Frumelo e os Sete Belos) se firmaram como um trio. Aliás, em alguns desses shows iniciais o técnico de som atendia pelo nome de Augusto Licks.

Mesmo sofrendo um certo preconceito, os Engenheiros encontraram os seus fãs. Por ser um trio, quando a Ipanema começou a tocar suas músicas eles ganharam o apelido de "Os Paralamas gaúchos". Avessos às críticas, eles dobraram a aposta e injetaram uma pitada de rock progressivo em suas canções, o que não soava muito moderno para aqueles tempos. Em outubro de 1985 o *Festival Rock Unificado* reuniu dez bandas gaúchas iniciantes para se apresentarem no ginásio Gigantinho. Os Engenheiros estavam entre elas e, assim, fizeram o seu primeiro grande show, para mais de dez mil pessoas.

Tadeu Valério, executivo da gravadora RCA, que tinha inaugurado o selo Plug para bandas novas de rock, estava em Porto Alegre, assistiu ao *Rock Unificado* e convocou cinco daquelas bandas para participar do pau de sebo *Rock Grande do Sul*. Os Engenheiros entraram com "Sopa de Letrinhas" e "Segurança". Não demorou para a banda atingir outras capitais e, em janeiro de 1986, ela já estava tocando no programa *Mixto Quente*, da Rede Globo.

A RCA não comeu mosca e convidou o trio para gravar o seu primeiro disco. Em maio de 1986 o grupo estava em São Paulo para iniciar as gravações de *Longe Demais das Capitais*. O álbum é repleto de referências, entre elas, ao poeta John Donne (autor do verso "nenhum homem é uma ilha") e ao escritor e linguista Umberto Eco, em "Crônica". O grande sucesso foi "Toda Forma de Poder", que com os seus versos mais do que atuais "O fascismo é fascinante/ Deixa a gente ignorante e fascinada" abria o disco. A canção entrou até em trilha de novela da Globo, a banda não saía mais do programa do Chacrinha, e a primeira temporada do grupo no Rio de Janeiro foi agendada para o Teatro Ipanema.

Quando tudo parecia correr bem, o trio teve uma baixa. Em junho de 1987 o baixista Marcelo Pitz pediu o boné. A solução foi remanejar Humberto, que tocava guitarra, para o contrabaixo, e chamar Augusto Licks, músico experiente da cena gaúcha, para a guitarra elétrica. Foi com essa formação que os Engenheiros gravaram o LP *A Revolta dos Dândis* (1987), com uma sonoridade bem diferente da estreia. Pode-se até mesmo dizer que o estilo dos Engenheiros foi forjado nesse segundo disco – inclusive, esteticamente, como se depreende da capa. À época, Carlos Maltz disse que a banda queria ser o Pink Floyd, mas como não dava para ser o Pink Floyd, eles acabaram se transformando no que está nesse disco, ou seja, com uma sonoridade própria, puxada para o rock progressivo com toques da música tradicional gaúcha.

Quando a gravação foi concluída, a princípio, a gravadora não gostou nem um pouco. Ela esperava uma espécie de *Longe Demais das Capitais* volume 2, e não um disco praticamente conceitual, com músicas difíceis, algumas longas, e com um título esquisito. A faixa "Terra de Gigantes", por exemplo, um hit em potencial, nem bateria tinha. O único consenso entre banda e gravadora era que aquele disco não seria um meio termo: ou os Engenheiros não decolariam ou iriam longe.

Aconteceu a segunda opção. O álbum foi um sucesso e, em apenas uma semana, vendeu 50 mil cópias. E justamente as faixas que a gravadora considerou mais esquisitas caíram nas graças do grande público. "Terra de Gigantes", assim como "Infinita Highway", com seus mais de seis minutos de duração – e sem refrão – tornaram-se hits. Não dava mais pra ficar em Porto Alegre, e a banda teve que se mudar para o Rio de Janeiro, onde estaria mais próxima das grandes emissoras de rádio e da TV Globo.

Em dezembro do ano seguinte, foi a vez de *Ouça o que Eu Digo: Não Ouça Ninguém*, espécie de continuação do LP anterior, produzido por Luiz Carlos Maluly, com belas canções como "Somos Quem Podemos Ser" e "Cidade em Chamas". O álbum ganhou texto de apresentação escrito por João Saldanha, que era vizinho de Humberto no Rio de Janeiro. "Me declarei fã e pedi que ele escrevesse o release do nosso disco. Ele disse que não manjava nada do assunto. Estou certo de que o termo foi esse mesmo, 'manjar'. Falei que seria melhor assim, que ele escrevesse qualquer coisa. E assim foi", explicou o vocalista no livro de memórias *Pra Ser Sincero*.

A essa altura a banda já era sucesso nacional de público e, na maior parte das vezes, motivo de chacota por parte da imprensa. Mas alguns jornalistas escreviam seriamente sobre a banda. Arthur Dapieve, no *Jornal do Brasil*, resenhou sobre o novo álbum: "As músicas de Humberto Gessinger, Augusto Licks e Carlos Maltz não têm medo de serem extemporâneas. E, por isso, atualíssimas neste tempo desencontrado. Enquanto meio mundo posa de pós-tecno-qualquer-coisa, os Engenheiros gostam de Pink Floyd, Bob Dylan, Iron Maiden, Allman Brothers, The Jam – filtrados em vinil". A resenha publicada pela revista *Bizz*, por sua vez, assinada por Arthur G. Couto Duarte, sugeria até suicídio: "Em tempos adversos, o harakiri ritual chegou a ser aventado pela banda. Agora, com o time ganhando, é hora de recolocar a questão".

Para marcar os primeiros três discos de estúdio, os Engenheiros do Hawaii decidiram montar uma turnê com direito à gravação de um álbum ao vivo no seu encerramento. Não era assim que a banda canadense Rush fazia? Três álbuns de estúdio e um ao vivo? Os Engenheiros queriam fazer da mesma forma. A *Variações Sobre a Mesma Tour* estreou no Canecão, no Rio de Janeiro, no dia 17 de fevereiro de 1989. Humberto disse que o show contaria com 17 músicas no setlist, inclusive todas do último álbum. "Nosso show não pode dar errado porque não prometemos nada, é um dos shows mais crus dos que estão por aí", afirmou ao *Jornal do Brasil*. Na mesma entrevista, defendeu a relevância de sua banda. "Existem entertainers e grupos que querem acrescentar uma existência abaixo das luzes do palco. Na primeira classificação se enquadram o David Copperfield, o Silvio Santos, o Lulu Santos, e na segunda estamos nós e muitas bandas como o Ira!, a Legião Urbana e os Paralamas."

Pela primeira vez os Engenheiros estreariam uma turnê longe da região Sul. "Estamos acertando o relógio pela hora de Brasília", brincou o líder da banda, que ainda fez uma relação com João Gilberto: "Ele fez a mesma coisa a vida inteira, nós queremos atingir a perfeição no que fazemos, por mais bestas que possam parecer as nossas ideias". Gessinger também demonstrou não se importar com as inúmeras críticas recebidas. "Acho que quando as pessoas ficam divididas em relação à banda, uns falando bem, outros falando mal, isso significa que estamos sendo bem entendidos. Não somos unanimidade nem no Sul. Unanimidade, aliás, só o Pelé."

A turnê do álbum *Ouça o que Eu Digo: Não Ouça Ninguém* contaria com 81 apresentações marcadas até o mês de junho. "Nossa turnê não é como a dos grandes nomes, é leve, é de guerrilha, como um exército com maior mobilidade", refletiu o baterista

Carlos Maltz. Sobre a estreia carioca, Sérgio Sá Leitão escreveu no *JB*: "Em uma hora e meia de som pesado, os Engenheiros do Hawaii desfilaram competentemente todos os seus hits e não se perderam em delírios megalômanos".

A prometida íntegra do novo álbum não aconteceu, mas a banda executou sete faixas de *Ouça o que Eu Digo*, além de dez músicas dos outros dois LPs. "A receita, pelo visto, resulta infalível – turnê e disco, assim, têm tudo para selar a incorporação definitiva do grupo ao Olimpo do rock brasileiro", escreveu Sá Leitão. O show abriu com "Variações sobre um Mesmo Tema", com a iluminação misturando o amarelo do segundo disco e o vermelho do terceiro em um cenário composto por dois imensos círculos hippies. Quando cantou a faixa-título, Humberto atualizou os versos, tendo em vista a eleição presidencial que se aproximava: "O que nos devem/ Queremos em dobro/ Queremos em dólar/ Queremos em novembro de 89". No meio do show, houve um set mais calmo, com a canção "Terra de Gigantes", quando Humberto trocava o baixo por uma guitarra semiacústica. No final, a banda enfileirou hits mais agitados, como "Sopa de Letrinhas" e "Toda Forma de Poder", antes de encerrar com "Infinita Highway". "A highway do grupo, pelo visto, é mesmo infinita – pelo menos enquanto durar", finalizou Sá Leitão.

Quando a turnê estava tecnicamente encerrada, após dois shows no Projeto SP, o trio ocupou mais um final de semana no Canecão, no horário das 19h, para fazer o registro ao vivo. Como se tratava da gravação de um álbum, o show seria um pouco diferente. A meta era fazer um balanço da carreira da banda desde os tempos de UFRGS. O grupo prometia novidades. "Vai ser uma fotografia do que já fizemos e um desenho do que vamos fazer, porque devemos tocar algumas músicas novas", disse Humberto ao *Globo*. Com relação ao disco, a única certeza é que as inéditas, "Nau à Deriva" e "Alívio Imediato", mesmo executadas no palco do Canecão, seriam registradas em estúdio.

Um estúdio da gravadora BMG, aliás, foi praticamente desmontado para ser armado no Canecão, a fim de que a gravação saísse perfeita. Quando o locutor da casa anunciou a banda, os alto-falantes tocaram o tema de abertura da série *Havaí 5-0*. Claro, naquele momento, a plateia era mais um integrante dos Engenheiros. Os trabalhos foram abertos com "Nau à Deriva". A intensidade dos fãs era impressionante. Mesmo se tratando de uma faixa inédita, a plateia cantou alto. Conforme relata Alexandre Lucchese em *Infinita Highway*, a biografia da banda, alguém teria copiado a letra durante um ensaio e distribuído para os colegas de fã-clube.

A apresentação seguiu com "Ouça o que Eu Digo" e "Longe Demais das Capitais", esta última com as palmas sincronizadas da galera dos fã-clubes. Depois Augusto trocou a guitarra pelo violão para mandar a introdução de "A Revolta dos Dândis", partes 1 e 2. Conforme relatam Fabricio Mazocco e Silvia Remaso na biografia do guitarrista, em uma das noites ele atropelou a introdução do baixo de Humberto e entrou com o violão para desaprovação do colega. Depois vieram "Além dos Outdoors", "Cidade em Chamas" e "A Verdade a Ver Navios" emendada à catártica "Toda Forma de Poder". Num dos shows, durante um solo de Augusto Licks, uma corda de sua guitarra arrebentou e, quando ele estava mais à frente do palco, uma fã mais atenta puxou a corda como se estivesse brincando de cabo de guerra. "Foi uma situação tensa, mas ainda bem que ela cedeu e soltou", relembrou o músico.

Seguiram-se as leves "Terra de Gigantes" e "Somos Quem Podemos Ser". Em sua introdução, Humberto disse: "Essa música é tão boboca, mas ela é tão boa de tocar. Ainda bem que vocês gostam". Ao final, o público gritou o famoso "bota pra foder!", no que Humberto respondeu: "A gente vai agora", e mandou "Nunca se Sabe". "Pra Entender", "Infinita Highway" (com o coro insano dos fãs), a inédita "Alívio Imediato" e "Tribos e Tribunais" encerrando a apresentação. "Por que parou? Parou por quê?", a massa gritou. No bis, rolaram "Variações sobre o Mesmo Tema" e "Sopa de Letrinhas". O show terminou como toda aquela história começou, ao som de "Segurança".

Alívio Imediato tornou-se um dos discos mais cultuados do BRock. Quando se fala em álbum ao vivo da geração 1980 da música brasileira, ele está sempre nas cabeças. A explicação de Augusto Licks justifica tudo isso: "A banda era mais confortável ao vivo. Havia um certo desconforto com o estúdio, uma certa pressa, uma certa ansiedade em fazer tudo rápido".

Naquele longínquo 11 de janeiro de 1985, os Engenheiros do Hawaii estavam bem distantes da Cidade do Rock. Ou, para parafrasear a própria banda, estavam longe demais das capitais. Em três anos e uma trinca de discos de estúdio, conquistaram o Brasil. E a gravação de *Alívio Imediato* é a síntese de todo esse caminho percorrido. Não à toa, os Engenheiros do Hawaii possuem uma das maiores bases de fãs no país até hoje. Com tanta segurança assim, eles jamais dançariam.

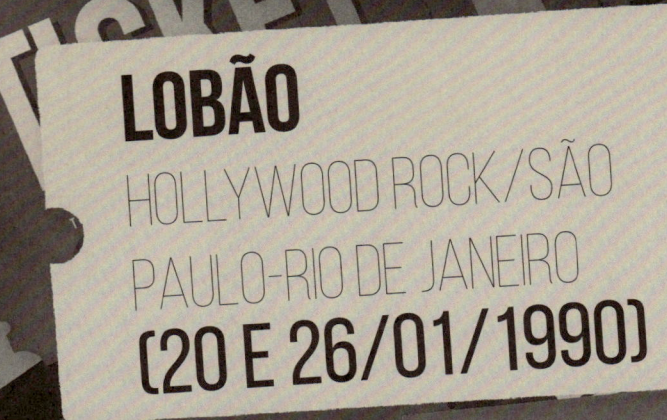

LOBÃO
HOLLYWOOD ROCK/SÃO PAULO-RIO DE JANEIRO (20 E 26/01/1990)

25

BOB DYLAN, BON JOVI, MARILLION, EURYTHMICS, TEARS FOR FEARS? QUE NADA. NA EDIÇÃO 1990 DO HOLLYWOOD ROCK, O PÚBLICO ELEGEU A APRESENTAÇÃO DE LOBÃO A MELHOR DE TODO O FESTIVAL. COM A PARTICIPAÇÃO DA BATERIA DA MANGUEIRA, ELE CANTOU TODOS OS SEUS SUCESSOS PARA UMA PLATEIA DELIRANTE.

Na segunda metade da década de 1980, Lobão era figurinha fácil nos jornais. E não apenas nas páginas culturais. Desde 1986, quando foi preso por porte de maconha e cocaína e condenado por desacato ao juiz, volta e meia o músico tinha algum problema com a justiça. Depois de um período na cadeia, ele lançou o álbum *Vida Bandida* (1987), de certa forma inspirado naquela experiência. Não era raro surgir algum oficial de justiça portando um mandado de prisão contra o artista, que ganhou a fama de "fora da lei".

Por conta de tudo isso, após o disco *Cuidado!* (1988), Lobão foi praticamente obrigado a gravar o seu sucessor nos Estados Unidos. Mais uma vez ele corria o risco de ser preso e, para evitar mais um período atrás das grades, traçou um plano de fuga. Após uma apresentação na Festa da Uva, em Caxias do Sul, Rio Grande do Sul, alugou um carro com o seu empresário, atravessou a fronteira para a cidade argentina de Paso de los Libres durante alta madrugada, deu uma banana em direção ao Brasil e, de Buenos Aires, pegou um voo para Los Angeles. Por lá ele deveria passar nove meses, tempo em que sua pena seria prescrita e não correria mais o risco de ser preso.

No dia 16 de junho de 1989 Lobão retornou ao Brasil com o álbum *Sob o Sol de Parador* debaixo dos braços – ele ainda teria a visita, dentro do avião, de um oficial de justiça com um mandado de prisão adulterado. O "disco de fuga" (palavras do músico) foi recebido com certa frieza pela imprensa e pelo público – em três meses não tinha alcançado a marca de 80 mil cópias vendidas. Na *IstoÉ*, Humberto Finatti escreveu:

"Lobão atingiu um raro estágio de maturidade e equilíbrio composicional dentro do pueril rock brasileiro (...) Com *Sob o Sol de Parador*, Lobão quer, ao mesmo tempo, não ser mais e continuar sendo um dos *enfants terribles* da música brasileira".

A verdade é que o álbum tinha lá seus grandes momentos. "Azul e Amarelo" foi a sua última parceria com Cazuza, e "Panamericana (Sob o Sol de Parador)" tem uma ótima letra de Tavinho Paes, com 23 versos/perguntas sobre episódios latino-americanos com o ensandecido refrão "Hay que endurecer sin perder la ternura". O maior sucesso do disco foi "Essa Noite, Não (Marcha a Ré em Paquetá)", que entrou na trilha sonora da novela *Top Model*, da Rede Globo. Até hoje Lobão diz que se trata do seu álbum mais interessante até aquele momento de sua carreira.

E discos interessantes não faltavam na bagagem de Lobão, que começou a sua trajetória artística na banda de rock progressivo Vímana, ao lado de Lulu Santos e Ritchie, entre outros, e foi baterista da Blitz numa aventura que durou pouco: ao mesmo tempo em que gravou todas as baterias do álbum de estreia, ele registrou seu primeiro disco solo. O diretor da gravadora não gostou nada de saber que Lobão já tinha um disco pronto e exigiu que ele destruísse a fita master. O músico tentou convencê-lo de que não havia necessidade daquilo e não cedeu. Ele já estava decidido a deixar o grupo, mas, quando soube que a Blitz seria capa da revista *IstoÉ* disse que permaneceria na banda e destruiria a master do seu álbum. Mas não foi bem assim. Ele participou da matéria, apareceu na capa e depois colocou a revista e o disco solo debaixo do braço para bater nas portas de todas as gravadoras do Rio de Janeiro. A primeira o contratou de cara, e o álbum *Cena de Cinema* saiu no final de 1982, quando ele já estava fora da Blitz.

Não confortável com a alcunha de artista solo, no ano seguinte Lobão formou a banda Os Ronaldos e, em 1984, lançou *Ronaldo Foi pra Guerra*. Além de "Corações Psicodélicos", o álbum conta com "Me Chama", que se tornou um hit. Já fora dos Ronaldos – Lobão conseguiu ser expulso da banda em que era frontman e que ele próprio criou por ser junkie demais – lançou *O Rock Errou*, cuja capa causou polêmica por trazer a sua prima e então namorada de 18 anos de idade com os peitos de fora ao lado do músico vestido de padre. "Revanche" é a grande canção do LP que trazia elementos brasileiríssimos, em especial na faixa "A Voz da Razão", um samba com participação de Elza Soares.

Já *Vida Bandida*, que saiu em 1987, é um álbum de "heavy samba" nas palavras do próprio compositor. Foi nessa mesma época que ele começou a ser perseguido implacavelmente pela polícia. Durante as gravações do LP, foi condenado a um ano de cadeia por porte de drogas. Teve gente na imprensa que o acusou de marqueteiro, dizendo que ele teria forjado a própria prisão para promover o disco etc. e tal. Mas o álbum só aconteceu mesmo porque, após três meses preso, Lobão foi agraciado com um habeas corpus. Inclusive, a tal "galera da 11" que ele anuncia no início da faixa-título era uma homenagem aos seus colegas da cela de número 11, entre eles diversos chefes do tráfico de drogas do Rio de Janeiro. Mesmo solto, Lobão não teve muita paz. Diversos shows foram cancelados pela polícia e até mesmo pelo presidente José Sarney.

Em *Cuidado!* (1988) o músico inaugurou a sua parceria com Ivo Meirelles e colocou mais samba no meio do rock com o auxílio da bateria da Estação Primeira de Mangueira. Quando Lobão gravou esse disco ele ainda tinha nove meses de cadeia a cumprir e então decidiu fugir do país para gravar *Sob o Sol de Parador*. A turnê desse álbum começou tão logo ele retornou ao país. No Palace, em São Paulo, no mês de dezembro de 1989, Lobão apoiava a plateia, que cantava hinos pró-Lula, candidato do PT que seria derrotado dias depois na eleição presidencial. Ele ainda aproveitou para protestar contra a utilização de uma música de Cazuza na campanha do candidato Fernando Collor de Mello. Como de costume, foi criticado. "Lobão, apesar de esbanjar vitalidade, mostrava apenas uma apresentação ao vivo de seu repertório, sem que seu espetáculo tivesse uma estrutura além das músicas, esvaziando o sentido da palavra show", escreveu Cesar Garcia Lima no *Jornal da Tarde*.

Produzido por Nelson Motta, o *Hollywood Rock* teve sua primeira edição em 1975, com a presença de Rita Lee & Tutti Frutti, Mutantes, Veludo, Vímana, O Peso, Erasmo Carlos, Celly Campello e Raul Seixas, e depois continuou em edições esparsas, geralmente em praias do litoral fluminense e sempre com bandas de rock brasileiras até 1987. Em 1988, a Souza Cruz resolveu internacionalizar o elenco, o empresário Luiz Oscar Niemeyer se associou a Mills Eventos e com um orçamento de sete milhões de dólares colocou o novo festival de pé. A ideia era acrescentar dois headliners internacionais (Tina Turner e Supertramp) aos artistas brasileiros. Como Tina preferiu vir ao Brasil em outro momento, as atrações gringas do *Hollywood Rock 1988* foram expandidas com a vinda do UB40, Pretenders, Simple Minds, Simply Red e Duran Duran.

A edição de 1989 foi cancelada, mas o festival estaria de volta em 1990, novamente com o formato logo consagrado que previa um fim de semana em São Paulo e outro no Rio de Janeiro, com as mesmas atrações em uma programação espelhada. O *Hollywood Rock* prometia 36 horas de música, com atrações internacionais (Bon Jovi, Marillion, Eurythmics, Terence Trent D'Arby, Tears for Fears e Bob Dylan) e nacionais (Barão Vermelho, Engenheiros do Hawaii, Capital Inicial, Gilberto Gil e Lobão). A vinda de Dylan, que entrou no lugar de Elton John, era tida pela imprensa como o evento mais importante da história do show business do país desde o show de Frank Sinatra no Maracanã, em 1980.

A expectativa era grande, e a produção do evento não deixava a desejar. O som de 400 mil watts era de responsabilidade da Clair Brothers, a empresa que sonorizou a primeira edição do *Rock in Rio*. O light designer era o mesmo que trabalhava com os Rolling Stones. O sistema de luz contava com 12 canhões e 750 setores de spots. O palco, com 80 metros de largura e 18 de altura tinha teto mecânico motorizado e angulação móvel. Ainda havia os telões, de seis metros por quatro, nos quatro cantos do estádio do Morumbi e da Praça da Apoteose. Para que o Brasil inteiro pudesse assistir, a Rede Globo transmitiria os melhores momentos de cada noite durante a edição carioca.

A participação de Lobão, que teria recusado anteriormente o convite, foi confirmada na última hora. Na coletiva de imprensa ele explicou que nem havia sido consultado e botou a culpa da recusa inicial no "salafrário" de seu ex-empresário. Ele também revelou que seu show teria 50 minutos, com a participação de 20 ritmistas da Mangueira – na época, ele integrava a bateria da escola. O músico tocaria no terceiro dia do festival, tanto em São Paulo quanto no Rio de Janeiro, na mesma noite de Barão Vermelho, Eurythmics e Terence Trent D'Arby.

O show teve 14 músicas, cobrindo todos os seis álbuns de estúdio lançados pelo artista. Como seria uma apresentação de festival, acabou sendo mais enxuta que as da turnê original, tanto que a única música do último disco no setlist era o sucesso "Essa Noite, Não". Junto com Nani Dias (guitarra), Kadu Menezes (bateria), Rodrigo Santos (baixo), Zé Luis (sax) e Glauton Campelo (teclados), Lobão começou o show com "Vida Bandida", com participação dos ritmistas da Mangueira, inclusive o presidente da bateria verde e rosa, Alcir Explosão, também integrante da banda que gravou o disco *Sob o Sol de Parador*, batizada Os Presidentes.

Em seguida Lobão emendou uma sucessão de hits, como "Canos Silenciosos" ("Tá todo mundo aplicadinho aí? Tá todo mundo aplicadinho aí, porra?", perguntou Lobão), "Vida Louca Vida", "Blá, Blá, Blá... Eu Te Amo (Rádio Blá)" ("a música do cornudo moderno", em suas palavras), "Decandence avec Elegance", "Corações Psicodélicos" e "Cuidado!", a última antes do bis, novamente com a participação da bateria da Mangueira e de Ivo Meirelles.

O bis veio com "Revanche" e "Me Chama", apenas com o violão de Lobão e o sax soprano de Zé Luis – além dos berros dos fãs! Antes de tocar "Me Chama", o músico falou ao público carioca que o show estava sendo gravado e era momento de trocar a fita, então pediu para os fãs contarem até dez antes de cantar. No final, ele disse:

"Um beijão para todos vocês. Um início de década lindo para todos nós. Que a gente progrida muito, se Deus quiser".

"Foi uma grande aventura de uma banda muito unida, um pacto de irmandade, e isso refletiu nesse momento. Um dos grandes trunfos desse show foi essa garra da banda, que tocou como uma família", relembrou Lobão, que executou um repertório cirurgicamente pensado para a gravação de um LP ao vivo, com canções de impacto, mesmo que não fossem hits, como "Stopim", "Baby Lonest" ou "Spray Jet". "Era um show de aclamação. Pensamos num repertório que funcionasse melhor para dezenas de milhares de pessoas. Queríamos um show porrada, um show de rock, esfuziante, pau dentro o tempo inteiro", rememorou. Antes da apresentação, Lobão e sua banda combinaram de não usar nenhum tipo de droga para garantir que tudo saísse perfeito. O baixista Rodrigo Santos, no entanto, não resistiu. "Mas eu sempre me garanti, nunca errei nada em show algum", escreveu em seu livro *Cara a Cara*.

A crítica, mais uma vez, ficou dividida. Luís Antônio Giron metralhou a apresentação paulista na *Folha de S.Paulo*. "Nem a bateria da escola de samba Mangueira salvou o show de Lobão da ineficácia. (...) Ela se limitou a acompanhar timidamente o conjunto de Lobão, exibindo mais lantejoulas do que imaginação. Resultado: o lobo teve sua noite de cordeiro." Ao que parece, Apoenan Rodrigues, do *JB*, viu outro show. "São Paulo, túmulo do samba, não resistiu à fantástica alquimia da introdução de Lobão com 'Vida Bandida', acompanhado de 20 ritmistas da Mangueira. Quem disse que samba e rock não convivem? Lobão, como sempre, arrasa em suas apresentações ao vivo." Tom Leão, no *Globo*, também elogiou: "Se misturarmos todas as atrações do festival e fizermos uma lista dos que mais empolgaram, sem dúvida Barão e Lobão a encabeçarão. Não apenas pelo fato de cantarem em nossa língua. Tanto como show, como pela receptividade do público, eles empolgariam até na Finlândia".

Após a apresentação carioca, em uma festa no morro da Urca, Lobão disse que não tinha gostado da experiência. Mas o público curtiu. Em pesquisa realizada pela *Folha de S.Paulo*, 96% dos 306 entrevistados acharam o show do artista "ótimo/bom", sendo considerado o melhor de todo o festival – incluindo as atrações internacionais –, seguido por Bon Jovi.

Em seu *Guia Politicamente Incorreto dos Anos 80 pelo Rock*, Lobão escreveu: "Posso afirmar sem a menor sombra de dúvida que cometemos o show mais exuberante e receptivo de toda a minha carreira, com uma repercussão tamanha que seria eleito pelo público e pela crítica a melhor apresentação de todo o festival, nos tornando a primeira atração nacional a suplantar os shows dos artistas internacionais. É importante perceber que esse feito não mais se repetirá em nenhum festival realizado em terras brasileiras".

Em entrevista realizada 27 anos depois da apresentação, Lobão relembrou: "Eu fui premiado como a melhor atração de todo o festival, foi algo inédito na música brasileira. Eu consegui ser a maior atração de um festival gringo. Em vez disso ser enaltecido por todo mundo, isso é calado. No ano seguinte, eu nem consegui começar o meu show no *Rock in Rio*".

Pois é, em janeiro de 1991, exatamente um ano depois da catarse no *Hollywood Rock*, Lobão era uma das atrações da segunda edição do *Rock in Rio*, tocando depois do Sepultura e antes de Megadeth, Queensrÿche, Judas Priest e Guns'n'Roses. Alvo da ira do público, que arremessou centenas de latas em sua direção, ele não resistiu duas músicas após a produção do festival mudar a configuração do seu palco, transformando-o em um pelotão de fuzilamento. Mas o objetivo foi cumprido. "Depois do *Hollywood Rock* e do 'não show' do *Rock in Rio*, eu sinto que o Sepultura se imbuiu daquilo e acabou fazendo o *Roots* [álbum lançado em 1996]. A cancela foi aberta, porque depois vieram Chico Science, Cássia Eller, Raimundos, Planet Hemp... Todo mundo entrou nessa, o que era a ordem natural das coisas", analisou Lobão 35 anos depois.

É verdade. Tanto na aclamação no *Hollywood Rock* quanto nas latadas no *Rock in Rio*, Lobão estava lá misturando o seu rock com a bateria de uma escola de samba. Poucos anos depois, o rock fabricado no país nunca seria tão brasileiro.

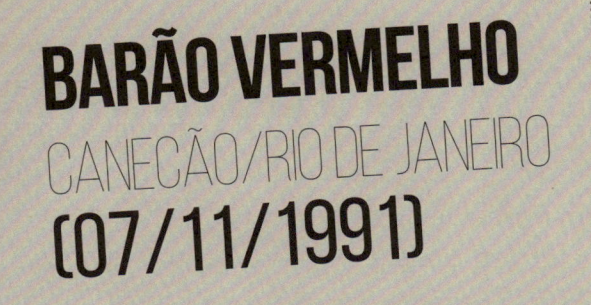

BARÃO VERMELHO
CANECÃO/RIO DE JANEIRO
(07/11/1991)

26

"AGORA O ROCK AND ROLL VAI ROLAR E É DIRETO." O GRITO DE GUERRA DE ROBERTO FREJAT TINHA TUDO A VER COM A TURNÊ COMEMORATIVA DE DEZ ANOS DO BARÃO VERMELHO. EM 90 MINUTOS, A BANDA CARIOCA APRESENTAVA UMA SELEÇÃO AVASSALADORA DE SUCESSOS DE TODAS AS FASES DE SUA CARREIRA. NÃO SOBRAVA PEDRA SOBRE PEDRA.

"Houve um descrédito das pessoas, do meio artístico e do público também, acho que viam o Barão como a banda do Cazuza, deviam achar que não tínhamos mais nada a dizer." A declaração de Roberto Frejat, no dia em que o Barão Vermelho estrearia a turnê comemorativa de seus dez anos, é a síntese do momento pelo qual o grupo passava quando Cazuza partiu para a carreira solo. Era meados de 1985 e, naquela época, ninguém sabia o que seria do Barão. Nem mesmo os membros da banda.

Após duas históricas apresentações no *Rock in Rio*, em janeiro de 1985, o Barão se estabeleceu como uma das mais importantes bandas do Brasil. "Viramos mitos de uma semana para outra pelo simples fato de havermos tocado no *Rock in Rio*", disse o então baixista Dé Palmeira. Só que Cazuza já estava pensando em seguir carreira solo. O clima andava péssimo. Em determinado show, o vocalista chegou a agredir o baixista, em outro, arremessou o microfone em Roberto Frejat. "Devia te dar uma porrada na cara", ameaçou o guitarrista. Cazuza o empurrou e encarou: "Então vem!". Frejat deu um chute no colega antes de serem apartados. "O problema era que, no Barão, essa pressão já existia, e os ânimos só fizeram se exaltar. Aquela excursão foi enorme. Começou uma competição, uma disputa de poder, uma coisa horrorosa, neurastênica, havia ódio puro entre a gente", explicou Dé ao jornalista Ricardo Alexandre no livro *Dias de Luta*.

A crise interna era tão braba que o vocalista foi convidado a se retirar da banda. Quando o Barão recebeu o Disco de Ouro pelas vendas de *Maior Abandonado* no programa do Chacrinha, Cazuza o espatifou no chão. Era o gesto simbólico do seu limite. Mesmo assim, ele ainda se recusava a sair. Então os outros integrantes lhe comunicaram que, a partir daquele momento, eles teriam mais espaço nas composições. "Não podemos depender só de você", disse Frejat. O Barão ainda gravou o *single* "Eu Queria Ter uma Bomba" para o filme *Trop Clip*, de Luiz Fernando Goulart, mas o comportamento do vocalista permanecia errático. Ao mesmo tempo que compunha músicas para o próximo álbum do grupo, Cazuza faltava a boa parte dos ensaios. Quando comparecia, muitas vezes não tinha condições de cantar. Ezequiel Neves, produtor e guru do banda, falou ao vocalista para que saísse logo. No dia anterior à reunião para renovar o contrato do Barão com a gravadora, Cazuza falou que estava fora. Antes, ele havia perguntado a Ezequiel: "Você vem comigo ou vai ficar com eles?". O produtor disse que ia ficar com os dois. "Não vou largar um grupo bom como esse."

O Barão Vermelho, desde os tempos de Cazuza, não era um grupo bom. Era – e ainda é – um baita grupo. Formado em 1981, após o baterista Guto Goffi e o tecladista Maurício Barros assistirem ao show do Queen em São Paulo, o Barão ganhou o acréscimo de Frejat e Dé em meio a ensaios recheados de covers dos Rolling Stones e do Led Zeppelin. Cazuza chegou depois, indicado por Leo Jaime. Em pouco tempo, o grupo passou a tocar pelo Rio de Janeiro e a dupla de compositores Cazuza/Frejat começou a tomar forma. As suas canções misturavam blues, rock and roll e uma pitada de fossa. Uma fita demo foi parar nas mãos de Ezequiel Neves, que a mostrou para João Araújo, presidente da Som Livre e pai de Cazuza. João não queria lançar a banda. Disse que seria nepotismo. No fim das contas, cedeu, e o disco de estreia foi gravado.

Barão Vermelho é o retrato de uma banda iniciante, crua, mas com muita pegada. Antônio Carlos Miguel, da revista *Pipoca Moderna*, escreveu: "Eles parecem ter chegado para incomodar o sono de muita gente". O LP não vendeu muito, mas os rapazes teriam uma segunda chance. *Barão Vermelho 2* foi gravado sob condições melhores, e a banda conseguiu conjugar a sua espontaneidade a um espírito mais profissional. O Barão ainda contou com a ajuda preciosa de Ney Matogrosso, que gravou a música "Pro Dia Nascer Feliz" e assim fez com que a banda tocasse nas rádios e ainda participasse da trilha sonora do filme *Bete Balanço*. A canção que dá nome ao filme entrou no terceiro disco do conjunto, *Maior Abandonado*, que chegou às lojas em setembro de 1984.

Cazuza deixou o Barão Vermelho quando o grupo estava prestes a lançar o quarto álbum e sair em turnê, produzida por Manoel Poladian. Na mesma reunião em que a saída do vocalista foi acertada, o repertório foi dividido. "Exagerado", por exemplo, ficou com Cazuza; "Maioridade", com o Barão. A banda continuou contratada da Som Livre, e Cazuza assinou com a mesma gravadora. "O Cazuza não tinha espírito coletivo. Então, quando ele saiu, de certa forma fortaleceu um pouco a banda. A banda se tornou melhor por conta disso. Os dois ganharam. E a nossa parceria passou a existir só quando ela se justificava", contou Frejat no programa *Som do Vinil* anos depois. Mas, no final de 1985, a pergunta era: será que o Barão sobreviveria sem o seu vocalista e letrista?

No início, as coisas não foram fáceis. Em primeiro lugar, os rapazes deveriam procurar um novo vocalista. Testes foram feitos, mas a solução estava na cara deles, dentro da banda, e o próprio Frejat assumiu os vocais. A primeira canção que gravou foi "Torre de Babel", para um musical infantil da Globo, *A Era dos Halley*. Entre 1986 e 1987 pouca coisa aconteceu para a banda, apesar de ter lançado dois bons discos: *Declare Guerra* (1986) e *Rock' n'Geral* (1987). O primeiro, com letras de Arnaldo Antunes e Antonio Cicero, entre outros, saiu com defeito de fábrica. Para gravar o segundo, a banda assinou com a Warner. Como disse Frejat: "De uma hora pra outra, passamos ao esquecimento".

Para o álbum seguinte, *Carnaval* (1988), o Barão aumentou de tamanho, com a chegada do guitarrista Fernando Magalhães e do percussionista Peninha – ao mesmo tempo, Maurício Barros pulava fora. Final e merecidamente, o Barão voltava às paradas com "Pense e Dance". Com o seu riff matador, a faixa foi parar na trilha da novela *Vale Tudo*, cujo último capítulo rendeu quase 100 pontos de audiência no Ibope. Enquanto Cazuza passava os seus últimos dias de vida, o Barão gravou *Na Calada da Noite* (1990), que teve como maior sucesso "O Poeta Está Vivo", dedicado ao antigo vocalista. O álbum também marcou a estreia do baixista Dadi no lugar de Dé, e o videoclipe de "Tão Longe de Tudo" foi um dos mais exibidos nas priscas eras da MTV Brasil.

Durante a turnê do álbum, o Barão se deu conta de que estava comemorando dez anos de carreira. O tempo passou rápido para uma das primeiras bandas surgidas na era do BRrock. O melhor jeito de celebrar? Em cima do palco, é claro. "A turnê já estava programada. Enquanto uma turnê acontecia, a gente já estava ensaiando pra outra. Queríamos marcar que começamos em 1981, no início da nossa geração. Para a gente era importante demarcar esse tempo, era um diferencial para a banda", relembrou Frejat.

A turnê *Dez Anos de Rock and Roll* estreou no Canecão no dia 7 de novembro de 1991, semanas após o término dos shows de *Na Calada da Noite*. A data era tão importante que o tecladista Maurício Barros topou retornar como convidado especial. "Voltamos a ter uma relação mais próxima, e ele era um fundador da banda. Foi muito bacana porque construímos uma relação muito mais consistente com ele. Foi muito bom estar com o Maurício de volta", declarou Frejat. Ezequiel Neves que, diga-se, nunca abandonou nem o Barão nem Cazuza, assinava a direção do espetáculo.

Seria a primeira vez que uma turnê do grupo teria um cenário grandioso. Para tanto, o cenógrafo Wagner Baldinato preparou um piso vermelho, montou escadarias e alugou do acervo do Theatro Municipal do Rio seis colunas romanas para enfeitar o fundo do palco. Uma tela preta cheia de furinhos formaria a palavra "Barão" quando iluminada por trás. Bateria, teclados e percussão ficariam posicionados sobre praticáveis com um design especial. "Era uma vontade nossa apresentar um espetáculo cada vez melhor, com os nossos próprios recursos", disse Frejat 32 anos depois. O grupo Buana 4, liderado por Maurício Barros e que fazia sucesso com a canção "Eu Só Quero Ser Feliz", tema de abertura da novela *Top Model*, da Globo, fez o show de abertura.

O repertório dava uma geral em canções de todas as fases do Barão, com direito a uma música que a banda nunca havia tocado ao vivo, "No Fundo do Quintal da Escola", de Raul Seixas. "Era um show poderoso, com músicas fortes de todos os discos, todos os hits e outras coisas que funcionavam muito bem ao vivo, que a gente sabia que o público receberia bem. Era uma turnê de comemoração, e a gente tinha que celebrar o que ficou de marcante desses dez anos. A gente pautou o setlist de acordo com a relação do público com as nossas músicas", explicou Frejat.

Na estreia no Canecão, o Barão mostrou que a comemoração seria mesmo no volume máximo. Começou com o lado B "Um Dia na Vida", "uma música que só tem espaço na abertura do show", nas palavras de Frejat. O estranhamento da plateia não durou muito, porque logo depois ele anunciou: "Agora o rock and roll vai rolar e é direto". E assim foi, com a dobradinha "Por que a Gente é Assim?" e "Ponto Fraco". O cirúrgico setlist misturava músicas das fases com e sem Cazuza, talvez para mostrar que a banda nunca deixou de compor grandes canções, como, por exemplo, "Política Voz" e "Tão Longe de Tudo", dois sucessos do último disco – e das mais aplaudidas da apresentação – além de "Dignidade", faixa não muito conhecida de *Rock' n'Geral*, mas certamente uma das melhores músicas da carreira do Barão. Num medley, ela foi emendada de forma alucinante com "Carne de Pescoço" (com aqueles teclados que só o Maurício Barros é capaz de fazer) e "Bicho Humano", ambas de *Barão Vermelho* 2.

Em seguida vinha "Todo Amor que Houver Nessa Vida" (em andamento lento), sobre a qual Frejat fez questão de anunciar ao público que se tratava de uma de suas parcerias prediletas com Cazuza. "Porque ela fala de amor", justificou. Para aproveitar a homenagem, a banda emendou "O Poeta Está Vivo", com direito ao coro dos fãs. "Eu quero ouvir a guitarra de Fernando Magalhães", anunciou o vocalista antes de Fernando tocar aquele solo que é, fácil, um dos melhores da história do rock nacional. Depois foi a vez de um bloco com os blues "Down em Mim" e "Não Amo Ninguém", e, a partir daí, tudo virou festa, com "Torre de Babel", "Bete Balanço", "Pense e Dance" e mais um medley arrasador unindo "Não Me Acabo" a "Declare Guerra". O show poderia ter acabado naquele momento, mas o repertório de uma apresentação do Barão sempre parece infinito. No bis vieram "Maior Abandonado" (com referências a Chuck Berry), "Billy Negão" (primeira composição do grupo) e, como sempre acontece, o encerramento apoteótico com "Pro Dia Nascer Feliz".

A turnê, que seria curta (apenas até março do ano seguinte), seguiu por diversas cidades e ainda aportou no *Hollywood Rock* de 1992, no Rio e em São Paulo, antes dos shows de Extreme e Skid Row – a apresentação do Barão foi, de longe, melhor do que as das duas bandas juntas. "Um espetáculo compacto, enxuto e com um punch nuclear que durou exatos 60 minutos. Foi uma verdadeira festa de arromba", escreveu Jamari França no *Jornal do Brasil*. A crítica da *Tribuna da Imprensa* também foi certeira: "O Barão Vermelho fez o melhor concerto deste *Hollywood Rock*. Ao contrário da maioria das bandas presentes no festival, o Barão não dá importância ao visual e sim à música".

Um mês antes do encerramento da turnê, o baixista Dadi deixou o grupo para tocar com Caetano Veloso. "Foi um tempo que eu curti muito, mas o Barão já era uma banda formada, e eu não tinha formado o Barão. Parecia que eu estava tirando onda com uma coisa que não fui eu quem fiz, uma sensação de não ter criado aquilo, de não fazer parte totalmente dela", disse. Frejat e Guto então escolheram Rodrigo Santos, que estava de saída da banda de Lobão, para o seu lugar. "Eu me senti rapidamente entrosado. Já conhecia o Barão há anos e estava antenado com o grupo", disse o músico ao *Globo*, na véspera da despedida da turnê no Imperator, no Rio de Janeiro. Na mesma semana que entrou para o conjunto, ele começou a ensaiar para o álbum *Supermercados da Vida* (que seria lançado ainda em 1992, e cuja turnê começaria em poucas semanas) e para os derradeiros shows de celebração dos dez anos. Recebeu uma fita cassete com um show da banda realizado no ano anterior, na Rádio Cidade, e tirou todo o repertório. Quando entrou no estúdio, a primeira pessoa que viu foi Ezequiel Neves, que disse: "Garotinho, bem-vindo, fica aí que a turma é legal". Rodrigo estreou em dois shows no interior de Minas. Após as apresentações no Imperator, Peninha falou para ele: "Você tem a cara do Barão! Cara de doidão!".

Em 1992 o álbum *Supermercados da Vida* deu a largada para os próximos dez anos do Barão Vermelho. Hoje já são mais de 40! Na estreia da turnê *Dez Anos de Rock and Roll*, Ezequiel Neves, que faleceu em 2010 (no mesmo dia dos 20 anos da morte de Cazuza, registre-se), disse: "A gente voltaria tudo outra vez". Todos nós voltaríamos.

DANIELA MERCURY
VÃO LIVRE DO MASP /
SÃO PAULO
(05/06/1992)

27

MUNIDA PELA FORÇA DE VONTADE E PELO SUCESSO DE "SWING DA COR", DANIELA MERCURY SUBIU AO PALCO DO VÃO LIVRE DO MASP COMO CANTORA INICIANTE E TERMINOU O SHOW COMO FENÔMENO NACIONAL. DEPOIS DE INTERDITAR A AVENIDA PAULISTA E ABALAR A ESTRUTURA DO MUSEU, A BAIANA FIRMOU O AXÉ COMO GÊNERO POP NACIONAL.

Em 1985, quando Luiz Caldas lançou a despretensiosa "Fricote", parceria com Paulinho Camafeu, acabou criando uma tendência dentro da música brasileira. A canção de letra irreverente e brincalhona, cheia de duplos sentidos, era uma música pop que bebia diretamente na tradição baiana: os blocos afro de Salvador e as músicas de trio elétrico. "Fricote" se tornou um sucesso nacional e abriu espaço para um novo formato de música pop baiana, que logo seria incorporada com sucesso por outros artistas. Era o nascimento daquilo que seria conhecido como axé music. O nome, inclusive, foi cunhado de forma inicialmente pejorativa pelo jornalista Hagamenon Brito, como uma forma de ironizar aquele som de sabor baiano que se pretendia universal. Usado até hoje, o termo acabou ressignificado pelos próprios artistas do movimento.

No início da década de 1990 o axé music se tornaria um ritmo nacional mainstream e disputaria popularidade e números massivos de vendas e execução nas rádios com o sertanejo, que também explodiu na época. Um fator decisivo para a consolidação nacional do axé foi o sucesso estrondoso que Daniela Mercury alcançou a partir de 1992. Nesse ano houve um episódio específico que transformou para sempre a trajetória da artista e do gênero no Brasil. Estamos falando do dia em que ela abalou as estruturas do Museu de Arte de São Paulo (MASP). Literalmente.

Daniela Mercury deu seus primeiros passos na música ainda muito jovem e teve uma formação musical ampla, que absorveu estilos de todas as frentes e origens. Aos

15 anos já se apresentava em barzinhos de Salvador, munida de um repertório eclético de MPB, que ia de Caetano Veloso a Luiz Gonzaga. Nos anos 1980 foi chamada por Gilberto Gil para ser sua backing vocal. Em 1982 trocou o intimismo dos barzinhos pelo frenesi dos trios elétricos e passou a cantar no bloco Eva. Nessa época, era frequentadora assídua dos ensaios dos blocos afro de Salvador, como o Ilê Ayê e o Muzenza. Sentia-se tão à vontade e inserida nesses meios que era descrita pelos colegas como "a branquinha mais pretinha da Bahia". No final dos anos 1980 ela entrou para o grupo Companhia Clic, com o qual lançou dois discos entre 1989 e 1990. No ano seguinte, deu início à carreira solo com um álbum que levava seu nome na capa. O repertório era calcado na música baiana, mas dava indícios da formação musical ampla de Daniela, como indicam as gravações de "Geléia Geral", hino tropicalista de Gil e Torquato Neto, e "Milagres", de Herbert Vianna. No entanto, o grande sucesso do disco foi "Swing da Cor", de Luciano Gomes, que ela gravou com apoio do Olodum, grupo que anos antes havia revolucionado a música baiana com seu samba-reggae potente.

A repercussão da música fez Daniela vender mais de 20 mil cópias só na Bahia e a tornou mais conhecida também no Sudeste, sobretudo em São Paulo. Em maio de 1992, por exemplo, "Swing da Cor" era a música mais tocada nas rádios paulistas, ficando na frente de outros sucessos do momento, como "Se..." (Djavan), "Fêmea" (Fábio Jr.), "O Mundo Anda Tão Complicado" (Legião Urbana) e "Felicidade" (Roupa Nova). No mesmo ano ela viajou pelo Nordeste com uma turnê de sucesso estrondoso, aglomerando mais de cinco mil pessoas por show. Mas Daniela queria mais. Seu desejo era se tornar uma estrela de repercussão nacional. Para isso, ela sabia, o jeito era se livrar da pecha de "cantora regional" que o Sudeste sempre impõe arbitrariamente a qualquer artista que venha de fora das suas cercanias. A estratégia era se consolidar de vez em São Paulo, onde já ganhara certo apreço. Em junho de 1992, portanto, foram agendados três shows em diferentes lugares da cidade: no Lambar, no vão livre do MASP e na Cidade Universitária. Mas bastaria apenas um desses para mudar a biografia de Daniela da noite para o dia.

O projeto Som do Meio-Dia promovia shows gratuitos no vão livre do MASP, o maior da América Latina, às sextas-feiras, sempre ao meio-dia. A ideia era entreter as pessoas que passassem pela avenida Paulista na hora do almoço e atrair alunos de escolas próximas ao museu, como o Objetivo e o Dante Alighieri. Já haviam sido escalados nomes como Baden Powell, Edu Lobo, Jorge Ben Jor e Paulinho da Viola, sempre com público estimado em duas mil pessoas. Quando o show de Daniela Mercury foi anunciado para o dia 5 de junho, ninguém esperava mais do que isso, já que se tratava de uma artista iniciante. Não foi bem o que aconteceu.

Naquela manhã de sexta-feira, Daniela pegou um ônibus com sua banda e se dirigiu ao MASP, na avenida Paulista. Suas expectativas para o show eram baixíssimas. "Imaginamos que o público seria de transeuntes comendo sanduíches", relembrou anos depois em entrevista ao site *GShow*. Ao chegar lá, sua primeira surpresa: aproximadamente duas mil pessoas já estavam sentadas no vão livre do museu, onde o pequeno palco fora montado. Vestindo macacão curto preto, cinto prateado e casaco preto e branco no estilo dálmata, Daniela estava pronta para realizar o show que vinha fazendo nos últimos meses. O repertório era calcado no disco lançado no ano anterior, com adição de algumas versões para clássicos da MPB ou do pop nacional, como "Toda Menina Baiana", de Gil, "Alegria, Alegria", de Caetano, e "Monte Castelo", da Legião Urbana. Quando o show começou, mais uma surpresa: já havia uma multidão ainda maior, e todos cantavam suas músicas com ela. Gente que estava ali não porque estava passando pelo local despretensiosamente, mas para vê-la, vibrava com a presença de palco de Daniela, que causava fascínio por suas coreografias ensaiadas minuciosamente, acompanhada por duas bailarinas – algo que quase ninguém fazia no Brasil naquela época, pelo menos não daquela forma, com tanto comprometimento como o da cantora, apaixonada por dança desde sempre.

A descrição desse show, contada por Daniela, jornalistas e outras testemunhas ao longo desses anos, parece cena de filme. As poucas imagens que hoje existem provam que não se trata de exagero. Conforme a apresentação transcorria, o local não parava de encher. Uma horda de gente descia dos ônibus, mais gente chegava pelo metrô ou saía dos prédios vizinhos. Isso sem contar as pessoas que ficaram dançando ou somente espiando o fenômeno que acontecia ali pelas janelas dos carros, dos prédios comerciais próximos ou dos ônibus. Com 20 minutos de evento, o MASP estava completamente tomado por um público que cantava junto e pulava do início ao fim em todas as músicas. Era tanta gente que a multidão transbordou pelos limites do museu e chegou à rua. A avenida Paulista precisou ser interditada, o que causou um engarrafamento monstruoso na cidade.

Quando Daniela cantou "Swing da Cor", a música mais aguardada, a euforia que tomava conta das quase 20 mil pessoas chegou ao ápice – e a multidão parecia nunca parar de aumentar. "Não, não me abandone/ Não me desespere/ Porque eu não posso ficar sem você", cantavam todos em uníssono. Era uma cena quase surreal. Parecia que estavam todos no Farol da Barra, no coração do Carnaval de Salvador, e não no maior centro comercial do país em pleno horário comercial. Estava muito claro que algo diferente acontecia. Afinal, não é todo dia que nasce um novo fenômeno musical no Brasil.

Quando o show chegou perto dos 40 minutos parecia que ainda ia durar muito, pela energia da cantora e empolgação do público, contudo, a então secretária municipal de Cultura de São Paulo, Marilena Chauí, subiu ao palco para interrompê-lo. Ela pegou Daniela pelo braço e avisou: "Você precisa parar esse show agora. Você parou a avenida Paulista, o MASP está sacudindo, as obras estão sacudindo. A gente está no maior vão livre da América Latina e estamos com medo disso aqui desabar". Diante de um apelo tão incisivo, Daniela informou ao público o que estava acontecendo e deixou o palco.

No dia seguinte, o acontecimento foi capa de quase todos os jornais paulistanos. Dividindo espaço com notícias da Eco-92 e da CPI sobre PC Farias, lá estava a foto do MASP tomado de gente, com Daniela ao fundo, pulando com os braços para cima. "MASP treme e Som do Meio-Dia muda de lugar", anunciava *O Estado de S. Paulo*. No dia anterior, poucas horas depois do show, Marilena Chauí e o diretor do MASP, Fábio Magalhães, anunciaram que o projeto musical não aconteceria mais no museu por medida de segurança e para evitar novos transtornos no trânsito da capital paulista.

Nas colunas musicais também só se falava em Daniela Mercury. Afinal, quem era exatamente aquela cantora baiana de cabelos cacheados que de repente mostrou uma força suficiente para se tornar um fenômeno nacional? Depois desse dia, ela virou a nova estrela do momento, e ficou mais difícil para a imprensa do Sudeste continuar tratando o axé como "regionalismo baiano". Aquele era um dos movimentos musicais mais fortes que o Brasil havia presenciado em anos, e os eventos no MASP deixavam isso claro como o sol.

Mas era só o começo. Em julho, Daniela Mercury entrou em estúdio com o produtor Liminha para dar início às gravações de seu segundo disco solo, aguardado com expectativa pela imprensa de todo o país. O resultado não decepcionou: o LP *O Canto da Cidade* saiu no final do ano com 75 mil cópias vendidas antecipadamente, e um mês depois já era Disco de Ouro, ultrapassando as 140 mil cópias. A faixa-título ganhou repercussão ainda maior que "Swing da Cor", e outras músicas do disco também alcançaram as paradas de sucesso, como "Só pra Te Mostrar", dueto com Herbert Vianna, e a regravação de "Você Não Entende Nada", de Caetano Veloso. Com esse disco, Daniela ampliou seu sucesso popular, consolidando-se nacionalmente, e atingiu um feito difícil para artistas com tamanha popularidade: caiu nas graças da crítica musical, muito pela inventividade do repertório, que somava os ritmos baianos com a MPB mais clássica e o pop mais saboroso e moderno. "Uma espécie de panorama rítmico", como descreveu o pesquisador Goli Guerreiro no livro *A Trama dos Tambores*.

Nos anos seguintes, Daniela Mercury manteria seu reinado e lotaria muitos outros espaços mais adequados em termos de estrutura para abrigar toda sua força. E o axé seguiria em curva ascendente ao longo da década de 1990, revelando novos artistas, se renovando e se reinventando. Aquele 5 de junho de 1992 entrou para os anais da música brasileira como um capítulo fundamental dessa história. Depois dele, os carnavais do Brasil inteiro nunca mais seriam os mesmos.

TRINTA ANOS DEPOIS DO SHOW NO AU BON GOURMET, JOÃO GILBERTO E TOM JOBIM VOLTARAM A SE ENCONTRAR, DESSA VEZ NO PALCO DO THEATRO MUNICIPAL DO RIO DE JANEIRO. TEVE PROBLEMA NO SOM, TEVE ESTRESSE, TEVE FOFOCA, MAS NADA TIROU A MAGIA DE VER OS DOIS CANTANDO JUNTOS "CHEGA DE SAUDADE". ERA O "SHOW NÚMERO 1".

Depois do histórico encontro de Tom Jobim e João Gilberto no Au Bon Gourmet, em 1962, muita gente deve ter imaginado que os dois expoentes da bossa nova ainda se encontrariam pelo menos algumas dezenas de vezes para tocar ou botar o papo em dia. Mas não foi bem assim. Depois daquela temporada, eles nunca mais se apresentaram juntos, e João nunca mais tocou no Rio de Janeiro. E a pergunta que não queria calar era: como juntar os dois gênios 30 anos depois?

Muitos diriam que a empreitada era impossível. E, sobretudo, arriscada. Afinal de contas, ninguém poderia garantir que João subiria no palco mesmo poucos minutos antes da apresentação. No início de dezembro de 1992, porém, o *Jornal do Brasil* noticiou: "Foi confirmado um show de João Gilberto em comemoração ao espetáculo que reuniu no Carnegie Hall, em Nova York, Tom Jobim, João Gilberto, Carlos Lyra, Roberto Menescal e Sergio Mendes". O show ainda "deve contar com a presença de Tom Jobim".

A ideia mágica era obra da Brahma, que pretendia fazer do encontro uma espécie de jingle requintado de seu produto. O evento tinha até nome: *Show Número 1*, referência ao slogan publicitário da empresa – João já havia participado de um anúncio da marca de cerveja. A proposta inicial não era apenas uma apresentação de João no Theatro Municipal do Rio de Janeiro. A agência de publicidade Fischer & Justus, que detinha a conta da Brahma, também queria colocar Tom Jobim no palco do Palace, em São Paulo, na semana seguinte. E, a partir da edição dos dois shows, a Globo apresentaria um especial de fim de ano. Nada mau. Afinal de contas, depois do lançamento do livro *Chega de Saudade*, de Ruy Castro, em 1990, os banquinhos e os violões nunca estiveram tão em voga.

O jornalista Tárik de Souza duvidava que o encontro de Tom e João acontecesse. "Um reencontro no palco do Municipal carioca da dupla principal tem poucas chances de ocorrer, ainda que a imprevisibilidade paire sobre os eventos 'joãogilbertianos' como uma caixa-preta", escreveu no *Jornal do Brasil*. A princípio só estava confirmada a presença de João para apresentar um espetáculo de 70 minutos de duração. O texto de Tárik ainda adiantava que ele mostraria três composições inéditas.

Mesmo morando no Leblon há 13 anos, a última vez que João se apresentara no Rio de Janeiro tinha sido em 1962. Depois disso, ele chegou a prometer alguns shows na cidade: em 1971 concedeu uma coletiva no apartamento do empresário Ricardo Amaral para anunciar uma provável temporada no Teatro da Lagoa que acabou não acontecendo; oito anos depois, uma série de shows no Canecão foi suspensa de última hora por conta de problemas no som; em 1988 uma alegada gripe impediu o seu concerto no Municipal aos 44 do segundo tempo. João tinha, é verdade, se apresentado uma vez no Rio de Janeiro nesse intervalo, na gravação de um especial para a Rede Globo, para poucos convidados. Ele também chegou a fazer umas duas dezenas de shows em cidades como São Paulo, Salvador, Paris, Roma, Nova York, Madri, além de duas aparições no festival de Montreux, em 1985 e 1989, mas estava em dívida com os fãs cariocas, e, se houvesse a participação de Tom, melhor ainda.

Não havia nada certo, mas os jornais continuavam especulando. "Tom Jobim talvez suba ao palco do Municipal para cantar com João a seminal bossa nova 'Chega de Saudade'", noticiou *O Estado de S. Paulo*. Rancores antigos também voltaram a ser alimentados. O jornal *O Globo*, por exemplo, anunciou: "Tom nega briga com João e show é incógnita", e continuava dizendo que "certeza desse encontro ninguém tem". Na verdade, nem o idealizador do projeto, Eduardo Fischer, sabia cravar com certeza. "Seria leviano da minha parte afirmar que vai ocorrer esse encontro." Em 1985, os dois tocaram na mesma noite do festival de Montreux, mas não se esbarraram nem no palco nem nos bastidores.

Em 1959 Tom Jobim escreveu o texto da contracapa do disco *Chega de Saudade*, de João Gilberto. "João Gilberto é um baiano 'bossa nova' de 27 anos. Em pouquíssimo tempo influenciou toda uma geração de arranjadores, guitarristas, músicos e cantores. PS. Caymmi também acha." Os elogios continuaram durante anos. Certa feita, afirmou: "Nunca houve briga entre nós, adoro o João, que é um grande artista". O violonista, em rara entrevista, também disse que não havia conflitos entre eles. "Sempre nos encontramos, temos uma profunda amizade e grande união." No entanto, segundo Zuza Homem de Mello, biógrafo de João, desde a gravação do álbum *Getz/Gilberto* (1964), os dois não se encontraram mais no palco ou no estúdio. "Alguma coisa provocava um distanciamento entre eles. João não se conformava de Tom ter aceitado o convite de Frank Sinatra para participar de seu programa de TV tocando violão. O violonista era ele, ora!", escreveu.

Três dias antes do show de João Gilberto no Rio de Janeiro, marcado para 7 de dezembro, Duilio Malfatti, da Fischer & Justus, foi encarregado de preparar um encontro entre os dois. Para tanto, reservou uma suíte no hotel Caesar Park, em Ipanema, onde João estava hospedado, e alugou um piano de cauda para um provável ensaio. Conforme descreveu Zuza Homem de Mello, o passo seguinte foi buscar Tom Jobim. Mas quando os dois chegaram no hotel... João não estava mais lá. O seu secretário disse que ele tinha ido afinar o violão. Uma hora e meia depois, João apareceu, enquanto Tom tocava piano no quarto. Nem olhou para a cara do velho parceiro e dirigiu-se a seu quarto para continuar afinando o seu instrumento. Algum tempo depois, finalmente chamou Tom. Não há testemunhas desse conclave. Só se sabe que, no dia seguinte, véspera do show, João foi à casa de Tom e ensaiaram até altas horas.

A Brahma não divulgou o cachê, "mas sabe-se que o contrato envolve quantias bastante elevadas – incluindo a multa, se João Gilberto não cumprir o acordo", publicou o *JB*. Depois do show, foi noticiado que tanto João quanto Tom ganharam 100 ou 400 mil dólares, dependendo do veículo de comunicação. No total, a Brahma investiu dois milhões de dólares no espetáculo. Valores à parte, os dois estavam animados. "Eu amo o Rio, é minha terra também. Terra de tantos amigos... É tão Rio meu coração", poetizou João. Em pleno verão carioca, ele teria pedido que fosse desligado o ar-condicionado de sua suíte no hotel e acionado o sistema de calefação.

A lista de convidados para o show era extensa. Ia do cirurgião plástico Ivo Pitanguy ao jogador de futebol Renato Gaúcho, passando por astros da MPB, atores e atrizes globais, modelos e banqueiros do jogo do bicho. O cenário estava sendo montado por Daniela Thomas, e a maior preocupação era com relação à gravação do evento pela TV Globo. As câmeras de filmagem e microfones ficariam todos encapuzados para evitar qualquer tipo de ruído. A aparelhagem de ar era outro problema. Um equipamento foi trazido da Finlândia para manter o ar-condicionado do teatro suspenso sobre o palco, de forma que não afetasse a garganta de João ou desafinasse o seu violão.

No dia do show, o violonista saiu do hotel em Ipanema quatro horas antes do início da apresentação, marcada para as 22h. Quando desceu do Opala Comodoro, deu um autógrafo para um fã. Entre 19h30 e 20h, já estava no teatro ensaiando "Chega de Saudade" ao lado de Tom Jobim. Uma semana antes, ele havia pedido que trouxessem Astrud Gilberto para participar. Mas, quando ela bateu na porta de seu camarim, ele se trancou no banheiro. Depois de um tempo, destrancou a porta, e os dois puderam conversar. O camarim de João estava decorado com flores brancas e tinha café com leite, uma de suas poucas exigências culinárias. Do lado de fora, a Brahma ofereceu um coquetel para os convidados, e os copos rolavam pelas escadarias do Municipal num clima de camarote de Carnaval, com farta distribuição de adesivos e de camisetas.

Na plateia ou no balcão nobre do Municipal estavam sentadas figuras como Chico Buarque, Marieta Severo, Lulu Santos, Francis Hime, Caetano Veloso, Martinho da Vila, Marina Lima, Vera Fischer, Beatriz Segall, Nana Caymmi, Gisela e Ricardo Amaral, Boni, Francisco Cuoco, Tarcísio Meira, Glória Menezes, Beth Carvalho, Miúcha, Bebel Gilberto, Gal Costa, Ronaldo Bastos, Glória Pires, Ziraldo, Malu Mader, Edu Lobo e mais algumas dezenas (ou centenas) de celebridades. Talvez a maior concentração de artistas brasileiros por metro quadrado na história da cidade.

Antes do show começar, o diretor de marketing da empresa subiu ao palco para algumas palavras protocolares. Mas o que se seguiu foi constrangimento puro. Em primeiro lugar, o seu microfone não funcionou, o que gerou gargalhadas na plateia. E, quando a sua voz saiu nos alto-falantes, ele foi praticamente expulso do palco. "Minha gente, os problemas do Brasil é (sic) as crianças". Alguém da plateia protestou: "Para de falar, vamos ver o show!". Desce o pano.

Se alguém ainda tinha dúvidas de que João Gilberto fosse mesmo cantar, às 22h30, com meia hora de atraso, essas foram dissipadas. Quem também estava presente era Dona Boneca, mãe adotiva de João, que veio do Rio Grande do Sul e aplaudiu calorosamente o filho a cada número. Ele começou a sua apresentação com "Eu Sambo Mesmo", de seu último álbum, *João* (1991). De tão mal equalizada, era impossível escutar a sua voz. Alguém berrou na plateia: "Aumenta o som! Não se ouve nada!". Melhorou um pouco, mas não muito. João trajava terno marrom (o "marronzinho", como gostava de dizer) e encantou a todos com seu violão. Cantou 17 canções, incluindo "Morena Boca de Ouro", "Isto Aqui o que É?" (ambas de Ary Barroso), "Sem Compromisso" (Geraldo Pereira), "Ave Maria no Morro" (Herivelto Martins), a instrumental "Um Abraço no Bonfá" (de lavra própria) e várias de Tom Jobim, como "Retrato em Branco e Preto", "Desafinado" e "Corcovado". Por três ou quatro vezes, os aplausos engoliram os primeiros acordes das canções.

Durante a apresentação, um estrondo quase derrubou o banquinho de João. A mesa de som estourou, provocando uma microfonia insuportável. Ele protegeu os ouvidos, levou a mão à boca, aplaudiu debochadamente e aguardou a solução para emendar "O Pato". Houve também barulhos vindo dos bastidores, em especial da queda de panelas nos camarins. No momento, João estremeceu como se tivesse sido eletrocutado. "Durante uma das músicas, um som parecendo copos se quebrando ou a bateria da Mangueira penetrou pelo lado direito do palco e desapareceu. Um *happening*?", disparou Affonso Romano de Sant'Anna no jornal *O Globo*.

João não cantou as inéditas que prometera, mas trouxe quatro pepitas arqueológicas: "Mangueira em Férias" (Pedro Caetano e Alcyr Pires Vermelho, 1947), "Segredo" (Herivelto Martins, 1947), "Falta-me Alguém" (Claudionor Cruz e Pedro Caetano, 1949) e "Valsa de Gente que Não Tem Amor" (Custódio Mesquita e Evaldo Ruy, 1944). Lá pelo final do show, avistou Astrud na plateia e a chamou para o palco. Ela subiu, mas disse que não ia participar. "Devido ao meu contrato nos Estados Unidos, infelizmente não posso cantar. É uma pena." Minutos depois, retornou e informou que já havia mudado de ideia: "Resolvi o problema do contrato e vou cantar".

"A participação de Astrud no bis, por sinal, beirou o patético", escreveu Antônio Carlos Miguel em *O Globo*. Era a estreia da cantora nos palcos cariocas. Ela reclamou do microfone, cantou algumas frases e devolveu: "Vai, João, dá ao menos uma canja", como se ele não estivesse cantando há mais de uma hora. Segundo o jornalista Sérgio Cabral, biógrafo de Tom Jobim, o tal problema contratual de Astrud foi resolvido com o pagamento de um cachê de dez mil dólares.

A essa altura, Tom já estava no palco. Quando ele entrou, foi aplaudido de pé e, com João, emendou "Chega de Saudade". "O João descobriu que aquelas músicas de 1958 estavam dois tons abaixo e fui obrigado a catar milho no piano", disse o maestro no camarim. Em cena, ele improvisou uma homenagem ao parceiro, musicando-lhe o longo nome: "Viva João Gilberto Prado Pereira de Oliveira". Eles ainda cantaram "Desafinado" e "Corcovado", com direito a improvisos de Tom ao piano. Antes de "Garota de Ipanema", a última, João voltou ao palco e disse: "Tem uma música que eu acho que o Tom não lembra mais..." E começou a cantarolar: "Tom, se você fizesse agora uma canção, que possa nos dizer, contar o que é o amor..." A magia se fez no Municipal da mesma forma que 30 anos antes no Au Bon Gourmet. Não houve bis. João saiu por um lado do palco; Tom, pelo outro.

Apesar dos problemas técnicos, o show cumpriu a sua função de colocar João e Tom lado a lado. Mesmo assim, as fofocas continuaram. "O encontro de João Gilberto e Tom Jobim promovido pela Brahma no palco do Theatro Municipal do Rio no último dia 7 não serviu, como era previsto, para reaproximar os dois artistas. Ao contrário, conseguiu afastá-los ainda mais. Tom saiu de cena deprimidíssimo, certo de que João Gilberto fez tudo para prejudicá-lo. Como os dois estarão se apresentando de novo

– a peso de ouro – amanhã em São Paulo, Tom já avisou em alto e bom som: 'Ele que se cuide, porque vou dar o meu troco'", escreveu Zózimo Barroso do Amaral em sua influente coluna no *JB*.

O show em São Paulo ocorreu sem percalços – sem problemas técnicos e sem Astrud Gilberto. Tom tocou com a sua Banda Nova e depois recebeu o colega para o bis. Tudo correu bem, apesar da suspeita de João no sentido de que algum sabotador tivesse enchido o palco de tachinhas. Depois dessa apresentação, Eduardo Fischer, idealizador do projeto, ganhou de presente da Brahma dois meses de férias em qualquer país que escolhesse com tudo pago, por ter conseguido a façanha de juntar Tom e João no palco.

Miles Davis, que morrera um ano antes do show, certa feita disse: "João Gilberto pode ler um jornal e soar bem. Dou-lhe cinco estrelas". Certamente, apesar dos pesares, também teria dado cinco estrelas ao *Show Número 1*.

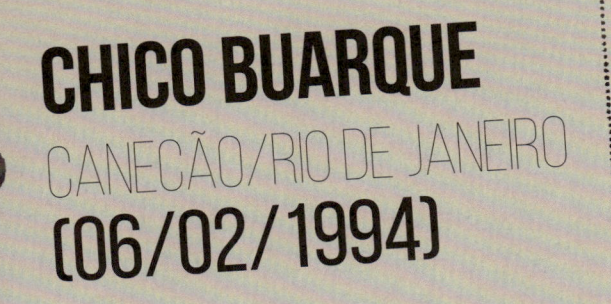

APÓS QUASE SEIS ANOS SEM SE APRESENTAR AO VIVO, CHICO BUARQUE VOLTOU AO CANECÃO PARA DIVULGAR O ÁLBUM PARATODOS. FOI O ACONTECIMENTO DAQUELE VERÃO. ALÉM DO ROTEIRO DE 24 CANÇÕES, O COMPOSITOR SE DIVERTIA VOLTANDO AO PALCO PARA INÚMEROS PEDIDOS DE BIS. ACABOU ENTRANDO PARA A EDIÇÃO BRASILEIRA DO GUINNESS BOOK.

Não é de hoje que uma turnê de Chico Buarque é um acontecimento. Desde 1975, quando fez uma temporada ao lado de Maria Bethânia no Canecão, Rio de Janeiro, os seus shows são raros, verdadeiros acontecimentos. Uns mais que os outros. E o que ocorreu no mesmo Canecão no dia 6 de fevereiro de 1994 entra no time dos enormes acontecimentos. Tanto que fez parte até da edição brasileira do *Guinness Book*.

"Chico entra em turnê depois de cinco anos." Essa era a notícia do jornal *O Globo* no dia 12 de maio de 1993. Registre-se que, depois do show com Bethânia, ele havia feito apenas uma temporada, em 1988. Tão logo encerrou a turnê de *Francisco* (1987), Chico se recolheu para escrever o romance *Estorvo*, deixando de lado a turnê de divulgação do álbum *Chico Buarque* (1989). Mas a partir de maio de 1993, os fãs recifenses poderiam conferir a sua performance em duas datas no Teatro Guararapes. Dias depois, ele faria mais três apresentações em Fortaleza antes de partir para uma temporada pela Europa. Após se desenferrujar dos palcos, o compositor finalizaria o seu tão aguardado álbum de inéditas para, aí sim, iniciar a turnê de divulgação.

No final de 1992, Chico quebrou o pé jogando futebol. Engessado, não lhe restava muita coisa além de tocar violão. Como ainda não estava compondo, rearmonizou canções antigas de sua autoria. Gostou tanto que começou a pensar em novas composições. Ainda bem. Enquanto escrevia *Estorvo*, ele não excluía a possibilidade de ter abandonado ou de ter sido abandonado pela música.

Quando *Paratodos* chegou às lojas, em novembro de 1993, Chico estava em todos os periódicos. Mas algumas manchetes, como a do *Jornal do Brasil*, assustavam. "Chico é um caso de polícia", estampava o veículo carioca. Mas o fã não tinha com o que se preocupar. O compositor não ia ser preso. Na verdade, os jornais davam destaque à capa do seu novo álbum. Em dezembro de 1961, Chico, 17 anos de idade, foi autuado em flagrante por puxar um carro em São Paulo. Foi a sua estreia no noticiário. Naquela época, puxar carros – "pegar emprestado" sem avisar ao dono e dar um rolê até acabar a gasolina – era praticamente um hobby dos chamados playboys. Além da notícia não muito auspiciosa para a família Buarque de Hollanda, o jornal *Última Hora* de São Paulo publicou uma foto de frente e de perfil do futuro compositor no momento em que foi fichado pela polícia.

A legenda da foto dizia: "A dupla F.B.H. e O.J., os autores do furto do automóvel". No episódio, Chico e um colega foram confundidos com integrantes de uma quadrilha, agredidos e algemados pelos policiais. Conforme explica Wagner Homem no livro *História de Canções*, depois de algumas cacetadas, alguém se convenceu de que se tratava de menores de idade. Porém, os dois tiveram que passar a noite no Juizado de Menores até o resgate feito pela irmã Miúcha. Em seguida, o juiz aplicou o castigo: seis meses de reclusão no período noturno.

Trinta e dois anos depois, a vergonha transformou-se em arte. "No processo de gravação do disco, eu me lembrei dessa foto, tirei da gaveta, olhei e falei: 'vou fazer uma canção para a foto'", disse Chico no especial *Paratodos*, da Rede Bandeirantes. Assim, a canção "A Foto da Capa" transformou-se em uma versão poética e bem-humorada de toda aquela história: "O retrato do artista quando moço/ Não é promissora, cândida pintura/ É a figura do larápio rastaquera/ Numa foto que não era para capa/ Uma pose para câmera tão dura/ Cujo foco toda lírica solapa". "Para compor a música, eu precisava mostrar a foto. Então decidi colocá-la na capa do disco", explicou o compositor, justificando a antológica arte criada por Gringo Cardia.

A tal foto da capa era o assunto principal das matérias sobre Chico Buarque naquele período. Até a crítica se dar conta da música que abria aquele álbum. Àquela altura, ninguém sabia, mas a faixa-título estava lá pronta para ser considerada um dos maiores clássicos do cancioneiro nacional. O baião que homenageia 25 gênios da música popular brasileira fez Caetano Veloso chorar. Tom Jobim, por sua vez, organizou uma reunião para mostrar a canção a todos os seus amigos: "O meu pai era paulista/ Meu avô, pernambucano/ O meu bisavô, mineiro/ Meu tataravô, baiano/ Meu maestro soberano/ Foi Antonio Brasileiro/ Foi Antonio Brasileiro/ Quem soprou esta toada/ Que cobri de redondilhas/ Pra seguir minha jornada/ E com a vista enevoada/ Ver o inferno e maravilhas". Sobre ela, o maestro declarou: "Estou encantado, maravilhado, inebriado, profundamente emocionado. É como aquele livro que o pai do Chico escreveu, *Visões do Paraíso*. Estou me sentindo assim. Essa música não é uma homenagem só a mim, mas a toda essa gente citada, toda a nossa música. É realmente para todos".

Mas entre a faixa-título e "A Foto da Capa" ainda havia outras pedras preciosas em *Paratodos*. No time das inéditas, destacavam-se "Biscate" (um dueto com Gal Costa que lembra os números do velho teatro de revista), "De Volta ao Samba" e "Futuros Amantes", a única canção que jamais faltou em qualquer show de Chico Buarque desde o seu lançamento. Todas elas foram compostas em três meses, logo após a temporada de shows na Europa. Outro destaque do álbum, apesar de não ser inédita, é "Piano na Mangueira", que teve o Maestro Soberano como parceiro de Chico tanto na composição quanto na gravação. O álbum foi elogiado pela crítica. Antônio Carlos Miguel, em *O Globo*, resumiu: "Depois dos irregulares *Francisco* e *Chico Buarque*, volta a fazer um álbum bom do princípio ao fim".

Mas, pelo menos para Chico, a parte mais sacrificante ainda ia acontecer: a turnê de divulgação. "Eu não sou um artista no palco. As pessoas vão me ver, e eu me sinto exposto como eu mesmo", afirmou. A estreia nacional estava marcada para o Canecão em uma temporada de cinco semanas, entre os dias 6 de janeiro e 6 de fevereiro. A ideia inicial era um roteiro de 24 canções, todas as do novo álbum, além de 12 antigas, a maior parte coisas não muito conhecidas do grande público. "São canções que normalmente ficaram, quase todas, meio esquecidas. São canções que eu gosto particularmente de cantar, mas que não são sucessos. Não é um show que satisfaça o desejo de cada um. É um show que satisfaz mais o meu próprio desejo", dissertou em uma improvisada coletiva em março de 1994, antes de iniciar a temporada em São Paulo.

Chico pediu para que a direção do Canecão retirasse as mesas próximas à cabine de som e que, em seu lugar, levantasse arquibancadas a preços populares. Mesmo com a capacidade aumentada, os ingressos para a estreia esgotaram em menos de duas horas. Não era para menos. Seria o primeiro show de Chico na cidade em seis anos. Ele convocou uma banda da pesada, formada por Luiz Cláudio Ramos (violão, guitarra e direção musical), João Rebouças (piano e teclado), Jorge Helder (contrabaixo), Wilson das Neves (bateria), Chico Batera (percussão) e Marcelo Bernardes (sopros). Helder era o caçula do grupo e, até hoje, o seu show predileto de Chico é exatamente esse. "Foi a minha primeira experiência com ele. Tocar no Canecão, o Chico cantando 'Paratodos' e o povo enlouquecido, muita gente chorando... Eu pensava: 'meu Deus, estou no paraíso tocando essas músicas'", disse "o baixo mais disputado do Brasil", na definição de Maria Bethânia. Luiz Cláudio estreava na função – que ocupa até hoje – de diretor musical. "Eu fui me preparando aos poucos, eu já trabalhava as harmonias em algumas músicas desde o show com a Bethânia, em 1975. Comecei a fazer os arranjos de base, as harmonias, escrevi para orquestra, e a partir de *Paratodos* virei o diretor musical", relembrou.

Chico também acatou a sugestão de Marieta Severo e pediu a ajuda de Ney Matogrosso para elaborar a iluminação. Acontece que ele acabou se transformando também em uma espécie de diretor informal do espetáculo. Ao contrário de sua experiência com o RPM, dessa vez ele não teria muito trabalho. "Eu dava umas ideias de posicionamento e de questões do palco. Mas eu fui ali para fazer a luz, o resto era papo informal que a gente tinha. Na minha cabeça, eu era apenas o iluminador", rememorou Ney. No entanto, uma de suas ideias não foi aprovada por Chico. Ele sugeriu que, antes de cada apresentação, o compositor pingasse colírio em seus olhos. "Isso vai fazer sair faísca dos seus olhos azuis", imaginou. Chico preferiu pular a dica.

"O Chico fica absolutamente parado no palco", disse Ney em uma entrevista poucos dias antes da estreia. O compositor respondeu de forma humorada: "Há cantores imexíveis, como Jorge Ben Jor – é o público que se esbalda – e há os mexilhões, como a Daniela Mercury. Eu sou do time dos imexíveis. Até porque não posso suar tanto a camisa no palco. Tenho que me poupar para o futebol". A solução de Ney foi montar luzes delicadas no fundo da cena e botar o foco no cantor. "O espetáculo é o Chico. A luz só vai emoldurar." Ele concordou. "É a música que deve mexer, não eu." O *Jornal do Brasil* deu uma prévia dos ensaios: "Um Chico tímido e com a expressão de uma pedra".

"Pensou que eu não vinha mais, pensou/ Cansou de esperar por mim/ Acenda o refletor/ Apure o tamborim/ Aqui é o meu lugar/ Eu vim." Esses foram os primeiros versos que Chico Buarque, vestido de azul da cabeça aos pés, cantou às 22h do dia 6 de janeiro de 1994, pouco depois de ter comido uma pizza e arriscado algumas embaixadinhas no camarim para relaxar. Não poderiam ter sido melhor escolhidos, afinal, os seus fãs esperavam havia anos por aquele momento. Enfim de volta ao samba. Fãs como Nana Caymmi faziam piada com a mania do compositor de ficar tanto tempo afastado dos shows. "Que bom que ele voltou ao palco. Deve estar querendo comprar uma ilha, trocar de carro, comprar coisas. Porque ele gosta mesmo é de jogar bola e escrever. Para fazer uma temporada, só pode ser por dinheiro", gracejou a cantora.

Chico, que pouco fala durante suas apresentações, mandava o recado nas letras das canções, e a segunda do roteiro mais parecia uma resposta para a piada de Nana.

"Vai trabalhar, vagabundo/ Vai trabalhar, criatura/ Deus permite a todo mundo/ Uma loucura." A plateia entendeu o recado acompanhando a letra e rindo ao mesmo tempo. O Canecão, aliás, reunia Betinho, Frei Betto, João Ubaldo Ribeiro ("Acho que é a terceira vez que venho ao Canecão", disse), João do Valle, Oscar Niemeyer, Fernanda Montenegro, Rubem Fonseca ("Gostei de tudo, não sou muito de sair de casa") e Dorival Caymmi. O roteiro do show, segundo Chico, foi pensado de uma forma despojada. Ele seria dividido em três blocos: o primeiro e o último com seis músicas cada, e Chico em pé. No meio, um bloco mais intimista com o cantor sentado empunhando o seu violão. "Não é muito racional, mas há uma ideia temática e também musical. As músicas foram se encaixando conforme um sutil roteiro", explicou.

Após abrir o show anunciando o seu retorno às composições, ele continuou passeando pelo universo da malandragem carioca em canções como "Samba e Amor" e "Biscate". Adiante, cantou amores desfeitos nas novas "Choro Bandido" e "Romance" e nas antigas "Eu Te Amo" e "Valsa Brasileira". Para saciar os velhos fãs, entoou sambas do início da carreira, como "Ela Desatinou" e "Quem Te Viu, Quem Te Vê" (nesta, o público obedeceu ao verso "Bate palmas com vontade, faz de conta que é turista", e aplaudiu efusivamente), para, mais adiante, cantar sobre o processo de criação em "Tempo e Artista" e apresentar o vindouro clássico "Futuros Amantes".

No final do espetáculo, Chico lembrou os desvalidos em "Pivete" e "Brejo da Cruz" antes de encerrar com "A Foto da Capa" e "Paratodos". Em seguida, voltou três vezes para o bis, quando repetiu "Quem Te Viu, Quem Te Vê" e ainda cantou "Vai Passar" e "João e Maria", esta última com direito a uma "ola" dos fãs. Depois se deu ao direito de bebericar uma taça do vinho Valpolicella Bolla em cima do palco. Milton Nascimento, Francis Hime, Edu Lobo, João Bosco, Erasmo Carlos, Paulinho da Viola e Ivan Lins viram tudo emocionados. Indagado sobre as ausências de Caetano e Gil, Chico respondeu com bom humor: "Chateado? De jeito nenhum. Só vim porque o show é meu. Odeio estreia".

Os dois cenários foram concebidos por Gringo Cardia. O primeiro, em tons terrosos, tinha a sua composição alterada durante o show; o segundo era uma ampliação da capa do disco. O público, por sua vez, pouco se importava se Chico se mexia ou não no palco. "Eu toco violão em todas as músicas e não dá para mostrar os meus dotes de bailarino. No meu último show, eu sambei com Mestre Marçal, mas depois fui interditado pela Associação Brasileira dos Coreógrafos", desculpou-se. A estreia foi elogiada pela crítica. José Miguel Wisnik, no *Estadão*, publicou: "*Paratodos* é antídoto contra estorvos absurdos". No mesmo jornal, o crítico Mauro Dias cravou: "O melhor show que fez na vida, e o melhor – pelo menos de música popular brasileira – que a plateia carioca assiste em muitos e muitos anos. Se existe encantamento, foi o que houve". Tárik de Souza, no *Jornal do Brasil*, meteu o futebol, paixão de Chico, no meio de sua resenha: "Como o mestre Didi, Chico Buarque mostra na estreia que quem corre é a bola. O show *Paratodos* transformou o título num pleonasmo digno de Maracanã lotado. Como craque que levanta a multidão com um futebol de refinamento e estilo". Já Chico foi mais comedido em sua autoanálise: "Errei algumas músicas no início. Mas prometo melhorar".

A temporada tinha que continuar, mas não sem algum contratempo. No dia seguinte à estreia, um gato preto invadiu o palco do Canecão. No mesmo fim de semana, o violonista Luiz Cláudio Ramos torceu o pulso esquerdo jogando futebol no time do patrão, o Politheama. Resultado: desfalcou a banda em algumas apresentações. "Outro dia, um gato preto passou por aqui. Alguém gritou: Que gato! E eu pensava que era comigo. Agora acredito um pouco mais em superstição. No dia seguinte a essa invasão, o Luiz quebrou o braço...", brincou Chico. Mas nada que abalasse a sua animação. No domingo, voltou ao palco sete vezes para o bis. O sucesso dos shows continuava, e a fila para compra de ingressos chegava a durar seis horas. Dizia-se que agora o show era "para poucos". Tanto que, na última semana da temporada, o artista se viu obrigado a agendar mais duas apresentações, uma na quarta-feira e outra na tarde de domingo, dia 6 de fevereiro.

E quem esteve no Canecão nesse último dia teve o privilégio de ver Gal Costa se levantando de seu assento na primeira fila para uma canja em duas músicas: "Biscate" e, já no bis, "Samba do Grande Amor", com direito a troca de selinhos. Aliás, a aposta do momento era descobrir quantos bis Chico daria. "No começo da temporada, ele dava uns quatro. Subiu para sete e agora só Deus sabe a que horas os dois mil espectadores vão permitir que o compositor deixe o palco definitivamente", noticiou o *JB*.

Na segunda apresentação de domingo, a última no Canecão, Chico voltou nada menos do que dez vezes, o recorde da temporada. Teve até invasão de palco: duas meninas rebolaram e beijaram Chico durante "Não Existe Pecado ao Sul do Equador" e "O que Será". "Eu gosto mais do bis do que do show porque eu já estou descomprometido, é uma confraternização com a plateia, já não é mais um recital", explicou. A derradeira apresentação foi dedicada a Ney Matogrosso, e os elogios continuaram no camarim, em meio a taças de champanhe. "O Ney está demais. Ele é quase um diretor sem assinar a direção", exaltava Chico.

Foram 22 apresentações para 46.200 pessoas no Canecão. Mas o número mais importante da temporada é 149. Foi esse o número de vezes que Chico voltou para o bis nas cinco semanas de temporada. Número digno de um artista brasileiro.

EM MEADOS DOS ANOS 1990, A WARNER DESEJAVA GRAVAR UM ÁLBUM AO VIVO DE GILBERTO GIL NUM FORMATO MAIS INTIMISTA. NO MESMO MOMENTO, A MTV BRASIL PROCURAVA ARTISTAS PARA O SEU PROJETO ACÚSTICO. O CASAMENTO NÃO PODERIA SER MAIS PERFEITO. UNPLUGGED MTV, ALÉM DE SER UM DOS DISCOS MAIS CELEBRADOS DO BAIANO, RENOVOU O SEU PÚBLICO.

"**M**e perguntaram se finalmente estava na hora de fazer um acústico. Mas, gente, eu nasci acústico!" A brincadeira que Gilberto Gil fez durante a gravação de seu *Unplugged* MTV é a chave de leitura de todo o projeto que envolveu o baiano em um dos produtos mais bem-sucedidos da emissora de televisão que ditava as tendências musicais por aqui na década de 1990. Discípulo de João Gilberto, Dorival Caymmi e Luiz Gonzaga, Gilberto Gil de fato nasceu acústico. Mas não esqueçamos de algumas de suas outras influências: Jimi Hendrix, Beatles, Bob Marley. Se Gil nasceu acústico, no decorrer de sua carreira incorporou a guitarra elétrica e, em 1968, no auge da Tropicália, era mais roqueiro do que muita gente que se dizia adepta do gênero.

E foram exatamente os roqueiros que mais faturaram com o projeto *Unplugged*, idealizado pela MTV dos Estados Unidos em 1989. O mais falado é o de Eric Clapton, o gênio da guitarra que, em 1992, transformou uma sessão acústica com violões gravada em um estúdio em Windsor, Inglaterra, em seu álbum mais vendido. Tendo a bordo "Tears in Heaven", escrita em homenagem a seu filho morto, o CD foi parar na casa de 26 milhões de pessoas ao redor do mundo e é tido como o álbum ao vivo mais vendido da história do rock. O projeto ainda lhe daria três estatuetas do Grammy Awards e, mais importante, lhe traria uma infinidade de novos fãs.

Além de Clapton, um batalhão de artistas trocou a guitarra pelo violão para gravar o seu *Unplugged*. Paul McCartney, Rod Stewart, Neil Young, Pearl Jam, R.E.M., The

Cure, Nirvana, apenas para citar alguns. E quando a MTV chegou ao Brasil, em outubro de 1990, não perdeu tempo. Ainda no mesmo ano, foi realizada a gravação de um piloto com Marcelo Nova. Depois vieram Barão Vermelho, Legião Urbana, o inglês Seal e João Bosco em edições quase experimentais – apenas a de Bosco, gravada em 1992, virou CD na época. O modelo era igual ao norte-americano, e a filial brasileira tinha que seguir os manuais da matriz, que exigiam cenário intimista e plateia próxima ao palco.

"O *Acústico MTV* talvez seja o formato de programa de TV musical mais bem pensado, bem-sucedido e bem resolvido da história do nosso canal. Era, ao mesmo tempo, um programa e um produto: o negócio era vantajoso para todas as partes. As gravadoras, em parceria com a MTV, ganhavam com a venda de CDs e DVDs. Os artistas se promoviam e, naturalmente, davam mais visibilidade à MTV", escreveu Zico Goes, um dos diretores da emissora, no livro *MTV, Bota Essa P#@% pra Funcionar*. Gilberto Gil acreditava no projeto, tanto que em entrevista à revista *Bizz* disse: "Talvez a grande importância dessa minha participação na série *Unplugged* seja a abertura que ela dará para outros brasileiros".

Ele estava certo. Em meados dos anos 1990, gravar um *Acústico MTV* tornou-se a tábua de salvação para muita banda que andava meio esquecida, como os Titãs e o Capital Inicial. Havia fila de artistas querendo fazer o programa, que contou com 32 episódios na era de ouro da MTV brasileira. Mas, quando Gil foi chamado para gravar o seu *Acústico*, as coisas eram bem diferentes. De toda forma, ele imaginava que o projeto pudesse dar um novo impulso à sua carreira por conta do CD e do home video que seriam lançados após a exibição na televisão.

Um disco do compositor nesse formato já estava nos planos da gravadora. O presidente da filial brasileira da Warner, Beto Boaventura, assistiu a uma apresentação do compositor no Ballroom, em Nova York, em 1993, e imaginou que aquilo poderia render um álbum. Tratava-se de um show solo com participações pontuais dos saxofonistas Raul Mascarenhas e Zé Luis. "O Beto chegou a querer lançar em disco as gravações que eu tinha feito desse show. Mas não concordei pela qualidade final da gravação", explicou Gil ao jornal *Tribuna da Imprensa*.

Na mesma época, a MTV procurou a gravadora e os interesses confluíram – o custo foi dividido entre a Warner e a emissora. Gil imaginou, acertadamente, que o programa renovaria o seu público, já que a faixa etária da garotada que prestigiava a MTV girava entre os 15 e 25 anos. O artista também reparou que, no início da década de 1990, o som de um modo geral andava muito padronizado, com o uso de computadores e sintetizadores e, seguindo a sua intuição, um retorno ao acústico faria a diferença. "Minha geração é ligada ao banquinho e violão. Achei que ficaria adequado gravar o *Unplugged* agora, quando artistas de rock estão fazendo o mesmo com êxito", disse ao *Globo*.

Para adaptar 24 músicas de seu repertório ao formato, Gilberto Gil teve que ensaiar muito. Primeiro sozinho, em casa, revendo os arranjos e definindo o setlist. Depois, durante 15 dias ao lado de uma superbanda composta por Arthur Maia (baixo), Celso Fonseca (violão), Jorge Gomes (bateria e bandolim), Marcos Suzano (percussão) e Lucas Santtana (flauta) – todos faziam parte da turnê anterior, com exceção de Lucas. "A gente trabalhou intensivamente no estúdio. Pela primeira vez, eu ensaiei rigorosamente para produzir os timbrados e as sonoridades", disse Gil ao produtor e pesquisador musical Marcelo Fróes.

A ideia era percorrer toda a sua carreira, de "Beira-Mar" (uma parceria com Caetano Veloso feita para o seu primeiro álbum, *Louvação*, de 1967) à faixa-título de *Parabolicamará*, seu último trabalho de estúdio, lançado em 1991, além de algumas homenagens. Sobre a escolha das canções, Gil adotou um critério afetivo misturado à importância de determinadas músicas em sua carreira. Ele também selecionou algumas canções, como "Realce", que representariam um desafio maior na hora da transposição dos arranjos. Para tudo isso, ele fez uso de dois violões, um acústico (de nylon) e um Ovation com cordas de aço. "O show é muito confortável, orgânico, impregnado. Entramos no cerne das canções e fazemos passeios interessantes pelas suas harmonias", explicou o artista ao *Jornal do Brasil*.

A gravação aconteceu no dia 18 de janeiro de 1994 no estúdio da produtora Frame, em São Paulo. A VJ Astrid Fontenelle abriu os trabalhos passando algumas instruções para a plateia de 145 pessoas, que tinham que dividir o espaço mínimo e abafado com as sofisticadas gruas e câmeras manuais sobre trilhos na gravação. Astrid pediu, acima de tudo, silêncio durante a gravação. Só valia mesmo aplaudir. Às 20h30, Gilberto Gil, todo de vermelho, e sua banda subiram ao palco para mandar "Você e Você", composição que ele havia feito para Gal Costa gravar no álbum *O Sorriso do Gato de Alice* (1993), e até então inédita em sua voz. Seguiu com "A Novidade", outra que nunca tinha gravado. O sucesso registrado pelos Paralamas do Sucesso (em coautoria com o baiano) em 1986, na levada do reggae, ganhou uma versão desplugada puxada para o xote. O vocalise da introdução, que acabou por se transformar em marca registrada da canção – até os Paralamas passaram a imitar – surgiu de forma espontânea durante um show no Canecão, poucos anos antes, e ele achou por bem repetir no *Acústico*.

A apresentação seguiu com "Tenho Sede", de Dominguinhos e Anastácia, que Gil havia gravado em *Refazenda* (1975). O baiano considera os primeiros versos da letra

("Traga-me um copo d'água, tenho sede/ E essa sede pode me matar/ Minha garganta pede um pouco d'água/ E os meus olhos pedem teu olhar") alguns dos mais bonitos da música popular brasileira. Foi nesse momento que ele brincou com o formato do programa. "Eu já nasci acústico, minha geração inteira é acústica, são essas subinvenções que eles fazem com a gente." "Refazenda" e "Realce" vieram em seguida. E foi nesta última que o público viu que Gil não estava pra brincadeira. O rock com pitada de disco music se transformou numa salsa e, por sugestão de Celso Fonseca, ganhou em seu refrão uma frase da música "Day Tripper", dos Beatles, embalada no guitarrón mexicano de Arthur Maia. Já "Esotérico" ficou especialmente bonita no toque da moringa com vassourinha de Marcos Suzano, o que deu à canção um clima ainda mais místico. A música, composta para o repertório dos Doces Bárbaros, foi gravada por Gil no álbum *Um Banda Um* (1982). No palco do estúdio Frame, ela ganhou mais uma bela versão.

Após "Drão", foi a vez de "Beira-Mar", música de Gil que ganhou letra de Caetano Veloso. "Aquelas coisas extraordinárias que ele escreve, mas a música saiu bonita também", brincou modestamente. Continuando a homenagem, emendou com "Sampa" (que ele também nunca havia gravado) e "Chiquinho Azevedo", uma composição de 20 anos atrás, dada como perdida. Antes de cantá-la, Gil explicou do que se tratava. A letra foi composta para contar um fato acontecido na praia de Boa Viagem, em Recife. Durante a turnê dos Doces Bárbaros (1976), Chiquinho era o baterista da banda, e os dois foram presos juntos após serem enquadrados por posse de maconha em Florianópolis. Um ano antes, na temporada de *Refazenda*, Chiquinho teve a atitude heroica de salvar um menino que se afogava em uma praia do Recife, mas o médico só aceitou atendê-lo mediante dinheiro. A letra diz: "Muita gente me pergunta/ Se essa estória aconteceu/ Aconteceu minha gente/ Quem está contando sou eu/ Aconteceu e acontece/ Todo dia por aí/ Aconteceu e acontece/ Que esse mundo é mesmo assim". Foi um dos momentos mais emocionantes da gravação e da turnê que se seguiu.

Além de Caetano, Gil homenageou Stevie Wonder cantando "The Secret Life of Plants", transformando a balada pop em praticamente um samba-canção. "Figura de Retórica" foi outra surpresa do setlist. Gil nunca a havia apresentado ao vivo, e a composição da época do exílio em Londres, que fala sobre personagens que habitaram alguns carnavais da Bahia, transformou-se no que o baiano chamou de "marchinha de Carnaval caetaneada". Já "Expresso 2222" virou um baião eletrizante repleto de solos de pandeiro e triângulo, e "Palco", a "música-talismã" de Gil, também ganhou melodia diferente, com um toque de jazz. No palco, ele explicou que andava assistindo muito a um vídeo da cantora Sarah Vaughan. "Aí resolvi imitar, mas é de brincadeira", disse entre gargalhadas da plateia. O show terminou com "Toda Menina Baiana". O afoxé eletrônico precursor da axé music ganhou o toque acústico calcado na percussão de Suzano.

Gil iniciou o bis com "Se Eu Quiser Falar com Deus", acompanhado apenas de seu violão. Em seguida veio "Domingo no Parque". A introdução de um dos hinos da Tropicália perdeu o berimbau, mas ganhou o violão de Gil fazendo as suas vezes. Ficou bonito do mesmo jeito. "Super-Homem, a Canção" abriu caminho para "Sítio do Pica-Pau Amarelo", uma sugestão do flautista Lucas Santtana, que cresceu assistindo ao programa infantil da Rede Globo.

Até então, tinham se passado 90 minutos de apresentação. Se não fosse a gravação de um programa de televisão, todo mundo já estaria indo para casa feliz e satisfeito. Mas tudo ainda estava (bem) longe de acabar. Por conta de problemas técnicos ou erros dos músicos, algumas canções teriam que ser repetidas. Após 25 músicas, Gil ainda teria que refazer oito delas, algumas mais de uma vez. Quando informado, lamentou do seu jeito: "Puxa, mas eu gostei tanto de 'Tempo Rei' e 'Realce'…". Após a repetição desta última, o baixista Arthur Maia disse que a primeira versão tinha sido "mais caliente" e aproveitou para pedir um repeteco de "Palco". "Fui eu quem errei, professor", assumiu.

Aí foi a vez da MTV pedir para bisar "Esotérico". "É por causa da programação de luz", argumentou um produtor. "Mas que inflexibilidade, que rigidez! E ainda dizem que os computadores que são inteligentes", ironizou Gil, que teve de cantá-la mais duas vezes antes de retornar a "A Linha e o Linho". Ele também refez "Expresso 2222", dessa vez após os pedidos de uma participação mais animada por parte da plateia. Quando a direção da emissora pediu para repetir "Sítio do Pica-Pau Amarelo", o baiano quase perdeu a paciência. "Ah, mas assim vocês querem procurar cabelo em ovo…". Talvez por birra, Gil iniciou a canção em uma versão meio punk. "É a Emília transviada, a Emília apaixonada por James Dean…" Enquanto os técnicos faziam alguns preparativos para retomar a gravação, ele improvisou ao violão "Mãe Solteira", samba de Wilson Batista que conta a história de uma cabrocha do morro que tacou fogo nas próprias vestes quando o namorado a abandonou. "Imaginem, tem gente que diz que essa música é de mau gosto", provocou. Tudo acabou com a repetição de "A Paz", parceria com João Donato, gravada por Zizi Possi, mas nunca por Gil. "Adorei estar aqui com vocês, foi ótimo", despediu-se após nada menos do que três horas e meia de gravação.

Dois meses depois, a MTV Brasil levou o programa ao ar. Cinco dias após a exibição, o CD chegou às lojas. Ninguém ficou surpreso com a qualidade do material. "Num álbum sem inéditas, Gil consegue a proeza de reapresentar sua obra com frescor inusitado", assinalou Mauro Ferreira no jornal O Globo antes de finalizar: "Gil estava mesmo precisando de um 'banquinho' como esse da MTV para revigorar sua obra". O álbum gerou uma turnê que estreou na Sala Cecília Meirelles, no Rio de Janeiro, e durou um ano e meio, atingindo quase todo o planeta, incluindo países como Chile e Uruguai, onde o artista nunca havia se apresentado.

A partir do programa de Gil, a série *Acústico MTV* ganhou prestígio suficiente para ter o artista que bem quisesse em cima de seu palco. Até mesmo Roberto Carlos, contratado exclusivo da Rede Globo, sentou no banquinho da emissora paulista. O programa também ressuscitou carreiras e se transformou na galinha dos ovos de ouro da indústria fonográfica do país. Enquanto isso, Gil continuou por aí, compondo as suas maravilhas e gravando álbuns memoráveis em homenagem a João Gilberto, Bob Marley e Luiz Gonzaga.

Isso porque Gilberto Gil não apenas nasceu acústico. Nasceu universal. Tal como as suas canções.

PARA COMEMORAR OS SEUS 80 ANOS, DORIVAL CAYMMI CONVOCOU OS FILHOS NANA, DORI E DANILO PARA UM ESPETÁCULO COM DIREITO A GRANDE ORQUESTRA NA PROGRAMAÇÃO DE INAUGURAÇÃO DO METROPOLITAN. "ESSA É A FAMÍLIA CAYMMI NA INTIMIDADE", BRINCOU O PATRIARCA EM UMA DAS MAIORES CELEBRAÇÕES DA MÚSICA BRASILEIRA.

"Prefiro ser preguiçoso, um lento, tal qual são as lesmas, os caracóis." Essa curta declaração de Dorival Caymmi para o songbook idealizado por Almir Chediak diz muito sobre a sua trajetória. Se ele diz que é preguiçoso, quem seria louco de desmenti-lo? O mais importante, contudo, é que dessa suposta preguiça – "posso levar 11 anos compondo uma canção", dizia – nasceram algumas das mais lindas pérolas da história de nossa música. Além de três filhos extremamente talentosos.

Mesmo "preguiçoso", Dorival fez de tudo um pouco. Cantor, compositor, instrumentista e poeta, isso todos nós já estamos cansados de saber. Conforme cantou Gilberto Gil, "Foi Dorival Caymmi que nos deu/ A noção da canção como Liceu/ A cada cem anos um verdadeiro mestre aparece entre nós/ E entre nós alguns que o seguirão/ Ampliando-lhe a voz e o violão". Mas Dorival também era pintor, ator, aprendiz de jornalista e até mesmo vendedor. De toda essa mistura, ensinou como ninguém os hábitos, os costumes e as tradições do povo baiano por meio de um estilo todo pessoal de compor e de cantar. Ninguém nunca o imitou – quem conseguiria? Até mesmo porque, como cantou Gil em outra canção, "Dorival é um buda nagô/ Filho da casa real da inspiração/ Como príncipe principiou/ A nova idade da canção".

Sem ainda saber que iniciaria a nova idade da canção, Dorival ainda menino cantava em coro de igreja. Aos 13 anos, se arriscou na redação de um jornal em Salvador. Quando perdeu o emprego, foi à luta vendendo barbantes e bebidas. Na nova profissão foi um desastre, mas em 1930 escreveu sua primeira canção, "O Sertão". Pouco depois, estreou como violonista em programas da Rádio Clube da Bahia. E logo sacou que a cidade de Salvador era pequena demais para ele. No dia 1º de abril de 1938, prestes a completar 24 anos, embarcou num ita para tentar a sorte no Rio de Janeiro.

Dorival Caymmi chegou a trabalhar numa agência de anúncios de um jornal e a iniciar os estudos para o curso preparatório de Direito, mas aí veio um bocadinho de sorte. Ele tinha o costume de cantar para os seus companheiros na pensão onde morava. O compositor Lamartine Babo ficou sabendo disso e o convidou para o seu programa na Rádio Nacional, o *Clube dos Fantasmas*, que tinha esse nome porque era transmitido à meia-noite. Mesmo em horário tão inapropriado, o nome de Dorival começou a circular.

O baiano morava no Rio de Janeiro há menos de um ano quando a sorte bateu-lhe à porta mais uma vez. O diretor Ruy Costa filmava *Banana da Terra* (1939), estrelado por Carmen Miranda, que contaria com a canção "Na Baixa do Sapateiro", de Ary Barroso. Estava tudo combinado verbalmente até que, no dia em que Carmen se fantasiaria de baiana para interpretar a canção, Ary pediu 10 contos de réis. Como não havia dinheiro, o jeito foi improvisar. O radialista Almirante lembrou de um sujeito que cantava "O que é que a Baiana Tem?". E assim a canção foi parar no filme, na voz de Carmen Miranda. "O empresário Lee Schubert viu-a e levou-a para os Estados Unidos", contou Almirante mais de 30 anos depois em sua coluna no jornal *O Dia*. Simples assim, Dorival conheceu o seu primeiro sucesso, e Carmen foi parar nos palcos da Broadway.

Em 1940 Dorival se casou com Stella Maris, e no ano seguinte Nana Caymmi nasceu. Em 1943 veio Dori e, cinco anos depois, Danilo. Nessa época Dorival entrou na sua fase "urbana", quando deixou um pouco de lado as canções praieiras para compor sambas-canções como "Marina", "Nem Eu" e "Só Louco". Mesmo quando a bossa nova chegou, o nome de Caymmi se manteve mais do que relevante, basta ver a quantidade de canções de sua autoria gravadas por João Gilberto. Em 1964, a bordo da obra-prima "Das Rosas", gravada pelo cantor norte-americano Andy Williams, Dorival foi parar em Los Angeles para gravar um disco. Quando o baiano completou 70 anos, em 1984, Carlos Drummond de Andrade escreveu o seguinte: "Que são 70 anos diante da melodia que não conta tempo, não envelhece, enquanto as modas de cantar se sucedem e quase nada mais de música existe mais do que uma estação?".

"É tão tarde, a manhã já vem/ Todos dormem, a noite também/ Só eu velo por você, meu bem/ Dorme, anjo, o boi pega neném." Era com esses versos, da canção "Acalanto", que Dorival colocava a sua filha recém-nascida para dormir em 1941. Dezenove anos depois, Nana estreou em disco cantando exatamente essa letra em dueto com o pai. Surgia assim uma das intérpretes mais sofisticadas da MPB. Quem escutava o timbre de sua voz já sabia de quem Nana era filha. E o bom gosto do repertório nem é preciso comentar.

A cantora assinou contrato com a TV Tupi e em seguida passou a fazer shows acompanhada pelo irmão Dori. Em 1963, gravou o seu primeiro álbum, *Nana*, que saiu pela gravadora Elenco. No ano seguinte, pelo mesmo selo, participou do LP *Caymmi Visita Tom e Leva Seus Filhos Nana, Dori e Danilo*. Três anos depois, venceu o *I Festival Internacional da Canção* interpretando "Saveiros", composição do irmão Dori e de Nelson Motta. Ainda cantou boleros e sambas-canções como poucos, fazendo sucesso em países da América Latina. Depois disso, gravou outros álbuns de altíssimo nível (incluindo o emblemático *Voz e Suor*, de 1983, em dupla com César Camargo Mariano) até que, em 1993, estourou com *Bolero*, uma coleção de 14 canções que contribuiu para a aceitação do gênero, outrora considerado cafona no Brasil.

O irmão do meio, Dori, fez a sua estreia profissional acompanhando Nana no violão. Além do pai, a sua principal influência foi a bossa nova. Mas antes de João Gilberto surgir, aos 8 anos de idade, ele iniciou seus estudos de piano. Em 1960 já era diretor musical do show *Opinião* e aos 22 anos compôs "Saveiros". Também trabalhou na produção de álbuns de gente como Edu Lobo, Eumir Deodato e Gal Costa. O seu primeiro disco solo, homônimo, saiu em 1972, e durante os anos 1970 e 1980 escreveu trilhas sonoras para cinema e televisão, além de assumir a direção musical do programa infantil *Sítio do Pica-Pau Amarelo*. Em 1989, após trabalhar com Sergio Mendes, mudou-se para Los Angeles, onde residiu por mais de 20 anos.

Já Danilo, o caçula, por pouco não foi arquiteto. Quando estava no último período da faculdade na Universidade Federal do Rio de Janeiro, a sua canção "Andança" (em parceria com Edmundo Souto e Paulinho Tapajós) ficou em terceiro lugar no *III Festival Internacional da Canção* de 1968. Apesar de ter perdido para "Sabiá" (de Tom e Chico) e "Pra Não Dizer que Não Falei das Flores" (Geraldo Vandré), "Andança" tornou--se sucesso na voz da cantora Beth Carvalho e dos Golden Boys. Danilo, que já havia participado do álbum *Caymmi Visita Tom* (1964), em 1973 se apresentou com Edu Lobo e participou da gravação do álbum *Matança do Porco*, do grupo Som Imaginário. Dez anos depois, fez a sua estreia na Banda Nova, de Tom Jobim, onde cantou e tocou flauta até a morte do maestro em 1994.

Já está bem claro que Nana, Dori e Danilo não carregam apenas o sobrenome Caymmi. Herdaram também a voz, a musicalidade, a delicadeza e, sobretudo, o talento do pai. Por isso, quando as agendas coincidiam, os quatro faziam questão de se apresentar juntos no palco – muito antes desse tipo de show familiar se tornar moda na música brasileira. Em 1987 fizeram uma temporada no Scala, no Rio de Janeiro, que virou disco ao vivo. Quatro anos depois, uma apresentação no festival de Montreux também foi registrada. Em fevereiro de 1993, a família se reuniu para shows em Portugal. Mas de todos os encontros, nenhum se compara ao que aconteceu no palco da então recém-inaugurada casa de shows Metropolitan, no Rio de Janeiro, em setembro de 1994.

O empresário e rei da noite carioca Ricardo Amaral, já conhecido pelos restaurantes e danceterias Gattopardo, Banana Café e Hippopotamus, chegou forte na concorrência com o Canecão e colocou de pé no Via Parque Shopping, na Barra da Tijuca, a "maior casa de shows da América Latina", com capacidade para 12 mil pessoas em pé ou cinco mil sentadas, além de dois andares de camarotes. O palco, idealizado por Mário Monteiro, contava com uma boca de cena de 40 metros, a iluminação era de Peter Gasper, e a acústica foi projetada por Sólon do Valle com milhares de tijolos que faziam parte da decoração. O investimento total chegou à ordem dos 15 milhões de reais. Instaurou-se um clima de Las Vegas na Barra da Tijuca, e, mesmo depois do shopping fechar, populares de todos os cantos da cidade postavam-se na entrada apenas para ver os famosos que chegavam para os shows, como uma espécie de programa turístico.

A programação de inauguração do Metropolitan era de cair o queixo. Na abertura da casa, nos dias 2 de 3 de setembro de 1994, Diana Ross. Depois, vieram UB40 junto com os Paralamas do Sucesso e a lendária banda de rock progressivo Yes. Elba Ramalho faria a primeira temporada de uma artista brasileira na casa. Shows de Caetano Veloso e Gilberto Gil (o antológico *Tropicália Duo*) e da Legião Urbana também constavam no cardápio. E, entre eles, Nana, Dori e Danilo comemorariam o aniversário do pai com todos juntos em cima do palco. Um luxo.

Dorival havia completado 80 anos no dia 30 de abril. A comemoração com filhos (Dori, vivendo em Los Angeles, estava ausente) e amigos aconteceu no seu apartamento, em Copacabana. À noite, foi oferecido um coquetel na boate People. O jornal *O Globo* publicou uma longa matéria sobre Dorival, que se mostrou antenado ao que estava acontecendo na música brasileira. "O que se faz hoje na Bahia não é bem música brasileira. É apenas um refrão de apelo fácil, a poesia substituída por sons fáceis de repetir. Eu não sinto essa música e me recuso a pronunciar o nome em inglês que a designa", dissertou sobre a febre do axé music. Ele também falou sobre os filhos: "Eu e Stella ensinamos a eles o padrão de cantar bem, afinado, a respiração correta, a pronúncia das palavras. Eles são o troco bom que a vida me dá".

Mas a comemoração mesmo começaria no dia 22 de setembro de 1994, primeiro show de uma temporada de quatro datas no Metropolitan. A ideia de reunir a família à frente de uma grande orquestra de 56 músicos regida por Chiquinho de Moraes foi do produtor e diretor de espetáculos Luiz Carlos Miele. Foi ele também quem bolou o espirituoso nome do show: *Caymmi Passando dos 80*. "Sou uma figura informal, fico ali no palco e faço o papel que me cabe: entro com meus filhos, canto uns ritmos, uns sambas e faço umas brincadeiras", disse o patriarca, modestamente, ao *Jornal do Brasil* sobre a sua participação no espetáculo que seria dividido em quatro blocos, um para cada filho e, no último, com todos juntos. Dorival faria aparições pontuais nos blocos dos rebentos. A aceitação do convite foi uma decisão da família, que sempre curtiu se reunir em shows de ocasiões excepcionais. "O Metropolitan foi irresistível. Era mais do que uma razão profissional, era emotiva, afinal, estávamos festejando 80 anos do Dorival", disse Danilo Caymmi, creditado como idealizador do espetáculo. "Mas acho que nem precisava de direção musical", confessou. Até mesmo porque os ensaios foram muito poucos. "Papai falava que já veio penteado e ensaiado da Bahia", brincou o caçula.

Nos sets individuais, Nana, Dori e Danilo, além de composições do pai, mostrariam canções de suas próprias carreiras. Lógico que Nana cantaria um bolero ou dois; Dori, "roubado" do maestro Quincy Jones, com quem estava trabalhando nos Estados Unidos, mostraria algumas maravilhas que estava compondo; e Danilo botaria a plateia para cantar "por onde for quero ser seu par". No fim, o público poderia se deliciar com todos juntos cantando gemas como "Vestido de Bolero" e "Maracangalha".

Dorival, que ensaiou as músicas em casa, estava animadíssimo. Antes da estreia, no camarim, disse: "Eu me sinto tão à vontade em 1994 como me senti à vontade no dia 24 de junho de 1938 diante de Barros Filho, que me deu a chance de cantar no rádio, de virar Dorival Caymmi e deixar de ser anônimo. É a mesma emoção daquela época. Estou aqui feliz porque estou exercendo a profissão que comecei no Rio de Janeiro como profissional e continuo nela". Dori partilhava da mesma satisfação. "Meu pai merece todas as homenagens, ele é um homem com luz própria que não precisa nem de iluminação no palco para brilhar."

Mesmo sem precisar, o imenso palco do Metropolitan se iluminou para a Orquestra Jazz Sinfônica executar a instrumental "Caymmiana", uma suíte que uniu "João Valentão", "Oração de Mãe Menininha" e "O Mar". Em seguida, Dori entrou em cena para apresentar "Deserto" e "Amazon River", ambas acompanhadas pela orquestra. Dorival fez a sua primeira aparição cantando "Nem Eu" e "Rosa Morena". Logo depois foi a vez de Danilo, que comandou o primeiro coro da noite em "Andança", com um arranjo luxuoso de orquestra. "O Bem e o Mal" também fez parte de seu set, que ainda contou com um dos momentos mais graciosos da noite, quando Dorival cantou "Você Já Foi à Bahia" ao lado do caçula. Depois que Danilo perguntou se o pai já tinha ido à Bahia, ele respondeu "não", para gargalhadas da plateia. Em seguida, cantou, dançou e gingou.

Nana iniciou o seu bloco com "Só Louco" e soltou a voz como nunca em "Dora", acompanhada pela orquestra. Ao lado de Dori, entoou "Velho Piano". Como de costume, ela soltou o verbo. "Esta casa só põe nosso pessoal lá nas mesas dos fundos. Bem que a Elba Ramalho me avisou." Ao lado da filha, o patriarca cantou "Marina" e "Não Tem Solução", acompanhado apenas de violão. No final, a família toda fez uma espécie de roda de samba à baiana. Durante "Saudade da Bahia", Dorival cantou abraçado a Nana entre os outros dois filhos. No final da canção, Danilo deu uma palmada no bumbum do pai, mostrando que aquilo era mesmo uma festa de família. Todos cantaram juntos "Eu Não Tenho Onde Morar", "Vestido de Bolero" e "Maracangalha" – aliás, Maracangalha era o nome de uma chácara de Dorival, localizada nas proximidades da estrada Rio-Petrópolis, bem distante da Bahia –, momento em que Danilo desceu do palco e caminhou entre as mesas da casa de espetáculos. Tudo virou festa, e os músicos da orquestra, ao lado de um animadíssimo Miele, não sabiam mais se tocavam os seus instrumentos ou simplesmente dançavam.

A festa terminou com "Suíte de Pescadores", durante a qual o coro da plateia disputou com um elaborado arranjo de orquestra. O arranjo vocal dos quatro também foi de cair o queixo. A plateia aplaudiu de pé. "Essa é a família Caymmi na intimidade", brincou Dorival. "A grande razão está aqui", disse antes de beijar Stella Maris. "A primeira bisneta está aqui, a segunda bisneta…", continuou apresentando todo mundo que estava no palco, e não eram mais só os três filhos. A futura cantora Alice Caymmi, filha de Danilo, então com 4 anos de idade, pisou num palco pela primeira vez.

E quem achava que tudo tinha acabado se enganou, porque a orquestra começou a tocar "Oração de Mãe Menininha", e Nana passou o seu microfone para a mãe, Stella Maris. As atrizes Fernanda Montenegro e Vera Holtz, na primeira fila, não seguraram a emoção, ainda mais quando a orquestra tocou "João Valentão", um bolo com a inscrição "80 anos" entrou no palco, e Dorival começou a sambar. Que bom que a música brasileira já proporcionou momentos assim.

Como disse o poeta, a melodia de Caymmi não conta tempo e não envelhece. É uma música que dura todas as estações. Pelo menos enquanto o planeta Terra existir.

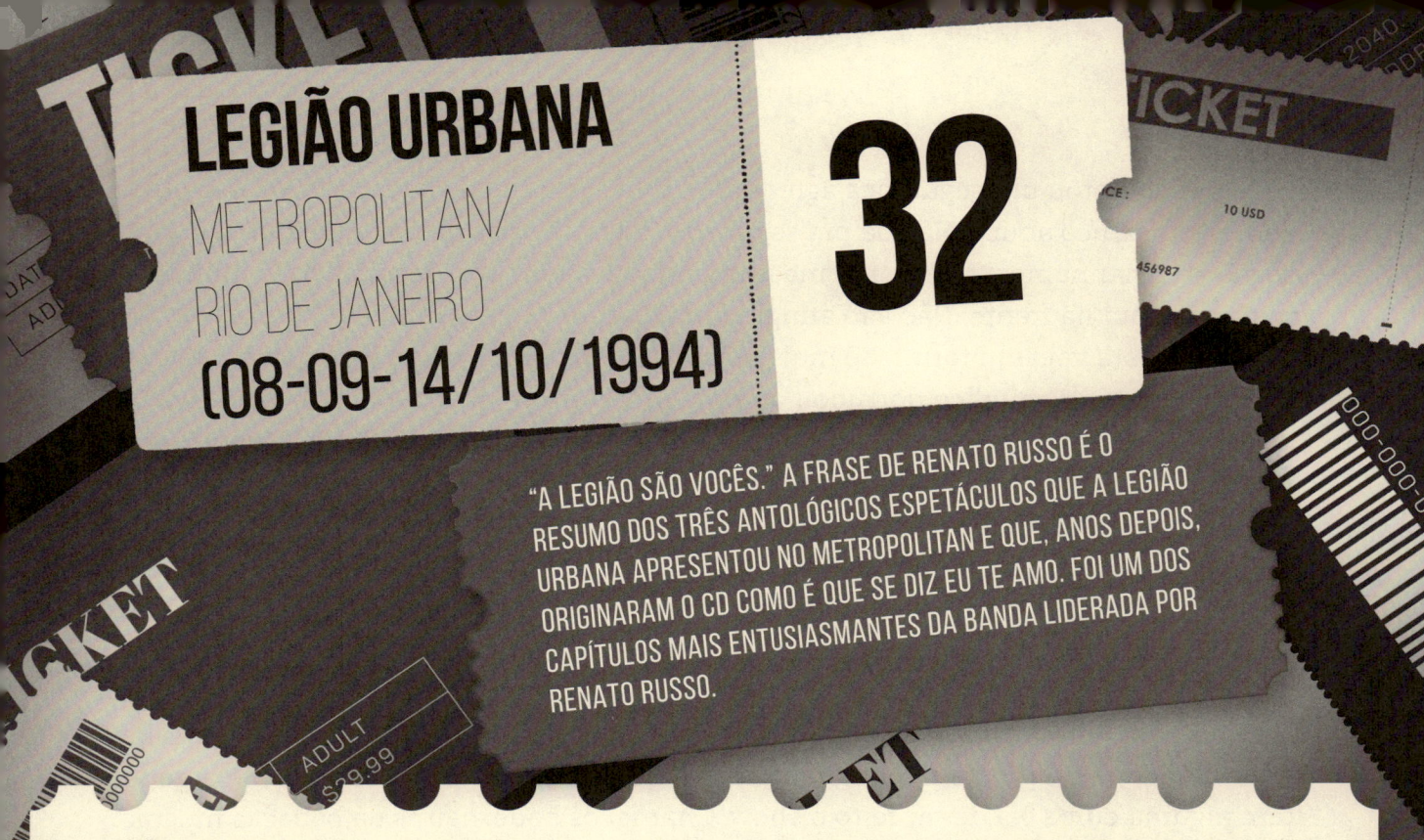

LEGIÃO URBANA
METROPOLITAN/ RIO DE JANEIRO
(08-09-14/10/1994)

32

"A LEGIÃO SÃO VOCÊS." A FRASE DE RENATO RUSSO É O RESUMO DOS TRÊS ANTOLÓGICOS ESPETÁCULOS QUE A LEGIÃO URBANA APRESENTOU NO METROPOLITAN E QUE, ANOS DEPOIS, ORIGINARAM O CD COMO É QUE SE DIZ EU TE AMO. FOI UM DOS CAPÍTULOS MAIS ENTUSIASMANTES DA BANDA LIDERADA POR RENATO RUSSO.

Difícil eleger apenas um show histórico da Legião Urbana. Isso porque, se tinha algo que a banda formada em Brasília sabia fazer, era show histórico. Às vezes, o motivo pelo qual ele se tornava notável não era muito nobre, mas, mesmo assim, não deixava de ter a sua importância. Por exemplo, a fatídica apresentação no estádio Mané Garrincha, no dia 18 de junho de 1988.

Naquele ano, a Legião estava divulgando o álbum *Que País é Este* (1987). A banda não tocava em sua terra natal desde 1986, quando uma adolescente morreu durante um show no ginásio Nilson Nelson. Para compensar a ausência, agendou uma data no maior estádio de futebol da capital federal em uma produção imensa que contou com um efetivo de mais de 500 seguranças. Renato Russo, muito animado, dizia que seria um presente para Brasília. Mas de manhã os sinais já não eram nada bons. Filas de fãs davam voltas no estádio, e ônibus eram apedrejados. Às nove e meia da noite, horário previsto para o início do show, o estádio mais parecia uma lata de sardinha, e muitos fãs ainda estavam do lado de fora. A solução foi abrir os portões.

Quando a banda mandou os primeiros acordes de "Que País é Este", foi como se um pavio tivesse sido aceso. Na quarta música, um sujeito invadiu o palco e golpeou Renato com um canudo. O caos já estava armado. Bombinhas de São João eram arremessadas pela plateia, ao mesmo tempo que seguranças partiam para cima dos fãs. Não havia condições do show continuar, e a banda parou de tocar. Ela voltou para arrefecer os ânimos, mas a baderna continuava. O vocalista interrompeu o espetáculo mais uma vez quando notou um segurança agredindo um fã. "Ah, cidade babaca... Por isso que a gente vem pouco aqui... Não dá pra se divertir... Isso é coisa de moleque que não consegue arrumar namorada e fica se masturbando no banheiro. É legal. Tá todo mundo se matando aqui na frente. Não vão atingir a maioridade?", perguntou.

A resposta veio em forma de mais objetos voadores, e o show teve que ser encurtado, sem o bis. O público derrubou a grade protetora do palco e houve tentativa de depredação dos equipamentos do grupo, aos gritos de "Funeral para a Legião! Funeral para a Legião!". A polícia afastou os invasores à base de cassetetes, e assim teve início o maior quebra-quebra durante um show em terras brasileiras, com dezenas de feridos e presos. No camarim, Renato dizia: "Parecia Altamont, e eu parecia o Mick Jagger cantando 'Gimme Shelter'". É verdade. O show da Legião no Mané Garrincha foi o Altamont candango. No dia seguinte, muros de um posto de gasolina próximo à quadra onde a família de Renato morava amanheceram pichados com a inscrição: "Legião não voltem mais" (sic). Em entrevista a Arthur Dapieve, no *Jornal do Brasil*, o líder da banda respondeu: "Ninguém incita ninguém a atacar 14 ônibus. Se a gente tem alguma culpa é a de ter feito o show. Chamei os baderneiros de babacas mesmo, porque é o que eles são".

Outra apresentação histórica da Legião Urbana aconteceu na turnê seguinte, quando lançou o LP *As Quatro Estações* (1989). A data: 7 de julho de 1990, ou melhor, o dia que Cazuza morreu. Só os deuses do rock poderiam ter previsto essa. A Legião fazia pouquíssimos shows, e esse coincidiu com um dos dias mais tristes da música brasileira. Mais: na cidade onde Cazuza nasceu e viveu. A princípio, Renato pensou em cancelar a apresentação, mas depois se deu conta de que subir ao palco seria a melhor forma de homenagear o amigo. E assim foi. O show começou com um discurso emocionado de Renato. "Agora eu vou falar de um carinha. Ele tem 30 anos. Ele é do signo de áries. Ele nasceu no Rio de Janeiro. Ele gosta da Billie Holiday e dos Rolling Stones. Ele é meio louco. Ele gosta de beber pra caramba. Ele é cantor numa banda de rock. Ele é letrista. E eu digo: ele é poeta. Todo mundo da Legião gostaria de dedicar este show ao Cazuza."

A apresentação, realizada no Jockey Club, foi das mais emocionantes da trajetória da banda, que fez diversas citações de canções de Cazuza. Mesmo assim, uma turma no gargarejo insistia em jogar areia no palco, provocando a ira de Renato. Apesar da ameaça de confusão, aquela se transformou em uma das noites mais memoráveis da história do BRock.

Além desse dois shows, a Legião fez outros históricos, como as três apresentações da banda no Metropolitan, no Rio de Janeiro, nos dias 8, 9 e 14 de outubro de

1994. Shows tão especiais que os fãs não se cansam de clamar pelo lançamento do DVD, já que as duas primeiras apresentações foram filmadas.

À época, a Legião estava lançando o seu sexto álbum de estúdio, *O Descobrimento do Brasil*, que saiu em novembro de 1993, trazendo o sucesso "Perfeição": "Vamos celebrar a estupidez humana/ A estupidez de todas as nações/ O meu país e sua corja de assassinos covardes/ Estupradores e ladrões/ Vamos celebrar a estupidez do povo/ Nossa polícia e televisão/ Vamos celebrar nosso governo/ E nosso estado que não é nação/ Celebrar a juventude sem escola, as crianças mortas/ Celebrar nossa desunião". Mas Renato, em tratamento nos Alcoólicos Anônimos, também investia em canções mais leves e solares, como "Um Dia Perfeito" e "Giz", repletas de cítaras, bandolins e coro de crianças. A capa do álbum também transmitia esse sentimento de positividade, com os integrantes da banda fantasiados no estilo medieval e rodeados de flores. Sobre o conceito do disco, o guitarrista Dado Villa-Lobos explicou: "É mostrar que o Brasil não era o João Alves e os 300 picaretas, não era o que a gente ligava a televisão e via, abria o jornal e lia. Não era aquela coisa do Brasil de desgovernos e de abismos. Era um Brasil do cara dos Correios, da tia Edilamar, é o redescobrir o Brasil, é o Renato também se redescobrindo depois dos 12 passos do alcoolismo".

Mas, quando chegou a hora de pensar na turnê de divulgação, os conflitos começaram. Renato pediu para que os shows fossem agendados nos dias dos jogos do Brasil na Copa do Mundo de 1994. "Eu quero que se dane o país do futebol", esbravejou. "O Renato queria competir com a Copa ou mesmo desafiá-la", escreveu Dado no livro *Memórias de um Legionário*. O único consenso é que a turnê seria curta, já que o vocalista deu indícios de que não queria intensificar o ritmo. Ele estava sóbrio, mas aparentava cansaço para a dinâmica de viagens, hotéis e shows, além do mais, sofria os efeitos do vírus da Aids em seu organismo.

E também havia as péssimas recordações da turnê do álbum anterior (V, de 1991), que teve que ser interrompida no meio por conta dos problemas de Renato Russo com a bebida. Para os shows, foram convocados o tecladista Carlos Trilha, o violonista e guitarrista Fred Nascimento e o baixista Gian Fabra. A ideia era privilegiar tão somente a música, por isso não haveria cenário, apenas a iluminação colorida e atmosférica de Maneco Quinderé inspirada na pop art. Em entrevista concedida dias antes da estreia, Renato falou sobre o setlist. "Não vai ter 'Faroeste Caboclo' e 'Pais e Filhos'. Todo santo show que a gente já fez a gente tocou essas músicas."

A primeira apresentação aconteceu no dia 21 de maio de 1994 em Valinhos, interior de São Paulo. "Estou ansioso e, ao mesmo tempo, entediado", disse o vocalista antes de pisar no palco. No bis, um fã invadiu o tablado e se jogou aos pés de Renato. "Não faça isso!", brigou. Para evitar os problemas da turnê anterior, bebidas alcoólicas foram retiradas do frigobar das suítes do vocalista, e os músicos eram orientados a não beber ostensivamente na frente dele. O grupo passou pelo Gigantinho, em Porto Alegre – com 15 mil ingressos esgotados e mais um derrame de sete mil bilhetes falsos – e pelo Ginásio do Ibirapuera em duas noites. Sobre esses shows, Inaê Riveras escreveu na revista *Bizz*: "Como sempre, o mais fascinante no show da Legião foi o verdadeiro estado de catarse que se instala sobre o público. Russo vira um semideus no palco. O respeito que seus fãs têm por sua figura e música é quase sagrado, coisa a ser estudada".

A Legião, que não se apresentava no Rio de Janeiro desde o dia da morte de Cazuza, tocaria na Praça da Apoteose no dia 11 de junho. Mas, quando o empresário Ricardo Amaral estava montando a programação de inauguração do Metropolitan, conseguiu mudar os planos da banda. Renato ficou empolgado. "Será tão somente uma apresentação de rock. Não terá texto não. E tampouco efeitos especiais, a não ser pela iluminação do Maneco Quinderé. Vai ser o show normal da Legião, fabuloso, espetacular…", disse ao jornal *O Globo*. Na semana anterior, no show que Caetano Veloso e Gilberto Gil apresentaram na mesma casa, o principal alvo de reclamação da plateia foram os mosquitos. Renato fez piada: "As muriçocas são fãs da Legião, mas nós vamos dar um jeito nelas".

Ao *Jornal do Brasil*, o cantor falou sobre a sua aversão ao palco. "Eu odeio dar shows, e o público tem que respeitar isso. Acho muita responsabilidade. Gosto de fazer uma boa apresentação, que as pessoas guardem com carinho na lembrança. Os shows da Legião são desgastantes porque são sinceros. Uma coisa é fazer um tatibitate qualquer. Outra, completamente diferente, é cantar 'Índios'. É uma entrega muito grande", justificou-se. Indagado se faria alguma alusão ao momento político do país, respondeu: "Provavelmente, não. Mas é claro que, se alguém tiver passado por cima do meu pé naquele dia, vou falar o show inteiro".

De fato, na véspera da estreia no Metropolitan, alguém passou por cima do pé de Renato Russo. A casa de shows deu toda a estrutura que a Legião pediu, inclusive manteve-se fechada durante a semana para que a banda ensaiasse. Todos os dias, entre 18h e 3h da manhã, o grupo estava lá dando os últimos ajustes no show. Na véspera da estreia, quando ensaiaram o set acústico, o baterista Marcelo Bonfá começou a reclamar. "Eu estou muito longe, eu quero luz, eu quero a minha bateria mais na frente…" No auge da irritação, empurrou o seu instrumento para cima de Renato, que não deixou barato: "Aí, vai se foder, vai tomar no teu cu, eu vou embora". E foi. Horas depois, Dado conseguiu ligar para o apartamento do colega. "Eu não toco mais com aquele cara", disse.

Mas às 23h do dia seguinte, o vocalista subiu no palco do Metropolitan após a introdução com o prelúdio de *Die Zauberflöte* (*A Flauta Mágica*), ópera de Mozart que idolatrava. "Boa noite! Vocês estão prontos?", perguntou. A plateia não teve nem tempo de responder, porque os primeiros acordes de "Será" estrondaram nos alto-falantes. Mais parecia uma missa. A voz dos fãs abafava a de Renato de forma impressionante. Ao final, o vocalista jogou algumas rosas brancas em direção à plateia e emendou com "Eu Sei", momento em que dançou tal qual Ian Curtis. A plateia delirava. Entre cerca de 12 mil fãs estavam Caetano, Gil, Lulu Santos, Adriana Calcanhotto, Ezequiel Neves, Cássia Eller e até mesmo Pelé. O Brasil havia acabado de ser campeão mundial, e antes do show começar, a plateia da pista se virou em direção aos camarotes para berrar "Tetracampeão! Tetracampeão!" em direção ao Rei, que, por sinal, dançou o show quase inteiro. "Adoro a Legião há muito tempo, mas nunca tinha visto no palco. Tenho vários discos deles. Ainda não desisti de tentar trazer o U2 ao Brasil e queria ver Renato Russo tocando com eles", declarou a lenda. Ricardo Amaral, o dono da casa, conheceu Renato antes do show. "A sensação era estar falando com o mais puro dos caretas da classe média, não com um dos maiores ídolos do rock brasileiro", escreveu em seu livro *Vaudeville*.

Durante "Ainda É Cedo", Renato inseriu versos de "Gimme Shelter" (dos Rolling Stones) e sentou-se à beira do palco para simular masturbação. "Se não for masturbação, usem camisinha, hein", alertou. Em "Os Anjos", esqueceu (ou fingiu esquecer) a letra e pediu ajuda ao público. Já "Monte Castelo" foi dedicada a duas pessoas especiais que estavam na casa. "Agora eu gostaria de dedicar uma música a todas as pessoas maravilhosas que estão aqui hoje à noite. *Mum and dad*, pra vocês!" O bloco acústico teve início com "Quando o Sol Bater na Janela do Teu Quarto", dedicada aos dois rapazes que tinham acabado de invadir o palco. A banda também mostrou "Geração Coca-Cola" em versão só com violões. A resposta do público era catártica. "Eles sabem tudo!", deslumbrou-se o cantor. Ao final de cada canção, o coro era um só: "É Legião! É Legião!", ao qual Renato respondeu: "A Legião são vocês".

Ele ainda homenageou Os Paralamas do Sucesso ("eles são nossos padrinhos, e não se esqueçam disso") e cantou "Parabéns pra Você" junto com os fãs para celebrar o aniversário de dez anos do grupo. Descontraído, brincou com o roadie Reginaldo Ferreira e com os fãs: "Eu só sei uma coisa: eu adoro ser idolatrado. Me amem! Agora, as pessoas acham que eu tenho a resposta, eu não sei qual é a pergunta...". Mas também soltou algumas farpas para os conhecidos que pediam ingressos. "Não me peça pra dar a única coisa que eu tenho pra vender", disse, citando a atriz Cacilda Becker.

"Muito tempo atrás, numa terra distante, longe da civilização, existia um jovem rapaz chamado João de Santo Cristo. Esta é a sua história. Guardem com atenção estas palavras. E lembrem-se: as drogas fazem você virar os seus pais." Foi dessa maneira que Renato, com um certo ar professoral de escola primária, introduziu "Faroeste Caboclo". Ainda nessa noite de estreia, Dado iniciou "Índios", mas levou bronca do vocalista. "Eu falei que hoje não ia ter 'Índios'!" Mas teve "Pais e Filhos", "Tempo Perdido", "Eduardo e Mônica", "Vento no Litoral", "Há Tempos"... Para quem disse que a banda evitaria alguns de seus maiores sucessos, o repertório estava generoso demais, um verdadeiro *tour de force*, passando por canções de todos os álbuns. Coisa para fã nenhum botar defeito.

Um dos momentos mais emocionantes foi quando Renato cantou "Giz". "Essa é a música que eu mais gosto, é a letra que eu mais gosto, é a coisa que eu mais fico feliz de ter conseguido fazer." No fim, teve "Perfeição", com inserções de "Lithium" (Nirvana) e "O Bêbado e a Equilibrista" (João Bosco/Aldir Blanc), e a noite terminou com "Que País é Este", com direito a um trecho de "Baile dos Passarinhos", de Gugu Liberato. Ao final, Renato disse: "Parou! Agora todo mundo vai pensar como que o nosso país vai ficar rico e como a gente vai faturar um milhão sem precisar matar ninguém".

O público não reclamou de nada e nem a crítica. "Legião Urbana não faz mais shows. Faz cultos. O que aconteceu nesse fim de semana no Metropolitan foi um congraçamento com seus fiéis. Russo foi embora perguntando 'Que País é Este', voltou rapidamente e saiu de cena com seu púlpito em meio a luzes celestiais. Só faltou levitar. E todos disseram ao final: 'Aleluia!'", escreveu Tom Leão no jornal *O Globo*. Mas a banda não ficou satisfeita. "A nossa performance foi péssima, com o Renato dando demonstrações de mau humor. Cantou mal, nitidamente sem ânimo, sem vontade", escreveu Dado em seu livro de memórias.

Mas o dia seguinte foi diferente. "Já a segunda noite foi incrível. Enfim, o Renato fez piadas, divertiu o público e se entregou, tudo no maior alto-astral", rememorou o guitarrista. Tanto que teve até "Índios". "A gente sabe tocar 'Índios' com a banda?", perguntou. A plateia urrou. "Ok, você venceu, batata frita", brincou o cantor, lembrando dos amigos da Blitz que se apresentavam naquela mesma noite a poucos quilômetros, no Imperator. "Mas não é batata frita não, hoje a gente vai comer índio no jantar", completou. Ainda errou a letra e fez charme: "O quê? Esquecer o quê? Essa a gente não ensaiou... Essa eu nunca sei a letra... Nuuuunca!". O público delirou ainda mais quando Renato falou que talvez a banda fizesse um show extra na sexta seguinte. Fez e apresentou diversas canções que não entraram no repertório das duas primeiras noites, como "Eu Era um Lobisomem Juvenil", "Quase sem Querer" e o encerramento emocionante com "Se Fiquei Esperando Meu Amor Passar". Foi a última apresentação da Legião no Rio de Janeiro. Havia mais uma data marcada para o dia 23 de novembro que acabou não rolando.

Em entrevista à revista *Domingo* do *Jornal do Brasil*, perguntado se o sucesso dos shows não o deixou com vontade de se apresentar mais ao vivo, Renato Russo respondeu: "Não. Eu posso parecer prepotente, mas todo show da gente é assim. Não é essa a minha motivação pessoal".

Todo show da Legião era assim mesmo. Tanto que, muitos anos depois, os três espetáculos no Metropolitan continuam reverberando nos corações e nas mentes dos fãs. Que, aliás, continuam esperando o tal DVD.

OS PARALAMAS DO SUCESSO

PALACE/SÃO PAULO (17-18/12/1994)

33

QUANDO A FAIXA "CAGAÇO" CHEGOU ÀS RÁDIOS, TODO MUNDO ACHOU QUE OS PARALAMAS DO SUCESSO TIVESSEM ENLOUQUECIDO. O ÁLBUM SEVERINO ENCALHOU NAS LOJAS, E PARECIA QUE A BANDA ERA MAIS CONHECIDA NA ARGENTINA DO QUE EM SEU PRÓPRIO PAÍS. ATÉ CHEGAR A HORA DA TURNÊ, QUE ORIGINOU O ÁLBUM DE MAIOR VENDAGEM DE SUA HISTÓRIA.

Um enorme fracasso de vendas se transforma na turnê de maior sucesso da história de uma banda e gera um álbum ao vivo que se torna o mais vendido de sua discografia. Algo não muito comum, certo? Mas foi exatamente isso que ocorreu com Os Paralamas do Sucesso.

Para se ter uma ideia do que acontecia com a banda em meados de 1994, basta ler a manchete que o jornal O Estado de S. Paulo publicou no dia 26 de maio daquele ano. "Severino, dos Paralamas, faz sucesso na Argentina e é desprezado no Brasil". É verdade. Por aqui, pouca gente entendeu o trabalho mais ambicioso da banda, gravado em três meses na cidade de Londres, Inglaterra. Trinta dias depois do lançamento de Severino, nenhuma música tocava nas rádios brasileiras. Ao mesmo tempo, o trio formado por Herbert Vianna (guitarra e voz), Bi Ribeiro (baixo) e João Barone (bateria) vendia o disco Dos Margaritas na Argentina que nem empanadas. Apesar do título ser diferente, o conteúdo era praticamente o mesmo, com a diferença de algumas faixas serem cantadas em espanhol. A situação era tão surreal que a turnê de lançamento do trabalho teria início na própria Argentina e depois seguiria para o México. Parecia que a garotada no Brasil, naquele momento, só queria saber mesmo das bandas nascidas nos anos 1990, como Raimundos e Chico Science & Nação Zumbi. No entanto, se esses grupos existiam, eles tinham muito a agradecer aos Paralamas, que, em 1986, lançaram um LP chamado Selvagem?.

Após os discos *Cinema Mudo* (1983) e *O Passo do Lui* (1984), nos quais o trio muito se inspirou em The Police, e de duas apresentações apoteóticas no *Rock in Rio* de 1985, os Paralamas estavam grandes o suficiente para lotar ginásios Brasil afora. No Gigantinho, em Porto Alegre, tocaram para 34 mil fãs em dois shows no mesmo dia, superando o recorde, que parecia imbatível, de Roberto Carlos.

Na hora de gravar o disco seguinte, a banda decidiu mudar tudo. No final da turnê de *O Passo do Lui,* os Paralamas passaram pelas regiões Norte e Nordeste e optaram por incluir algumas canções inspiradas nos ritmos jamaicanos do reggae e do dub. "Vamos Fugir", de Gilberto Gil, por exemplo, entrou no setlist. Nos ensaios iniciais do álbum, gravaram uma demotape com a faixa "Alagados". Quando criou o riff da canção, Herbert sentiu uma ponta de vergonha, pelo fato daquilo ser meio puxado para o samba. Ao finalizarem a gravação, os três integrantes da banda tinham certeza de uma coisa: ou seria um sucesso absoluto ou um desastre total. A sonoridade era diferente de tudo que eles haviam feito antes. A EMI-Odeon esperava uma espécie de *O Passo do Lui* volume dois, banhado de pop-ska, e, quando escutou as demos, ficou preocupada com a mudança de rumo dos Paralamas que, dessa forma, assumiam a sua brasilidade.

O baterista João Barone afirmou que não sabia o que ia acontecer com eles após o lançamento do disco. Se não desse certo, os três estavam dispostos até mesmo a voltar para a faculdade. O LP chegou às lojas, "Alagados" e "Melô do Marinheiro" não paravam de tocar nas rádios, e a versão de "Você", de Tim Maia, foi parar na trilha sonora da novela global das oito *Roda de Fogo*. Não demorou para *Selvagem?* atingir a marca de 500 mil cópias vendidas. Que voltar à faculdade que nada. Os Paralamas continuaram apostando nesse tipo de som em álbuns como *Bora-Bora* (1988) e *Big Bang* (1989). A banda iniciou a década de 1990 com o incompreendido *Os Grãos* (1991), que vendeu pouco, apesar de ser considerado um dos trabalhos mais ricos do trio. Os Paralamas já não eram nem de longe aquele grupo que colocava 34 mil pessoas em duas sessões seguidas no Gigantinho.

Quando todos achavam que eles dariam um passo atrás para recuperar a fama de outrora, os Paralamas dobraram a aposta com *Severino*, um trabalho mais difícil do que o seu antecessor e anos-luz à frente do que a música brasileira produzia naquele momento. Definitivamente os caras não estavam preocupados com vendagens de discos, músicas nas rádios, shows lotados etc. e tal. "Adoramos o Brasil, mas trabalhar aqui está difícil, meio desanimador. Chegamos num ponto que nos damos ao luxo de fazer a música que a gente quer, sem maiores encanações. Se quiserem meter o pau, tudo bem. O importante é que a gente está contente no momento", disse Herbert ao *Estadão*. O jornal paulista, aliás, publicou a seguinte resenha sobre o trabalho: "O disco nacional mais desprezado do momento se chama *Severino*. (...) Está condenado ao desconhecimento, a não ser que o curioso compre o disco. Vale a pena gastar uns 25 paus nele?".

Enquanto isso, na Argentina, a história era outra. Eis a nota publicada na coluna de Danuza Leão, no *Jornal do Brasil*: "Delírio total as duas apresentações do Paralamas do Sucesso, sexta e sábado, em Buenos Aires. Com o Teatro Opera lotado, mais de três mil pessoas por noite e com o ingresso custando 40 dólares, nossos 'macaquitos' são os ídolos do momento na Argentina. A música 'Dos Margaritas' é a nº 1 nas rádios, e as lojas estão vendendo discos a rodo. Não sobra nem para Maradona".

Os Paralamas sabiam muito bem o que estavam fazendo. "Eu acho que esse disco tem a presunção de tentar misturar mais coisas brasileiras, mais além do que a gente tinha feito, de uma forma quase que ingênua no *Selvagem?*. Dessa vez, foi uma coisa mais requintada. O Herbert foi muito mais fundo nessa coisa de mostrar a brasilidade que a gente estava se devendo", explicou João Barone. Para completar, a banda fez questão de adotar como single a faixa mais esquisita do disco. "Eu tenho cagaço de descer ladeira abaixo/ Tenho cagaço de pensar demais", esse era o refrão de "Cagaço", a tal música escolhida para tocar nas rádios. Segundo Barone, a escolha foi proposital. "O Herbert disse que era a música pra gente empurrar goela abaixo do establishment. Tipo, se chegamos até aqui, então vamos apostar o triplo."

Em *Severino*, os Paralamas faziam um mergulho ousado no experimentalismo, inclusive convidando artistas como Tom Zé, Linton Kwesi Johnson, Fito Paez, Egberto Gismonti, Brian May, além do produtor britânico Phil Manzanera, ex-guitarrista do Roxy Music. Curioso que três meses em Londres – e com tantos convidados internacionais – fizeram com que os Paralamas gravassem o seu disco mais brasileiro. "Não estamos ditando regras, mas sim exercendo a opção de procurar o que faz a nossa cabeça e de não virar as costas para uma cultura riquíssima que existe aqui. É um pouco ver o Brasil com olhos de estrangeiro. Quando você tem a oportunidade de viajar muito e de olhar de fora, começa a descobrir o seu país", filosofou Herbert.

No *Jornal do Brasil*, Tárik de Souza destacou a encruzilhada de tendências na qual os Paralamas se meteram. "Há regionalismo híbrido, reprocessado pela eletrônica de ponta, rock com cacoete folk e reggae de pulso nordestino", escreveu. Na *Folha de S.Paulo*, Luís Antonio Giron dissertou: "a banda exibe autoindulgência disfarçada por arranjos progressistas de Phil Manzanera". E concluiu classificando o resultado como "murcho" e cravando o álbum como "o pior da banda". A resenha motivou até mesmo uma enfurecida carta-resposta assinada pelos três Paralamas: "Tudo é retórica requentada, que só serve para esconder, além de um ódio pessoal assombroso, a ausência de argumentos críticos, de coisas interessantes para dizer (falar bem ou mal é problema secundário) sobre o trabalho que deveria ser comentado".

A capa de *Severino* trazia uma obra de Arthur Bispo do Rosário, artista plástico sergipano que sofria de esquizofrenia e, por causa disso, residiu em diversas instituições psiquiátricas por quase 50 anos. Jean-Yves Neufville, no *Estadão*, relacionou a capa ao conteúdo. "Na esteira de Bispo do Rosário, os Paralamas parecem ter enlouquecido com tantas influências musicais. Não sabem mais se tocam reggae, dub, repente nordestino, bumba-meu-boi, pop latino, pop derivado dos Beatles ou do Police, MPB, rap." Barone enxergou de modo oposto: "Muita gente achou o disco difícil, mas isso é o que faz dele interessante. Essa estranheza é um bom sinal".

Enfim, mesmo com as críticas – e lotando as casas de shows da Argentina –, os Paralamas precisavam mostrar o novo trabalho em cima dos palcos de seu próprio país, onde *Severino* havia vendido meras 55 mil cópias até o momento em que iniciaram a turnê no dia 18 de agosto de 1994, no Canecão, Rio de Janeiro. Bi Ribeiro acreditava no sucesso da temporada após quase três anos longe dos palcos do país. "O afastamento do Brasil atrapalhou um pouco, muita gente nem sabe que lançamos um disco novo. Mas a turnê vai recolocar tudo no lugar." Ele tinha razão.

Se tem uma coisa que os Paralamas sabem fazer muito bem é show. Claro que as apresentações não iam se restringir à estranheza do último CD. Assim, nos ensaios, o trio selecionou cerca de 30 canções, a maior parte sucessos dos 12 anos de sua carreira. Estavam garantidos "Melô do Marinheiro", "A Novidade", "Meu Erro", "Alagados", "Lanterna dos Afogados", entre outros. Mas quem comprasse ingresso para uma das apresentações também ia escutar novidades como "Não Me Estrague o Dia", "Vamo Batê Lata" e "O Rio Severino" – esta última já fazia parte do primeiro projeto solo de Herbert, *Ê Batumaré*, lançado em 1992.

Ao contrário do disco, a estreia carioca do show foi saudada pela crítica. "Quem ouviu e gostou do disco *Severino*, último trabalho do Paralamas do Sucesso, no mínimo surpreendeu-se com o show que a banda estreou quinta-feira, no Canecão, onde fica até domingo. Ao invés de procurar adaptar para o palco o experimentalismo do álbum, o trio preferiu a simplicidade e, sem firulas, colocou a plateia para rebolar ao som de velhos e novos sucessos", assinalou Edmundo Barreiros no *Jornal do Brasil*. No entanto, a plateia claramente não sabia do que tratavam músicas como "Cagaço" e "Navegar Impreciso". Paciência.

A turnê seguiu o seu curso, passando pelas principais capitais brasileiras, incluindo uma apresentação gratuita no Vale do Anhangabaú, em São Paulo, para 35 mil

pessoas no Dia da Independência; outra no Metropolitan, no Rio, quando os Paralamas abriram para o UB40 e jantaram a banda britânica; e mais uma em novembro, na
praia de Ipanema, no Rio, ocasião em que Luca, então com 2 anos de idade, viu o pai
Herbert pela primeira vez no palco. Foi o esquenta para os shows mais importantes
da turnê, que aconteceriam no Palace, em São Paulo, nos dias 17 e 18 de dezembro.
Na ocasião os Paralamas gravariam um álbum e um vídeo ao vivo.

Quando o palco do Palace se iluminou, uma cortina formada por bambolês e calotas de automóvel no colorido cenário assinado por Gringo Cardia deu as boas-vindas
ao trio (acompanhado pelo tecladista João Fera, o percussionista Eduardo Lyra e os
sopristas Senô Bezerra, Demétrio Bezerra e José Monteiro) ao som de "Dos Margaritas". Para quem achava que ninguém conhecia nada do último disco, parecia que o
jogo tinha virado. A plateia pulou e cantou a letra de cabo a rabo. E, quando veio "Per-
plexo", do álbum *Big Bang*, as dúvidas acabaram. Os Paralamas tinham reconquistado
o Brasil. A nova "Vamo Batê Lata" também parecia um hit antigo, e "Alagados", que
veio em seguida, fez a ponte *Selvagem?/Severino*, provando que não havia nada de tão
diferente assim entre as duas obras-primas da banda.

A alternância de canções novas e antigas foi uma sacada de mestre para o público
manter a atenção em tudo e absorver as faixas do trabalho mais recente. E mesmo
em canções antigas menos conhecidas, como "Carro Velho", os metais garantiram a
animação do público. Em um dos momentos mais esperados, Herbert solou lindamente a sua guitarra Red Special, mesmo modelo de Brian May, durante "Lanterna
dos Afogados". No bloco mais roqueiro vieram "Caleidoscópio", "Selvagem" e "Meu
Erro", esta última incorporando "Soul Sacrifice", de Santana. "Cagaço" também ganhou peso e foi mesclada a "Heroína", música da banda argentina Sumo, que misturava pós-punk com reggae.

Durante "O Rio Severino", a cortina de bambolês e calotas subiu, abrindo espaço
para painéis em formas circulares inspirados em Arthur Bispo do Rosário. Na introdução da canção, Bi Ribeiro tocou triângulo, e Herbert Vianna, usando uma guitarra
de dois braços igual à de Jimmy Page em "Stairway to Heaven", flutuou sobre a plateia
em uma cadeira suspensa por uma grua para solar "Paraíba", de Luiz Gonzaga. Assim
como o clássico do Led Zeppelin, "O Rio Severino" começou lentinha para depois se
transformar numa pauleira. A canção "1x1", de Jackson do Pandeiro, teve a sua letra
atualizada para citar Bebeto e Romário, recém campeões mundiais da Copa nos Estados Unidos. "Melô do Marinheiro", como de costume, levantou a galera, assim como
"A Novidade" e o bloco que juntou "Você" a "Gostava Tanto de Você". Os Titãs também
foram homenageados com uma versão de "Diversão".

A apresentação ainda contou com a participação luxuosa do músico argentino Fito Paez. "Hoje à noite a gente tem o prazer, a honra de chamar ao palco um sujeito que vem da terra de Borges, Cortázar, Astor Piazzola, o maior músico argentino da atualidade, talvez o maior nome da América Latina hoje: Fito Paez". Juntos, mandaram uma versão memorável de "Trac Trac". No total, foram 29 músicas no espetáculo de duas horas de duração que encerrou com "O Beco", antes da apoteose final no bis com "Óculos" (com citação de "Can't Help Falling in Love"), "Ska" e "Vital e Sua Moto", esta última com trechos de "Anarchy in the U.K.", dos Sex Pistols.

O registro de parte do show – no CD duplo *Vamo Batê Lata*, com quatro inéditas, incluindo a polêmica "Luís Inácio (300 picaretas)" e o hit "Uma Brasileira" – chegou às lojas em junho de 1995. E os Paralamas perceberam que valeu a pena dobrar a aposta. "O público e a crítica brasileiros estão em dívida com o Paralamas do Sucesso, que teve seu último disco, *Severino* – até hoje o mais sério candidato ao título de *Sgt. Pepper's* do Rock Brasil anos 80 –, mais apedrejado que presidente social-democrata convertido ao neoliberalismo", escreveu Jamari França no *Jornal do Brasil*.

Vamo Batê Lata ultrapassou a marca de um milhão de cópias – mais de dez vezes o que vendeu *Severino*. Mais importante do que isso, fez com que os Paralamas do Sucesso renovassem o seu público. E ainda mais importante: fez com que *Severino* ganhasse um outro olhar. Hoje, se você perguntar a algum fã dos Paralamas qual é o melhor álbum da banda, não será surpreendente se ele responder que é *Severino*. Quer dizer, será surpreendente se ele não responder que é *Severino*.

Realmente, valeu a pena ter gastado 25 paus nele.

TEATRO GUAÍRA / CURITIBA

(16/03/1995)

34

JUNTAR CANÇÕES DE PAULINHO DA VIOLA, LOU REED, JORGE BEN JOR E GEORGE HARRISON NUM MESMO SHOW. É POSSÍVEL? SE A ARTISTA EM QUESTÃO FOR MARISA MONTE, CLARO QUE É. EM COR DE ROSA E CARVÃO, A CANTORA INJETAVA BRASILIDADE EM UM DOS ESPETÁCULOS MAIS PRODUZIDOS DA HISTÓRIA DOS SHOWS NO BRASIL. O BARULHINHO ERA BOM DEMAIS.

A tingir a unanimidade no Brasil é impossível. Mas alguns poucos chegam quase lá. Em meados dos anos 1990, quando lançou os álbuns *Verde, Anil, Amarelo, Cor de Rosa e Carvão* (1994) e *Barulhinho Bom* (1996), entremeados por uma enorme temporada de shows, Marisa Monte era uma dessas raras unanimidades. "Pergunte a qualquer um dos cem mil que já viram-ouviram *Cor de Rosa e Carvão* e a resposta será superlativa. Merece. É absurdamente demais!", escreveu Israel do Vale no jornal *O Estado de S. Paulo*, em agosto de 1995.

Era o ápice de uma carreira construída centímetro por centímetro desde 1989, quando Marisa lançou *MM*, o seu trabalho de estreia gravado ao vivo. Quer dizer, na verdade Marisa começou a construir sua carreira ainda no berço. O seu pai, Carlos Monte, era diretor da Portela, e a filha, desde cedo, já prestava muita atenção nas preciosidades do samba do Rio de Janeiro. Na infância, aprendeu piano e teoria musical. Na adolescência, se mandou para a Itália a fim de estudar canto lírico. O samba e o clássico – Marisa sempre foi eclética. Cansada do canto lírico, começou a se apresentar em barzinhos no país europeu. Nelson Motta assistiu a um desses shows e se apaixonou por ela. Em todos os sentidos. De volta ao Brasil, a cantora tornou-se a atração mais cool do palco do Jazzmania, no Arpoador, no Rio de Janeiro.

Antes de gravar o primeiro disco, ela ganhou um especial de televisão na Rede Manchete. A explosão de "Bem que Se Quis" fez Marisa cair no gosto popular – embora ela não tenha deixado de ser cool. Ao mesmo tempo que a *intelligentsia* se digladiava por um ingresso de show, o povão escutava aquela voz tão aveludada quanto rascante toda noite na novela *O Salvador da Pátria*. Em seu álbum de estreia, ela misturou Titãs, Candeia, Luiz Gonzaga, Mutantes e os irmãos Gershwin. Todo mundo gostava de Marisa Monte. Ou melhor, quase todo mundo. Alguns críticos ainda ralhavam pelo fato de a cantora não compor, como se Elis Regina e Nana Caymmi precisassem ter escrito um único verso para serem duas das maiores artistas do Brasil em todos os tempos.

Não se sabe se a cantora deu bola para as críticas, mas fato é que o seu segundo álbum, *Mais* (1991), trazia canções de lavra própria, em especial com os então integrantes dos Titãs Arnaldo Antunes e Nando Reis, como "Beija Eu" e "Ainda Lembro". Parecia que agora ninguém ia falar mal de Marisa Monte, ainda mais quando, no final de julho de 1994, ela mandou para as lojas *Verde, Anil, Amarelo, Cor de Rosa e Carvão*, que parecia sintetizar tudo o que havia produzido até então.

Assim como o anterior, esse álbum também contou com a produção certeira de Arto Lindsay. "Eu e Arto ficamos muito amigos. Ele tem uma referência estética e ética que se aproxima do meu jeito de pensar e sentir música", disse a cantora ao jornal *O Globo*. Talvez a concepção de *Cor de Rosa e Carvão* tenha nascido durante um show em Munique, Alemanha, no apagar das luzes da turnê do disco *Mais*. Gilberto Gil se encontrava na cidade alemã e resolveu dar um pulo no show da cantora. Acabou no palco, tocando violão e dividindo os vocais de "Balança Pema", de Jorge Ben Jor. Parecia o início de alguma coisa.

A certeza que Marisa Monte tinha era de que o seu próximo trabalho seria banhado de brasilidade. "Na escola aprende-se muito a respeito das matas, do amarelo-ouro, do céu de anil e não se fala da mulatice do povo, entre o rosa e carvão. O ser humano é muito desvalorizado aqui", disse ao *Jornal do Brasil*. O conceito abstrato do projeto veio com a música "Seo Zé", uma parceria da cantora com o então namorado Nando Reis e Carlinhos Brown. A canção não faria parte do álbum – ela estava reservada para o próximo disco do músico baiano – mas tudo veio dela: "O Brasil não é só/ Verde, anil e amarelo/ O Brasil também é/ Cor de rosa e carvão".

O disco, gravado entre o Rio de Janeiro e Nova York, mistura de tudo um pouco em suas 13 faixas. Tem Gilberto Gil, tem Laurie Anderson, tem Paulinho da Viola, tem Velha Guarda da Portela, tem Philip Glass, tem Naná Vasconcellos, tem Jorge Ben Jor, tem Época de Ouro. "São pessoas com quem andei fazendo shows e trocando ideias. Meu trabalho tem mais a ver com artesanato do que com indústria do disco", explicou a cantora, que gravou o disco em dois meses. Apenas dois meses mesmo? "Levei 26, 27 anos para fazê-lo", brincou. As ideias borbulhavam, e não havia espaço para tudo. "Amor de Vênus", de Waldick Soriano, ficou de fora do álbum, assim como "Celeste", parceria com Renato Russo. Mas, entre suas faixas, a deliciosamente pop "Na Estrada", o clássico do samba "Dança da Solidão", o balanço irresistível de "Balança Pema", a tradição de "Esta Melodia", a seresta de "De Mais Ninguém", uma regravação do Velvet Underground ("Pale Blue Eyes"), a delicadeza de "Bem Leve" e uma obra-prima chamada "Segue o Seco". Tantas frequências poderiam acabar em uma maionese vencida, é verdade, mas o conjunto se transformou num dos álbuns mais interessantes da música brasileira. Eclético, unia todas as dimensões de tempo. O mínimo que se espera de quem canta "Quando eu penso no futuro, não esqueço o meu passado".

A próxima missão era levar o álbum ao palco. "A concepção do show é uma extensão do disco. A sonoridade tem uma textura brasileira, sem teclados", disse Marisa. A banda também era pra lá de eclética, do violão de Nando Reis ao acordeão de Waldonys e à percussão de Mônica Millet, neta de Mãe Menininha do Gantois. Para a guitarra, Marisa queria Pepeu Gomes ou Armandinho, mas eles estavam com a agenda lotada. O baixista Dadi sugeriu Luís Brasil. Para fechar o time, o baterista Cesinha, o percussionista Marco Lobo e a vocalista Flávia Virgínia. Os ensaios começaram no apartamento da cantora, no bairro da Urca. Já no estúdio, escolheram e deram os últimos retoques nas 24 músicas (entre mais de 30) que entrariam no espetáculo.

A estreia seria longe do Brasil, na Europa e nos Estados Unidos, em uma temporada de dois meses. Uma semana antes da viagem, Nando Reis se separou da cantora e desistiu de viajar. Cesinha indicou Fernando Caneca para substituí-lo. Três dias depois, Luís Brasil teve problemas no visto e também teve que pular fora. Dadi externou o nome do jovem Davi Moraes. Quando foi convidado para fazer parte da banda, o filho de Moraes Moreira estava no estádio do Maracanã. Saiu de lá direto para o estúdio, com camisa do Flamengo e sem instrumento. Pegou todas as músicas do show em dois dias.

Após um show-teste no Museu de Arte Moderna no Rio, a turma viajou para a Europa. O setlist da turnê seguia o espírito do disco: um suco de brasilidade com canções de Caetano, Gil, Brown, Ben Jor, Luiz Gonzaga, Novos Baianos e Paulinho da Viola. Conforme publicou a revista Bizz, "os discos e shows de Marisa Monte são uma aula de MPB para os mais jovens, que desconhecem a riqueza do cancioneiro popular". Ainda tinha espaço para os sucessos de *Mais*, como "Volte para o Seu Lar" e "Beija Eu". E ainda havia inéditas na voz da cantora, como "Give Me Love", composta por George Harrison ("É uma música que eu gosto muito e me sinto autorizada e quase condenada a cantá-la", disse), "Panis et Circences", "A Menina Dança", "Seo Zé", além de "Aonde Você Mora", um reggae que Marisa compôs com Nando Reis e estourou

202

com a banda fluminense Cidade Negra. "Meu show é brasileiro, mas sem ser fechado e hermético. É um brasileiro voltado para o mundo, que não nega a possibilidade de ir além das fronteiras físicas do Brasil", disse a cantora antes de concluir: "É uma influência de tudo que ouvi".

Os três telões ao fundo ilustrariam cada uma das canções do show, em um palco com formato de caixa-preta, cenografado por Hélio Eichbauer. Foram utilizados trechos de filmes como *Vidas Secas* (Nelson Pereira dos Santos), *Cantos de Trabalho* (Humberto Mauro) e *Garrincha, Alegria do Povo* (Joaquim Pedro de Andrade). "Conceitualmente, são todas imagens de identificação com a cultura brasileira, popular ou não. E essas projeções têm o mesmo conceito da música do show, que é o de valorizar o que o Brasil tem de bom", explicou Marisa. Os telões também projetariam animações idealizadas pela produtora Trattoria di Frame, telas do artista plástico Rubens Gerchman e fotografias de Anna Mariani. Os figurinos criados por Rita Murtinho, inspirados no trabalho da estilista indiana Alpana Bawa, por sua vez, retratariam a união de tudo o que o show representava. "Eu quis que os músicos vestissem roupas com muitas cores. Eu fui buscar referências nas vestimentas tropicais do planeta. Há influências das roupas indianas, que o movimento hippie também tinha", explicou a cantora. "Eu não estou vestida de veludo preto nem de veludo vinho. Estou diferente, mais leve mesmo, mais brasileira e tropical", completou na entrevista coletiva antes da estreia.

A turnê começou oficialmente no dia 8 de outubro de 1994, na Feira do Livro de Frankfurt, na Alemanha. Antes de aportar no Brasil, *Cor de Rosa e Carvão* teria 38 shows entre Europa, Estados Unidos e Canadá. A estreia nacional aconteceu no Teatro Guaíra, em Curitiba, no dia 16 de março de 1995, com a casa lotada de fãs de todas as idades. Antes de entrar em cena, a cantora aqueceu as cordas vocais no camarim, se maquiou sozinha e bebeu água de coco ao mesmo tempo que prendia os cabelos. Em seguida, vestiu o figurino e colocou as pulseiras com a ajuda de sua assistente, Rita. Poucos minutos antes das luzes do Guairão se apagarem, a banda se reuniu no camarim da cantora para confraternizar e aliviar a tensão da estreia.

Marisa, com aplique nepalês no cabelo cheio de tranças, subiu ao palco com uma túnica amarela, sandálias douradas, colar de miçangas e sete pulseiras. Por baixo da saia, uma calça salmão comprida boca de sino. A primeira música do repertório era "Maria de Verdade", a faixa de abertura do álbum. "Escolhi 'Maria' como a música que representava melhor o disco. Tinha a opção de escolher uma mais radiofônica, mas eu quis ir pelo caminho mais difícil", afirmou a cantora, que não falou praticamente nada durante o show. "O palco não é para dialogar." A seguinte foi "A Menina Dança", canção que ninguém imaginava na voz de qualquer outra cantora que não Baby do Brasil. Até Marisa se arriscar. Enquanto cantava o clássico dos Novos Baianos, ela virou-se de costas para se ver no telão, que mostrava imagens de um vídeo caseiro de sua infância.

Na terceira música, "De Noite na Cama", com uma introdução de violão idealizada por Nando Reis, a cantora tirou o vestido longo, revelando uma bata frente-única. "Ainda Lembro" ganhou um vídeo de uma viagem de Marisa ao Nepal. Após "Dança da Solidão" era a vez de um dos grandes momentos da noite, que seria comentado em todas as resenhas da época. "Diariamente" ganhou um videoclipe, no traço infantil de Tom Bojarczuk, que procurava explicar, de forma didática, os 56 versos da letra de Nando Reis. O telão mostrava imagens que iam de uma melancia a uma pipoca estourando, passando por uma gangorra e um homem-rã. O mais impressionante era ver Marisa cantando, de costas para o telão, tudo o que ele mostrava. A plateia, de boca aberta, aplaudia praticamente todos os versos.

A inédita "Give Me Love" (com um enxerto de "It Ain't Over 'til It's Over", de Lenny Kravitz) abriu caminho para "Beija Eu", com imagens animadas do trabalho O Beijo, do escultor Rubens Gerchman, além de um desenho da animadora Rita Figueiredo. No show no Guaíra, "Panis et Circences" ainda não contava com a colagem de imagens dos Festivais da Canção da TV Record e de trechos de um filme publicitário que os Mutantes fizeram para a Shell na década de 70, por questões de direitos autorais. Mas, quando as imagens foram liberadas para a temporada carioca, era outro grande momento.

Já em "Seo Zé" foram exibidas fotos de Walter Firmo realizadas no Nordeste, além de um bumba-meu-boi em animação. Era a senha para outro grande momento da noite. Após um solo de berimbau de Marco Lobo e um trecho de "Tenho Sede", o telão despejou imagens de cenas de trabalhadores rurais socando o pilão no filme Vidas Secas enquanto Marisa cantava "Segue o Seco", uma das mais aplaudidas de toda a turnê. "É um espetáculo sobre gente. O Brasil é um país que não valoriza o trabalho humano. Por isso quis mostrar, nos clipes, muitas pessoas", explicou.

A percussão de Mônica Millet pontuou "Volte para o Seu Lar", seguida por "Xote das Meninas", que na versão de Marisa virou um baião. E tome imagens de mamulengos e teatro de marionetes nos telões. Outro momento que arrancou aplausos foi "Balança Pema". "Tudo no Brasil acaba em Ben Jor", disse Marisa antes de começar a cantá-la. E não só cantou. Sambou no pé na frente de imagens deslumbrantes de dribles de Mané Garrincha. A princípio ela pensou em vídeos de Pelé, mas novamente esbarrou na burocracia dos direitos autorais. Sem problema. As imagens extraídas do filme *Garrincha, Alegria do Povo*, além de performances de Carmen Miranda e desfiles de escolas de samba, combinaram muito mais. Depois disso, não precisava de mais nada, mas a cantora ainda voltou ao palco para finalizar a apresentação de cem minutos de duração com "Na Estrada" e "Aonde Você Mora".

Depois de Curitiba, a turnê partiu para outras cidades e ganhou temporadas imensas e memoráveis no Palace (São Paulo) e no Canecão (Rio de Janeiro). O clima era tão bom que Marisa começou a namorar o guitarrista Davi Moraes. Em um dos shows em São Paulo, Jorge Ben Jor estava presente. Antes de "Balança Pema", a cantora falou sobre a canção. "Eu fui procurar o significado de 'pema' no dicionário e descobri que se tratava de um peixe com rabo grande", disparou, para gargalhadas do público. "Mas o Ben Jor disse que 'pema' era o nome de uma coleguinha dele na escola... Em dialeto africano, é sinônimo de beleza", completou.

As resenhas foram unânimes. Com relação à estreia em São Paulo, Mauro Dias escreveu no *Estadão*: "Marisa Monte amadureceu. O show que estreou ontem no Palace comprova. É um grande espetáculo. (...) A voz continua perfeita, sob absoluto domínio, a presença é bela, o repertório abrangente e instigante". No Rio de Janeiro o show ainda ganhou "Ensaboa" e "Lenda das Sereias" no setlist, além da participação de Paulinho da Viola e da Velha Guarda da Portela em uma das apresentações. Arthur Dapieve relatou em *O Globo*: "Se antes, no seu berço esplêndido de cantora eclética, Marisa Monte virava tudo o que cantava, hoje, personalidade formada, tudo o que ela canta vira Marisa Monte".

A cantora fez questão de registrar o espetáculo para a posteridade. Em março de 1996, uma apresentação para convidados no Teatro Carlos Gomes, no Rio de Janeiro, foi gravada em vídeo e áudio. O repertório mudou um pouco, e *Barulhinho Bom – Uma Viagem Musical* chegou às lojas no final de setembro, com faixas registradas tanto no teatro carioca quanto no Guararapes, em Recife. Àquela altura, *Cor de Rosa e Carvão* já contabilizava mais de 200 apresentações ao redor do planeta.

Vinte e cinco anos após o término da turnê, o baterista Cesinha ainda guardava as recordações mais preciosas. "É uma combinação de repertório, da mentalidade da artista e da turma toda envolvida... Um dia, o Fernando Caneca me perguntou: 'E depois disso o que a gente faz?'. Eu respondi: 'Meu amigo, agora não é mais questão de crescer, mas de manter, conseguir trabalhar sempre nesse nível'." E concluiu: "Foi um momento iluminado para todo mundo".

Foi mesmo. Em *Verde, Anil, Amarelo, Cor de Rosa e Carvão*, aquela artista poderia bem se chamar Marisa de verdade.

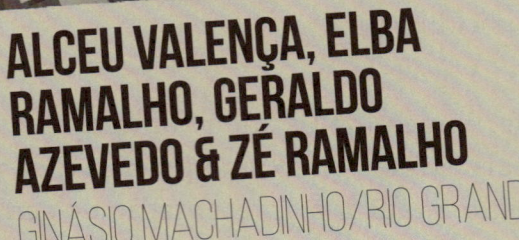

ALCEU VALENÇA, ELBA RAMALHO, GERALDO AZEVEDO & ZÉ RAMALHO

GINÁSIO MACHADINHO/RIO GRANDE DO NORTE

(26/01/1996)

35

ALCEU, ELBA, GERALDO E ZÉ. A ORDEM DOS FATORES NÃO ALTERA O PRODUTO. OS QUATRO SE REUNIRAM PARA UMA TURNÊ HISTÓRICA, EM QUE CANTAVAM OS GRANDES SUCESSOS DE SUAS CARREIRAS POR MAIS DE TRÊS HORAS. A MÚSICA NORDESTINA NUNCA ESTEVE TÃO VIVA EM CIMA DE UM PALCO. UM GRANDE ENCONTRO DE VERDADE.

O pernambucano Geraldo Azevedo e o paraibano Zé Ramalho já eram amigos de longa data. Quando Geraldo estava divulgando o seu álbum de estreia solo, em 1976, no palco do Teatro Tereza Rachel, Zé tocava viola na banda. Dois anos depois, quando Zé lançou o seu primeiro disco solo no mesmo teatro, foi a vez de Geraldo tocar viola no show do colega.

Eles se conheceram em 1974, no Teatro Opinião, durante um show do qual participavam, *Sôpa de Môrcegos na Bôca do Rock*. Geraldo foi morar antes no Rio de Janeiro, e não era raro Zé aparecer na sua casa para filar o rango – numa época em que chegou a dormir em bancos de praça. Durante uma dessas visitas, os dois compuseram "Bicho de Sete Cabeças". O resto é história, e a dupla, que duas décadas depois morava no mesmo prédio no Leblon, decidiu celebrar essa história em cima do palco.

Dueto foi criado no início de 1995 para celebrar os vinte e poucos anos de amizade entre ambos. "Quando ouvi o Frank Sinatra no álbum *Duets*, falei para o Geraldo: é por aí mesmo", explicou Zé. O show contava com 25 canções espalhadas em duas horas de duração. "Eu e Zé nos identificamos pela raiz que temos em comum. Nossa obra enfoca anseios e sentimentos que vivenciamos ao mesmo tempo", disse Geraldo na época. Em entrevista ao *Jornal do Brasil*, os dois trocaram afinidades. "O mais interessante é que desenvolvemos uma boa combinação entre o meu violão com cordas de aço e palhetas, e o de Geraldo, que é dedilhado", disse Zé. Geraldo devolveu: "O Zé tem um lado de rock e blues que eu, que me formei mais na bossa nova e nos bailes, não tinha". No show, a dupla enfileirava hits como "Caravana", "Chão de Giz" e "Avôhai", para alegria de velhos e de novos fãs que descobriam a beleza daquelas canções. A turnê, que contava com mais oito músicos no palco, passou pelo Norte e pelo Nordeste até chegar ao Canecão, no Rio de Janeiro, em setembro daquele ano, para a gravação de um CD ao vivo.

O disco não saiu, mas o que aconteceu foi bem mais interessante. Elba Ramalho e Alceu Valença estavam na plateia do Canecão. Elba não se segurou e chorou de emoção vendo os dois velhos parceiros celebrando a amizade no palco. Elba e Zé, aliás, são primos em segundo grau. O parentesco foi descoberto quando se conheceram. Elba namorava o baixista de uma banda em que Zé tocava no final dos anos 1960 em João Pessoa – na época, ela tocava bateria em um conjunto de rock. Mais tarde, em 1978, já no Rio de Janeiro, Zé chamou a prima para cantar em seu primeiro grande show na cidade – o que lhe rendeu um contrato com a gravadora CBS. No ano seguinte, compôs a faixa-título do primeiro LP da cantora, *Ave de Prata*. Elba também era muito amiga de Geraldo. Quando chegou no Rio de Janeiro em 1974, sem saber se queria ser atriz ou cantora, participou do elenco da peça *Lampião no Inferno*. Um dos autores das músicas do espetáculo era Geraldo Azevedo. Os dois ficaram amigos e moraram juntos por quase três anos.

Naquela noite no Canecão, foi plantada a semente para juntar os quatro para uma turnê. Parecia o corolário natural. Afinal, se dois é bom, quatro pode ser melhor ainda, não? Assim, Geraldo e Zé pensaram em Alceu Valença para fechar o quarteto. Se ele topasse, ficaria tudo mais fácil. Alceu sempre foi conhecido como um grande articulador, e seria um nome adequado para convencer Elba. Em novembro, os empresários dos artistas se reuniram em Feira de Santana, na Bahia, e enxergaram a possibilidade daquilo acontecer, até mesmo porque, em um dos shows da turnê *Dueto*, Alceu já tinha feito uma participação cantando, pela primeira vez, "Táxi Lunar", de autoria do trio.

Alceu, claro, conhecia Geraldo, Elba e Zé há muito tempo. Eram todos da mesma tribo que saiu do Nordeste na década de 1970 em direção ao Rio de Janeiro. Alceu e Geraldo se enturmaram em Recife, em 1969. Depois, já no Rio de Janeiro, quando Geraldo Azevendo integrava o Quarteto Livre, que acompanhava Geraldo Vandré, Alceu se reaproximou dele num dos shows. No encontro seguinte veio a primeira parceria, "Talismã". Deu tudo tão certo que, em 1972, os dois estrearam em um LP em conjunto, *Quadrafônico*, que misturava música de raízes nordestinas com rock psicodélico. Dois anos depois, a dupla se reencontraria nas filmagens de *A Noite do Espantalho*, de Sérgio Ricardo. Geraldo ainda participaria do LP *Molhado de Suor*, que

Alceu lançou em 1974; e Alceu contribuiria como compositor e backing vocal em *Geraldo Azevedo* (1976).

A canção "Táxi Lunar", lançada por Geraldo no álbum *Bicho de 7 Cabeças* (1979), foi composta pelos dois e mais Zé Ramalho. A amizade de Alceu e Zé também vinha lá do Recife. Alceu tinha um caso com uma moça cuja irmã namorava Zé, e quando estreou o show *Vou Danado Pra Catende*, em 1975, no Rio de Janeiro, Zé tocava viola e ukulelê na banda do colega. Na época, o compositor o apresentava como "Zé Ramalho da Paraíba". Elba Ramalho, por sua vez, fazia parte do coro da banda. A cantora conheceu Alceu na época em que morava com Geraldo. Ela ainda participou do clipe da faixa-título de *Espelho Cristalino*, álbum que Alceu mandou para as lojas em 1977. Na época, os dois eram vistos com frequência no Posto 9, na praia de Ipanema, berço da contracultura carioca.

O tempo foi passando, e os quatro descobriram que havia muito mais do que afinidade musical. Havia confluência de ideias, de modos de viver e, sobretudo, amizade. Tanto que Geraldo, Zé e Alceu confiaram à voz de Elba algumas de suas grandes músicas, como "Canção da Despedida", "Ave de Prata" e "Porto da Saudade". Nas palavras de Elba: "Eu sempre dependi musicalmente de Alceu, Zé e Geraldo. A sonoridade do meu trabalho foi dada por eles".

Nada mais natural então que acontecesse o grande encontro. Ou melhor: *O Grande Encontro*. Segundo Geraldo, tratou-se de uma "destinação". "Existe uma afinidade entre Paraíba e Pernambuco", garantiu. Alceu foi pelo mesmo caminho. "Esse encontro é afetivo. É uma reunião de pessoas que se gostam, são da mesma geração, tiveram suas vidas grudadas em vários momentos e que, hoje, por falta de tempo, se encontram no palco", disse ao jornal *O Globo*.

Os ensaios não tardaram a começar na casa de Elba Ramalho. Xotes, maracatus, baiões, frevos, cirandas, xaxados... Toda a cultura nordestina estava presente. O nome inicial da turnê seria "Os Quatro Elementos", mas a verdade é que *O Grande Encontro* sintetizava de forma muito mais eficaz aquela reunião. Se os anos 1970 tiveram Os Doces Bárbaros baianos, agora era a vez do encontro dos paraibanos e pernambucanos. Tanto que a *Manchete* publicou matéria sob o título "Os novos bárbaros chegam para abalar".

Num primeiro momento, a maior dificuldade poderia ter sido a escolha do repertório do show, afinal de contas, a quantidade de sucessos compostos por Zé, Geraldo e Alceu era imensa. E o número de clássicos cantados por Elba (compostos pelos colegas de palco ou por terceiros) nem se fala. Juntos, eles somavam nada menos do que 80 anos de carreira. Mas não houve problema. Bastava montar uma maratona musical de mais de 40 canções que estava tudo certo. Nem cenário precisava ter. Ninguém ia reclamar. Muito menos os fãs, que, aliás, representavam um elemento importante no encontro. "O show é uma espécie de painel da obra de cada um dos quatro. Por ser intimista, de voz e violão, cada vez que a gente faz o show, ele sai diferente. O público é o quinto elemento desse encontro", deduziu Zé Ramalho.

Os ensaios foram até poucos, considerando-se o tamanho da empreitada. Geraldo afirmou que algumas músicas foram passadas no camarim mesmo, antes da estreia. "A gente teve pouco ensaio. Acreditávamos muito na ligação que tínhamos", relembrou. Num primeiro momento, ao que parecia, Alceu Valença era o mais resistente na hora de montar o setlist. Os três diziam que ele não gostava de tocar e cantar as músicas que não fossem as suas preferidas. "Eles é que não gostam de ensaiar. Mas eu é que peguei fama de chato", respondeu de forma humorada. A ideia de fazer o show apenas os quatro, sem banda, ao contrário do *Dueto*, também foi muito bem-vinda. "Este tipo de arranjo mostra as canções despidas, do jeito que elas nasceram", afirmou Alceu.

A estreia aconteceu na noite do dia 26 de janeiro de 1996, no Ginásio Machadinho, Rio Grande do Norte. A tranquilidade de outrora deu lugar a uma certa tensão, afinal de contas, por mais experiente que seja o artista, não é todo dia que se apresenta um show pela primeira vez. Elba perambulava meio atordoada pelos camarins, diante da imensa quantidade de gente na plateia. Depois de vestida e maquiada, foi à procura de Zé Ramalho, que ainda nem havia chegado. Numa época em que o telefone celular não era algo tão comum, o nervosismo tomou conta do ambiente. Mas Zé chegou. E a plateia não se importou com os 40 minutos de atraso.

No palco valia tudo. Os quatro artistas se apresentavam solo, em dupla, em trio ou todos juntos, em um total de cerca de quatro dezenas de canções, que variava dependendo do humor dos artistas. O show começava com o quarteto no palco e Elba cantando o cartão de visitas "Nordeste Independente", depois Alceu interpretava "Bodocó", Zé apresentava "Cidadão" e Geraldo emocionava com "Ai Que Saudade D'ocê". Era o esquenta para a primeira apoteose da noite: os quatro juntos cantando "Sabiá", sucesso de Luiz Gonzaga, espécie de patrono musical da turma, em um arranjo vocal que já demonstrava a química do quarteto. Em seguida, Alceu permanecia no palco para o seu set solo. Na época, dizia-se que o show poderia durar entre duas horas e meia e três horas e meia, dependendo do seu entusiasmo. "De repente, baixa uma loucura na cabeça do Alceu, ele pega o trem e vai embora", brincou Elba. "La Belle de Jour", "Tropicana (Morena Tropicana)", "Como Dois Animais" e "Anunciação" dificilmente ficavam de fora. Às vezes o pernambucano ia além e chegava a ficar uma hora sozinho no palco. Mas ninguém reclamava, especialmente quando ele incluía no setlist "Na Primeira Manhã", "Solidão", "Pelas Ruas que Andei" ou até mesmo "Jacarepaguá Blues", canção que Zé Ramalho fez em homenagem ao Rio de Janeiro e que cantava quando fazia parte da banda de Alceu no show *Vou Danado pra Catende*. A certeza de que o bloco solo de Alceu tinha terminado era quando Geraldo entrava em cena para os dois cantarem juntos "Talismã", aquela canção que eles escreveram tão logo se conheceram.

Na sequência Geraldo, solo, desfilava os seus sucessos, e não faltavam "Dona da Minha Cabeça", "Princípio do Prazer" e "Moça Bonita". Elba entrava para ter o auxílio luxuoso do violão do parceiro em "Dia Branco". Depois Geraldo cantava "O Amanhã É Distante" com Zé Ramalho, este sempre de roupas escuras, semblante fechado e o característico canto-falado. Ele então emendava o seu set solo, sempre muito aplaudido pela garotada que estava descobrindo a sua música. Era a hora de "Avôhai", "Vila do Sossego" e "Admirável Gado Novo". Zé também aproveitava o momento para homenagear Raul Seixas ("um colega de profecias", em suas palavras), com "Trem das Sete". Nesse momento, Alceu voltava para um dueto de "Coração Bobo" com Zé, cheio de improvisações em cima da letra. "Chão de Giz", o número seguinte, já cantado por Elba, era dos mais emocionantes do espetáculo. Ela então emendava com uma arrasadora interpretação à capela de "Beradêro", de Chico César, de quem também cantava "A Prosa Impúrpura do Caicó". Ela ainda aproveitava para homenagear Caetano Veloso ("Cajuína"), Raul Seixas ("S.O.S.") e Vital Farias ("Veja (Margarida)").

Já na parte final da apresentação, Elba convocava Alceu para "Marim dos Caetés" e "Tesoura do Desejo", Geraldo para "De Volta para o Aconchego", "Canção da Despedida" e "Chorando e Cantando", e Zé para "Canta, Coração". Depois disso era só festa. Os quatro se juntavam para entoar "Caravana", "Bicho de Sete Cabeças" e "Táxi Lunar". Acabou? Claro que não. No bis, o quarteto terminava de esbaldar a plateia com "Banho de Cheiro", "Bicho Maluco Beleza" e "Frevo Mulher". Ufa!

Depois da estreia no Rio Grande do Norte, *O Grande Encontro* passou por Recife, Aracaju e Salvador antes de aportar no Canecão, no Rio de Janeiro, nos dias 16 e 17 de julho, para a gravação de um álbum ao vivo. Era como se fosse uma nova estreia, e Elba Ramalho era a mais nervosa. "Vou tremer como se fosse o meu primeiro show", disse. Àquela altura, o espetáculo estava mais redondo depois de 16 apresentações. Mas Zé Ramalho lamentou que apenas dois dias na casa de shows carioca não eram o suficiente para a quantidade de fãs que queria vê-los. E não eram mesmo. O Canecão ficou mais do que entupido nas duas noites. A lotação de 1.800 pessoas teve que ser aumentada para duas mil, e os cambistas faturaram.

Cada um dos shows contou com 44 números em quase três horas e meia de duração. "Eu me surpreendi ao ver que, no Rio de Janeiro, o público, cheio de jovens, sabe cantar todas as músicas. A onda nordestina da qual participamos hoje está sendo revalorizada. Em parte, graças ao sucesso de artistas novos como os Chicos de Pernambuco, César e Science", afirmou Zé ao *Jornal do Brasil*. O coro da plateia em "Admirável Gado Novo", então em evidência como tema da novela global *O Rei do Gado,* fez com que ele se calasse para deixar os fãs cantarem sozinhos. Foi aplaudido de pé.

Algum nervosismo era visível, em especial o de Alceu, que esqueceu a letra de "Andar, Andar", e de Geraldo, que acabou tendo um branco durante "O Ciúme", de Caetano Veloso, incluída especialmente para a gravação do álbum. "Esse negócio de fazer disco ao vivo dá vontade de cantar as coisas que a gente gosta", disse. O cantor e compositor baiano Walter Queiroz, nos bastidores, comentou: "Eu não via tantos megatons de emoções reunidos num mesmo show desde Os Doces Bárbaros. Para mim, a saga desse grupo acaba de ser resgatada pelos nordestinos." O Doce Bárbaro Caetano Veloso, que também estava na plateia, se derreteu em elogios: "'Frevo Mulher' é uma música definitiva na formação do moderno Carnaval baiano."

O álbum, que saiu em novembro, é verdade, nem de longe transmite o calor do show. Os quatro estavam tão atarefados em turnês solo ou nas próprias apresentações de *O Grande Encontro* que mal tiveram tempo de acompanhar a edição do disco. A ideia original, inclusive, era gravar um álbum só de inéditas, mas a falta de tempo impossibilitou o projeto. A crítica geral foi com relação à seleção das faixas que entraram no CD ao vivo – por que diabos não lançaram um duplo?

De toda a forma, o saldo foi mais do que positivo. "Aprendemos uns com os outros e mostramos uma fatia poderosa da nossa cultura. O Nordeste é potência máxima em música, e os quatro mostravam a diversidade da arte, como veios de água descendo na montanha e desaguando no mar. Acredito também que os fãs isolados de cada um adotaram os outros. O projeto fortaleceu a carreira de cada um", disse Elba. É verdade. *O Grande Encontro* vendeu mais de um milhão de cópias.

Ainda durante os ensaios iniciais, Alceu Valença disse: "Por falta de tempo, a gente se encontra no palco. Eu vivo nas ruas e nos botequins. Zé e Geraldo são mais caseiros. E Elba está sempre viajando". Ainda bem que naquele momento eles se encontraram mesmo.

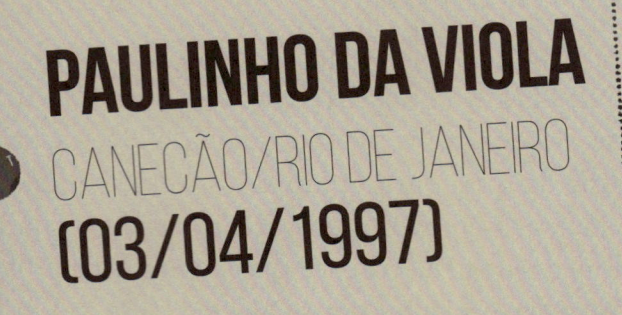

UMA AULA MAGNA DA HISTÓRIA DO SAMBA. ASSIM PODE SER DEFINIDO O SHOW BEBADOSAMBA, DE PAULINHO DA VIOLA. NOEL ROSA, NELSON CAVAQUINHO, CARTOLA, PAULO DA PORTELA, WILSON BASTISTA, PIXINGUINHA, DORIVAL CAYMMI, BIDE E MARÇAL... ESTAVA TUDO LÁ. "CHAMA, CHAMA, CHAMA..." CHAMA PAULINHO DA VIOLA!

O que um famoso poeta e um sambista desconhecido podem ter em comum? Em 1996, quando estava finalizando um álbum, Paulinho da Viola havia se mudado para um apartamento na Barra da Tijuca. Ele estava aflito, pressionado pela gravadora que lhe cobrava o disco pronto. No entanto, sabia que estava faltando alguma coisa. "Eu vou escolher o nome de uma das músicas para dar título ao álbum e entregar assim mesmo", ele disse para a sua esposa, Lila Rabello. Ela não se conformou: "Não, se você está em dúvida, eles podem esperar mais um pouco".

Poucos dias depois, durante uma noite, sozinho na sala, sem conseguir pensar em outra coisa que não o disco finalizado, Paulinho lembrou da foto de um poeta. "Ele tinha um olhar meio duro, e fiquei impressionado pelo fato dele ter dito que não gostava de música. Eu pensei: 'Como uma pessoa, ainda mais um poeta, pode não gostar de música? O que a música pode provocar nela?'", se perguntou.

Nesse momento, pegou um bloco de papel e rabiscou: "Um mestre do verso/ De olhar destemido/ Disse uma vez, com certa ironia/ Se lágrima fosse de pedra/ Eu choraria". "Era uma alusão à foto do poeta", relembrou o artista. Os versos não pararam mais de jorrar no papel, e de repente surgiu em sua mente um outro personagem, que já havia sido por ele criado na época do álbum *Zumbido* (1979). Era o Boca.

Muito jovem, Paulinho da Viola saiu pela primeira vez em uma escola de samba, a União de Jacarepaguá. Um dos integrantes da bateria era um sujeito que tinha a mania de, terminado o ensaio, tocar a sua cuíca e cantar sozinho pelas ruas do bairro.

Um dos sambas que ele arriscava era mais ou menos assim: "O samba é meu amigo/ É meu advogado/ A quem faço as minhas queixas/ Quando me sinto contrariado". "Essa imagem nunca mais saiu da minha cabeça. Ele já devia ter bebido alguma coisa, vinha sozinho de paletó e chapéu", relembrou. "Ele simboliza os grandes sambistas que mantêm acesa a chama do samba, como Candeia e Cartola", concluiu Paulinho.

Quando lembrou da imagem do sambista, ele continuou a escrever: "Eu, Boca/ Como sempre perdido/ Bêbado de sambas/ E outros sonhos/ Choro a lágrima comum/ Que todos choram/ Embora não tenha /Nessas horas/ Saudades do passado/ Remorso/ Ou mágoas menores". E terminou: "Meu choro, Boca/ Dolente/ Por questão de estilo/ É chula quase raiada/ Solo espontâneo e rude/ De um samba/ Nunca terminado/ Um rio de murmúrios/ Da memória/ De meus olhos/ E quando aflora/ Serve, antes de tudo/ Para aliviar o peso das palavras/ Que ninguém é de pedra".

Estava feita assim a ligação entre o famoso poeta e o sambista desconhecido. "A letra é uma afirmação do universo e do lirismo do samba. Essa coisa derramada, da dor, do amor, que marca a nossa vida", explicou. Para finalizar a letra, ele lembrou do "Samba da Bênção", de Vinicius de Moraes e Baden Powell, e fez um chamamento de dezenas de sambistas ilustres em cima de uma chula raiada. "Bebadosamba", a última música – e que daria título ao disco – estava pronta. Mais ainda: ela fecharia todo o conceito do álbum e do show que Paulinho mostraria em breve nos palcos.

"O título *Bebadosamba* foi escolhido mais no sentido de expressar uma pessoa que está impregnada da forma melodiosa e harmoniosa do samba. Mas é também um convite ao ouvinte: 'beba do samba'", explicou o artista ao jornal *O Globo*. O mar também serviu de inspiração para Paulinho. "Caymmi é brilhante, e sua obra é fonte de inspiração para todos da MPB, mas nesse disco acho que o que me levou a compor canções que falassem do mar foi o fato de eu estar morando agora mais próximo dele", disse à *Tribuna da Imprensa*. A explicação tinha a sua razão de ser. A segunda faixa do álbum, o partido-alto "Timoneiro" (em parceria com Hermínio Bello de Carvalho), com a sua simplicidade ímpar, mais parecia uma canção de Caymmi: "Não sou eu quem me navega/ Quem me navega é o mar/ É ele quem me carrega/ Como nem fosse levar".

"Paulinho da Viola acaba de lançar um disco novo, *Bebadosamba*, o primeiro em quase oito anos, uma nova obra-prima" (*O Estado de S. Paulo*). "*Bebadosamba* é perfeito; contém a própria essência da MPB" (*Tribuna da Imprensa*). "O disco do ano reúne 14 obras-primas com a classe do sambista" (*O Globo*). "*Bebadosamba* funciona como um manifesto pela integridade do ritmo que completa 80 verões" (*Jornal do Brasil*). Essas são apenas algumas das resenhas que celebraram o álbum de Paulinho, que chegou às lojas em novembro de 1996. Todas elas faziam sentido. Apesar de, pelo senso comum, muita gente pensar que os melhores álbuns dos expoentes da MPB foram lançados nos anos 1960 ou 1970, talvez o grande disco de Paulinho da Viola seja esse que saiu na década de 1990.

O conjunto de canções é poderosíssimo. "Mar Grande", um samba-choro com participação do conjunto Época de Ouro, nos faz ter a certeza de o quanto a música brasileira é deslumbrante. A letra cáustica escrita por Aldir Blanc para o maxixe "Memórias Conjugais" é daquelas crônicas que só Paulinho sabe cantar. "Novos Rumos", lançada originalmente por Silvio Caldas em 1958, ganhou um arranjo orquestral de cair o queixo. "Solução de Vida (Molejo Dialético)" traz uma letra de Ferreira Gullar que vale por uma vida inteira: "Acreditei na paixão/ E a paixão me mostrou/ Que eu não tinha razão/ Acreditei na razão/ E a razão se mostrou/ Uma grande ilusão". A Velha Guarda da Portela comparece em "O Ideal É Competir", samba de quadra composto por Candeia e Casquinha. O disco também tem composição em parceria com Elton Medeiros, claro. "Ame" é outra aula de vida: "Ame/ Seja como for/ Sem medo de sofrer/ Pintou desilusão/ Não tenha medo não/ O tempo poderá lhe dizer/ Que tudo/ Traz alguma dor /E o bem de revelar/ Que tal felicidade/ Sempre tão fugaz/ A gente tem que conquistar". Como bem escreveu Tárik de Souza no *Jornal do Brasil*, "o moderno em Paulinho é veículo do eterno".

E ainda havia a faixa-título, uma daquelas obras-primas que, hoje em dia, pintam de 20 em 20 anos. Pelo menos. Na gravação, a banda fez uso de instrumentos do samba de antigamente, como prato e faca, ganzá e adufe. A introdução da música, inclusive, conta com Jorginho do Pandeiro tocando o prato e a faca que pertenceram a Donga, um dos compositores do que é considerado o primeiro samba a ser gravado, "Pelo Telefone". "'Bebadosamba' é literalmente uma obra-prima: um misto de poesia falada e cantada que faria um Nelson Cavaquinho ou um Cartola tremer diante de tamanha genialidade; inesgotável, diga-se de passagem", escreveu Vagner Fernandes na *Tribuna da Imprensa*.

A letra da canção dá vivas a quem merece, de Cartola a Chico Santana, passando por Nelson Cavaquinho, Monsueto, Geraldo Pereira, Cyro Monteiro, Pixinguinha, João da Baiana e Noel Rosa, tudo cantado e decantado por Paulinho da Viola, ou melhor, Boca, o seu personagem. Boca, aliás, está na capa e no encarte do CD. Paulinho fez um rascunho do desenho inspirado pelos versos "Boca negra e rosa/ Debochada e torta/ Riso de cabrocha", e mostrou ao seu velho amigo, o jornalista, artista gráfico e programador visual Elifas Andreato, que desenhou a capa e seria o responsável pelo cenário do show, com um painel reproduzindo um desenho do personagem.

Com tantas referências no álbum, a ideia de Paulinho da Viola era celebrar todos os mestres em cima do palco. "A intenção é render uma grande homenagem ao samba", disse o artista. Em 25 de novembro, poucos dias após o CD chegar às lojas, ele apresentou um minishow no Paço Imperial, sede do reinado no período colonial, no Rio de Janeiro. "Os novos sambas de Paulinho deixaram todo mundo de olhos fascinados e bocas abertas", relatou o jornal *O Globo*. Em dezembro, o artista realizou uma apresentação única no Tom Brasil, em São Paulo, filmada pela Rede Bandeirantes para um especial de fim de ano. Era uma antecipação da turnê que teria início em abril.

Além do cenário de Elifas, projeções em vídeo estavam programadas para ilustrar as homenagens. Mas o show também teria canções autorais. Nesse caso, Boca voltava a ser Paulinho da Viola para entoar, entre outras, "Foi um Rio que Passou em Minha Vida". "O espetáculo se inspira no próprio disco. O roteiro foi construído dessa forma, ou seja, respeitando a memória de Paulinho. Acredito que é uma maneira de mostrar o samba em toda a sua essência", detalhou Elifas, que, além de ser o responsável pela cenografia, assinou a direção, iluminação e figurinos do espetáculo. A banda, formada por César Faria, pai de Paulinho, no violão, Dininho, filho do violonista Dino Sete Cordas, no baixo, além de Mário Sève (saxofone e flauta), Helvius Vilela (piano), Hércules (bateria), Celso Silva e Cabelinho (ambos na percussão), era um dream team do samba.

A estreia da turnê aconteceu em grande estilo, dia 3 de abril de 1997, no recauchutado Canecão, que completava 30 anos de história. Para competir com o Metropolitan, inaugurado dois anos e meio antes, o antigo palco da casa ganhou seis metros de boca de cena, passando de 14 para 20 metros. Por incrível que pareça, foi a estreia de um show próprio de Paulinho no local. Até então, ele só tinha se apresentado por lá em eventos. "Foi uma apreensão muito grande. Eu banquei o show, não tive ajuda de nada e estava apavorado, porque se não tivesse público ia ser um problema sério. Mas os fãs foram extremamente generosos", relembrou Paulinho.

O roteiro, também generoso, contava com 40 músicas. Afinal de contas, o número de homenageados era extenso: Pixinguinha, Cartola, Nelson Cavaquinho, Ataulfo Alves, Paulo da Portela, Lupicínio Rodrigues, Geraldo Pereira, apenas para citar alguns. "Eu sentei para estudar o repertório deles", recordou o artista. O show também teria dez das 14 faixas de *Bebadosamba*. "Só não canto mais para não ficar muito grande", brincou. Àquela altura, aliás, o CD já tinha alcançado a marca de cem mil cópias vendidas.

Quando as luzes do Canecão se apagaram, cinco tamborins ressonaram, e um sujeito de sapato branco, calça de linho da mesma cor e camisa de seda creme, além de um raro chapéu bico-de-ferro cobrindo parte do rosto, cruzou o fundo do palco tocando cuíca e sambando com a sua silhueta delineada pela luz. Poucos sabiam que aquele era o próprio Paulinho da Viola. Ou melhor, Boca. A sua voz entrou com o texto de "Bebadosamba" em off, com destaque para o acompanhamento em prato e faca. César Faria executou os primeiros acordes de seu violão com o coro "Bebadosamba, bebadosamba/ Bebadosamba, bebadosamba/ Meu bem/ Bebadosamba, bebadosam-ba/ Bebadosamba, bebadachama/ Também". Era emocionante. E também era o início de uma maratona de uma hora e 50 minutos de aula de história do samba, que co-meçava com o bloco "Bebadopassado", no qual Paulinho enfileirava sete sambas em um medley, juntando "Coleção de Passarinhos" (Paulo da Portela), "A Fonte Secou" (Monsueto), "A Primeira Vez" (Bide e Marçal) e "Sei que É Covardia" (Ataulfo Alves).

No bloco seguinte, intitulado "Bebadasfases", era a vez de "Coração Vulgar" (uma composição própria praticamente esquecida que já contava com mais de 30 anos), "Sentimentos" (Mijinha) e "Onde a Dor Não Tem Razão", parceria de Paulinho e Elton Medeiros. No bloco "Bebadosoutros", mais uma leva de homenagens em canções como "Mulato Calado" (Wilson Batista), "Triste Cuíca" (Noel Rosa/Hervé Cordovil) e "Óculos Escuros", uma joia rara de autoria de Orestes Barbosa e Valzinho. Lupicínio Rodrigues foi lembrado com "Maria Rosa", na qual Paulinho era acompanhado ape-nas pelo violão do pai. "Folhas Caídas", de Nelson Cavaquinho, que Paulinho apren-deu a tocar no Zicartola vendo o próprio autor executá-la, veio na sequência. Em seguida, o artista lembrou que, em 1973, apresentava um programa na TV Cultura de São Paulo, sob a direção de Fernando Faro, no qual entrevistava sambistas. Em um dos episódios, um convidado falou: "Quero mostrar uma música nova". "Essa canção se tornou um clássico, fui um dos primeiros a ouvi-la, e este é o primeiro show em que a toco", disse Paulinho para a plateia. O nome da música? "As Rosas Não Falam", de Cartola.

Na estreia ele quase esqueceu de cantar "Foi um Rio que Passou em Minha Vida". Mas logo lembrou e a apresentou sozinho no palco, apenas com o violão. Em seguida foi a vez de "Cochichando" – "Pixinguinha é o grande mestre", disse – e "Choro Negro", durante a qual saía de cena, deixando apenas os músicos brilharem. Era hora de res-pirar antes de começar a segunda parte da aula. E nela Paulinho mostrava canções do seu último disco. No bloco "Bebadasmemórias" ele emendou, entre outras, "Solução de Vida" e "Peregrino". "Dança da Solidão", "Coração Leviano" e "Argumento" sacia-ram a sede de quem queria escutar os velhos sucessos.

O último homenageado da noite foi Dorival Caymmi. Depois de "É Doce Morrer no Mar", Paulinho emendou "Pra Jogar no Oceano" e "Timoneiro". Para encerrar, voltou encarnando Boca para cantar a versão integral de "Bebadosamba". A essa altura, os alunos já estavam todos de pé no Canecão. No bis ele interpretou, só com seu violão, "Coisas do Mundo, Minha Nêga", antes de encerrar com o repeteco de "Timoneiro".

Estreia mais do que aprovada, tanto pela Velha Guarda da Portela, que ocupava as frisas centrais do Canecão, quanto por outros bambas, como Hermínio Bello de Carvalho, Paulo César Pinheiro, Nelson Sargento, Martinho da Vila, Aldir Blanc, Moacyr Luz e Walter Alfaiate. A crítica também encheu o show de cinco estrelas. "Na estreia do espetáculo no Canecão, na noite de anteontem, o cantor apresentou um roteiro perfeito, que, a exemplo da música que dá título ao show e ao novo disco, reverencia os compositores que criaram e povoam o universo do samba. (...) Enfim, com um show perfeito, embriagador, Paulinho da Viola reafirma a eterna nobreza", escreveu Mauro Ferreira no *Globo*. Jamari França, especialista em rock, também se derreteu em elogios no *Jornal do Brasil*. "Mesmo quem não tem o samba como gênero favorito não pode escapar da sensação de que está assistindo ao equivalente de uma orquestra sinfônica diante do grupo de instrumentistas que Paulinho encabeça."

Lógico que um espetáculo desses não poderia ficar sem registro. A gravadora deu a ideia, e Paulinho – que até então nunca tinha lançado um trabalho ao vivo – hesitou, pois sempre preferiu a pureza dos estúdios. A BMG propôs que a gravação acontecesse em São Paulo, entre os dias 16 e 18 de maio, e o lançamento estaria condicionado à aprovação do artista. Não tinha como ele reprovar a sua própria aula. "Quero que as pessoas percebam que o meu espetáculo resgata um pouco a história do samba, da época em que a gente se reunia para tomar uma, conversar com os amigos", disse Paulinho ao *Estadão* quando do lançamento do disco ao vivo.

Bebadachama (1997), com a íntegra do show, está aí para quem quiser participar da melhor aula de samba da história. Até mesmo o famoso poeta que não gostava de música se juntaria ao sambista desconhecido nessa aula.

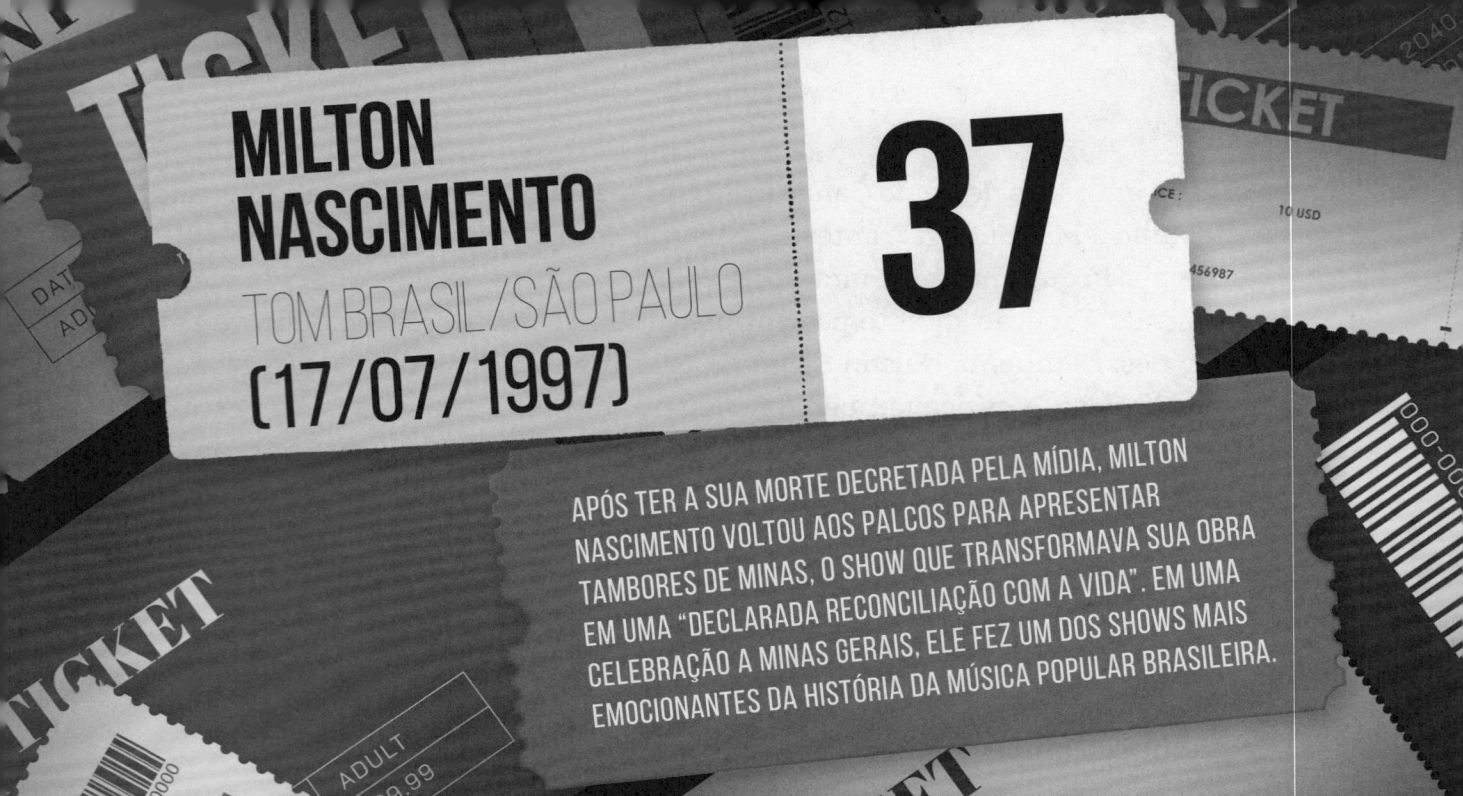

APÓS TER A SUA MORTE DECRETADA PELA MÍDIA, MILTON NASCIMENTO VOLTOU AOS PALCOS PARA APRESENTAR TAMBORES DE MINAS, O SHOW QUE TRANSFORMAVA SUA OBRA EM UMA "DECLARADA RECONCILIAÇÃO COM A VIDA". EM UMA CELEBRAÇÃO A MINAS GERAIS, ELE FEZ UM DOS SHOWS MAIS EMOCIONANTES DA HISTÓRIA DA MÚSICA POPULAR BRASILEIRA.

MILTON NASCIMENTO

TOM BRASIL / SÃO PAULO (17/07/1997)

37

Quando Milton Nascimento surgiu fantasiado de Papai Noel no programa dominical *Sai de Baixo*, exibido pela Rede Globo no dia 22 de dezembro de 1996, os fãs ficaram preocupados. Extremamente magro, o cantor despertou uma boataria sem fim acerca do seu estado de saúde. Até mesmo a sua gravadora teve que divulgar uma nota afirmando que Milton não era portador de nenhuma doença infectocontagiosa e encontrava-se em tratamento para recuperação "de uma descompensação causada pela falta de controle de um diabetes tipo 2". Mesmo com a nota assinada pelo seu médico, o mundo caiu sobre a cabeça do compositor. E parecia que apenas uma coisa poderia salvá-lo naquele momento: a sua arte.

Sete meses depois, Milton Nascimento estrearia o espetáculo *Tambores de Minas*. Era o momento de expor a sua alma, dar o seu salto (i)mortal para uma nova vida e, sobretudo, agradecer aos amigos e fãs de verdade. O que talvez ele não imaginasse é que o tal inventário baseado em seu imaginário pessoal se transformasse em um dos shows mais memoráveis da história da música popular brasileira.

Mesmo sofrendo com os inúmeros boatos maldosos a seu respeito, Milton cumpria os seus compromissos profissionais. Naquele turbulento mês de dezembro, ele tinha acabado de retornar de Nova York, onde finalizava a gravação de um novo disco. Ainda debilitado, passou o Carnaval em Salvador, onde chegou a cantar no trio elétrico de Daniela Mercury, e participou de um show de Gilberto Gil no Canecão, interpretando uma canção. Na ocasião, o *Jornal do Brasil* noticiou: "A saúde parece ótima. Milton já não está tão magro, o rosto exibe de novo o ar de anjo moleque, os olhos readquiriram aquele brilho misterioso que acende nos admiradores o velho coração de estudante".

O seu novo disco, sintomaticamente intitulado *Nascimento*, estava prestes a chegar às lojas. Mais do que um álbum, era um retorno às origens, com canções embebidas nos ritmos folclóricos de Minas Gerais. Era a vez dos tambores ressonarem a partir de uma pesquisa feita pelo baterista Lincoln Cheib, que gravou os ritmos das festas populares mineiras, como folia de reis, cateretê e catira, e enviou uma fita para o cantor. "A batida dos tambores é a usada nos reisados, no congado e no cateretê. Não tem nenhuma relação com os ritmos baianos. Os negros que foram para Minas eram de tribos diferentes dos que foram para a Bahia", explicou Milton. Algumas faixas do álbum foram gravadas praticamente com apenas voz e percussão, casos de "Louva-a-Deus", "Janela para o Mundo" e "Os Tambores de Minas". "São secas, sintéticas, concisas – incomuns em sua obra", sintetizou o jornalista Pedro Alexandre Sanches na *Folha de S.Paulo*.

O disco produzido por Russ Titelman teve a singela "O Rouxinol" como primeiro single. Mais do que uma música da obra que mais tarde ganharia o Grammy de melhor álbum de *world music*, foi a canção que trouxe Milton de volta. "Eu andei um tempo meio triste. Minha vida particular não estava tão forte quanto as músicas. Então eu resolvi parar. Tive muitas perdas de amigos, coisas tristes... Resolvi parar, só que não falei nada para ninguém. Senão todo mundo ia falar que estava ficando louco. Marquei até um show para ser o derradeiro", explicou Milton em entrevista ao jornal *O Globo*.

Ele fez o tal show com coral e orquestra em São Paulo para finalizar a turnê *Amigo* e cantou como se fosse a sua última vez. Durante o bis, as crianças do coro ficaram de costas para Milton e de frente para o público. "Só que um menino ficou de frente para mim na hora que eu cantava 'Travessia'. Parecia que ele sacava que acontecia algo dentro de mim. Foi a primeira vez que cantei 'Travessia' vivenciando a letra. No final, o menino me deu um sorriso. No ato desisti da ideia absurda de parar com a carreira." Milton chegou em casa e escreveu "O Rouxinol" – o nome do coral onde o menino Mardey, então com 11 anos de idade, cantava era Rouxinóis. E a letra diz tudo: "Rouxinol tomou conta do meu viver/ Chegou quando procurei/ Razão pra poder seguir/ Quando a música ia e quase eu fiquei/ Quando a vida chorava mais que eu gritei/ Pássaro deu a volta ao mundo e brincava/ Rouxinol me ensinou que é só não temer/ Cantou, se hospedou em mim".

Antes de lançar *Nascimento*, Milton andava mais tempo fora do país do que aqui. Ele chegou a ficar oito meses rodando entre Estados Unidos, Europa e Japão. E, para um álbum que marcava o retorno à sua terra, nada melhor do que uma turnê que retratasse as manifestações religiosas e culturais de Minas Gerais. O show deveria ser a afirmação do que diziam as músicas do disco. "Tinha de ir além do soar dos tambores, era preciso mostrá-los, colocar diante dos olhos do mundo a força dos ritmos mineiros e da própria Minas Gerais", escreveu Maria Dolores no livro *Travessia: A Vida de Milton Nascimento*, uma das biografias do cantor. Para tanto, Milton convidou o diretor teatral Gabriel Villela, nascido no sul do estado, para montar o espetáculo – ele já havia dirigido Maria Bethânia em 1994, no show *As Canções que Você Fez pra Mim*. "O que Milton pediu, e o que está em cena, é um show com um tratamento cênico diferente de tudo o que ele fez até hoje. Através dos tambores, Milton está de volta a Minas. Mas não é um retorno saudosista. É uma revisão de sua vida e obra", explicou o diretor.

O trabalho foi duro. Para teatralizar Minas, Gabriel criou um altar no estilo dos oratórios das casas do interior mineiro para servir de palco, ressuscitou os profetas de Aleijadinho e trouxe à cena a procissão de Corpus Christi, bem como a Folia de Reis. Uma de suas maiores preocupações dizia respeito aos figurinos que seriam utilizados no espetáculo, que somaram um total de nada menos que 30 peças. Para Milton, foram dois. O primeiro, negro, tratava-se de uma centenária saia de samurai reforçada com faixas de cetim que Gabriel encontrou num antiquário em Londres. Uma réplica teve que ser confeccionada, pois a original não suportaria a turnê inteira. O segundo seria um vestido branco em tafetá de seda rebordado em prata, como uma referência à hóstia sagrada. A primeira versão do figurino pesava 20 quilos, e o diretor teve que pedir para confeccionar uma mais leve, de oito quilos. Para completar, Gabriel ainda mandou construir um trono de cipó para Milton descansar durante o espetáculo.

E quem estava acostumado a ver o compositor no palco com o seu inseparável boné – ou seja, quase todo mundo, pois o artista havia muito tempo não se apresentava sem ele – teria mais uma surpresa. Gabriel pediu para que o acessório fosse abandonado. "O boné é incompatível com os figurinos religiosos", explicou. A peça então foi substituída por gotas de ouro que escorreriam de seus cabelos, em uma referência a Chico Rei, o rei do Congo que virou escravo em Minas e, diz-se, comprou a sua liberdade vendendo o ouro que ele retirava das minas e escondia em seus cabelos. Teorias à parte, o diretor resumiu a sua intenção: "Está mais do que na hora de colocar ouro na cabeça de quem merece".

Além de Milton, nove artistas fariam parte do espetáculo. Gabriel Villela teve a ideia de colocar um coro em cima do palco, mas logo sentiu a necessidade de ter mais elementos, como acrobatas, percussionistas e atores. Inicialmente as funções seriam divididas, mas logo ele pensou em misturar tudo, de forma que todos cantassem, dançassem, atuassem e tocassem os tambores. Não foi fácil, e os ensaios chegavam a durar 14 horas diárias, entre aulas de percussão com Robertinho Silva e de canto com o próprio Milton. Os artistas tocariam caixa de folia, um tambor de madeira revestido com pele de animal, em afinação baixa, o mesmo usado nos congados e reisados de Minas. Para o show, Milton determinou que as peles fossem substituídas por tecidos.

O figurino dos atores-cantores foi desenhado com o mesmo esmero. Eles também teriam duas roupas. A primeira faria referência aos profetas esculpidos por Aleijadinho nas escadarias da Basílica do Senhor Bom Jesus de Matosinhos, em Congonhas. A outra seria inspirada na lendária figura da Tia Olímpia de Ouro Preto, uma senhora que perambulava pelas ruas da cidade contando histórias para os turistas e recebendo roupas em troca. Parte dos trajes foi feita com panos do Tibete, da Índia e até de cortinas da Ópera de Pequim (arrematadas em leilão), mesclados com tecidos mineiros. E, lógico, havia a banda também, formada por Lincoln Cheib (bateria), Túlio Mourão, Kiko Continentino (ambos nos teclados), Luís Alves (contrabaixo), Robertinho e Ronaldo Silva (os dois na percussão) e Nivaldo Ornellas (sopros). Os seus trajes seriam inspirados nos paletós usados pelos reis dos congados. Todos os figurinos consumiram nada menos que 700 metros de tecido.

O espetáculo seria dividido em dois atos, com 24 canções e um intervalo de 15 minutos entre eles. A procissão de Corpus Christi, a mais tradicional das festas religiosas de Minas Gerais, que celebra o ciclo de vida, morte e ressurreição de Cristo, deu origem ao primeiro ato, de estética barroca. "É quando dançam os profetas, o Aleijadinho, o pintor Athayde (que recobriu com sua pintura barroca os tetos e campanários das igrejas mineiras), os inconfidentes, as postas de carne de Tiradentes. Dançam Riobaldo, Diadorim e Guimarães Rosa, o velho Chico (o rio São Francisco) e até as montanhas de Minas, tudo em torno de Milton rei", explicou o diretor. Já o segundo ato foi inspirado na Folia de Reis. Na primeira parte do show Milton cantaria o passado e, na segunda, as canções do último disco, grande parte delas centrada nos tambores.

Antes da estreia, que aconteceu no dia 17 de julho de 1997, no Tom Brasil, em São Paulo, Milton Nascimento disse: "Eu decidi apagar toda a raiva que eu senti com a maneira como eu fui tratado durante todo esse período triste de minha vida. O resultado é um show forte, emocionante".

"Valei-me, profetas! Minas Gerais! Terá existido em outra parte além do meu arbitrário pensamento? Será que tudo que está ligado à consciência, tocando de leve no real sem penetrá-lo, está destinado ao fracasso e ao esquecimento? Será que este meu retorno a Minas não é apenas a reconciliação com o intolerável? Eu quis colocar a minha voz a serviço de Deus, isto é, a serviço do homem. Eu tinha um projeto. Nascido do sangue, asfixiei-me no sangue. As terras fartas de Três Pontas conservam o meu rastro, que restará na memória de meus amados, nos quais co-habitam minha alma de criança e o caos dramático que me meti dessa mistura de esquinas e perturbações poéticas. Fizeram de mim a voz de Minas, o cidadão do mundo. Depois... um atestado de óbito. Que restará na memória do meu povo? A violência dos ternos, a traição dos fiéis, imprevidência dos sábios e minha própria cegueira de adivinho? Não. Restará a vitória, o meu salto mortal para dentro de uma nova vida. Deixo na mão das pessoas honestas e na ferocidade dos críticos minha própria cronologia e a geografia exata do meu coração. Um lugar vivo de todos os contrários. Este show é um inventário baseado no meu imaginário pessoal, que transforma minha obra numa declarada reconciliação com a vida. Este show expõe sem qualquer piedade a minha verdadeira alma, perturbadora e desigual. Não tenho intenção cultural, estética ou didática. Ele foi concebido para meu benefício próprio. Com a intenção de louvar a Deus e, neste ato, agradecer aos meus amigos e a vocês que, sei, não deixaram que eu, prematuramente, me transformasse num pasto para os vermes."

O texto é longo, mas a sua transcrição é necessária. Era dessa forma, com as frases narradas em off, que Milton abria o espetáculo. Na sequência, a voz de Elis Regina cantando "O que Foi Feito Devera" reverberou no Tom Brasil. Nesse momento do show, o cantor, que pesava 60 quilos, ficava atrás de um dos nove bonecos brancos de ciranda recortados em tiras de papel no fundo do palco. Quando o boneco virou, Milton cantou ao som dos tambores: "Alertem todos alarmas/ O homem que eu era voltou", de "O que Foi Feito de Vera". E estava tudo lá: a voz, a alma, o seu inventário, a geografia mais que exata de seu coração. Já dava para notar que aquilo não era apenas um show. Após "Cavaleiros do Céu" e "Calix Bento", o coro cantou "Paula e Bebeto". Durante "Léo", Milton tocou teclado e cantou lindamente. O mesmo aconteceu em "Corsário", a pérola de João Bosco e de Aldir Blanc que parecia insuperável na voz de Elis. "Caçador de Mim" era sempre um dos momentos mais emocionantes do show. Os atores-cantores Fabiano Medeiros e Toninho Marra cantavam a música quase inteira com backing vocals de Milton, que entrava com toda a força no final.

Em seguida o compositor, sentado na escada do palco, pegava a sua sanfona Hering de oito baixos para executar uma versão instrumental arrepiante de "Ponta de Areia". Elis voltava a ser lembrada em "Saudade dos Aviões da Panair", que, no final, ganhava um lindo efeito, com um jogo de luzes, e Milton abrindo os braços para simular o voo de um avião. O primeiro ato se encerrava com "A Sede do Peixe" e "Para Lennon e McCartney". Quando Milton saía do palco cantando o verso "Sou o mundo, sou Minas Gerais" parecia sintetizar o espetáculo.

O segundo ato tinha início com um solo de flauta de Nivaldo Ornellas prenunciando o cântico dos atores-cantores no hino religioso "Queremos Deus" antes de Milton voltar ao palco para entoar "Louva-a-Deus" acompanhado pelos tambores. Diversas canções de *Nascimento*, como "O Rouxinol", "E Agora, Rapaz?" (durante a qual Milton cantava a palavra "dor" por impressionantes 24 segundos) e "Janela para o Mundo" foram lembradas. Durante "Levantados do Chão" (parceria com Chico Buarque), três mil bolinhas de pingue-pongue despencavam ao redor do cantor. O espetáculo se encaminhava para o final com "San Vicente" (o clássico do *Clube da Esquina*, de 1972), "Nos Bailes da Vida" e "Tambores de Minas", na qual os músicos da banda tocavam xique-xique, instrumento típico dos congados, amarrado nos tornozelos.

E aí chegava o momento mais emocionante da apresentação. Era a hora de Milton cantar a sua vida em "Canções e Momentos": "Há canções e há momentos/ Que eu não sei como explicar/ Em que a voz é um instrumento/ Que eu não posso controlar (...) Eu só sei que há momentos/ Que se casa com canção/ De fazer tal casamento/ Vive a minha profissão". Ao final ele ensaiava passos de dança com os bailarinos em cima do oratório, ao mesmo tempo em que a voz de Elis Regina voltava em "Redescobrir", a canção de Gonzaguinha que encerrava o seu show *Saudade do Brasil* (1980). Milton abraçava cada um dos rapazes e se curvava para a plateia antes de sair do palco. Os bailarinos continuavam cantando "Redescobrir" enquanto tocavam seus tambores. Finalmente Milton retornava para encerrar com "Canção da América" depois de mais de duas heroicas horas em cima do palco.

As resenhas publicadas não foram surpreendentes. "*Tambores de Minas*, em cartaz no Tom Brasil, é um dos espetáculos mais bonitos que nosso país já viu. Um show histórico, que nasceu de uma necessidade visceral de Milton Nascimento ao se defrontar com a possibilidade do fim, com a intransigência dos críticos e o sensacionalismo mórbido da mídia. O show é o inventário de uma vida, uma volta ao útero mineiro, um tocante agradecimento a Deus", escreveu Evaldo Mocarzel no *Estado de S. Paulo*.

Depois da estreia em São Paulo, *Tambores de Minas* teve mais 79 apresentações, incluindo o Parque do Ibirapuera (para cem mil pessoas), Teatro João Caetano (no Rio de Janeiro, quando foi gravado o CD ao vivo e Milton recebeu das mãos de Russ

Titelman o merecido Grammy), Praça Tiradentes (em Ouro Preto), Teatro Castro Alves (em Salvador) e ainda voltou ao Tom Brasil para a gravação de um especial de TV que mais tarde se transformaria num DVD. "A gente vai gravar um disco ao vivo porque esse show não pode ficar só na lembrança", falou Milton.

O flautista Paulo Guimarães, que no decorrer da turnê substituiu Nivaldo Ornellas, disse com muita propriedade: "O Milton tem uma coisa excepcional como artista, ele consegue a simplicidade profunda, não é a simplicidade rasinha não. Então é isso que é a força. Ele tem a força". Verdade. Milton tem a força. No show em que abria falando de sua morte decretada pela mídia, o artista acabou celebrando o seu renascimento.

UM SHOW QUE VIROU CASO DE POLÍCIA. O PLANET HEMP JÁ ESTAVA NA MIRA DA JUSTIÇA, MAS NINGUÉM IMAGINAVA QUE APÓS UMA APRESENTAÇÃO EM BRASÍLIA, OS SEUS SEIS INTEGRANTES TERMINARIAM ATRÁS DAS GRADES, E POR LÁ PASSARIAM QUATRO LONGOS DIAS. A PARTIR DAQUELE MOMENTO, A BANDA VIRAVA UMA CAUSA A SER DEFENDIDA.

Na segunda metade da década de 1990, se havia alguma banda com o título de inimiga pública n° 1, ela atendia pelo nome de Planet Hemp. Duras da polícia, shows cancelados, discos apreendidos, músicas proibidas e até ameaças de morte. Tudo começou em outubro de 1995, quando a polícia de Goiânia apreendeu 53 exemplares do CD *Usuário*, lançado seis meses antes. No ano seguinte, dois shows em Vitória foram proibidos e o promotor dos espetáculos, preso. Outra apresentação em Salvador acabou cancelada, e 62 pessoas restaram detidas. Era apenas o começo.

O Planet Hemp foi criado em 1993 e dois anos depois lançou o seu primeiro álbum, *Usuário*. Ao mesmo tempo em que estourava, o grupo era cada vez mais visado. Logo que "Legalize Já" estreou na MTV Brasil, a sua veiculação foi proibida antes das 23h. No álbum, a banda clamava pela descriminalização da maconha com uma sonoridade que unia o rock ao rap. Nas letras, conforme destacado no livro *Os 500 Maiores Álbuns Brasileiros de Todos os Tempos*, a malandragem jovem das ruas cariocas nos anos 1990 "vinha filtrada pelo asfalto suburbano, pelos bares da Lapa, pelas duras da polícia, pelo calor dos bairros cariocas distantes da praia, pelos ônibus que uniam Zona Norte e Zona Sul, pelas pistas de skate lotadas de figuras noturnas, por locais enevoados como o Crepúsculo de Cubatão e o Garage".

Por sinal o Garage, templo do underground carioca, em cujo palco Marcelo D2 chegou a morar nos tempos de vacas magras, já tinha ficado pequeno para o Planet

Hemp em 1995. Após o sucesso de "Dig Dig Dig (Hempa)", "Mantenha o Respeito" e, claro, "Legalize Já", o grupo passaria pela prova do segundo disco. Será que a temática basicamente pró-legalização da erva teria passado do prazo de validade?

No primeiro semestre de 1997, com o disco *Os Cães Ladram Mas a Caravana Não Para* – o título veio de uma expressão usada pelo colunista social Ibrahim Sued – o Planet Hemp mostrou que não. BNegão não fazia mais parte oficialmente da banda (apesar de ter participado de metade do disco), e Marcelo D2 decidiu escrever as letras em primeira pessoa focando na violência do Rio de Janeiro. Além do mais, o som abarcava outros estilos musicais, como samba, funk e soul a bordo da produção de Mario Caldato Jr. A controvérsia, no entanto, continuava. "*Os Cães Ladram Mas a Caravana Não Para* mostra que o grupo está cheio de apetite para polêmica", escreveu Carlos Albuquerque no jornal *O Globo*.

Nas letras, a banda aumentava o seu leque de críticas. "Paga Pau" condenava a violência entre as torcidas organizadas de futebol. Na faixa de abertura, "Zerovinteum", com participação de Fernanda Abreu, não sobrava para quase ninguém: "Rio, cidade-desespero/ A vida é boa mas só vive quem não tem medo/ Olho aberto malandragem não tem dó/ Rio de Janeiro, cidade hardcore/ Arrastão na praia não tem problema algum/ Chacina de menores é aqui 021/ Polícia, cocaína, Comando Vermelho/ Sarajevo é brincadeira, aqui é o Rio de Janeiro". "Mão na Cabeça" ("Mão na cabeça/ Assalto?/ Não, polícia") seguia pelo mesmo caminho.

Mas o tema da descriminalização da erva ainda se fazia presente. "Não falamos de maconha para chocar ninguém, falamos apenas de coisas que têm a ver com nosso universo", disse D2 à *Tribuna da Imprensa*. "Adoled", que recria "The Ocean" (do Led Zeppelin), repete o mote da estreia: "Legalize já". E também tinha "Queimando Tudo", que rapidamente estourou nas rádios e na MTV: "Eu canto assim porque fumo maconha/ Adivinhe quem está de volta explorando a sua vergonha". "O disco é uma afirmação de tudo o que fizemos antes. O Planet foi feito para incomodar, para dar trabalho", disse D2 ao *Globo*. "Mas o pior é cancelamento de show. É uma questão de liberdade de expressão", completou.

Em entrevista à *Folha de S.Paulo*, Marcelo D2 relativizava. "A gente só gosta de fumar, mas a gente é contra o tráfico de drogas. Foi tanto problema que a gente resolveu lançar um disco em homenagem a essa situação." De fato, as duras que a banda tomava eram quase diárias. "A polícia já deu geral na aparelhagem no palco, com os cachorros cheirando os equipamentos", relatou o baixista Formigão. Os fãs também não eram poupados. A polícia rotineiramente prendia um adolescente ou outro fumando seus baseados nas apresentações da banda.

Mesmo com shows cancelados durante a turnê de *Usuário*, o Planet pretendia apresentar cem espetáculos para divulgar *Os Cães Ladram*. A estreia estava marcada para o dia 4 de julho em São Paulo. No ano anterior, quando tocou no Olympia, a polícia deu uma batida, e a banda terminou a noite na delegacia para averiguações. "Dessa vez nós vamos fazer show no Palace. Queremos despistar a polícia", ironizou Marcelo D2.

Foram três noites lotadas na capital paulista, com participação da banda Pavilhão 9. No palco, o Planet Hemp recebeu o disco de platina. Mas do lado de fora a situação era tensa, com viaturas da polícia, cães farejadores e dezenas de policiais revistando os fãs. A manchete do *Jornal da Tarde* também não ajudou muito: "Show do Planet Hemp reúne fãs da maconha". Sobre o show, a revista *Bizz* publicou: "A galera na pista empurra, pula e se escoiceia nos ápices *hardcore*. Não dá pra entender uma sílaba do que a banda fala, mas pouco importa".

Semanas depois a banda tocou no Imperator, no Rio de Janeiro, sem problemas. Mas em Recife, Salvador e Maceió shows foram cancelados. O mesmo aconteceu em meados de outubro, quando uma apresentação em Duque de Caxias, no Rio de Janeiro, acabou suspensa pelo Juizado de Menores, porque, num show anterior, dois menores foram presos fumando maconha. Para a justiça, parecia que o consumo da erva se restringia às apresentações do Planet Hemp.

No dia 7 de novembro um juiz de Belo Horizonte cancelou um show do conjunto sob a tese de que ele pregava o uso da maconha em suas canções. Além do mandado de interdição da apresentação, foram expedidos outros três de busca e apreensão contra os músicos, que foram obrigados a passar a madrugada na delegacia. A operação foi coisa de cinema. Policiais civis e militares retiraram os músicos de um bar por volta das 3h da manhã, e os levaram para prestar depoimento durante cinco horas. Nem os ônibus utilizados pelo grupo foram poupados. Houve também revista nos integrantes, com os quais foram encontrados "perigosíssimos" bonés e chaveiros com a estampa da planta de maconha. Parecia que a bruxa estava solta: na mesma fatídica noite, um show dos Raimundos em Santos terminou em tragédia. Oito pessoas morreram e 70 ficaram feridas após uma escada despencar.

Cinco meses antes do show em Belo Horizonte, quando *Os Cães Ladram* chegou às lojas, quem abrisse o encarte do CD se deparava com uma página dupla em que os integrantes do grupo apareciam fichados e com os respectivos retratos falados desenhados. Acima, a inscrição: "CINAP – Seção de Recursos Técnicos – Setor de Retrato Falado – Chefia da Polícia Civil". Na mesma semana, o então deputado federal e membro da Comissão de Direitos Humanos da Câmara Fernando Gabeira assinou uma declaração defendendo a postura da banda: "A música tem mais força do que o discurso político. Essa briga já não é estranha ao Planet Hemp. (...) Grandes temas nascem nos banheiros públicos e terminam na mesa dos ministros". O Planet Hemp nem poderia imaginar – ou já imaginava – que tudo isso seria realidade muito em breve.

A banda subiu ao palco do Minas Brasília Tênis Clube nos primeiros minutos do dia 9 de novembro de 1997, após a abertura da banda Os Cabeloduro. Além do show, Marcelo D2 tinha um outro compromisso. Ele queria chegar o mais rápido possível de volta ao Rio para participar da festa de seu filho Stephan, que completava 6 anos. Tudo começou da mesma forma que os outros shows da turnê. Os alto-falantes tocaram o Hino do Flamengo, e a banda emendou com "Não Compre, Plante!" e "Legalize Já", dois sucessos do primeiro disco que colocaram os fãs em êxtase. D2 e seus companheiros pouco falaram. O recado era dado em canções como "Fazendo a Cabeça", "Quem Tem Seda" (ainda inédita em disco) e "Queimando Tudo". O final com "Mantenha o Respeito" e "Dig Dig Dig (Hempa)" foi estrondoso, com os fãs berrando todos os versos.

Conforme relata Pedro de Luna no livro *Mantenha o Respeito*, biografia do Planet Hemp, já havia boatos de que a banda seria presa naquela noite. Um jornalista da Rede Globo teria obtido a informação, que logo se espalhou. Do lado de fora, a polícia revistava todo mundo. Do lado de dentro, um policial acoplou um gravador de rolo na mesa de som a fim de gravar a apresentação. Quando saíram do palco, Marcelo D2, Gustavo Black Alien, Jackson, Formigão, Bacalhau e Zé Gonzales foram presos. A acusação: associação para fazer a apologia do uso da maconha. Acompanhados por uma repórter da Globo e um cinegrafista com a câmera ligada, 20 policiais entraram no camarim enquanto a produção da banda despejava os flagrantes no vaso sanitário. A polícia separou os músicos do Planet Hemp de um lado e os demais presentes de outro. Os seis membros da banda foram presos em flagrante e conduzidos até a Coordenação de Polícia Especializada. Já a equipe técnica foi liberada e, quando chegou no hotel, se deparou com os quartos dos músicos revirados de ponta cabeça pela polícia.

O delegado-chefe da Delegacia de Tóxicos e Entorpecentes, Eric Castro, abriu inquérito e indiciou os músicos com base em uma lei que trata da repressão às drogas. Quando os músicos chegaram, detentos aplaudiram e cantaram canções do grupo. "Não adianta fazer pressão política. Daqui eles só saem por uma decisão judicial", esbravejou o delegado. A tal pressão política vinha por intermédio de Gabeira, que, tão logo soube da prisão, telefonou para se informar da situação dos músicos. O delegado não queria nem saber. "Nem se fosse o papa a gente soltaria." Gabeira retrucou: "Não se trata de pressão política. O que queremos é que a justiça seja cumprida. O flagrante foi impreciso e houve armação, uma ação premeditada para prender os rapazes".

A gravadora Sony contratou o advogado Nabor Bulhões, famoso por ter liderado a defesa do ex-presidente Fernando Collor de Mello no processo de impeachment. De cara, ele ingressou com um pedido de habeas corpus, requerendo a soltura dos integrantes da banda sob a tese de que defender a descriminalização do uso da maconha não é crime, uma vez que a Constituição Federal assegura a livre manifestação do pensamento. Não seria fácil. A prisão deles começou a ser planejada três dias antes da operação que mobilizou 70 pessoas, quando o Instituto de Criminalística emitiu um laudo apontando apologia de drogas em suas letras. A partir daí, Castro obteve um mandado de busca e apreensão no local do show e no hotel onde os músicos estavam hospedados. Ao contrário da polícia mineira, que cancelou o show de Belo Horizonte na semana anterior, a brasiliense aguardou o final da apresentação do grupo para lavrar o flagrante. "Se não tivesse havido o show, não haveria crime, não teriam como ser processados, como aconteceu em outros lugares", explicou o delegado.

Assim, no dia da apresentação, Castro e sua equipe vestiram camisetas, bermudas ou calças jeans e se infiltraram na plateia de sete mil pessoas. Portando câmeras escondidas, prenderam três adolescentes fumando maconha. "O empresário deles disse até que tudo aquilo era mais uma palhaçada, mas ignoramos a provocação. Não houve violência, estávamos até desarmados", disse o delegado, que argumentou que a banda havia feito propaganda da maconha em praticamente todas as músicas do show.

Não era a primeira vez que um episódio desse tipo acontecia. No ano de 1976, em Santa Catarina, a polícia invadiu os quartos de hotel onde dormiam os Doces Bárbaros e prendeu Gilberto Gil e o baterista do quarteto por porte de maconha. No mesmo ano, Rita Lee foi detida em sua casa quando, numa batida, a polícia encontrou maconha, LSD, mescalina e haxixe. Grávida, ela permaneceu alguns dias em cana. Em 1986, Arnaldo Antunes e Tony Bellotto dos Titãs foram presos – o primeiro por tráfico de drogas, o segundo, por porte. No mesmo ano, quando o RPM estava no auge da fama, Paulo Ricardo foi detido no aeroporto do Galeão com 16 gramas de maconha. Lobão foi outro astro do rock brasileiro que teve problemas com a lei diversas vezes por conta das drogas.

No caso do Planet Hemp, a história diferia pelo fato de os músicos não terem sido pegos com drogas, mas, supostamente, fazerem apologia à maconha. O jornal *O Estado de S. Paulo*, num editorial, tachou os membros da banda de "criminosos de alta periculosidade". "Não há nada de engraçado nem de artístico e muito menos de democrático ou libertário em sua apologia. Todo o rigor da lei ainda será pouco para deter aqueles que ganham a vida seja negociando, seja fazendo propaganda das drogas." Marcelo D2 se defendeu: "Não somos criminosos, estávamos só trabalhando". Do lado de fora da delegacia, jovens se aglomeravam à espera de uma oportunidade para entregar-lhes uma carta de apoio. Na cela, o chuveiro com defeito atrapalhou a higiene dos músicos. "Mas os amigos riam da situação, trocando acusações sobre quem exalava os piores azedumes", publicou a revista *Bizz*.

Colegas do Planet Hemp também entraram no debate. Caetano Veloso disse ao *Globo* que não tinha nenhuma simpatia pelo fato de a banda ter sido detida. "Como alguém em 1997 pode ser preso porque se referiu favoravelmente à maconha?", indagou. Roberto Frejat concordou com o baiano. "Aborto é proibido no país, mas ninguém é preso por defender a ideia de sua legalização. É triste ver que este país retoma artifícios da ditadura para tentar frear uma discussão lícita." Para a MTV, Gilberto Gil deixou claro o seu posicionamento: "No quadro democrático, no quadro de liberdades mais amplas que nós temos hoje, que não é um quadro de ditadura, isso fica mais assustador e, ao mesmo tempo, mais ridículo". Cássia Eller, Marisa Monte e Tom Zé, entre outros artistas, assinaram um manifesto intitulado "Liberdade de expressão, liberdade para o Planet Hemp", e até mesmo um ato de desagravo à banda foi agendado. O curioso é que apenas o Planet Hemp estava na mira da polícia numa época em que Gabriel o Pensador cantava "Cachimbo da Paz", o Barão Vermelho regravava "Malandragem Dá um Tempo" (aquela que diz "vou apertar, mas não vou acender agora"), os Virgulóides estouravam com "Bagulho na Bumba", e Lulu Santos recuperava "Chico Brito", samba de Wilson Batista dos anos 1940 que falava de "uma erva do norte".

Quatro dias e meio depois do show, cercados por dezenas de fãs carregando cartazes e cantando "Legalize Já", os músicos do Planet Hemp foram liberados. "Somos pessoas honestas, trabalhadoras e vamos agir dentro da lei. Sabemos que as drogas fazem mal e jamais faríamos apologia do seu uso. Esperamos ter contribuído para o debate, não apenas sobre a legalização da maconha, mas também sobre a liberdade artística de expressão", desabafou D2. O alvará de soltura veio por meio de um habeas corpus. "A decisão caracterizou a ação policial como ilegal e abusiva", disse o advogado. Na coletiva após a soltura, D2 brincou: "É difícil ser Planet Hemp, mas é divertido".

Quando saiu de trás das grades, o Planet Hemp tinha contabilizado 470 mil discos vendidos. No primeiro show após o episódio, o cachê da banda dobrou. Para não correr riscos, os músicos viajavam acompanhados de um advogado munido de um habeas corpus preventivo. A partir daquele momento, o grupo não saiu mais da mídia. Mais do que uma banda, o Planet Hemp era uma causa a ser defendida.

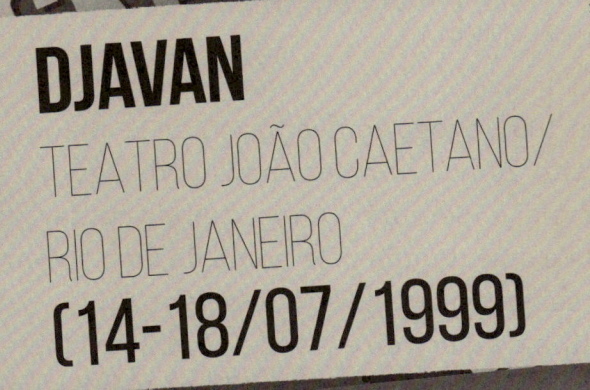

QUANDO ESTAVA PERTO DOS 50 ANOS, DJAVAN ERA UMA OUTRA PESSOA. SEPARADO, CURTINDO NOITES DE FORRÓ E DE SAMBA, ELE DECIDIU GRAVAR UM ÁLBUM MAIS DANÇANTE. ERA O SEU DISCO DE NÚMERO 13. E NÃO PENSE QUE O NÚMERO TROUXE AZAR A ELE. ALÉM DE LHE TRAZER NOVOS FÃS, GEROU UM SHOW QUE SE TORNOU UM MARCO NA INDÚSTRIA MUSICAL BRASILEIRA.

Tudo começou durante uma aula de Química no antigo curso científico, ainda em Maceió. Entre tabelas periódicas e reações químicas, um violão parou em suas mãos. O rapaz tinha 15 anos de idade. Trinta e cinco anos depois, ele estava vendendo mais de dois milhões de cópias de seu primeiro álbum gravado ao vivo.

Mas, para chegar a essa marca tão expressiva, muita água rolou. Logo no ano seguinte, quando se arriscava no time juvenil de futebol do CSA de Alagoas, ele descobriu que tocar violão, de fato, era a sua verdadeira paixão. Comprou então revistinhas a fim de tirar algumas músicas de seu instrumento e com uns amigos formou a banda L.S.D. para animar bailes ao som de covers dos Beatles nos subúrbios de Maceió. Aos 24 anos, se deu conta de que a capital alagoana era pequena demais para o seu talento e emigrou para o Rio de Janeiro, onde ralou em boates e cantou em trilhas sonoras de novelas. A oportunidade veio dois anos depois, em 1975, quando participou do festival *Abertura*, realizado pela Rede Globo. O seu samba "Fato Consumado" ficou em segundo lugar. Nesse momento, muita gente já sabia quem era Djavan.

No ano seguinte, o alagoano estreou no mercado fonográfico depois de cair nas graças de João Araújo e assinar com a Som Livre. Àquela altura, Djavan tinha uma lista de 60 canções prontas para serem gravadas. Escolheu 12 e lançou A Voz, o Violão, a *Música de Djavan*. O disco não aconteceu, mesmo contendo uma faixa de abertura que, pouco depois, se transformaria em um dos maiores clássicos da música brasileira. Os dois álbuns seguintes também não venderam muita coisa, apesar do alto nível artístico. Mas quando Djavan lançou *Seduzir*, em 1981, o jogo começou a virar. E, quando *Luz* (1982) chegou às lojas, aí não teve mais jeito. Afinal, ninguém mais podia ignorar um álbum com canções do nível de "Sina", "Pétala" e "Samurai". O disco ainda contava com a participação de um sujeito tocando gaita e que atendia pelo nome de Stevie Wonder.

Conclusão: todo mundo foi procurar saber o que Djavan havia feito antes. E descobriram "Flor de Lis" (a tal faixa de abertura do disco de estreia), "Meu Bem Querer" e "Álibi" – esta última, inclusive, era a faixa-título do álbum campeão de vendas lançado por Maria Bethânia em 1978. Com a sua sonoridade única, Djavan acabou por criar um estilo próprio, uma grife particular dentro da MPB, numa mistura de samba, funk, jazz, música nordestina, além de baladas de derreter corações apaixonados.

Depois de *Luz*, até 1996 foram mais sete discos. *Lilás* (1984) tinha a mesma sofisticação pop internacional de *Luz*. *Djavan* (1989) trouxe "Oceano", o maior sucesso de sua carreira. *Coisa de Acender* (1992) reiterou a faceta popular do alagoano, e "Se..." acabou por se transformar em um de seus maiores hits. Em *Novena* (1994) e *Malásia* (1996), Djavan atingiu a maturidade artística, com algumas de suas composições mais requintadas.

No senso comum, o número 13 está associado à falta de sorte. Mas a numerologia explica que não é nada disso. Para ela, o número 13 significa recomeço, mudanças benéficas. E era exatamente o que estava prestes a acontecer com Djavan quando lançou o seu 13º álbum. Em 1996 o compositor desfez o seu casamento de 25 anos e decidiu que era a hora de aproveitar a solteirice e curtir a noite carioca. Na porta dos 50 anos de idade, passou a observar de perto as tendências musicais e a frequentar as noites de forró no Ballroom, casa de shows no Humaitá, além das rodas de samba da Casa da Mãe Joana, em São Cristóvão. Teve muitas namoradas também. Indagado sobre como o divórcio influenciou sua nova fase, explicou ao *Jornal do Brasil*: "Tive um casamento feliz de 25 anos, foi um êxito. Essa fase agora é de reaprendizagem de ser solteiro. Mas não estou bicho solto por isso".

Bicho Solto, por sinal, seria o título do seu novo álbum, o 13º de sua carreira. "Djavan troca de estilo e vai para a pista", anunciou o *Estadão*. Segundo o artista, o álbum foi feito mesmo para ser dançado em gafieiras, salões de baile, casas de shows e afins. "Estou separado, estou inquieto, estou mais solto", reiterou. A mudança de direção foi calculada. "Todos sabem que sou capaz de compor boas baladas; quis mostrar que sou capaz de outras coisas." Djavan embarcou em um projeto que sinalizasse o que ele estava passando. Para tanto, puxou para si o controle de todo o processo de feitura do trabalho: composição das canções, arranjos e produção. E optou, pela primeira vez, por trabalhar com programação de sons sintetizados.

Não só isso. Decidiu também convocar o filho para fazer parte de sua banda. Max Viana contava com 23 anos de idade. Para empunhar a outra guitarra, chamou João Castilho, então com 27 anos. E, para o baixo, seguindo a sugestão do veterano baterista Carlos Bala, convidou André Vasconcellos, de apenas 19. Obviamente o jovem trio influenciou o conceito do disco. Djavan ainda se juntou ao rapper Gabriel, O Pensador para compor "A Carta". "Eu prefiro o risco e gostaria que Deus me ajudasse a ser, a cada dia, irreconhecível", disse ao *Globo*. "Quem me conhece vai olhar e dizer que isso não é Djavan; pois esperem isso de mim, é assim que eu prefiro", completou.

Se quando entrou em estúdio pela primeira vez ele tinha 60 músicas para escolher, agora as coisas eram bem diferentes. As ideias já não vinham tão facilmente. "Recomeçar a compor, a cada vez, é um sofrimento, é como se tudo estivesse começando outra vez", confessou. À beira dos 50, o seu método de trabalho era compor em casa de noite e gravar no estúdio no dia seguinte. E dessa maneira foi feito *Bicho Solto*. No primeiro dia de gravação, Djavan tinha o rascunho de apenas três canções. Mas no final deu tudo certo. Talvez tenha até lhe ajudado a ter o risco calculado de propor novas experimentações sonoras. "O disco tem três canções com loops. 'Eu Te Devoro' é a primeira na minha carreira em que opto por essa sonoridade", afirmou.

Mas não pense que *Bicho Solto* é algo completamente diferente do que o compositor já havia feito antes. Se o álbum contava com as dançantes "Você É" e "Pássaro", havia espaço também para "Retrato da Vida", uma parceria com Dominguinhos, cuja gravação conta com apenas pedal de bumbo, baixo e teclado. A faixa bem que poderia estar em seu álbum de estreia. E havia espaço também para a jazzística "Passou", cuja letra era especulada como autobiográfica, o que foi negado pelo compositor: "Preciso sair, distrair um pouco/ Ser içado ao mundo do fundo do poço/ Reaparecer com a tarde ainda/ Porque o que passou, passou/ Nada é para toda a vida".

Uma das faixas do novo trabalho causou polêmica: a regravação de "Meu Bem Querer". Como a canção já tinha integrado duas trilhas sonoras de novelas da Rede Globo, a emissora pediu que o alagoano gravasse uma versão diferente para o folhetim que tomaria emprestado o título da música. Os fãs mais puristas reprovaram a nova gravação, um pouco mais agitada que a original. Mas, gostando-se ou não, fato é que ela dialogava com a nova proposta sonora do artista. De um modo geral, a crítica aprovou o trabalho. "Graças a Deus, Djavan não se contaminou de 'cabecices' ou bobagens pretensiosas e continua promovendo um som gostoso, aquele trivial sofisticado que só ele sabe fazer", escreveu Rodrigo Faour na *Tribuna da Imprensa*.

O artista queria trazer o clima de descontração do álbum para o palco, é claro. A estreia da turnê aconteceu em São Paulo, no Palace, no dia 10 de setembro de 1998.

Além do roteiro e dos arranjos mais suingados, o músico optou por se livrar da guitarra, do microfone com pedestal e das caixas de retorno que ficavam na sua frente nas turnês anteriores. Dessa vez ele empunharia o seu violão-guitarra Sadowsky com cordas de nylon, mas de som mais agressivo, em apenas seis músicas do setlist. "A guitarra me escravizava muito. Sonhava com mais liberdade no palco", confessou. Ele também faria uso de um microfone móvel preso à sua cabeça e de fones de ouvido para o processo de monitoração.

Apesar de não ser dançarino, Djavan recebeu dicas da coreógrafa Márcia Feijó para aprender alguns passos. E, pela primeira vez, decidiu trabalhar com dois guitarristas em cima do palco para dar mais peso ao som. "Estou me sentindo mais extrovertido, inclinado a me movimentar mais. Queria fazer um show mais solto há muito tempo. Todo mundo me dava a maior força para isso", declarou ao *Globo*. Nos ensaios, sucessos como "Sina", "Lilás" e "Samurai" foram recauchutados, ganhando mais balanço e peso, além da adição dos metais de Marcelo Martins, Walmir Gil e François Lima, que, juntamente com Max Viana, João Castilho, André Vasconcellos, Carlos Bala e o experiente tecladista Paulo Calasans dariam vida à nova fase de Djavan em cima do palco.

Antes da turnê, o alagoano justificou o seu caminho. "A música chamada MPB é a inspiração para o pop. Meu desejo me levou a apontar para esse caminho." Assim como aconteceu no processo de produção do álbum, Djavan tomou a dianteira no show, assinando o roteiro e a direção-geral. O setlist, além de seis músicas de *Bicho Solto* e mais uma dezena de sucessos, trazia pérolas obscuras como "Morena de Endoidecer" e "Pedro Brasil", ambas do LP *Seduzir* (1981).

Desde o início dos ensaios, Djavan tinha planos de gravar algumas apresentações para o lançamento de um CD ao vivo. À época, uma das principais estratégias do mercado fonográfico brasileiro era oferecer discos ao vivo recheados de sucessos requentados. Mas esse certamente não era o caso de Djavan. Em quase 25 anos de carreira, nunca havia gravado um trabalho ao vivo. Ele estava, inclusive, em negociações com a MTV para lançar um *Acústico*. Como o projeto não saiu da gaveta, decidiu fazer do seu jeito. No início, relutou. "Achava que não ia tirar o mesmo sarro que normalmente tiro compondo, arranjando e fazendo novas letras." Mas, quando viu que *Bicho Solto* já tinha vendido mais de 250 mil cópias, percebeu que não poderia haver melhor momento.

Acertadamente, Djavan optou pela gravação em um teatro, ao invés de uma casa de shows, lugar propício para o público se dispersar com a garrafa de uísque e a porção de bolinhos de bacalhau. A princípio seriam duas noites no Teatro João Caetano, no centro do Rio de Janeiro. Como todos os ingressos voaram em poucas horas, foram abertas mais três sessões extras. Assim, entre os dias 14 e 18 de julho, os fãs teriam a chance de conferir o novo show do artista. Melhor ainda: a preços populares que variavam entre cinco e dez reais. E, sim, se tratava de um novo show mesmo. Como a ideia era registrar as apresentações para a posteridade, o alagoano achou melhor incluir algumas canções mais antigas em detrimento das de *Bicho Solto*. Era a melhor alternativa, eis que a ideia era fazer uma retrospectiva de toda a sua carreira.

Assim, ao invés da abertura habitual, com a faixa-título do último álbum, Djavan entrou no palco do João Caetano apenas com o microfone na mão para cantar, de cara, "Samurai". Ele nunca esteve tão leve em cima de um palco. Em meio aos versos da canção, arriscava passos de dança e rodopiava com os braços abertos feito hélices. O próprio bicho solto. Em seguida empunhou a guitarra para mandar "Azul", canção que ele escreveu para Gal Costa em 1982, mas nunca havia registrado. "Meu Bem Querer" ganhou uma versão diferente da original e da gravada no último disco. Após relembrar "Nem um Dia" e "Serrado", era a hora de baixar a poeira para o momento voz e violão com "Oceano", acompanhado pelo coro da plateia, "Açaí" (com participação de Max Viana), "Fato Consumado" ("Foi ela que me deu o real status de compositor, no festival *Abertura*, de 1975", disse) e "Flor de Lis" (com João Castilho, em versão acústica, sem a mesma graça da original).

"Faltando um Pedaço" foi um dos melhores momentos da apresentação. Senão o melhor. "Considero meu grande épico de amor. Tem uma grande influência da literatura de cordel. Foi feita no período em que eu estava recém-chegado de Maceió. Ainda tinha influência de cantador do Nordeste", explicou o compositor. Em "Eu Te Devoro", ele se empolgou no verso "Noutro plano, te devoraria tal Caetano a Leonardo DiCaprio", arremessando o casaco prateado no chão. "Seduzir" ganhou um arranjo mais moderno, funkeado, permeado por ótimas intervenções da guitarra de João Castilho. A partir daí, foi jogo ganho de goleada. Seja com a plateia berrando a letra de "Se…", seja dançando à pulsação do baixo vigoroso de André Vasconcellos em "Boa Noite", com direito a coreografia sincronizada dos músicos dos metais. "Sina", em uma versão mais roqueira, e com o auxílio das backing vocals Cecília Spyer, Beth Bruno e Flávia Virgínia, encerrou o show, que no bis teve "Pétala" e "Lilás", esta última com um novo andamento.

A apresentação traria a Djavan bem mais do que a alegria de cantar as suas músicas no palco do João Caetano durante cinco dias. Se *Bicho Solto* representou uma guinada artística em sua carreira, o CD duplo *Ao Vivo* simbolizou a guinada comercial. Daquelas coisas que acontecem sem muita explicação, em dois meses, o álbum (que ainda tinha as inéditas "Acelerou" e "Um Amor Puro") vendeu 550 mil cópias. Não demoraria muito para chegar à casa dos dois milhões. Bendito violão aquele circulando pela sala durante uma aula de Química.

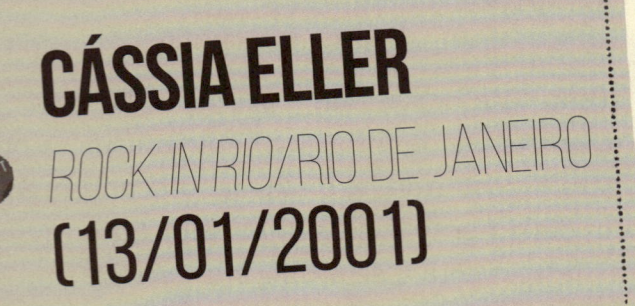

EM 1991, CÁSSIA ELLER QUERIA TER SE APRESENTADO NO ROCK IN RIO, MAS O CONVITE NÃO ROLOU. DEZ ANOS DEPOIS, ELA CANTOU DE CHICO BUARQUE A NIRVANA, CONVOCOU DIVERSOS CONVIDADOS E APRESENTOU UM DOS SHOWS MAIS MARCANTES DA HISTÓRIA DO FESTIVAL. A CIDADE DO ROCK SE LEMBRA ATÉ HOJE DE "SMELLS LIKE TEEN SPIRIT".

"Estou participando agora porque é a primeira vez que me convidaram. Queria participar do primeiro e do segundo, mas não me chamaram." Isso foi o que Cássia Eller disse na entrevista coletiva no Copacabana Palace na véspera de sua apresentação na terceira edição do *Rock in Rio*. Em 1985, quando o festival aconteceu pela primeira vez, ela era apenas uma garotinha de 22 anos de idade batalhando por um lugar ao sol nos palcos de Brasília. Seis anos mais tarde, quando o *Rock in Rio* aconteceu no Maracanã, Cássia já tinha lançado o seu disco de estreia homônimo e a sua gravação de "Por Enquanto", de Renato Russo, tocava bastante na MTV. Entretanto, como ela mesma disse, não rolou o convite. Analisando-se o fato sob o benefício da retrospectiva, pode-se dizer: ainda bem. Finalmente em 2001, quando se apresentou no imenso Palco Mundo, fez uma das apresentações mais emblemáticas da história do festival.

Diferentemente de 1991, àquela altura Cássia já era uma artista consagrada. Em 1999 ela lançou o seu quinto álbum de estúdio, *Com Você… Meu Mundo Ficaria Completo*. Era uma nova Cássia Eller, a propósito. Criticada pelo filho de 5 anos, ela suavizou o seu modo de cantar, mudou o repertório e se uniu a Nando Reis. Chicão não aguentava mais ouvir a mãe cantando daquele jeito. "Você não canta. Você berra! Quem canta é a Marisa Monte", disparou. Em entrevista ao jornal *O Globo* quando lançou o álbum, ela concordou com a crítica. "Fui ouvir meus outros CDs e vi que estava gritando o tempo todo. Agora vejo que consigo fazer de forma diferente."

Deu certo. O disco, que inicialmente teria apenas canções de Nando Reis, foi um sucesso de público e crítica. Embalado por composições de Caetano Veloso, Gilberto Gil, Luiz Melodia, Marisa Monte, Carlinhos Brown, além de Nando Reis (que escreveu quatro canções e produziu o projeto), o disco fez com que a cantora expandisse a sua base de fãs. "A roqueira, a irada, a exagerada Cássia Eller gravou um disco de cantora por sua própria vontade. E não se anulou, se apequenou ou se abastardou ou tampouco virou um daqueles clones de medalhões. Ela é tão somente uma nova Cássia que enfim revela potencialidades das quais muitos dos nossos bons compositores desconfiavam. (...) Aos poucos, a cantora foi aposentando seus maneirismos e pondo as melodias em primeiro plano. E suavemente tornou-se essa intérprete de grande amplitude (e ainda sanguínea) que o disco apresenta, com seu repertório escolhido a dedo e produção equilibrada", resenhou Silvio Essinger no *Globo*.

A turnê estreou no dia 18 de agosto de 1999 em Uberaba (MG) e depois correu o Brasil, incluindo uma vitoriosa temporada no Canecão, no Rio de Janeiro. No show ela apresentava grande parte do novo álbum, incluindo o hit instantâneo "O Segundo Sol", e ia além com versões estupendas de "Woman Is the Nigger of the World" (John Lennon/Yoko Ono) e "Smells Like Teen Spirit", do Nirvana, a banda preferida de seu filho na época. Se o disco era mais leve, o show, nem tanto – e a sua postura continuava a mais roqueira possível. Nos shows no Canecão, quando entupiam a frente do palco de mesas, Cássia não se fazia de rogada. Enchia a boca de água e cuspia em direção à plateia do gargarejo. Não eram poucos que se levantavam e iam embora.

No entanto, a grande (e última) apresentação da turnê só ia acontecer em janeiro de 2001. Dez anos depois do *Rock in Rio II*, o empresário Roberto Medina voltava a apostar no festival que tinha lhe dado tanto prazer quanto prejuízo nas edições anteriores. No dia 20 de junho de 2000 foi anunciada à imprensa a realização do *Rock in Rio – Por um Mundo Melhor*, que esperava um público de 1,5 milhão de pessoas na Cidade do Rock, localizada na Ilha Pura, no mesmo terreno cedido pela Carvalho Hosken para a primeira edição em 1985. Além das atrações musicais que começavam a ser anunciadas, Medina estava decidido a calar as emissoras de televisão e de rádio por três minutos, de forma que as pessoas parassem para meditar sobre o tal mundo melhor.

Com um investimento inicial de cem milhões de dólares, as apresentações aconteceriam em sete dias – de sexta a domingo (de 12 a 14 de janeiro) e de quinta a domingo da semana seguinte (de 18 a 21). Além do Palco Mundo, reservado aos principais artistas (brasileiros e estrangeiros), ainda haveria a Tenda Brasil (com 55 shows de músicos brasileiros), a Raízes (que teria apresentações de 23 atrações de países como Finlândia e África do Sul), a Eletro (com 23 DJs nas carrapetas) e a Mundo Melhor, destinada a palestras de especialistas sobre temas como paz, juventude e educação.

Quando a produção do terceiro *Rock in Rio* selecionou as bandas brasileiras para participar do festival, tentou, de certa forma, prestigiar tudo o que havia surgido no rock brasileiro nos anos 1990, além das bandas consagradas do BRock 80 e, como de costume, artistas voltados para a MPB tradicional. Luiz Melodia, Jair Rodrigues, Sandra de Sá, Tom Zé, Pepeu Gomes e o rock rural do trio Sá, Rodrix & Guarabyra teriam espaço na Tenda Brasil. No palco principal, Gilberto Gil e Milton Nascimento abririam o festival, que ainda contaria com o trio elétrico de Moraes Moreira, os primos Elba e Zé Ramalho, o axé de Daniela Mercury e a mistureba sonora com direito a muita água mineral (no sentido líquido e literal da palavra) de Carlinhos Brown.

O rock dos anos 80 estaria representado por, entre outros, Nando Reis, Biquini Cavadão, Kid Abelha, Capital Inicial e Barão Vermelho. A geração mais recente diria presente com Los Hermanos, O Rappa, Raimundos, Charlie Brown Jr., Sandy & Junior e Cássia Eller. No campo internacional, alguns dos principais contratados pela produção eram Red Hot Chili Peppers, Guns'n' Roses, Oasis, Britney Spears, Neil Young, Iron Maiden, R.E.M. e Sting. Era música para todos os gostos. Pena que quando O Rappa se retirou do festival por não concordar em abrir uma das noites, Skank, Charlie Brown Jr., Raimundos, Jota Quest e Cidade Negra se solidarizaram com o grupo e também pularam fora.

A construção da Cidade do Rock corria a pleno vapor no final do ano 2000. No total, seriam 50 lojinhas distribuídas em dois shoppings, além de 700 banheiros químicos e um mini-hospital. A obra envolveu quase 1,5 mil pessoas, sendo que a maior parte desses profissionais teve de se dedicar aos palcos, especialmente o Mundo, um "porco-espinho" gigantesco de 200 toneladas de aço, com 40 metros de largura e 88 de boca de cena, em um total de quatro mil metros quadrados de área construída. No dia em que o iluminador Peter Gasper mostrou o palco pronto a Roberto Medina, o empresário quase chorou de emoção. "Aquele monstro branco espalhando luzes azuis para o céu mais parecia uma nave extraterrestre pousada no meio do mato de Jacarepaguá", deslumbrou-se. A lama de 16 anos antes não marcaria presença dessa vez. "Só se eu fabricar", brincou o empresário, que garantiu que o sistema de drenagem funcionaria a contento.

Às 2 da tarde de 12 de janeiro de 2001, os portões se abriram. Muitos beijavam o gramado, outros enchiam a cabeleira de spray colorido. Naquele dia, a Orquestra Sinfônica Brasileira, Milton Nascimento, Gilberto Gil, James Taylor, Daniela Mercury e Sting se apresentaram após os três minutos de silêncio que calaram 528 emissoras de televisão e 2.232 estações de rádio.

O segundo dia do evento, 13 de janeiro, era um típico sábado carioca de sol. As praias estavam mais vazias, e as cangas foram transportadas para Jacarepaguá. Quem chegou cedo ainda teve a chance de assistir à passagem de som do R.E.M., que proibiu que a abertura dos portões se atrasasse por causa dela. O calor era forte, e um caminhão-pipa despejava jatos de água na plateia. A banda Cidadão Quem, o trompetista Márcio Montarroyos, Nando Reis e o trio Sá, Rodrix & Guarabyra estavam escalados para a Tenda Brasil. Na Raízes, a Companya Electrica Dharma (da Catalunha) agradou, enquanto a Tenda Eletro foi palco de uma briga generalizada entre lutadores de jiu-jitsu.

No Palco Mundo, o principal, a noite começou às 6 horas da tarde com o show de Cássia Eller. Uma edição especial da revista *Bizz* sobre as atrações do evento apresentava a cantora da seguinte forma: "Cássia Eller é quem melhor simboliza no Brasil a atitude rock and roll, seja lá o que isso signifique, com sua voz rouca e gritada e seus atos irreverentes. Agora ela chega ao *Rock in Rio* já estabelecida como uma das cantoras mais bem-sucedidas do país". De fato, o seu show era bastante aguardado, o que nem sempre acontece com a primeira atração em um dia de festival.

Na véspera de sua apresentação, Cássia fez ressalvas sobre a proposta social do evento. "Eles deviam destinar mais dinheiro para isso", disse. Mas não reclamou do tratamento dispensado a ela por parte da produção. "Ainda não falei com o Sting, não sei se ele está tendo o mesmo tratamento que eu", brincou. Ela também destacou que o show foi preparado exclusivamente para o *Rock in Rio*. Haveria pontos de contato com as apresentações da turnê em si, mas com alguma mudança no setlist, além de diversas participações especiais.

O repertório foi de Chico Buarque a Nirvana, passando por Cazuza, Nando Reis, Renato Russo, entre outros. Cássia fez do imenso Palco Mundo a sala de estar de sua casa, como uma anfitriã recebendo 80 mil convidados para uma festa. A delicadeza do disco *Com Você... Meu Mundo Ficaria Completo* passou longe da Cidade do Rock. A apresentação começou, ainda debaixo de um sol escaldante, com "1º de Julho" (a canção que Renato Russo fizera para ela quando estava grávida de Chicão) e emendou com "Partido Alto", de Chico Buarque, que ganhou diversas modificações na letra – "pernada", por exemplo, virou "porrada". Cássia cantava largada no palco, com o crachá pendurado na calça. Parecia não estar nem aí para o fato de que aquilo era *Rock in Rio*.

A cantora convocou amigos como Márcio Mello, que encheu de veneno o já venenoso xaxado "Coroné Antonio Bento", Fábio Allman, da banda A Bruxa ("Faça o que Quiser Fazer"), e a Nação Zumbi, que tocou "Corpo de Lama" e "Come Together", dos

Beatles, em versão manguebeat. "Eu vim com a Nação Zumbi", berrou a cantora. Foi uma explosão, ainda mais quando ela levantou a camiseta regata e exibiu os seios, para delírio da massa. O gesto já era conhecido dos fãs, mas acabou na capa de praticamente todos os cadernos culturais no dia seguinte. Todo mundo agora sabia quem era Cássia Eller. Tanto que o seu empresário, Ronaldo Villas, considerou a apresentação "um divisor de águas" na carreira da artista.

O técnico de som Aurélio Kauffmann também participou do show tocando guitarra, assim como o técnico de PA Carlos Martau. Enquanto ele solava em "Maladragem" e a equipe de filmagem não conseguia localizar qual músico no palco tirava aquele som, Cássia mandou: "Olha o cara do PA, filha da puta". Parecia que a cantora queria mesmo que todo mundo brilhasse, como que estivesse querendo dizer que aquele momento também era deles. Cássia revelou ter gastado todo o seu cachê – 20 mil reais – e mais três mil para pagar as despesas dos músicos convidados.

A cantora soube dosar seus sucessos, "ECT", "Malandragem" e "O Segundo Sol", e ainda uma pérola pouco conhecida de Cazuza, "Obrigado (Por Ter se Mandado)". Misturou baião, partido-alto e muito rock and roll. O encerramento da apresentação foi antológico. "Smells Like Teen Spirit" levantou a maior quantidade de poeira que a Cidade do Rock viu durante toda a terceira edição do festival – o resto de grama que ainda existia por lá foi embora naquele momento. Chicão, então com 7 anos de idade e uma camiseta do Nirvana vários números acima do seu, passou o show praticamente inteiro atrás do palco, mas na hora da canção de sua banda predileta juntou-se a Lan Lanh e Thamyma Brasil na percussão. Foi a primeira vez que Chico Chico apresentou-se ao vivo. Os guitarristas Walter Villaça e Luiz Brasil, o baixista Fernando Nunes, o tecladista e sanfoneiro Chiquinho Chagas e o baterista João Viana completaram a superbanda.

O público delirou com "Smells Like Teen Spirit". Dave Grohl também. O ex-baterista do Nirvana, que se apresentaria mais tarde com o Foo Fighters, dormia atrás do palco, e quando Cássia iniciou a canção, foi acordado pela namorada para testemunhar o acontecimento. Depois, o músico teria comentado que nunca escutara versão parecida para a sua música. Neil Strauss, do *New York Times,* também elogiou. "Cássia Eller tocou versões de Chico Science e do Nirvana que deixaram o público num frenesi suplantado apenas quando o baterista do Nirvana, Dave Grohl, subiu ao palco mais tarde." No papo que tiveram nos bastidores, o líder do Foo Fighters prometeu levá-la aos Estados Unidos.

"Cássia Eller literalmente sacudiu a poeira do *Rock in Rio 3.* Fechou seu set trepidante de exatos 50 minutos com uma versão enlouquecida (e enrouquecida) de

'Smells Like Teen Spirit' do Nirvana que fez a plateia pular na grama seca impulsionando a subida de nuvens poeirentas. Antes disso, numa apresentação enxuta, debochada, arrebatadora – tudo na medida certa –, Cássia percorreu várias latitudes da MPop do B mostrando que nada (nenhuma corrente ou facção) fica a salvo da faca amolada de sua voz de lixa", escreveu Tárik de Souza no *Jornal do Brasil*, antes de concluir: "No polo oposto da nostalgia soporífera de James Taylor, Cássia Eller cuspiu a naftalina do passado e abriu a cortina do presente. É 2001, 'gentem'!".

Depois de Cássia, ainda teve Fernanda Abreu (com participação de Evandro Mesquita para relembrar a Blitz), Barão Vermelho, Beck, Foo Fighters (com direito a Cássia Eller invadindo o palco para dar os parabéns a Dave Grohl, que fazia aniversário naquele dia) e R.E.M. para encerrar os trabalhos. Todos eles excelentes, mas provavelmente nenhum desses shows despertou tanta comoção quanto os 50 minutos em que Cássia Eller permaneceu no Palco Mundo naquele sábado. Quando se pensa em grandes noites da história do *Rock in Rio*, essa geralmente está na lista dos aficionados pelo festival. Se o show de Cássia tivesse sido o de encerramento da noite, ninguém reclamaria.

Cinco anos após a apresentação, Cássia Eller já estava morta e um CD e um DVD com a íntegra do show chegaram às lojas. Mais uma boa oportunidade para relembrar aquele acontecimento. "Transfigurada no palco, a habitualmente tímida Cássia mostrava-se uma intérprete acima da média, do tamanho de Elis Regina", analisou Nelson Gobbi no *Jornal do Brasil*. O *Estadão* publicou que Cássia "fez um show vigoroso, incendiário, personalíssimo – de fato, memorável".

Mas o elogio que Cássia Eller mais gostaria de escutar está nos últimos segundos do vídeo que documenta os bastidores da apresentação no DVD. "Hoje eu prefiro bem mais a minha mãe. Marisa Monte, nada. Agora é Cássia." Palavras de Chicão.

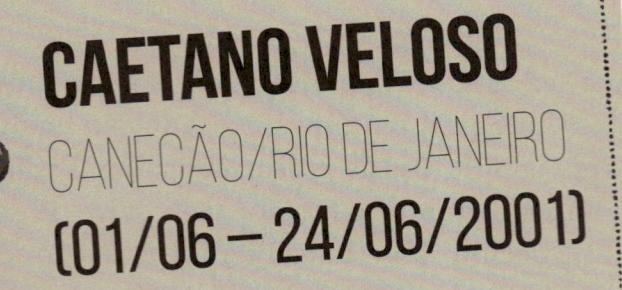

CAETANO VELOSO
CANECÃO/RIO DE JANEIRO
(01/06 – 24/06/2001)

41

COM CENÁRIO IDEALIZADO POR HÉLIO EICHBAUER, ROTEIRO COM MAIS DE 30 MÚSICAS, ILUMINAÇÃO DE MANECO QUINDERÉ E UMA BANDA DE SONORIDADE ORIGINAL, QUE MISTURAVA PERCUSSÃO A INSTRUMENTOS ELÉTRICOS, O SHOW NOITES DO NORTE SE FIRMOU COMO UM DOS MAIS PROFUNDOS E IMPORTANTES DA CARREIRA DE CAETANO VELOSO.

Em meados de 2001, Caetano Veloso estava empolgado com os ensaios da turnê que estrearia em breve. Grande parte dessa empolgação se dava pela presença de dois jovens músicos em sua banda: Davi Moraes e Pedro Sá. Davi, filho de Moraes Moreira, ele conhecia desde criança e vinha admirando seu talento progressivo como guitarrista há um bom tempo. Depois de vê-lo brilhar em uma turnê de Marisa Monte, resolveu convidá-lo para fazer parte de sua nova banda. Pedro, amigo de adolescência de seu filho mais velho, Moreno, ele também conhecia há tempos. O guitarrista, ex-membro da banda Mulheres Q Dizem Sim, já havia subido ao palco com Caetano e Gilberto Gil para os shows de lançamento do álbum *Tropicália 2*, alguns anos antes. A guitarra diferenciada e quase experimental de Pedro havia dado o tom em diversas canções do álbum mais recente de Caetano, *Noites do Norte*, que inclusive foi mixado pelo próprio guitarrista ao lado de Moreno Veloso, responsáveis por concretizar a sonoridade que o baiano buscava para o disco.

A alegria de estar rodeado por esses dois músicos que ele conhecia há muitos anos era tanta que rendeu um artigo para o *Jornal do Brasil*, publicado no dia 15 de junho e com o título "O mundo não é chato". "Tê-los ao meu lado, tocando meu repertório, opinando sobre meus arranjos; vê-los todos os dias nos ensaios, nos palcos de show – tudo isso representa para mim uma emoção continuada e renovada. É que os vi nascer. É que ainda os vejo nascer", escreveu Caetano. "Mais do que uma vitória, é uma glória pessoal contar com filhos dessa magnitude. O mundo não é chato", completou.

Curioso que, por pouco, a banda contaria apenas com a guitarra de Davi. Inicialmente, quando convidado, Pedro recusou gentilmente porque ensaiava uma volta com o seu grupo. Mas o retorno não deu certo, e ele comunicou a Caetano que estava disponível. Só que, a essa altura, os ensaios já haviam começado, e Davi ocupava o posto de guitarrista. Caetano pensou, conversou com o maestro e diretor musical do espetáculo, Jaques Morelenbaum, e ficou decidido que Pedro se juntaria ao time e o show passaria a contar com duas guitarras comandadas por esses dois jovens músicos – ele também assumiria o baixo em alguns momentos. O resultado foi a euforia que originou o texto publicado no *Jornal do Brasil*.

O show em questão era baseado no repertório de *Noites do Norte*, disco de inéditas lançado por Caetano Veloso no final do ano 2000. O álbum era guiado conceitualmente pela temática da herança da escravidão no Brasil. A ideia surgiu depois que Caetano leu um texto autobiográfico do abolicionista Joaquim Nabuco: "A escravidão permanecerá por muito tempo como a característica nacional do Brasil". Ele musicou trechos desse texto e nasceu assim a canção "Noites do Norte", que batizou o disco e guiou todo o processo criativo. Depois vieram outras, como "13 de Maio" e a regravação de "Zumbi", de Jorge Ben Jor. O disco mantinha elementos sonoros presentes nos dois álbuns anteriores, *Fina Estampa* e *Livro*, mas apontava para novos caminhos. Era um trabalho sonoramente mais estranho, com alguns elementos do rock experimental e uma clara influência de Moreno Veloso e outros músicos de sua geração, como o próprio Pedro Sá, algo visível em canções como "Ia", "Zera a Reza" e "Rock'n'Raul".

Caetano Veloso vinha de uma fase de muito sucesso, fruto de uma parceria bem-sucedida com Jaques Morelenbaum. Os dois começaram a trabalhar juntos durante a gravação de *Circuladô*, em 1991, que depois originou uma turnê em que o maestro aparecia com enorme destaque, apresentado como "participação especial". Em 1994, ele assumiu a produção e direção musical de *Fina Estampa*, em que Caetano regravou clássicos do repertório hispânico, em uma parceria que deu certo e foi repetida no disco *Livro*, de 1997. Esses dois trabalhos renderam turnês grandiosas, com bandas numerosas, sempre com a presença do violoncelo de Jaques e Caetano em uma fase madura, se apresentando de terno e gravata à frente de plateias enormes pelo mundo afora. Em 1999, com o lançamento do registro ao vivo *Prenda Minha*, Caetano alcançou uma penetração popular então inédita nos parâmetros de sua carreira discográfica com a gravação de "Sozinho", música de Peninha que estourou em sua voz. Contudo, o lançamento do inquietante *Noites do Norte*, no ano seguinte, mostrava que o baiano estava disposto a buscar novos caminhos em vez de se acomodar com a fórmula mais confortável do sucesso.

O espetáculo *Noites do Norte* seria também suntuoso e contaria mais uma vez com a presença e direção musical de Jaques Morelenbaum. A marca sonora do show, assim como aconteceu com o anterior, *Livro Vivo*, seria a forte presença da percussão. Os músicos Márcio Vitor, Eduardo Josino, Josino Eduardo e André Júnior foram convocados novamente para assumir os instrumentos percussivos que dariam o tom de todos os arranjos. Cesinha, que anos antes tocara com Caetano, voltou para assumir sua posição na bateria. Agora, contudo, haveria uma diferença. No trabalho anterior, a percussão inspirada na música baiana dividia espaço com os sopros e os arranjos no estilo cool jazz de Miles Davis. Agora Caetano queria uma sonoridade mais eletrificada. Já no primeiro ensaio ele apareceu com um violão elétrico sem corpo, o que fez Jaques Morelenbaum optar também por um cello elétrico. A presença das duas guitarras de Davi Moraes e Pedro Sá intensificaria ainda mais o processo. "O formato eletrificado é convencional, mas a sonoridade é muito peculiar", explicou Caetano sobre a textura sonora do show para *O Estado de S. Paulo*.

A estreia havia sido marcada para o Canecão, no Rio de Janeiro, no início de junho, mas o show não ficou pronto a tempo. A solução foi usar o primeiro final de semana para acertar os últimos detalhes e aquecer o show em três ensaios abertos ao público, com ingressos vendidos a preços populares entre dez e 15 reais. Caetano se apresentou sem o figurino, vestido informalmente, e ainda sem o cenário. No dia 1º de junho, uma plateia de quase três mil pessoas, a maioria jovens, lotou o Canecão. Apesar do tom de informalidade, foi praticamente um show normal. Não houve quase nenhuma interrupção ou repetição de músicas, apenas alguns comentários de Caetano para a banda e equipe técnica, a fim de que acertassem um detalhe ou outro. De resto, o público pôde apreciar a prévia do que pouco depois se tornaria o show *Noites do Norte*, inclusive com direito a uma polêmica que renderia durante toda a turnê.

Uma das músicas do roteiro era "Dom de Iludir", canção de Caetano que ficou conhecida nos anos 1980 pela gravação de Gal Costa no disco *Minha Voz*, que celebrizou a frase "cada um sabe a dor e a delícia de ser o que é". No show ela ganhou um novo arranjo, apoiado pelo baixo distorcido de Pedro Sá e um andamento que fazia lembrar um afoxé ao contrário. Ao final da canção, Caetano emendava repetindo inúmeras vezes o refrão do funk "Tapinha": "Dói, um tapinha não dói/ Um tapinha não dói/ Só um tapinha!". A música em questão tinha sido lançada no ano anterior por MC Naldinho e MC Beth na coletânea *Furacão 2000 – Tornando Muito Nervoso 2*. Era um grande sucesso na época, em um momento de ascensão do funk carioca, que se tornava cada vez mais presente no cenário pop da música nacional. A citação de Caetano a esse funk era um comentário justamente sobre esse fenômeno e sobre o que dizia a letra. "É uma canção que comenta, com alegria e graça, as ambiguidades da violência contra a mulher", ele justificou à época para *O Globo*. Parte do público presente naquele ensaio aberto, contudo, não gostou – ou não entendeu. Assim que ele começou a entoar o "Tapinha", insinuou-se, de forma discreta, mas plenamente audível, uma vaia por parte do público. "Ouvi uns murmurinhos de reprovação ao 'Tapinha', eles teriam vindo da Comissão de Ética do Senado?", perguntou Caetano ao público, que riu. "Não entendi o porquê da reação. Eu, que sou tão novidadeiro, estou cantando depois de Rita Lee e de Adriana Calcanhotto, e vocês ainda têm essa reação?", ele insistiu, antes de gritar: "Viva o funk carioca!". Ao longo da turnê, as vaias não seriam tão frequentes, mas a polêmica seguiria viva em quase todas as reportagens e resenhas escritas sobre o show. Para algumas pessoas, surpreendentemente, esse tipo de provocação vinda de Caetano ainda era notícia.

A estreia oficial do show aconteceu no dia 7 de junho, agora com figurino (calça e camiseta pretas), roteiro fechado e o cenário pronto, criado mais uma vez por Hélio Eichbauer, que trabalhava com Caetano desde a turnê *Estrangeiro*. Para *Noites do Norte* ele criou uma cenografia minimalista, porém impactante. No fundo do palco havia um painel de seis metros de altura por 20 de largura, pintado como um quadro abstrato inspirado na pele de um homem negro que sangra. "É uma pintura abstrata, pode remeter a um muro ou a um vulcão formando lava. Dá liberdade para muitas leituras", disse Hélio para *O Estado de S. Paulo*. Na segunda parte do show, o painel era substituído por outro de mesmo tamanho, mas em veludo azul. "O azul profundo das noites brasileiras", descreveu o cenógrafo. Ele ainda instalou quatro espelhos convexos no piso do palco e outro no fundo do veludo azul, que formavam figuras e efeitos diversos, de acordo com a iluminação comandada por Maneco Quinderé. Havia momentos do show em que aparecia uma lua, um sol, uma gota d'água e até um efeito de eclipse. Tudo isso para emoldurar um show igualmente elegante e imponente. Todo o bloco inicial do roteiro era formado por canções que remetiam à temática central de *Noites do Norte*. Logo na abertura, Caetano apontava para a relação do novo disco com o álbum *Bicho*, lançado por ele em 1977 sob o impacto de uma viagem à Nigéria, ao entrar com a pouco conhecida "Two Naira Fifty Kobo". Depois vinham "Sugar Cane Fields Forever", "Noites do Norte", "13 de Maio", "Zumbi", em uma interpretação quase solene, e "Haiti", rap gravado com Gilberto Gil no *Tropicália 2*, que deixava um silêncio mortal na plateia pela letra de atualidade incômoda.

Na sequência, Caetano era acompanhado apenas por Jaques Morelenbaum e seu violoncelo. Juntos, tocavam "Último Romântico", de Lulu Santos e Antonio Cicero. Depois, Jaques também saía do palco: era a deixa para que Caetano se sentasse em seu banquinho e desse início à tradicional sessão de voz e violão. As músicas escolhidas não foram nada óbvias, a começar por "Mimar Você", do grupo Timbalada, que Caetano ouvira no Carnaval em Salvador e se apaixonara. De seu repertório autoral vinham coisas pouco lembradas, como "Araçá Azul" e "Menino Deus", além de "Escândalo", canção feita para Angela Ro Ro nos anos 1980, e "Nosso Estranho Amor", que ele gravou em dueto com Marina Lima. Por fim, vinha um dos grandes momentos do show. Davi Moraes e Pedro Sá retornavam ao palco, cada um posicionado em um canto com suas guitarras. Acompanhado apenas por eles, Caetano fazia sua primeira incursão pelo repertório de Luiz Melodia, com "Magrelinha". Era um momento bonito de reconhecimento e intimidade de Caetano com aqueles dois jovens músicos. A materialização explícita do que ele escrevera pouco antes em seu artigo para o *Jornal do Brasil*.

Mas o grande destaque do show eram mesmo os quatro percussionistas, que se moviam com graça entre tambores africanos, tumbadoras, tamborins, triângulos e caixas – sem contar com a bateria de Cesinha –, costurando toda a textura musical do show, ora de forma mais discreta, ora mais explícita. Em "13 de Maio", um samba de roda marcado pelas palmas de Caetano, os quatro percussionistas tinham direito a momentos solo também como passistas, quando deixavam os instrumentos e iam sambar na frente do palco admirados por Caetano, que os observava sorridente. Ao fim de "Tigresa", todos os outros instrumentos se calavam e o palco ficava no breu. Um foco de luz iluminava apenas os quatro percussionistas, que se lançavam a um momento solo de mais de dois minutos – um dos números mais aplaudidos pelo público. "Era como se fosse um bloco afro ali dentro da banda", descreve Davi Moraes. Durante "Gatas Extraordinárias", famosa pela gravação de Cássia Eller, Caetano levantava a blusa em referência ao típico gesto da cantora em cima do palco.

O roteiro enorme, com mais de 30 músicas, agradava sem apelar para o óbvio, costurando canções do disco novo, como "Zera a Reza" e "Meu Rio", com outras mais antigas, como "Língua", "Trem das Cores", "Cajuína" e "Tropicália". Havia também uma versão de "Caminhos Cruzados", de autoria de Tom Jobim e Newton Mendonça. Inclusive, durante os ensaios, Caetano cogitou batizar o show com o nome dessa canção. Antes do bis, o baiano retomava a ligação de *Noites do Norte* com o disco *Bicho* ao cantar "Gente", uma das mais conhecidas do álbum de 1977. "Gente é pra brilhar, não pra morrer de fome", entoava antes de voltar ao palco e se despedir definitivamente do público com "Eu e a Brisa", delicado samba-canção de Johnny Alf, "Meia-Lua Inteira" e "Tempestades Solares".

"Sob olhares reverentes de habitués vips e dos fãs, Caetano montou o que de melhor um espetáculo de música brasileira pode produzir", escreveram João Pimentel e

Mário Marques no jornal *O Globo*. O show, cuja temporada carioca durou três semanas, foi sucesso de público e exaltado pela crítica por onde passou, reconhecido desde o início como um dos melhores trabalhos de Caetano. Para Jaques Morelenbaum, foi talvez o show mais importante da história da música brasileira.

Logo depois do Rio, a turnê seguiu para São Paulo e Salvador, onde foram gravados para dar origem a DVD e a CD ao vivo, lançados no fim do ano. No show do dia 6 de agosto, véspera do aniversário de Caetano, na Concha Acústica de Salvador, aconteceu um dos momentos mais emocionantes de toda a temporada. Enquanto Caetano cantava, um dos moradores mais ilustres da cidade morria naquele mesmo instante. Ao voltar para a coxia, antes do bis, ele recebeu a notícia por Paula Lavigne, sua esposa e empresária: "Jorge Amado morreu". As imagens registradas no DVD mostram Caetano emocionado, bebendo água antes de decidir o que faria, enquanto lá fora o público cantava "Parabéns pra Você". Ao retornar ao palco o cantor agradeceu, cantou o bis e comentou: "Isso é a festa do meu aniversário e a festa da vida de Jorge Amado. Ele era um homem tão feliz e soube expressar tão bem essa felicidade dele com a vida que, mesmo chorando, a gente só pode comemorar". Logo depois, emendou com "Milagres do Povo": "Quem é ateu e viu milagres como eu...".

Depois disso, a megaturnê de *Noites do Norte* rodou o Brasil e o mundo todo e só foi encerrada em agosto de 2002, em grande estilo. Caetano se uniu ao projeto Pão Music e fez dois shows de despedida gratuitos e em grandes dimensões, um no parque do Ibirapuera, em São Paulo, e outro na praia de Copacabana, no Rio de Janeiro. Ambos contaram com as participações de MV Bill e Mart'nália e aglutinaram cerca de cem mil pessoas.

Era a coroação de um dos trabalhos mais profundos e importantes da carreira de Caetano Veloso, embora não tão celebrado quanto outros. Mas quem esteve presente em algum dos muitos shows da turnê sabe que, enquanto Caetano cantava e fazia refletir sobre "as nossas noites do Norte", o mundo poderia ser tudo, menos chato.

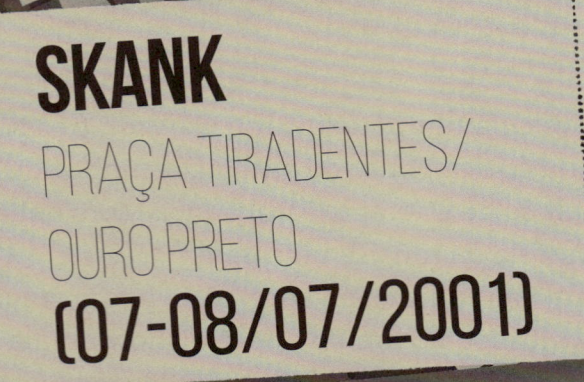

SKANK
PRAÇA TIRADENTES/ OURO PRETO
(07-08/07/2001)

42

DEPOIS DO SUCESSO COM MÚSICAS VIBRANTES COMO "GAROTA NACIONAL" E "JACKIE TEQUILA", O SKANK DESEJAVA RESPIRAR NOVOS ARES E LANÇOU O ÁLBUM MAQUINARAMA, SEM METAIS E REPLETO DE CANÇÕES PARA SEREM TOCADAS EM ACAMPAMENTOS. PARA CELEBRAR A NOVA FASE — E OS DEZ ANOS DA BANDA — FEZ UM SHOW HISTÓRICO.

"No começo, em Belo Horizonte, a gente não tinha público, tinha cúmplices." Samuel disse essa frase em entrevista ao *Globo* quando o Skank estava completando dez anos de carreira. Perfeito para traduzir o início da trajetória da banda, quando ainda tocava na noite da capital mineira.

O Skank nasceu da banda Pouso Alto do Reggae, da qual Samuel Rosa e Henrique Portugal faziam parte. Quando o grupo encerrou as suas atividades, em 1991, ambos convidaram Lelo Zaneti e Haroldo Ferretti para se juntar a eles. O Skank tinha o reggae e o dancehall como principal fonte de inspiração. O primeiro show fora de Minas aconteceu no Aeroanta, em São Paulo, num evento chamado Quarta-feira Reggae. Não tinha praticamente ninguém na plateia. Aliás, nem o nome da banda saiu no jornal. A nota publicada, a primeira que dizia respeito ao conjunto fora de Minas Gerais, dizia: "Ex-Sepultura toca hoje em São Paulo", numa referência ao fato de Henrique ter participado de alguns shows da banda de metal.

Em Belo Horizonte, porém, o Skank era cada vez mais falado. Tinha lançado um disco independente homônimo, que foi relançado um ano depois pelo selo Chaos, da Sony, e fez com que o Brasil começasse a prestar atenção naqueles sujeitos que gostavam de se apresentar vestindo camisas de times de futebol.

"A geração dos anos 1990 foi a última que flertou com o mercado. Nessa época havia um traço geracional que era da independência, seja gerencial, seja comportamental. Era uma geração que copiava fitinhas cassete para vender nos shows.

Era a geração do Skank, que pegou todas as economias para fazer um álbum num formato que ninguém nem tinha onde tocar, que era o compact disc, só pra chamar atenção. Uma geração que tomou para si essa responsabilidade", analisou o jornalista Ricardo Alexandre.

A gravadora Sony viu que tinha coisa ali, contratou a banda e inaugurou o selo Chaos com a finalidade de lançar novos artistas. Aí não teve mais jeito. *Calango* (1994), o segundo álbum, ultrapassou a barreira do milhão de cópias vendidas. O seguinte, *O Samba Poconé* (1996), levou os mineiros para a Europa e a países da América Latina, a bordo de "Garota Nacional". O sucesso era tão grande que, em 1998, o conjunto foi convidado para integrar o CD oficial da Copa do Mundo, com a faixa "É uma Partida de Futebol", que tinha nascido exatamente de um encontro da banda com Nando Reis durante uma partida no campeonato *Rock Gol* da MTV.

"Jackie Tequila", "Te Ver", "Garota Nacional", "Tão Seu"... Na virada dos anos 1990 para os 2000, o Skank acumulava um número considerável de sucessos. Daqueles tipos que grudam igual chiclete na sola do sapato. Músicas para cima, repletas de metais. Canções prontas para tirar qualquer festa do marasmo. Mas, com a chegada do novo milênio, algo estava mudando no quartel-general da banda mineira. Samuel, Henrique, Lelo e Haroldo queriam trocar as festas e as pistas de dança pelos acampamentos. "Pensei, 'pô, já estamos no quinto álbum, tenho que deslanchar agora'. Então estou tocando mais guitarra. Era uma coisa que eu sempre quis fazer, mas ska, reggae e dancehall não te dão muita chance para isso", disse Samuel ao *Jornal do Brasil*.

Era isso. O Skank, de fato, queria soar diferente. "Esse disco deixa clara uma intenção nossa de fazer canções. Pegar o violão... A gente quer começar a ser lembrado nas rodas de acampamento, em volta da fogueira. As canções são mais eternas do que as músicas de pistas. Não tem comprometimento com o modismo", continuou o músico, que também queria falar de coisas diferentes. Ele não aguentava mais repetir as garotas nacionais ou as Jackie Tequilas de outrora. Ao mesmo tempo, havia uma preocupação por parte da banda no sentido de não assustar os fãs. "É preciso crescer", concluiu.

No início do milênio, a indústria da música vivia um tempo diferente. O rock voltava a ter um cartaz maior devido ao desgaste do axé e do pagode. Dessa forma, a sinalização da banda também ia ao encontro da nova ordem. De bobos, os mineiros nunca tiveram nada. Óbvio que Samuel e companhia sabiam muito bem que se continuassem apostando no mesmo som, o desgaste seria inevitável. *O Samba Poconé* (1996) já tinha ultrapassado a barreira dos dois milhões de cópias vendidas. Mas quanto tempo a banda iria adiante seguindo um estilo que estava em vias de ser saturado? "Acho que foi questão de sobrevivência. O Skank só conseguiu existir por mais de duas décadas por conta dessas mudanças", refletiu Samuel 22 anos depois.

O Skank, então, estava disposto a matar o estilo que ele mesmo tinha ajudado a criar. "Não queríamos ficar reféns de um formato", disse o tecladista Henrique Portugal ao *Estado de S. Paulo*. O dancehall, o reggae e sobretudo os metais seriam coisa do passado muito em breve. A onda agora era renovar suas influências e aumentar as guitarras. Uma receita para apostar em uma nova sonoridade, valorizando a melodia das canções e, ao mesmo tempo, com letras, digamos, menos adolescentes. "As canções têm vida longa", disse o baterista Haroldo Ferretti. O sucesso de "Resposta", faixa do álbum anterior, *Siderado* (1998), que ganhou até gravação de Milton Nascimento, motivou os novos rumos.

Até o método de gravação foi alterado. Em vez do moderno estúdio Mosh, em São Paulo (onde tinham registrado *O Samba Poconé*) ou o carioca AR (de *Siderado*), a banda optou por gravar no estúdio Ferretti, de propriedade do baterista, anexo à casa de sua mãe em Belo Horizonte. "Estúdios de última geração intimidam. Troco fácil um caríssimo por um caseiro, sem tantos recursos", disse Samuel. Dessa maneira, foi como se a gravação oficial se misturasse com a fase de pré-produção, até mesmo porque essa fase já era feita nos estúdios de Haroldo Ferretti.

Tanto que um dos produtores do álbum, Chico Neves, ficou satisfeito com a pré-produção, considerando-a "madura". Aliás, o disco, que teve dois produtores – Tom Capone, além de Chico Neves – inicialmente contaria com quatro. A ideia era trazer também o sérvio radicado no Brasil Mitar Subotic, mais conhecido como Suba. No entanto, ele morreu asfixiado em um incêndio pouco antes de o Skank entrar em estúdio – o álbum seria dedicado a ele. O outro era Dudu Marote, com quem a banda já havia trabalhado em *Calango* e *O Samba Poconé*. Mas se o grupo queria mudar a sonoridade, qual o sentido de trabalhar com ele novamente?

O Skank então se deu por satisfeito com Tom Capone e Chico Neves. "Os dois são a favor de trabalhar ideias que surgem na hora", disse o baixista Lelo Zaneti, no que Samuel concordou: "O Chico e o Tom ficaram em plena sintonia com o que queríamos. O relacionamento foi ótimo, eles acertaram pequenos detalhes de guitarra e bateria que nos deixavam de cabelo em pé". Para a banda, de fato, era perfeito. Cada um dos produtores deixaria as diferenças entre as canções bastante claras. Tom ficaria responsável pelas faixas mais roqueiras, e Chico, com as mais eletrônicas.

A mudança no novo projeto também dizia respeito aos compositores das músicas. Geralmente Samuel Rosa trabalhava com o letrista Chico Amaral, só que agora o leque seria expandido. Edgard Scandurra, Lô Borges, Fausto Fawcett e Nando Reis estariam no cardápio. "Quando começamos, acho que tínhamos uma visão muito interiorana. Não nos misturávamos muito e, para falar a verdade, nos sentíamos um pouco excluídos do cenário pop nacional. Mas agora resolvemos ir atrás das pessoas, sair da toca, e o resultado não poderia ter sido melhor", explicou Samuel à *Tribuna da Imprensa*.

O disco ainda contaria com as participações de Andreas Kisser (Sepultura), Marcelo Lobato (O Rappa) e dos percussionistas Ramiro Mussoto, Paulo Santos e Décio Ramos, os dois últimos do grupo mineiro Uakti. Kisser tocou guitarra em "Rebelião", uma crítica social sobre as revoltas dos menores da Febem. Antes da fama, Henrique Portugal tinha tocado teclado em alguns shows do Sepultura. Agora era a vez de retribuir. A faixa talvez seja a mais pesada de toda a carreira do Skank – e uma das prediletas dos integrantes da banda.

Foi dessa forma que nasceu *Maquinarama*, um álbum que dosa com perfeição uma certa nostalgia das canções dos anos 1960 com elementos contemporâneos. E nada de sopros no disco. A canção que resume o novo direcionamento se chama "Três Lados", talvez a obra-prima do Skank. "Tudo o que aprendi com os Beatles está lá", disse Samuel na entrevista que acompanha o DVD *MTV Ao Vivo*. Tanto que foi escolhida como a música de trabalho do álbum e tocou nas rádios até dizer chega.

A imprensa saudou a nova roupagem do Skank. "Os fãs mais 'tradicionais' talvez estranhem a falta de sopros, mas não vão ter do que chiar porque o cheiro de hits não sai do ar", escreveu Adilson Pereira no *Jornal do Brasil*. "O que dá para dizer é que é um disco um pouco açucarado. Mas Samuel e companhia não querem mudar o mundo. Querem ser tocados em rodas de acampamento. Para conseguir isso, estão no caminho certo", continuou. A banda também gostou, e Henrique Portugal resumiu esse sentimento em uma frase: "*Maquinarama* é o disco do Skank que tem mais do Skank".

O álbum vendeu bem e faturou disco de platina (250 mil cópias vendidas) rapidamente. Era a hora de mostrar aquilo tudo no palco. No início dos ensaios, a banda tinha dúvidas se colocaria os metais nas apresentações. Acabaram optando por colocá-los. Devem ter pensando que, se limassem os sopros dos shows, aí sim seria radical demais. A turnê começou por Curitiba e algumas cidades do interior do país até chegar ao ATL Hall, no Rio de Janeiro, e ao Olympia, em São Paulo, entre julho e agosto de 2000. No repertório, sete canções do último álbum e a penca costumeira de hits.

Cerca de um ano depois, o grupo decidiu que aquele show deveria virar disco ao vivo, o primeiro da carreira, ideal para registrar o momento em que atingiu a sua maturidade artística. À época, o projeto *MTV Ao Vivo* estava bombando e era garantia de boas vendas. Seria uma mão na roda a união da banda com a emissora, até mesmo porque os seus videoclipes sempre rodaram incessantemente na MTV Brasil.

Samuel Rosa costumava dizer que considerava um milagre o Skank durar dez anos. A efeméride merecia uma comemoração à altura, ainda mais depois de terem lançado o seu trabalho mais criativo até então. A banda sempre comentava entre si que, quando fosse gravar um disco ao vivo, deveria ser em Ouro Preto. Ela desejava um cenário natural, e, claro, tocar na cidade para o Skank era como o Cruzeiro ou o Atlético-MG jogarem no Mineirão. Estaria em casa. "A gente escolheu Ouro Preto porque acreditava ser uma moldura linda para o show. A cidade é um portal que historicamente sempre ligou Minas ao mundo", explicou o vocalista. Além do mais, o grupo já havia gravado o videoclipe de "Te Ver" em Ouro Preto. "Queríamos um lugar onde conhecêssemos bem a estrutura e que pudesse abrigar o público de Belo Horizonte também", explicou o vocalista, que ainda fez questão de que a gravação acontecesse no inverno, "quando o céu está mais bonito".

Como o show era acima de tudo uma homenagem aos fãs, a banda realizou uma enquete em seu site oficial na internet pedindo para que eles escolhessem as suas 15 músicas favoritas da banda. Tempos modernos. Quando viram o resultado da enquete, os músicos se surpreenderam ao descobrir que os fãs curtiam músicas para as quais a banda talvez nem desse tanta bola, como "Ela Desapareceu" e "Siderado". Mas o primeiro lugar não espantou ninguém. Era "Resposta". "A gente pediu aos fãs que votassem no nosso site não para determinar, mas para balizar a nossa escolha. O repertório é fruto das preferências da banda conjugadas com a votação dos fãs", explicou Samuel.

Além das canções escolhidas pelos fãs, a banda tocaria a balada inédita "Acima do Sol", parceria de Samuel Rosa e Chico Amaral. A música era uma sobra do disco *Maquinarama*, que foi incluída no roteiro porque trazia a mistura do Skank do início, a influência da música jamaicana e a fase atual, mais focada no rock. Quando saiu a gravação ao vivo, a faixa se tornou um sucesso, a ponto de a banda ter que prorrogar a turnê e adiar a gravação do álbum seguinte. Haveria também espaço para "Estare Prendido En Tus Dedos", versão em espanhol da música "Wrapped Around Your Finger", do The Police, que tinha entrado na coletânea *Outlandos d'America: A Rock en Español Tribute to The Police*, com músicas do trio britânico interpretadas por bandas latinas. "Tanto", versão para "I Want You", de Bob Dylan, que tinha ficado perdida no álbum de estreia, também seria executada em Ouro Preto. A banda havia regravado a canção em um tributo a Dylan, e a versão meio reggae do primeiro disco se transformou em algo mais puxado para o folk.

A apresentação reuniu 30 mil pessoas nos dias 7 e 8 de julho de 2001 na praça Tiradentes, no centro de Ouro Preto – foi o primeiro da série *MTV Ao Vivo* a ser gravado ao ar livre. O show do primeiro dia (sábado) aconteceu à noite. O de domingo, à tarde, sob o lusco-fusco do entardecer. Por causa disso, a MTV optou por usar imagens deste segundo show para o DVD. A resposta do público foi impressionante, acompanhando todas as 25 músicas executadas em duas horas, num show que começou ainda sob a luz do dia. A cidade se mobilizou, e o resultado é o que o Skank realmente merecia. Se a banda deu uma guinada no disco de estúdio, em cima do palco a história era outra. Não renegou os hits antigos, e os metais estavam todos lá, brilhando em faixas como "É uma Partida de Futebol", "Pacato Cidadão", "In(dig)nação", a genial "A Cerca", "Jackie Tequila" (como de costume, um dos pontos altos da apresentação), "Tão Seu", "Garota Nacional" e o encerramento com "É Proibido Fumar", com a galera respondendo em alto e bom som: "Maconha!".

Mesmo após o término das atividades do Skank, Samuel Rosa tem as melhores recordações dessas apresentações. "Em Ouro Preto, a banda testou a sua popularidade, a sua criatividade, mostrou tudo que tinha feito e apontou para outros rumos", disse mais de duas décadas depois daqueles shows. Esse é o Skank em sua essência. No reggae, no dancehall, no rock, nas baladas, nas músicas para acampamentos. Com ou sem metais. A assinatura de uma das bandas mais originais que já existiu neste país.

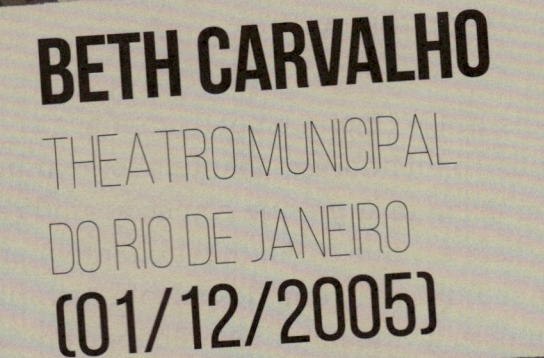

BETH CARVALHO
THEATRO MUNICIPAL DO RIO DE JANEIRO
(01/12/2005)

43

PARA CELEBRAR O DIA NACIONAL DO SAMBA, BETH CARVALHO LEVOU PELA PRIMEIRA VEZ UMA DAS MAIORES PAIXÕES NACIONAIS PARA O THEATRO MUNICIPAL DO RIO DE JANEIRO. POR ALGUMAS HORAS, TRANSFORMOU O LOCAL NA QUADRA DO CACIQUE DE RAMOS E REAFIRMOU QUE A HISTÓRIA DO GÊNERO NO BRASIL É, ACIMA DE TUDO, UMA HISTÓRIA DE RESISTÊNCIA.

Beth Carvalho sentiu uma coisa diferente quando foi assistir ao espetáculo *Rosa de Ouro* no Teatro Jovem, em março de 1965, ainda em início de carreira. Ao ver a figura de Clementina de Jesus no centro do palco, de braços levantados para o alto cantando "Benguelê", teve a certeza de que o samba nunca mais deixaria a sua vida. Nessa época, Beth ainda não tinha como saber, mas em um futuro não muito distante seu nome seria inscrito para sempre na história do gênero e, 40 anos depois, ela seria a responsável por protagonizar um show histórico que honraria o legado do *Rosa de Ouro* e do samba no Brasil.

Nascida no Rio de Janeiro em 1946, Beth Carvalho foi criada na Zona Sul carioca, em uma família de boas condições financeiras e gosto musical apurado, que sempre apoiou os evidentes dotes artísticos da filha. Ainda adolescente, estudou balé e chegou a dançar em uma apresentação de *Copélia* no Theatro Municipal. Mas a paixão pela música sempre falou mais alto do que a dança, e ainda muito jovem Beth participou de diversos programas de calouros na televisão e foi frequentadora de algumas das históricas reuniões da turma que fundaria a bossa nova. Mas a porta de entrada para sua carreira musical foram os festivais. Em 1968, no *III Festival Internacional da Canção*, ela alcançou o terceiro lugar ao defender ao lado dos Golden Boys a música "Andança", de Edmundo Souto, Paulinho Tapajós e Danilo Caymmi, que se tornou um sucesso e lhe rendeu o convite para gravar o seu primeiro LP pela Odeon. O disco de estreia ainda não tinha o estilo que consagraria Beth Carvalho, e seu repertório tinha muito mais da MPB que surgia naquele momento, com canções de Milton Nascimento e Baden Powell, do que de samba propriamente dito. Essa virada só aconteceu alguns anos depois, em 1973, quando ela se transferiu para a gravadora Tapecar, por onde lançou *Canto para um Novo Dia* – este sim um disco de samba, que inclusive foi dedicado a Clementina de Jesus.

Em 1977, Beth foi convidada pelo amigo Alcir Portella, então jogador do Vasco, a conhecer a roda de samba que acontecia na quadra do Cacique de Ramos, na divisa entre os bairros de Olaria e Ramos. Chegando lá, ficou maravilhada com o que viu e escutou. Era um som diferente, um jeito novo e original de tocar samba, feito por talentos que ainda não haviam sido descobertos pelo grande público. Virou frequentadora assídua do local e passou a conhecer mais a fundo e conviver de perto com alguns dos sambistas que sempre tocavam lá, como Almir Guineto, Ubirany, Sereno, Bira Presidente, entre outros. Foi lá também que ouviu pela primeira vez composições de nomes então ainda pouco conhecidos, como Jorge Aragão, Neoci, Beto Sem Braço, Sombrinha, Zeca Pagodinho, Arlindo Cruz e Luiz Carlos da Vila. De tão encantada, Beth resolveu gravar um disco com esse repertório e com o apoio dos músicos que tocavam lá, evidenciando aquela instrumentação diferente. O resultado foi o antológico *De Pé no Chão*, um dos maiores clássicos de sua carreira.

O álbum já abria com o petardo "Vou Festejar", de Jorge Aragão, Dida e Neoci. Era a gênese do pagode, movimento que foi galgando popularidade até atingir seu ápice em meados dos anos 1980. Os músicos revelados por Beth nesse e nos discos subsequentes não demorariam a lançar seus próprios trabalhos e a fazer sucesso também. A partir daí, toda essa turma passou a chamar a cantora respeitosamente de "madrinha", e Beth se consagrou como a responsável por jogar luz sobre aqueles talentos e, de certa forma, revolucionar a história do samba no Brasil.

Quase 30 anos depois, Beth Carvalho estava prestes a fazer história novamente – e, claro, a turma do Cacique de Ramos também estaria presente. Em dezembro de 2004 ela lançou o DVD *A Madrinha do Samba – Ao Vivo Convida*, gravado no Canecão, em que celebrava 40 anos de carreira ao lado de convidados especiais. Em março de 2005, também no Canecão, estreou uma turnê nacional baseada no repertório do disco ao vivo. Era um show revisionista, que passava por todas as fases de sua carreira e todos os seus grandes sucessos, de "Andança" a "Coisinha do Pai". No final do ano, para fechar as comemorações dos 40 anos de carreira e ainda festejar o Dia Nacional do Samba, celebrado em 2 de dezembro, Beth resolveu criar um novo espetáculo que homenageasse a história do gênero no Brasil desde os primórdios, quando ainda era criminalizado e marginalizado, até os momentos de glória no Carnaval e a consagração popular – de certa forma, um conceito que dialogava com o *Rosa de Ouro*, o espetáculo criado por Hermínio Bello de Carvalho em 1965 e que foi decisivo para a trajetória da cantora. A princípio, o DVD seria gravado na Lapa, no Rio de Janeiro, mas quase de última hora a cantora teve uma ideia melhor e mais ousada: por que não gravá-lo no Theatro Municipal? Afinal, um dos palcos mais importantes do país nunca havia recebido um show só de samba. "Quero mostrar que o samba é nobre porque é feito por pessoas nobres", disse para o *Jornal do Brasil*.

E assim, no dia 1º de dezembro, Beth Carvalho subiu ao palco do Theatro Municipal, no centro do Rio, diante de uma plateia formada apenas por convidados, para celebrar uma das maiores paixões nacionais. O show teve abertura do grupo Jongo da Serrinha, com 40 músicos, bailarinos e dez crianças que emocionaram ao evocar a força ancestral do samba na voz de Dona Maria Lurdes, de 84 anos, que cantou e dançou ao som de "Vapor da Paraíba", de Mestre Fuleiro. Na sequência, entrou o Quinteto em Branco e Preto, que relembrou os tempos em que o mero fato de se estar andando pelas ruas com um violão debaixo do braço já era motivo suficiente para ser preso ou no mínimo tomar uma dura da polícia. O retrato dessa época foi pintado com "Delegado Chico Palha", de Tio Hélio e Nilton Campolino: "Delegado Chico Palha/ Sem alma, sem coração/ Não quer samba nem curimba/ Na sua jurisdição/ Ele não prendia/ Só batia". Depois tocaram "Tempos Idos", de Cartola e Carlos Cachaça, que trazia os premonitórios versos que inspiraram Beth a querer realizar o show naquele palco: "O nosso samba, humilde samba/ De conquistas em conquistas/ Conseguiu penetrar o Municipal/ Depois de atravessar todo o Universo".

Finalmente, foi a vez de Beth Carvalho entrar no palco, ovacionada pela plateia. Ela entrou alegre, sambando com os volumosos cabelos vermelhos em movimento e usando um vestido dourado e brilhoso enquanto proclamava a negritude do samba com "Nas Veias do Brasil", de Luiz Carlos da Vila. "É por isso que canto samba. É a minha forma de luta política", diria mais tarde para o *Jornal do Brasil*. Depois de saudar todos os presentes, veio o primeiro grande momento da noite. Beth pediu os aplausos mais calorosos para receber Vó Maria, viúva de Donga. "Esta mulher está no *Guinness*, é a mais velha a gravar seu primeiro disco e vai cantar o primeiro samba feito neste país", anunciou Beth antes de a elegante senhora de 95 anos entoar os versos de "Pelo Telefone". Ao final da apresentação, ela foi aplaudida três vezes pela plateia, enquanto deixava o palco lentamente, amparada por um dos produtores do show.

Em seguida Beth recebeu quatro lendas da Velha Guarda de duas das mais tradicionais escolas do Rio, Mangueira e Portela: Darcy da Mangueira, Ary do Cavaco, Nelson Sargento e Monarco. A cantora se sentou com eles ao seu redor e conversou brevemente com cada um sobre suas trajetórias e a dificuldade que enfrentaram no mundo do samba. Cada um apresentou algumas de suas canções mais conhecidas, como "O Mundo Encantado de Monteiro Lobato" (Darcy), "Lapa em Três Tempos" (Ary), "Agoniza Mas Não Morre" (Nelson) e "Coração em Desalinho" (Monarco). Era a "madrinha" mostrando que também contou com a ajuda de alguns mestres para chegar onde chegou. Depois, sozinha no palco, relembrou o clássico "Folhas Secas" empunhando o cavaquinho que Nelson Cavaquinho, autor da canção, lhe dera. Antes, contudo, pediu aplausos para o outro compositor da música, Guilherme de Brito, que estava sentado na plateia.

O então iniciante Diogo Nogueira subiu ao palco em seguida para representar a nova geração do samba e homenagear seu pai, João Nogueira, morto cinco anos antes. Ele cantou "Poder da Criação", parceria de João com Paulo César Pinheiro, sob o olhar admirado de Beth. Depois foi a vez de outra lenda viva participar do espetáculo, anunciada como "uma deusa lá do Império Serrano". O público nem precisou ouvir o resto da frase para começar a aplaudir. Era Dona Ivone Lara, que encerrou em alto estilo a primeira parte do show com "Acreditar", parceria sua com Délcio Carvalho.

Beth fez um breve intervalo, retornou ao palco com um vestido branco de renda e transformou o Municipal em uma verdadeira roda de samba. Para homenagear o legado do Cacique de Ramos, a "madrinha" recebeu alguns de seus afilhados mais ilustres: Luiz Carlos da Vila, Zeca Pagodinho, Sombrinha, Almir Guineto e ainda Dudu Nobre, mais um representante da nova geração e herdeiro direto de toda essa turma. A essa altura, o palco já abrigava cadeiras e algumas mesas de botequim, onde todos se sentaram com seus microfones e instrumentos para dar início ao pagode. Numa cena inédita no Municipal, o público levantou dos assentos e muitos correram para o gargarejo e ficaram na frente do palco, bem pertinho dos artistas. Quase todo mundo caiu no samba, como se o Cacique de Ramos tivesse adotado um novo endereço. Foi um verdadeiro desfile de clássicos: "O Show Tem que Continuar", "Só pra Contrariar", "Conselho", "Camarão que Dorme a Onda Leva" e "Bagaço da Laranja", para citar apenas alguns. A festa terminou com o "hino do pagode", nas palavras de Beth: "Coisa de Pele", de Jorge Aragão e Acyr Marques.

Depois que o público sentou novamente e enxugou o suor da testa, Beth cantou uma versão delicada de "Meu Guri", de Chico Buarque, saudando o "samba do asfalto". Terminou a canção aplaudida pelo público, antes do final apoteótico do show, com a entrada da bateria, do mestre-sala e da porta-bandeira da Mangueira, escola do coração da cantora. Depois do pagode dos subúrbios, agora o Municipal se transformava na Sapucaí. Os percussionistas apoiaram Beth em "Exaltação à Mangueira",

"Coisinha do Pai" e "Vou Festejar", que encerrou com chave de ouro. Luana Carvalho, filha da cantora, para quem o show foi dedicado, subiu ao palco, sambou, deu uma palinha e se emocionou ao lado da mãe, que tinha acabado de fazer história mais uma vez.

O público em geral só pôde assistir a tudo isso um ano depois, quando o DVD e os dois volumes do CD ao vivo finalmente chegaram às lojas. Na época, ela se mostrou orgulhosa do trabalho que conseguiu realizar: "Esse show foi um ato revolucionário, uma das grandes vitórias do samba. Pela primeira vez ele pisou integralmente no Municipal. É um DVD histórico, nunca vai sair de catálogo", disse ao jornal O *Globo*. Foi mesmo uma vitória, não só para o samba, mas também para Beth Carvalho. A jovem que assistiu fascinada a Clementina de Jesus cantar no Teatro Jovem 40 anos atrás tinha conseguido realizar seu sonho. E de lambuja ainda ajudou a realizar o sonho de muitas outras pessoas também.

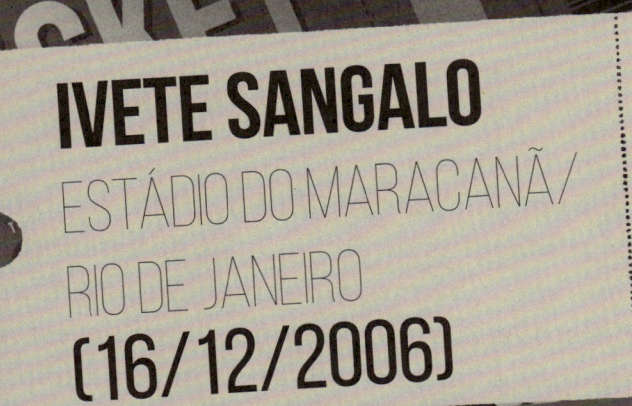

ÀS VÉSPERAS DO NATAL DE 2006, IVETE SANGALO ENCAROU O MARACANÃ PARA UM SHOW QUE A FIRMARIA COMO GRANDE ESTRELA DO POP NACIONAL. DURANTE QUATRO HORAS, ELA LEVOU OS FÃS AO DELÍRIO E DEIXOU REGISTRADO UM DVD RECORDISTA EM VENDAS. CONSOLIDAVA-SE UM NOVO FENÔMENO DA MÚSICA BRASILEIRA.

"Eu tô com dor de barriga de prova! Eu não vou!", disse Ivete Sangalo para sua irmã, Cíntia, nos bastidores do gigantesco palco montado para ela no estádio do Maracanã. O nervosismo era compreensível. Ela estava prestes a realizar um dos shows mais importantes da sua carreira, e tudo seria registrado para a posteridade em um DVD de orçamento exorbitante. Ivete, então, sentou-se na moto com a qual entraria no palco, prevendo um colapso a qualquer momento. Até que a banda deu os acordes iniciais e ela subiu no elevador cenográfico.

De repente, aquela baiana de Juazeiro estava diante de um Maracanã lotado por 60 mil pessoas que a aplaudiam e gritavam seu nome freneticamente. Agora não tinha mais como voltar atrás, o show havia começado. "Quando a moto subiu e eu vi o povo, falei: 'Tô no meu lugar. Eu nasci para isso!'", ela descreveria mais tarde. O nervosismo de repente parou, e Ivete se jogou de cabeça. Pelas próximas quatro horas, teria a multidão na palma da sua mão. E faria história.

A ideia tinha sido de Max Pierre, então diretor da Universal Music, e vinha sendo elaborada em parceria com o Multishow há quase um ano. Em fins de 2003, Ivete já havia reunido uma multidão no estádio Fonte Nova, em Salvador, para a gravação do seu *MTV Ao Vivo*, que bateu recordes e colocou a cantora como uma das maiores vendedoras de DVDs do país. Cantar no Maracanã seria o próximo passo natural da consolidação de Ivete como a grande estrela pop da música brasileira naquele momento. Agora era hora de ela transformar o estádio Mário Filho em um enorme trio elétrico.

No primeiro semestre de 2006, enquanto se acertavam os detalhes de produção do show e do DVD, Ivete viajou pela Europa em uma turnê de 22 datas. Mas sua cabeça já estava no Maracanã. Nas intermináveis viagens de ônibus, filas de aeroporto e camarins, ela discutia com a banda ideias para o novo show, de truques cenográficos ao repertório. O ponto de partida seria o disco *As Super Novas*, lançado em novembro de 2005. O álbum marcou uma nova fase para a cantora, que agora queria explorar um lado mais pop do seu repertório, com arranjos que fizessem referência à disco music dos anos 1970. A faixa de abertura (que se tornou um dos grandes hits do CD), "Abalou", era o exemplo perfeito da sonoridade buscada: as cordas estilo dance music somadas à marca percussiva do axé e do samba-reggae. Havia também outros destaques, como "Poder", "A Galera" e a balada "Quando a Chuva Passar". A ideia do show no Maracanã seria uma continuidade do que foi mostrado em *As Super Novas*: provar que, muito mais do que uma cantora de axé ou fenômeno dos trios elétricos, Ivete Sangalo era uma artista pop completa, que poderia incorporar diversos gêneros e estilos sem deixar de lado suas origens.

O show foi marcado para o dia 16 de dezembro de 2006, um sábado. Os ingressos foram vendidos a preços populares, de 15 a 50 reais. A estrutura do palco era uma verdadeira superprodução. Rafael Dragaud e José Cláudio Ferreira assinaram o cenário de alta tecnologia, que contava com um telão de LED e painéis G-Lec de tecnologia alemã de alta resolução, que seria usada pela primeira vez no Brasil. No palco, além dos bailarinos, Ivete seria acompanhada pela sua Banda do Bem: Juninho Costa (guitarra), Gigi (baixo), Toinho Batera (bateria), Radamés Venâncio (teclado), Gilberto (trompete), Ferreirinha (trombone), Letieres Leite (sax e flauta), Patrícia Sampaio (backing vocal), Fabio O'Brien, Marcio Brasil e Cara de Cobra (percussão).

No dia do show, enquanto o público adentrava o estádio, Ivete estava inquieta nos bastidores. Em seu camarim decorado com fotos do Cristo Redentor, a cantora "não cansava de se levantar da *chaise longue* e caminhar até o fundo do palco para, escondidinha, ver o povão começando a chegar", descreveu Marcio Gomes na *Tribuna da Imprensa*. De tempos em tempos, ela perguntava ao irmão e então empresário, Jesus Sangalo: "Vem muita gente?", e ele apenas sorria de volta. Antes do show começar, foram exibidos no telão depoimentos gravados por colegas como Gilberto Gil (então ministro da Cultura), Herbert Vianna, Rogério Flausino, Faustão e Xuxa. Aliás, Ivete e Xuxa eram amigas inseparáveis na época e o show começou com uma hora de atraso, minutos depois da apresentadora e sua filha, Sasha, colocarem os pés no camarote VIP.

"Atenção, Maracanã! Eu quero ver essa cidade em cima. Tira o pé do chão!", ordenou a cantora, ainda fora do palco, ao sinal dos primeiros acordes de "Abalou", música de abertura do show. De repente, a cantora surgiu em cima de uma moto, como na capa do disco As *Super Novas*, vestida com um macacão preto de couro, estilo Mulher--Gato, enquanto os telões exibiam labaredas de fogo. Era um aviso de que Ivete estava prestes a incendiar o Maracanã. E foi o que aconteceu. Depois da abertura apoteótica, ela emendou com seus dois maiores sucessos: "Festa" e "Sorte Grande". Em pouco mais de dez minutos, já havia conquistado o público. Em homenagem aos fãs, a cantora resgatou um antigo sucesso de Tim Maia, "Não Quero Dinheiro (Só Quero Amar)", que provocou gritos da plateia: "Ivete! Ivete! Ivete! Ivete!", e ela respondeu: "Vocês vieram! Poxa, que felicidade! Isso aqui é um sonho pra mim...". Antes de deixar o palco para a primeira troca de figurino da noite, enfileirou duas canções de Carnaval: "Empurra Empurra" e "Carro Velho", sucesso dos tempos da Banda Eva.

Ao todo foram cinco blocos, com um figurino diferente para cada, todos assinados pelo estilista Alexandre Herchcovitch. No segundo, vestida com estampa militar e boina, Ivete priorizou sucessos do axé music, como "Berimbau Metalizado", "Flor do Reggae", "Canibal" e "Levada Louca". Depois, vestindo uma saia estampada com as curvas do calçadão de Copacabana, o show ganhou um tempero latino, que começou com a participação de Alejandro Sanz e continuou com a lambada "Chorando Se Foi", "A Galera" e uma versão ainda mais apimentada de "Sá Marina", antigo sucesso de Wilson Simonal que ela gravou em seu primeiro disco solo, em 1999.

Um dos pontos altos do show foi o bloco final, antes do bis, em que a percussão ficou de lado por um instante e Ivete deu voz à sua faceta de cantora romântica. Um barulho de tempestade invadiu o Maracanã, e raios começaram a pipocar no telão. De repente, com os primeiros acordes ao piano, o público reconheceu a introdução de "Quando a Chuva Passar". De vestido longo branco, Ivete surgiu no centro do palco sentada em cima do piano e cantou seu mais novo sucesso: "Pra que falar/ Se você não quer me ouvir?/ Fugir agora não resolve nada...". Depois, ela subiu em uma plataforma que a fez sobrevoar parte do público e, emocionada, precisou segurar o choro para cantar "Se Eu Não Te Amasse Tanto Assim". Na sequência, veio "Eu Sei Que Vou Te Amar", clássico de Tom Jobim e Vinicius de Moraes, como uma declaração de amor para os fãs ali presentes.

O show ainda contou com cinco participações especiais. Os nomes dos convidados foram mantidos em segredo até as vésperas do show, e eram especulados e anunciados na imprensa como se fossem atrações de algum megafestival. O primeiro a ser chamado para o palco foi Samuel Rosa, então vocalista do Skank. Juntos, mandaram "Não Vou Ficar", de Tim Maia, lançada por Roberto Carlos em 1969, uma soul music que ganhou peso com os metais da Banda do Bem e a guitarra de Samuel.

Alguns números depois, para cantar "Não Precisa Mudar", Ivete convidou ao palco Saulo Fernandes, amigo próximo e então vocalista da Banda Eva, posto que Ivete comandou por anos e que a lançou ao estrelato. Era o elo afetivo, porém sem saudosismos, de Ivete com seu passado musical. Na abertura do terceiro bloco do show, ela retornou ao palco acompanhada por Alejandro Sanz, um aceno à sua carreira internacional. Os dois cantaram juntos "Corazón Partío", que já era sucesso no Brasil, mas que repercutiu ainda mais na versão com Ivete.

Em seguida Ivete celebrou a força popular do axé com um dos maiores nomes do gênero, Durval Lelys, fundador do grupo Asa de Águia. Os dois cantaram o hino "Bota Pra Ferver", e depois ele ainda teve direito a um número solo, "Dança do Vampiro". O último convidado foi MC Buchecha, que entrou quase no final do show para um medley dos seus sucessos "Nosso Sonho" e "Conquista" acoplada a "Poder", música lançada por Ivete no disco *As Super Novas*. Era a união do funk carioca com o axé baiano. Se dependesse de Ivete, haveria ainda outra atração internacional no show. Meses antes, no Carnaval de 2006, ela conheceu Bono, vocalista do U2, durante um almoço na casa de Gilberto Gil. Os dois chegaram a cantar juntos em seu trio elétrico na ocasião. Bono, que poucos dias antes do show no Maracanã encerrara no Japão a turnê do disco *Vertigo*, recusou o convite da baiana.

Como se tratava de uma gravação de DVD, o show teve inúmeras interrupções e foi necessário repetir alguns números por falhas técnicas, como "Flor do Reggae" e "Corazón Partío". Apesar de quebrar o ritmo do show, tais problemas não desanimaram a plateia, que cantava tudo de novo com a mesma empolgação. E Ivete sabia manter o bom humor diante dos empecilhos. Quando o cabeleireiro entrou no palco para ajeitar seu penteado, ela brincou: "O diretor disse que eu estou suando muito. Isso aqui é um show ao vivo, não é um acústico. O show é meu!". Um dos momentos mais delicados aconteceu durante o dueto com Buchecha, quando uma pane desligou as caixas de som e deixou o palco no escuro. O pânico foi geral nos bastidores, e Ivete pediu 10 minutos aos fãs. Ela reuniu a banda no centro do palco e, abraçados, rezaram juntos. Coincidência ou não, assim que terminaram de rezar o som voltou e fez-se luz novamente. Enquanto a equipe técnica dava os últimos reajustes, Ivete distraiu o público cantando "Doce Mel". Uma pena que Xuxa já tivesse deixado o Maracanã àquela altura, pois na manhã seguinte comandaria o evento de recepção do Papai Noel na Praça da Apoteose.

Passado o susto, Ivete mandou um *pot-pourri* apoteótico com "País Tropical", "Arerê" e "Taj Mahal", com direito a chuva de confetes. Seria o final perfeito, mas alguns minutos depois ela retornou ao palco para regravar alguns números que não haviam ficado bons e ainda presenteou os fãs que resistiram até o final com uma série de músicas que não entraram no corte final do DVD, como "Piririm Pompom", "Mega Beijo" e "Tô na Rua". "Vamos ficar aqui até as 5 da manhã!", prometeu. Foi quase. O show terminou perto das duas, quatro horas depois do seu início. "Vocês são meus melhores amigos, e este show foi bom assim porque vocês estão aqui", disse Ivete aos fãs antes de se despedir de vez.

O DVD *Multishow Ao Vivo – Ivete no Maracanã* foi lançado pela Universal Music em abril de 2007. "Essa é a síntese do que aprendi em minha carreira. Estou aí por inteira", resumiu a cantora. A época não era propícia para lançamentos desse porte. A indústria fonográfica estava em crise – as vendas milionárias de outrora tinham ficado no passado, as pessoas pareciam não se interessar mais em comprar CDs, havia muita pirataria, e os recursos de venda digital, na época, representavam apenas 3% do faturamento. O risco era tanto que a Universal não queria que Max Pierre, diretor da gravadora, seguisse adiante com a caríssima gravação. "Fui avisado diversas vezes que se continuasse com o projeto seria desligado da companhia", ele conta. Mesmo assim, decidiu dar continuidade ao que prometera e, no fim das contas, o DVD de Ivete nadou contra a maré e se tornou um fenômeno comercial, com mais de um milhão de cópias vendidas.

O feito foi celebrado também pela imprensa na época, que enxergava ali uma possível redenção para a crise na indústria. Mas o fato é que nem todo mundo nasceu para ser um fenômeno. E o show incendiário que Ivete Sangalo fez no Maracanã naquele quase Natal de 2006 apenas coroava o que todo mundo já suspeitava: o Brasil tinha uma estrela à altura dos novos tempos.

ERASMO CARLOS
THEATRO MUNICIPAL/ RIO DE JANEIRO
(02/07/2011)

45

ERASMO SEMPRE TEVE O SONHO DE LEVAR O ROCK AND ROLL PARA O PALCO DO MUNICIPAL. A COMEMORAÇÃO DOS SEUS 50 ANOS DE ESTRADA NÃO PODERIA SER UMA OPORTUNIDADE MELHOR. O CENTENÁRIO TEATRO NUNCA DEVE TER ESCUTADO TANTO BARULHO. COM AS PARTICIPAÇÕES DE MARISA MONTE E ROBERTO CARLOS, ERASMO PROMOVEU UMA FESTA DE ARROMBA.

O pai do rock nacional. É clichê, mas, ainda assim, a melhor denominação para Erasmo Carlos. Fã número 1 de Elvis Presley, Bill Haley e Little Richard, ele foi um dos expoentes da Jovem Guarda nos anos 1960. O fenômeno não durou muito tempo, mas Erasmo era muito mais do que isso. Enquanto Roberto Carlos se firmava como cantor romântico, ele trilhava outros caminhos. Levado para a Polygram por André Midani, com carta branca para gravar o que quisesse, Erasmo colocou uma pitada de samba-rock, soul e psicodelia em sua música e registrou alguns dos discos mais cultuados da década de 1970. Dizer que ele fazia rock nesse período seria forçar a barra. Mas a sua postura era mais rock que nunca. Tanto que, quando o gênero explodiu no país nos anos 1980, Erasmo, que continuou produzindo bons – alguns excelentes – álbuns, nunca deixou de ser homenageado pela nova geração.

Na década de 1990 Erasmo andou meio sumido, é verdade, mas no início do novo milênio recuperou a verve e lançou grandes discos. Em 2001 Marisa Monte deu uma forcinha ao participar da faixa "Mais um na Multidão", do álbum *Pra Falar de Amor*, e ele voltou a tocar nas rádios como nos tempos de outrora. Seus shows tornaram a encher, e um público mais novo descobriu sua genialidade com o CD *Erasmo Carlos Convida - Volume 2*. "Coqueiro Verde", "Banda dos Contentes", "Sábado Morto"... Com dezenas de canções emblemáticas no repertório e fãs declarados como Lulu Santos, Skank e Los Hermanos cantando com ele, Erasmo Carlos se tornou cult.

Em 2009 ele decidiu homenagear o gênero musical que lhe trouxe fama e inspiração e lançou o álbum *Rock'n'Roll*, um dos melhores discos do gênero já lançados no país. "Esse disco é algo que estava devendo a muitos de meus fãs. Na verdade, era uma coisa que também estava devendo a mim mesmo", disse o compositor ao jornal *O Globo*, quando ainda nem tinha decidido o título da obra que teria a produção de Liminha e seria a primeira a ser lançada por sua própria gravadora, a Coqueiro Verde.

Rock'n'Roll contaria com 12 faixas inéditas escolhidas a partir de um lote de 30 canções compostas por Erasmo no ano anterior. Algumas músicas ganharam letras de compositores como Nando Reis, Nelson Motta e Chico Amaral. A ausência de Roberto Carlos na ficha técnica não desanimou Erasmo. "Temos três músicas inéditas, mas que são do disco dele. Elas estão prontas há um bom tempo, só falta Roberto decidir lançar."

Em junho, *Rock'n'Roll* chegou às lojas. "As pessoas pediam, reclamavam, 'coloca mais guitarra'... Aí resolvi fazer um disco para matar as saudades do rock, mesmo. Apesar de ter enveredado pela MPB ao longo da minha carreira, nunca larguei o rock, mas esse é o meu primeiro disco só de rock em muito tempo", explicou Erasmo. A banda de acompanhamento é praticamente um dream team, com Liminha (guitarra, violão, baixo, ukelele), Dadi (guitarra e baixo), Billy Brandão (guitarra), João Barone (bateria) e Alex Veley (teclados). A faixa de abertura, "Jogo Sujo", funcionava como uma carta de intenções. "Com a dama escondida na manga/ O mundo me chamou pra jogar/ Vítima de tal esperteza/ Pus a vida na mesa e resolvi topar", cantava Erasmo em um rock direto.

Ele também aproveitava para, mais uma vez, celebrar a mulher, na faixa "A Guitarra é uma Mulher" (com Chico Amaral). "A ideia contraria o machismo dos caras do rock, que consideram a guitarra um símbolo fálico, emblema masculino de poder, do herói. Quando a gente ressalta que ela é do sexo feminino, lembramos o carinho que o cara tem que ter com esse instrumento", afirmou. Não satisfeito, em "Olhar de Mangá" citou dezenas de musas, de Marilyn Monroe a Gisele Bündchen, passando por Madonna, Rita Lee, Fernanda Montenegro e até Marge Simpson. Ele também aproveitou para trazer à baila outro tema que lhe é muito caro, a ecologia, com "Mar Vermelho", que ganhou letra de Nando Reis.

"Bicho, é o Erasmo, tenho uma coisa pra te perguntar: há quanto tempo você não trepa?" Foi dessa forma que ele convidou o guitarrista Luiz Lopes e sua banda Filhos da Judith para participar da turnê do disco. "Agora é que você vai trepar como nunca!", completou, às gargalhadas. Luiz tinha 27 anos, o seu irmão, o baixista Pedro Dias, 28, e o baterista Alan Fontenele, 26. Não foi por acaso que Erasmo escolheu uma banda tão jovem para cair na estrada com ele. "Quando conheci essa rapazia-da, através do Liminha, senti uma energia de sonho e esperança, um ímpeto que me lembrou na hora do que eu era no início da carreira. Hoje, sou um cara sério, responsável, que paga imposto de renda. Me rejuvenesce a vibração dessa moçada", explicou. Para completar o time – e contrabalançar as idades – foram recrutados Dadi e Billy Brandão, além do maestro e tecladista José Lourenço, fiel escudeiro de Erasmo há 25 anos.

Nos ensaios, todos eles se divertiram criando novos arranjos para sucessos eter-nos. "Negro Gato", por exemplo, ganhou uma levada soul. "Os Rolling Stones que me perdoem, mas eu não tenho uma 'Satisfaction', tenho várias", brincou Erasmo. O roteiro original tinha seis faixas de *Rock'n'Roll*, baladas como "Mulher" e "Sentado à Beira do Caminho", canções da fase bicho-grilo ("Panorama Ecológico", "Sou Uma Criança, Não Entendo Nada"), além de sucessos da Jovem Guarda, como "Quero Que Vá Tudo Pro Inferno", "É Proibido Fumar" e "Festa de Arromba". Erasmo também se desdobrava para preparar um medley em homenagem ao parceiro Roberto Carlos, que estava completando 50 anos de carreira. E ainda havia mais um motivo para co-memoração: *Rock'n'Roll* tinha sido indicado para concorrer ao Grammy Latino.

Desde a estreia em setembro de 2009, no Vivo Rio, na capital fluminense, Erasmo tinha um desejo: levar o seu *Rock'n'Roll* ao Theatro Municipal da mesma cidade. "Eu tive um sonhozinho que era ver rock and roll no Municipal. Porque é uma casa sole-ne, um templo solene de cultura variada, de artes variadas, então me fascinava ver rock and roll naquele ambiente. E finalmente eu vou realizar esse sonhozinho", disse em entrevista que acompanha o DVD com o registro do show.

O tal sonhozinho seria realizado no dia 2 de julho de 2011, último show da turnê. Talvez para enganar um pouco, ele ainda convocou 12 músicos da Orquestra Sinfô-nica Brasileira para se incorporar à banda. Àquela altura, Erasmo comemorava 70 anos de idade e 50 de carreira. Ele sabia que aquele show seria diferente e não fez por menos: convidou Marisa Monte e Roberto Carlos para dividirem o palco com ele. Marisa tinha sido uma das responsáveis pela sua ressurreição artística na virada do milênio, e Roberto Carlos... Bom, esse nem precisa dar maiores explicações. A últi-ma vez que eles haviam se encontrado no palco tinha sido no estádio do Maracanã, debaixo de tempestade (ou de "um debulhar de lágrimas", para usar a expressão de Erasmo), quando Roberto comemorou os seus 50 anos de vida artística. Agora era a hora da retribuição. E quem pensava que Erasmo estava preocupado por chegar a sete décadas de vida estava enganado. "Não dói chegar aos 70 anos. Principalmente quando se tem tesão na vida."

"Eu tinha 16 anos quando me envolvi pela primeira vez. Foi um tal de Bill Haley que me induziu ao vício. Uma festa na Tijuca em 1957. Eu confesso que fiquei alucinado na hora. Me deu uma sensação de liberdade que eu jamais havia sentido antes... No início, minha família foi contra, mas no final... Acabou sendo até bom pra todo mundo. Eu poderia estar matando, roubando, mas estou aqui, de peito aberto, assumindo minha culpa perante a sociedade. Porque eu não tenho vergonha de dizer que eu sou viciado! Em rock and roll." Foi dessa forma que o show de Erasmo começou, com a sua imagem no telão ao fundo do palco, imagem borrada e voz alterada. Quando o palco se acendeu e a banda mandou os acordes iniciais de "Jogo Sujo", os vitrais alemães do *foyer* do Theatro Municipal devem ter tremido ao som do solo de guitarra de Billy Brandão e da batida afiada de Alan Fontenele, que descia a mão na bateria. O negócio era rock and roll mesmo, tanto que "Mesmo que Seja Eu" nunca foi executada de forma tão pesada.

"Quero dizer que é um orgasmo inenarrável estarmos aqui. Da Tijuca até aqui é um tempo... E quero dizer também que nunca antes na história deste país vocês viram um compositor tão feliz no palco, completando 50 anos de carreira. Aliás, 'carreira', hoje em dia, é um termo polêmico, então eu prefiro dizer 50 anos de estrada, que é um termo melhor." Assim Erasmo deu as boas-vindas a um público recheado de artistas como Lulu Santos, Nelson Motta, Dado Villa-Lobos e Wanderléa. Depois anunciou a homenagem ao "amor em sua forma terrena", a mulher, e cantou as delicadas "Mulher (Sexo Frágil)" e "Minha Superstar", dando um refresco aos ouvidos da plateia.

A primeira convidada da noite foi Marisa Monte, que Erasmo chamou de "minha musa". Juntos, interpretaram "Mais Um na Multidão" e "Se Você Pensa". A cantora tinha feito aniversário na véspera. "E ganhei o presente hoje", brincou. O clima era de leveza. Após dizer que, "se Mick Jagger não toca 'Satisfaction', as pessoas ficam tristes", Erasmo mandou as baladas "Gatinha Manhosa" e "Sentado à Beira do Caminho". A ecologia esteve presente no roteiro da apresentação com "Panorama Ecológico". "Nos anos 70, Roberto Carlos e eu fizemos um monte de músicas... Falam de meio ambiente, ecologia em geral, aquecimento global... Ninguém prestou atenção, ninguém entendeu, ninguém ouviu", disse Erasmo. Aí ele explicou que um executivo de gravadora disse que eles tinham que parar de fazer música sobre essa temática, deveriam falar de amor. "Vocês fizeram uma música agora para as baleias, mas baleia não compra disco...", recordou o compositor, antes de lembrar que, hoje em dia, artistas como Bono e Sting falam sobre ecologia e todo mundo presta atenção.

Na hora da homenagem a Roberto Carlos, o senso de humor prevaleceu mais uma vez. Erasmo explicou que, no ano anterior, o seu parceiro havia completado 50 anos de carreira, e queria pedir que, se tivesse algum vizinho ou parente de Roberto na plateia, fizesse o favor de falar: "Olha, o Erasmo fez uma homenagem pra você". Tinha início o medley que juntava trechos de "Desabafo", "Olha", "Proposta", "Cavalgada", "Café da Manhã", "Os Seus Botões", "Detalhes", "Eu te Amo, te Amo, te Amo" e "Como é Grande o Meu Amor por Você", acompanhado apenas pelo piano de José Lourenço e orquestra. No final, Erasmo fez graça: "Vejam o avanço da tecnologia, nem precisou nada, alguém aí na plateia escreveu um e-mail pro Roberto, e ele não só ouviu a homenagem como veio até aqui me dar um abraço". Para delírio dos fãs, ele apresentou "o meu amigo rei, Roberto Carlos!" "A gente combinou que não ia chorar, hein, bicho", disse Roberto. "Mas eu acho que já comecei antes", completou, quando entrou no palco.

Os dois trocaram gentilezas, um elogiando o modelito do outro. Roberto nem se importou com o casaco marrom do amigo e ainda fez piada com a própria doença. "Eu tenho mania de roupa velha, por causa do TOC." Juntos, eles relembraram a primeira parceria, "Parei na Contramão", canção que Roberto escreveu nos tempos em que trabalhava na delegacia de seguros do Ministério da Fazenda e ligou para Erasmo porque estava empacado em um verso. "Quinhentas composições depois, estamos aqui juntos. Parece que foi hoje", rememorou Erasmo. Eles emendaram com "É Preciso Saber Viver" e, neste momento, ocorreu o grande momento do show, aliás, um dos momentos mais emocionantes da história dos shows no Brasil. Depois do refrão, Erasmo se virou para Roberto com os olhos marejados, abriu os braços e os dois se abraçaram, ao mesmo tempo que Erasmo beijava a testa do parceiro que retribuía afagando os seus cabelos. E cantaram juntos: "Mas se você caminhar comigo/ Seja qual for o caminho eu sigo/ Não importa aonde for/ Eu tenho amor, eu tenho amor". A melhor declaração de amor de todas. "Obrigado por você ser meu irmão, obrigado", despediu-se Roberto, após um rápido improviso de "Eu Sou Terrível". Para completar a festa, os fãs pediram que Wanderléa subisse ao palco. Infelizmente, não aconteceu.

O show nem precisava continuar, mas o rock and roll voltou a rolar com "Quero Que Vá Tudo pro Inferno", numa versão hard rock no melhor estilo Led Zeppelin, e o baile da Jovem Guarda rendeu da mesma forma como nas antigas jovens tardes de domingo. "Lobo Mau", "Minha Fama de Mau" e "Vem Quente que Eu Estou Fervendo" encerraram a apresentação. No bis Erasmo interpretou "Cover" (com participações de covers de Elvis Presley, Raul Seixas e Marilyn Monroe) e "Festa de Arromba" no *grand finale*.

"Estou realizado, não peço mais nada a Deus. Só agradeço. O que eu sonhava no começo era tão pequeno e o que vivi foi infinitamente maior", disse Erasmo ao jornal *Extra* após a apresentação, resumida pelo jornalista Guilherme Bryan, na *Rede Brasil Atual*: "Certamente esse foi um show para ficar na memória de quem assistiu e que se tornará um dos mais importantes registros históricos da música popular brasileira".

Mais do que um show, mais do que uma festa de arromba, uma aula magna de rock and roll. No templo da música clássica, ainda por cima. Como bem disse o baixista Pedro Dias na entrevista que acompanha o DVD, "tem gente que faz rock and roll e tem gente que é rock and roll. E Erasmo é um deles".

SERIA O ÚLTIMO SHOW DA CARREIRA DE RITA LEE. MAS QUEM ESPERAVA LÁGRIMAS EMOTIVAS DE ADEUS, SE ENGANOU. NO PALCO, ELA ESBRAVEJOU CONTRA A AÇÃO VIOLENTA DE POLICIAIS E TERMINOU A NOITE PRESA. UMA DESPEDIDA À ALTURA DA ARTISTA QUE CONQUISTOU O TÍTULO DE RAINHA DO ROCK.

O anúncio foi uma surpresa para todos que estavam presentes no Circo Voador naquele 21 de janeiro de 2012. Era a primeira vez que Rita Lee, um dos nomes mais importantes da história do rock nacional, se apresentava no tradicional palco da Lapa, no Rio de Janeiro. E, pelo visto, seria também a última. Ao final do show, enquanto cantava "Ovelha Negra", a cantora anunciou que estava se aposentando dos palcos. "O Rio está tão especial, a hora está tão especial, que eu queria falar uma coisinha. Uma coisinha leve", disse ela, enquanto a banda ainda tocava a música. "Eu queria dizer que esse é o penúltimo show. Mas eu considero o último. O último da turnê, e eu vou aposentar dos palcos. É a hora... Mas é coisa leve. Porque ovelhas negras vão, vêm. Então... não podia ser um público melhor, um lugar melhor. Parabéns, Circo Voador. Eu fico por aqui", disse ela, antes de voltar a cantar os versos finais de uma das canções mais emblemáticas da sua carreira: "Ovelha negra da família não vai mais voltar/ Não... vai sumir!".

Na época, Rita estava há muito tempo sem lançar discos de inéditas. O último havia sido *Balacobaco*, em 2003. Desde então, ela mantinha uma agenda ativa com shows que celebravam seus maiores sucessos, o que já parecia algo repetitivo, como ela própria descreveu anos depois em sua autobiografia: "Naquelas alturas fazer show era apenas repetir minhas macaquices de sempre, os mesmos hits, mesmos discursinhos, mesmas máscaras, só mudava o figurino. Nada mais autoexplicativo do que o nome *ETC*", ela escreveu sobre a turnê que levou ao Circo Voador e que acabou por ser a última de sua carreira. Mas, como ela adiantara, ainda havia mais um show a cumprir. Uma semana depois da apresentação no Rio de Janeiro, Rita cantaria no *Festival Verão Sergipe*, em palco montado na praia de Atalaia Nova, em Aracaju.

No dia 28 de janeiro, já perto da meia-noite, ela subiu ao palco vestida com uma capa que costumava usar nos anos 1980, calça preta de couro e camiseta roxa escrito "cabra-macho". À sua espera, havia um público de cerca de 20 mil pessoas, formado por gente de todo canto do país, que fez questão de presenciar aquela noite que prometia ser histórica. Afinal, seria a última vez que eles presenciariam Rita Lee cantar ao vivo músicas como "Doce Vampiro", "Agora Só Falta Você", "Ovelha Negra", "Saúde", "Lança Perfume" e tantas outras. O clima era de expectativa e emoção no começo, mas terminou de forma bem diferente.

Ainda no início da apresentação, Rita se mostrou incomodada com um pequeno tumulto que aconteceu na plateia, quando policiais militares que faziam a segurança do local começaram a revistar com truculência um grupo de pessoas que estava fumando maconha. No intervalo entre uma música e outra, a cantora chegou a fazer um apelo contra o uso de violência policial. Explicou que o clima era de festa e os fãs eram pacíficos. "A gente veio aqui para comemorar com vocês a minha última apresentação no palco", disse. Os apelos da cantora, contudo, não surtiram efeito, e a presença da Polícia Militar se tornou cada vez mais ostensiva. Em certo momento, o tumulto, que antes parecia um caso isolado, se intensificou. Enquanto cantava "Amor e Sexo", Rita viu o que estava acontecendo e, indignada com a violência desproporcional da polícia, interrompeu a música e se dirigiu aos policiais: "Podem parar! Polícia aqui, não", ela gritou e se lançou a um discurso cada vez mais enérgico contra aquela situação. "O que vocês estão procurando, queridos policiais? Baseado? Vão achar. Alegria? Vão achar. Lazer, felicidade, só isso."

Nessa hora, os PMs se locomoveram em direção à grade que separava o público do palco, abrindo caminho entre as pessoas com uma truculência que crescia na mesma proporção que a indignação de Rita: "Se a polícia bater, eu vou dedurar para o Brasil inteiro e processo. Isso é força brutal. Vocês não têm o direito de usar força brutal contra a meninada que não está fazendo nada. Esse show é meu, não de vocês! Esse show é minha despedida do palco e vocês continuam tendo que guardar as pessoas, e não tendo que agredir. Seus cachorros! Coitados dos cachorros... Cafajestes!".

Colados na grade, além de muitas outras pessoas, estavam quatro fãs que Rita Lee conhecia de longa data: Leandro Vallim, Norma Lima, Rodrigo Lisboa e Fernanda "Fetz". Os PMs se aproximaram dos quatro e, sem nenhum motivo aparente, já que nenhum deles estava usando drogas, começaram a intimidá-los e a tentar expulsá-

-los dali. Um deles chegou a levantar o cassetete e a empurrar Norma. Em seguida, ainda segurou Leandro pelo braço e tentou puxá-lo para outra direção, sem que nenhum dos quatro soubesse o motivo. Roberto de Carvalho, marido de Rita e guitarrista da banda, filmou toda a cena de seu tablet. Mas não era preciso. A essa altura, os holofotes foram jogados sobre a plateia, e as câmeras de televisão presentes no evento registravam a confusão que já era generalizada.

Enquanto isso, outra parte do batalhão de choque da Polícia Militar postou-se perto da grade, inexplicavelmente de costas para o público e de frente para o palco, encarando Rita. Era uma cena anacrônica, que parecia estar acontecendo nos anos de chumbo do governo Médici, não em 2012, em pleno verão sergipano. Rita Lee, contudo, não se intimidou e continuou a enfrentar os policiais, numa indignação crescente: "Eu sou do tempo da ditadura, você pensa que eu tenho medo? Porra! Vem aqui. Eu sou mulher. Mulher, queridos! Tive três filhos, tenho uma neta, 67 anos. O que vocês vão fazer? Eles querem chamar atenção, querem cantar, querem o quê? É horrível! Eu tenho paranoia desse tipo de coisa. Cavalaria aqui não, filho! Cavalo é um bicho delicado, o que é isso?". A essa altura, os policias se afastaram da plateia e, diante de um provável apelo para que Rita esperasse a ação terminar, ela continuou: "Não, eu não vou esperar. Esse show é meu. As pessoas estão esperando eu cantar. Não é a gracinha de vocês. Seus filhos da puta, agora vêm me prender!".

As 20 mil pessoas presentes apoiavam Rita entre aplausos e gritos. E ela continuava, cada vez mais indignada: "Não vai me dizer... não pode ser! Por causa de um baseadinho?! Cadê o baseadinho para eu fumar aqui agora? Vem me pegar! Vem cá, gatinhos! Pô, meu último show, tô me despedindo, tô feliz. Tô tentando fazer vocês felizes também. Aí não me deixam fazer o show. Para agradecer, então. Vamos a uma salva de vaias". O público obedeceu e passou a vaiar os policiais, que naquele momento já começavam a deixar o local. "Vocês são lindos, o povo é lindo, a cidade é linda. Vocês merecem o melhor. Agora bora cantar", concluiu Rita, antes de seguir com a apresentação.

O show terminou em um clima bem menos festivo e emotivo do que se esperava de início. Rita Lee se despediu já nas primeiras horas de domingo, dia 29, agradecendo ao público sergipano. Para sua surpresa, contudo, quando chegou ao camarim, foi cercada pelos policiais, que apresentaram a ela uma intimação para comparecer à delegacia na manhã seguinte. Indignada, Rita se recusou a assinar o papel e foi conduzida contra sua vontade naquele mesmo instante. Na delegacia, foi registrado um boletim de ocorrência contra ela por desacato e apologia ao crime. A cantora passou a madrugada depondo ao delegado Leoginis Corrêa. "Todo o ocorrido se deu como uma reação emocional, provocada pela ação truculenta desnecessária", ela afirmou em seu boletim e só foi liberada quase na manhã do dia 29, depois que a então vereadora pelo PSOL Heloísa Helena depôs a seu favor. Por outro lado, o então governador de Sergipe, Marcelo Déda (PT), se mostrou indignado com Rita Lee. Para a imprensa, além de exaltar o "bom trabalho da PM", o político criticou a postura "antiprofissional" da cantora e reforçou, durante entrevista coletiva, que ela não tinha o direito de xingar os policiais. O governador estava no show e presenciou toda a cena. As câmeras de TV do evento mostraram o momento em que ele deixou o local, irritado, após uma das falas que Rita dirigiu aos policiais: "Sabe o que eu sei? Que não foram vocês que comandaram isso. Teve o patrão. Então manda o patrão para a puta que pariu e vocês assistem ao show!".

Essa não era a primeira vez que Rita Lee tinha problemas com a polícia. Muitos anos antes, em agosto de 1976, quando estava grávida de três meses do seu primeiro filho, Beto, a cantora foi presa em sua casa em São Paulo por porte ilegal de maconha – flagrante que sempre alegou ter sido forjado. Ela passou mais de uma semana na cadeia, chegou a ter um princípio de aborto e depois foi condenada à prisão domiciliar e a pagar uma multa de 50 salários mínimos. Agora, a história se repetia sob nova máscara e em diferentes cenários – só que tudo parecia mais absurdo e surreal ainda. Em 1976, por mais cruel e injustificado que tenha sido o ato, vivia-se um dos momentos mais sombrios da ditadura, e os militares tentavam fazer de Rita, símbolo do comportamento libertário da época, um exemplo para os jovens que discordavam da mentalidade moralista e careta que comandava o país. Pouco antes, Gilberto Gil também tinha sido preso pelo mesmo motivo. Era uma campanha de caça às bruxas que fazia parte de um projeto conservador de poder. Em 2012, o que justificava a atitude da Polícia Militar naquele show?

Rita Lee saiu da delegacia de madrugada sem obter tal resposta. Ao chegar de volta ao hotel, encontrou no saguão os quatro fãs que horas antes também tinham presenciado toda a confusão: Leandro, Norma, Rodrigo e Fernanda. "Leandrinho, você é o que mais aparece no tablet do Roberto", lamentou, antes de avisar que estava cansada e que queria conversar com eles depois. No dia seguinte, ela chamou os quatro de volta em seu quarto para acolhê-los e ser acolhida. Afinal, tudo se desenrolou daquela forma pelo instinto de proteção que a cantora nutria pelos fãs. "Um amor de mãe", definiu Leandro Vallim, que jamais esqueceu daquela conversa no quarto do hotel ou dos acontecimentos do show de Aracaju que, apesar de dramáticos, se transformaram em uma boa lembrança: "A multidão toda feliz, cantando e se indignando junto com Rita, aquela mulher forte, grande e corajosa quando se trata do amor e do respeito com seu público", descreveu 11 anos depois. Em maio de 2023, após a morte da cantora, Roberto de Carvalho relembrou os acontecimentos em entrevista ao *Fantástico*: "A Rita amava muito os fãs dela. Isso é uma coisa que todos eles sabem. Quando aconteceu aquele episódio nefasto em Aracaju, o propósito da Rita era proteger os fãs".

A cantora só retornou para São Paulo na tarde do dia 29, quando os acontecimentos do seu show de despedida já repercutiam no país inteiro, sobretudo nas redes sociais, onde os fãs se dividiam entre a indignação e a exaltação à postura da rainha do rock. "É a glória! Encerrar a carreira presa é mais que um roqueiro pode querer da vida! Viva Rita Lee", escreveu o ator José de Abreu em seu Twitter. O amigo e compadre Gilberto Gil também se manifestou na ocasião: "Rita Lee Forever", ele se limitou a dizer. Em sua autobiografia, lançada em 2016, a cantora escreveu que foi "crucificada pela imprensa", que segundo ela teria absolvido a polícia e se recusado a ouvir seu lado da história. Além disso, confessou com certa mágoa que sentiu falta de um apoio mais enfático do meio artístico: "Nenhum colega saiu em minha defesa, a classe musical só é solidária quando paira a ameaça de perderem benefícios próprios".

O saldo do episódio, além de um capítulo importante na biografia da roqueira, foi um processo por danos morais movido por mais de 30 policiais militares, que pediam uma indenização de 24 mil reais. Um imbróglio judicial de muitas idas e vindas se arrastou por anos e impediu que a cantora se manifestasse sobre o assunto abertamente até o fim da vida. Na época, contudo, sua melhor resposta ao episódio veio em forma de música. Alguns dias depois do ocorrido, Rita e Roberto de Carvalho lançaram "Reza", uma canção que já estava gravada e cuja letra tinha sido escrita anos antes, mas que calhou bem para a ocasião: "Deus me proteja da sua inveja/ Deus me defenda da sua macumba/ Deus me salve da sua praga/ Deus me ajude da sua raiva". A música deu título ao disco lançado em abril de 2012, o primeiro de inéditas desde *Balacobaco*. "Reza" entrou para a trilha sonora da novela *Avenida Brasil* e se tornou um hit nacional, algo celebrado por Rita na época: "É uma vingança gostosa, né? É uma resposta da gente com os fãs", disse em entrevista ao *Fantástico*, da Rede Globo.

O show de Sergipe, contudo, acabou não sendo a despedida oficial de Rita Lee dos palcos, como ela própria havia anunciado. Depois dos acontecimentos turbulentos daquele dia, ela faria duas novas apresentações, essas sim as derradeiras de sua carreira. Primeiro, no dia 4 de novembro de 2012, no festival *Green Move*, em Brasília, onde causou polêmica mais uma vez, agora por abaixar as calças no meio do show. "Mostrar a bunda no palco é um ato de amor, do tempo que roqueiro tinha cara de bandido, você ainda não era nascido", ela justificou na ocasião em sua página no

Twitter. Em janeiro de 2013, Rita se despediu definitivamente do público em São Paulo, sua terra natal e da qual é a "mais completa tradução", de acordo com Caetano Veloso. O show aconteceu no Vale do Anhangabaú, durante as festividades pela comemoração dos 459 anos da cidade.

Depois disso, Rita Lee foi viver sua aposentadoria de forma reclusa, abrigada no seu sítio ao lado de Roberto. Dez anos mais tarde, no dia 8 de maio de 2023, após enfrentar uma batalha contra um câncer de pulmão, faleceu em casa, cercada pelos familiares. Viveu seus últimos anos como sempre desejou: longe dos palcos e da imprensa. Deixou os cabelos brancos, passou a ser vista raramente em público, escreveu livros, compôs músicas que permanecem inéditas e viveu seus dias cuidando da horta e dos bichinhos pelos quais era apaixonada. Para os tempos atuais e pelo histórico de Rita Lee, não poderia haver final mais rock and roll do que esse.

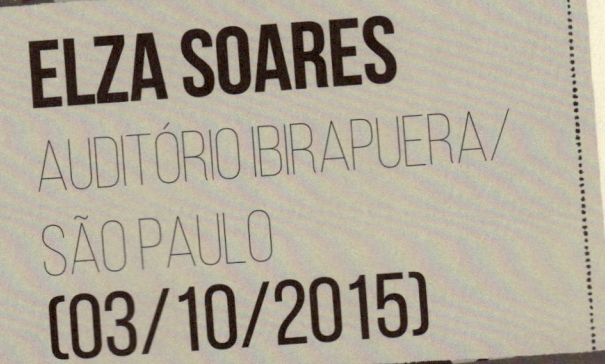

ELZA SOARES

AUDITÓRIO IBIRAPUERA/ SÃO PAULO

(03/10/2015)

47

DEPOIS DE OITO ANOS SEM GRAVAR, ELZA SOARES RESSURGIU DIANTE DO PÚBLICO BRASILEIRO COM O INQUIETANTE DISCO A MULHER DO FIM DO MUNDO. O SHOW QUE SE SEGUIU AO LANÇAMENTO PROVOCOU CATARSE POR ONDE PASSOU E INJETOU NOVO ÂNIMO NA CARREIRA DA ARTISTA, QUE NUNCA MAIS PRECISOU DESCER DO TRONO.

Eternizada como uma das maiores vozes da música brasileira, Elza Soares enfrentou ao longo da vida dificuldades à altura do seu talento. Nascida e criada na Zona Oeste do Rio de Janeiro, aos 13 anos foi obrigada por seu pai a casar com um homem que a atacara. Aos 14, foi mãe pela primeira vez. Nos anos seguintes, pobre, cheia de filhos, quase todos doentes, tentou encontrar na música e no seu indisfarçável dom musical a força do seu sustento. Em 1953 tentou a sorte no programa *Calouros em Desfile*, da Rádio Tupi, que era apresentado por Ary Barroso. Depois que a ouviu cantando "Lama", de Paulo Marques e Aylce Chaves, o compositor anunciou ao auditório e aos ouvintes: "Senhoras e senhores, nasce uma estrela da música brasileira!". Demoraria a acontecer, mas Ary acertou. Depois de penar como crooner em orquestras, ser recusada em dezenas de testes, cantar na noite e ter a porta fechada em diversas oportunidades por conta do racismo, Elza finalmente conseguiu firmar uma oportunidade na gravadora Odeon em 1959, com o lançamento de um compacto com a regravação de "Se Acaso Você Chegasse", de Lupicínio Rodrigues, que alçou a artista à fama. Ao longo dos anos 1960, ela se firmou como uma das grandes cantoras de samba do Brasil, embora sua carreira tivesse de dividir espaço com as notícias sobre sua vida pessoal, sobretudo por conta do atribulado casamento com o jogador Garrincha – que a fez sofrer um verdadeiro escrutínio da imprensa na época.

Nas décadas seguintes, Elza viveu uma trajetória irregular, marcada por longos períodos sem gravar discos ou fazendo shows em lugares de pouco prestígio. Em

2002, deu novo fôlego à carreira com o disco *Do Cóccix Até o Pescoço*, que provou que ela ainda era uma cantora atenta ao seu tempo. Mesmo assim, grande parte dos anos 2000 foi vivida entre internações no hospital por problemas de saúde e trocas sucessivas de empresários, o que impediu uma organização mais linear de sua carreira. Depois de lançar o disco *Beba-me*, em 2007, por exemplo, Elza ficou oito anos sem gravar. Mas o que veio em seguida mudaria completamente a sua história. E ela não sairia dos holofotes até sua morte, em 2022.

Tudo começou em 2013, quando Elza participou do show de lançamento do disco *Eslavosamba*, de Cacá Machado, produzido por Guilherme Kastrup, artista que, ao lado de outros músicos paulistanos, vinha propondo uma releitura do samba, mais suja e visceral, quase punk. Kastrup enxergou em Elza a mesma energia que o movia, assim como os colegas Celso Sim, Rômulo Fróes, Kiko Dinucci, Rodrigo Campos, Alice Coutinho, Douglas Germano, Marcelo Cabral e outros que eram apontados na época como "a nova vanguarda paulista". Kastrup convidou a cantora para um trabalho que seria produzido por ele e idealizado por essa turma.

A ideia inicial era criar releituras de clássicos do repertório de Elza, injetando essa nova roupagem em antigos sambas gravados por ela. Mas a proposta evoluiu para algo mais interessante: um disco apenas de canções inéditas. Antes de assumir a produção e colher o repertório, Kastrup perguntou sobre o que ela gostaria de falar no novo trabalho, e ouviu a resposta: "Sexo e negritude".

Assim nasceu *A Mulher do Fim do Mundo*, álbum lançado em outubro de 2015. Com canções compostas pelo grupo paulistano, o álbum passeava indefinidamente entre o samba e o rock, como descreveu o jornalista Julio Maria no jornal *O Estado de S. Paulo*: "[É um disco] feito sobre quase-sambas e quase-canções, impedidos de serem inteiros pela interferência de um pensamento rock and roll que deixa a alegria e a tristeza dos sambas e das canções de molho no ácido". O restante da crítica musical também adorou e comparou o novo trabalho de Elza a *Recanto*, disco que poucos anos antes havia dado novos rumos à carreira de Gal Costa. Com *A Mulher do Fim do Mundo*, a cantora recalculou sua rota, conquistou novo ânimo e foi recebida de volta pelo público e pela imprensa com certa euforia, quase como se fosse uma artista estreante. Por um lado, não deixava mesmo de ser uma estreia, já que era seu primeiro disco inteiro de inéditas, depois de uma discografia marcada por regravações. Era mesmo um momento de renascimento, inclusive para a vida pessoal de Elza. Pouco antes de começar a gravar, ela perdeu um filho pela quinta vez. Dessa vez foi seu primogênito, Gilson, aos 59 anos, por complicações de uma infecção urinária. "Esse disco é uma salvação, eu precisava disso", confessou.

Foi imbuída pela dor em sua vida pessoal e pelo novo gás em sua carreira que Elza Soares estreou *A Mulher do Fim do Mundo* em 3 de outubro de 2015, no Auditório Ibirapuera, em São Paulo. O show, que depois entrou em praticamente todas as listas de melhores do ano, servia para potencializar toda a força contida nas canções do disco, que inclusive eram maioria no roteiro enxuto e conciso do espetáculo. O primeiro impacto acontecia de cara, quando as cortinas se abriam ao som de um quarteto de cordas. O cenário era plástico, imponente. Ao fundo, sacos de lixo formavam um triângulo invertido sobre o qual vídeos eram projetados. Elza fazia parte do cenário como uma escultura. Ela aparecia sentada majestosa em cima de um trono, batom preto, peruca black power roxa e roupa preta de couro. De suas pernas descia uma rede emaranhada e metalizada que lembrava os tentáculos de uma figura mitológica – ou apenas farrapos de sacos de lixo, que se estendiam até a beira do palco. Ao seu redor, a ótima banda, formada por Kiko Dinucci, Marcelo Cabral, Rodrigo Campos, Guilherme Kastrup e Felipe Roseno.

A abertura do show era a mesma que a do disco. Sob um silêncio sepulcral, Elza entoava sozinha "Coração do Mar", poema de Oswald de Andrade musicado por José Miguel Wisnik. Antes que o público pudesse recobrar o fôlego, a banda atacava a introdução da canção-título de Rômulo Fróes e Alice Coutinho, "A Mulher do Fim do Mundo", em que Elza se apresentava como a personagem apocalíptica que resiste às dores e à opressão para viver sua eternidade: "Joguei do alto do terceiro andar/ Quebrei a cara e me livrei do resto dessa vida/ Na avenida dura até o fim/ Mulher do fim do mundo/ Eu sou, eu vou até o fim cantar". "O Canal" e "Luz Vermelha", também do novo disco, vinham na sequência para mostrar que aquele não era um show saudosista. A nova safra era quebrada pela não tão antiga "A Carne", petardo lançado no disco *Do Cóccix Até o Pescoço* (2002), que Elza passou a cantar com a letra atualizada: "A carne mais barata do mercado *é* a carne negra" virou "A carne mais barata do mercado *foi* a carne negra". Eram os novos tempos, que pareciam anunciados ou profetizados por aquela figura que encarava o público do alto do palco. "Maria da Vila Matilde", que se tornou a canção mais conhecida do novo álbum, vinha na sequência para que Elza pudesse bradar contra a violência doméstica e o feminicídio. Com luzes vermelhas de sirene piscando incessantemente, ela desafiava: "Cê vai se arrepender de levantar a mão pra mim!". "Sai fora, mané", gritava ao final da música, antes de lembrar às mulheres presentes sobre a importância do 180, número de telefone da Secretaria de Políticas para Mulheres.

Quando Elza pediu um disco sobre "sexo e negritude", a primeira temática foi explicitamente abordada por Kiko Dinucci na canção "Pra Fuder", cantada sob um arranjo imponente e ilustrada pela projeção de um vídeo com imagens caóticas da cidade grande, com carros indo e vindo em alta velocidade e a luz dos faróis se misturando em imagens não identificáveis: "Olho pro meu corpo/ Sinto a lava escorrer/ Vejo o próprio fogo/ Não há força pra deter", cantava Elza diante do caleidoscópio urbano.

Na sequência, vinha um dos momentos mais fortes do show. Enquanto a banda anunciava os primeiros acordes de "Benedita", o cantor e ator Rubi entrava no palco. Figura esguia, ele chegava contorcendo-se como se estivesse possuído para cantar com Elza a canção que falava de uma travesti e do submundo em que muitas delas ainda são forçadas a viver. A performance era uma verdadeira catarse, que deixava parte do público na ponta das poltronas. Rubi terminava a canção entre morto e adormecido, jogado sobre a teia metálica que descia do vestido de Elza.

Enquanto ele jazia ali, o quarteto de cordas anunciava um novo arranjo para um antigo clássico. O público agora era apresentado a outro personagem, que parecia ter vindo do mesmo cenário de "Benedita": o "Malandro" de Jorge Aragão. Quando Elza entoava o refrão, Rubi despertava, como se renascesse, e caminhava até repousar a cabeça sobre os joelhos da cantora, que agora parecia encarnar uma matriarca ancestral. Ela cantava olhando para ele, mas parecia se dirigir a todos os "malandros" e "Beneditas" do Brasil: "Só peço favor de que tenhas cuidado/ As coisas não andam tão bem pro teu lado…".

O momento, poético e apoteótico, era o anúncio do fim do show, que também terminava como o disco. Depois de "Solto", o palco era tomado por uma luz amarelada que transformava todos ali em silhuetas. Os músicos deixavam seus instrumentos, e os responsáveis pela produção do espetáculo subiam ao palco. Todos se postavam de costas para o público, encarando Elza como se fosse uma rainha prestes a ser coroada. Com um facho de luz iluminando apenas a sua figura, ela interpretava "Comigo" à capela: "Levo minha mãe comigo/ De um modo que não sei dizer/ Levo minha mãe comigo/ Pois deu-me seu próprio ser". O impacto da cena era tão grande que o público demorava a aplaudir o fim do show, imerso naquele silêncio que se impunha pela força da voz de Elza e das palavras que ela cantava quase como um lamento. Seria o fim do espetáculo se não fosse o bis, que reunia novamente a banda para cair no samba, com a plateia de pé, como se a "Mulher do Fim do Mundo" ressurgisse e "levantasse a poeira" em dois clássicos antigos gravados por Elza: "Volta Por Cima" e "Pressentimento".

O show era forte, impactante e catártico, e rodou o Brasil e o mundo até fins de 2017, período em que Elza Soares parecia ressurgir como uma fênix diante do público brasileiro, que a abraçava e a louvava com paixão. Era um momento em que o país e o mundo falavam com certa urgência de temas sobre os quais não se podia mais calar: o racismo, a violência contra a mulher, a homofobia, a transfobia, a crueldade da desigualdade social, a violência policial. Enfim, temas sobre os quais Elza sempre tratou – a maioria ela trazia na pele e na vivência. Ninguém parecia mais apto do que ela para gritar contra todas essas injustiças, e as letras de *A Mulher do Fim do Mundo* provavam isso. Elza era uma força, um monumento de resistência, e todos pareciam finalmente reconhecer esse fato. A bordo de toda essa simbologia, ela fez shows lotados para plateias formadas por gente de todo tipo e idade, do Circo Voador, na Lapa, ao Central Park, em Nova York, passando pelo *Rock In Rio*.

A *Mulher do Fim do Mundo*, felizmente, não foi um trabalho pontual e sim a inauguração de um novo e luminoso momento da carreira da artista. Logo na sequência ela lançou dois discos de inéditas que bebiam da mesma fonte, com temáticas atuais e urgentes e uma sonoridade estranha, roqueira, pop e intensa. *Deus é Mulher* (2018), idealizado pela mesma trupe do anterior, e *Planeta Fome* (2019), produzido por Rafael Ramos, também tiveram ampla repercussão, foram abraçados por público e crítica e deram origem a novas turnês. Hoje, os três discos podem ser encarados como uma espécie de trilogia que renovou o público e a discografia de Elza.

Nos dias 17 e 18 de janeiro de 2022, quando o Brasil ainda vivia a ressaca da pandemia do coronavírus e de um dos mais desastrosos governos que já tomaram conta do país, Elza Soares ocupou o Theatro Municipal do Rio de Janeiro e gravou, sem plateia, um show para celebrar sua carreira, reinterpretando seus principais sucessos. Dois dias depois de terminar a gravação, morreu em seu apartamento. Era o desfecho entre trágico e redentor da profecia entoada por ela sete anos antes: a Mulher do Fim do Mundo cantou até o fim.

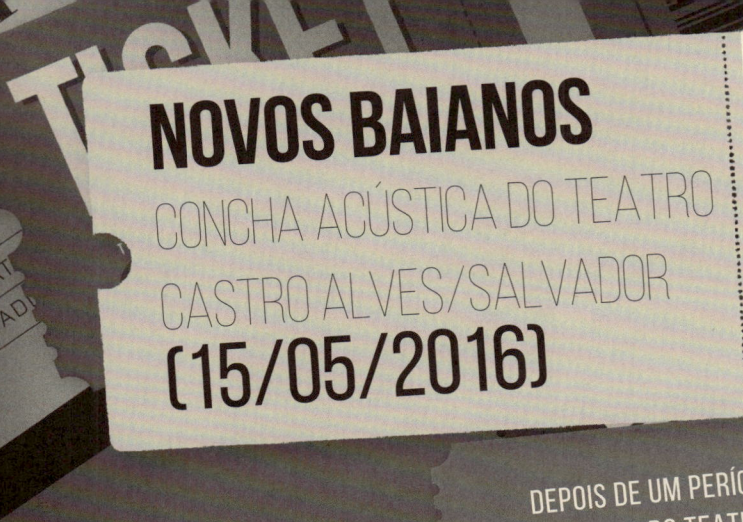

DEPOIS DE UM PERÍODO FECHADA PARA OBRAS, A CONCHA ACÚSTICA DO TEATRO CASTRO ALVES QUERIA REINAUGURAR EM GRANDE ESTILO. PARA TANTO, CHAMOU OS NOVOS BAIANOS, QUE ESTAVAM HAVIA QUASE 20 ANOS SEM SE APRESENTAR JUNTOS. MAIS UMA VEZ, E DEPOIS DE TANTO TEMPO, ELES DEIXARAM MARCAS NA IMAGEM E NO SOM.

Não é muito original começar uma história com "era uma vez". Mas existem casos inevitáveis. E, quando se fala em Novos Baianos, não há muita saída. Então vamos lá. Era uma vez uma comunidade de cerca de 20 pessoas que vivia em um apartamento na rua Conde de Irajá, em Botafogo, Rio de Janeiro, durante o período mais crítico da ditadura militar. As únicas regras da casa eram: 1) não há regras; e 2) se der para compor algumas canções nas horas vagas (ou seja, todas), melhor ainda.

Era dessa forma que viviam os Novos Baianos em 1971. O poeta Luiz Galvão e o músico Moraes Moreira já se conheciam de outros carnavais. Paulinho Boca de Cantor se juntou a eles não muito tempo depois. Quando os três se apresentaram no musical *O Desembarque dos Bichos Depois do Dilúvio Universal*, no Teatro Vila Velha, em 1969, conheceram Baby do Brasil (então Baby Consuelo) e Pepeu Gomes, guitarrista que havia acompanhado Gilberto Gil e Caetano Veloso no show *Barra 69*. Após uma participação no quinto festival da TV Record, em São Paulo, o grupo assinou com a gravadora RGE, pela qual lançou o álbum *É Ferro na Boneca* (1970). O disco não aconteceu, mas Gal Costa incluiu duas músicas do grupo em seu show *A Todo Vapor* – Pepeu também fazia parte da banda da cantora, assim como o seu irmão Jorge Gomes.

Foi nessa época que a trupe se mudou para o apartamento na Conde de Irajá, onde recebia visitas constantes de Caetano Veloso e de Glauber Rocha. Um dia, um sujeito trajando terno bateu na porta. "É cana!", pensaram os moradores. Era João Gilberto.

Entre madrugadas em claro, rodeados de maconha, cerveja e violões, eles descobriram a música brasileira junto com sua maior enciclopédia. Numa das visitas, João apresentou-lhes um velho samba de Assis Valente. "Chegou a hora/ Dessa gente bronzeada mostrar seu valor." Os Novos Baianos sacaram que o recado era diretamente para eles. Moraes tocou "Dê Um Rolê". João escutou atentamente e deu o conselho que valeu a vida de cada um que estava na roda: "Menos é mais. Olhem pra dentro de vocês mesmos e descubram o Brasil que existe dentro de vocês". Em entrevista realizada em 2018, Moraes relembrou o episódio: "A gente entendeu que tinha que colocar mais brasilidade no disco. Primeiro a gente ouvia Beatles, Rolling Stones, The Who, Janis Joplin... E depois que o João Gilberto veio, a gente começou a procurar os sambas antigos".

Em 1972 vieram duas mudanças significativas para a banda. João Araújo estava inaugurando a Som Livre e procurava nomes para compor o elenco da gravadora. Responsável pela contratação dos Novos Baianos pela RGE, ele nunca deixou de acreditar neles, mesmo que o disco de estreia não tenha feito sucesso. Quando se reencontraram, pediu que a banda tocasse uma música, mas recebeu de volta todo o repertório do disco que imaginavam gravar. Os Novos Baianos foram contratados na hora e com carta branca para fazer o que bem entendessem. Já a outra mudança foi literal. Depois de tantas reclamações dos vizinhos, os Novos Baianos deixaram Botafogo e se mandaram para o outro lado da cidade, mais especificamente Jacarepaguá, na Zona Oeste, onde alugaram o sítio Cantinho do Vovô e fundaram uma comunidade no mesmo estilo do apartamento. A diferença é que teriam muito mais espaço (inclusive um campo de futebol) e o contato direto com a natureza, o que seria fundamental para o seu trabalho. Com contrato assinado e de casa nova, agora sim, os Novos Baianos estavam prontos para seguir o conselho de João Gilberto – e, de quebra, romper os paradigmas da música brasileira.

Foi numa das conversas com João Gilberto, aliás, que Luiz Galvão teve a ideia de escrever uma poesia sobre uma simples abelha. João achou interessante e lembrou do episódio em que sua filha Bebel tinha se machucado, ele ficou nervoso e ela o tranquilizou. "Acabou chorare". Era o que Galvão precisava para finalizar o seu poema. A expressão acabou por dar nome ao disco que os Novos Baianos estavam gravando. Aliás, João não deu apenas a ideia da faixa-título. "Ele é o produtor espiritual desse disco", disse Moraes 46 anos após o lançamento.

"Brasil Pandeiro", a canção que mudou tudo, claro, tinha que abrir a bolacha. A faixa seguinte, "Preta Pretinha", apresentava a tônica do trabalho, recheado de instrumentos como violões, cavaquinhos, bandolins e pandeiros, assim como "Besta é Tu", o primeiro single. Como se não bastasse, *Acabou Chorare* ainda conta com "Mistério do Planeta", "A Menina Dança" e a instrumental "Um Bilhete pra Didi". O jornal *O Globo* desconfiou em sua resenha: "Capa sensacional e apresentação interna digna dos maiores cartazes do disco. Até onde vai a validade desse esforço é difícil prever, porque do momento é muito duvidoso que venha a ter algum resultado compensatório". Mais de cinquenta anos depois, não há dúvidas de que o resultado foi mais do que compensatório. Nas mais variadas listas dos melhores discos brasileiros de todos os tempos, se *Acabou Chorare* não estiver em primeiro lugar, estará em segundo. Se a crítica tinha dúvida sobre a qualidade do trabalho, os Novos Baianos já sabiam muito bem que tinham feito história.

Depois de *Acabou Chorare*, a banda lançou mais dois discos igualmente geniais: *Novos Baianos F.C.* (1973) e *Novos Baianos,* no ano seguinte. Pouco depois, Moraes Moreira resolveu sair para iniciar a sua carreira solo. O LP *Vamos pro Mundo* chegou às lojas no mesmo ano de 1974, mas sem o mesmo brilho dos anteriores. Baby, Pepeu e Paulinho também começaram a investir em trabalhos solo, e a banda foi desaparecendo. O álbum *Farol da Barra* (1978) fechou a tampa e cada um foi viver a sua vida.

Algumas reuniões esporádicas às vezes aconteciam, mas nada muito emocionante. Até que, em 1997, todos os integrantes originais se uniram para uma série de apresentações que deram origem ao CD duplo ao vivo *Infinito Circular*, lançado no mesmo ano. Em setembro de 2015, Baby e Pepeu se apresentaram juntos no *Rock in Rio*, e algo muito sério aconteceu ali. "Consideramos esse show um resgate da nossa família. Uma reaproximação de todos nós", afirmou o guitarrista.

A apresentação acabou dando impulso a uma nova reunião dos Novos Baianos. Assim, no apagar das luzes de 2015, eles anunciaram que estariam de volta para uma missão: reinaugurar a Concha Acústica do Teatro Castro Alves, em Salvador. Melhor ainda: para tocar o álbum *Acabou Chorare* na íntegra. Baby e Pepeu foram os primeiros a topar, daí não foi difícil convencer Paulinho e Galvão. Moraes era o mais reticente, mas acabou sucumbindo à pressão da cantora. "No começo do ano, eu estava com meus projetos engatilhados. Até que um dia a Baby me liga às 4 da manhã e diz que a Bahia estava nos chamando", contou. De resto, foi tudo muito simples. Segundo Baby, após três dias de ensaios em estúdio com os músicos Jorge Gomes, Didi Gomes, Dadi Carvalho e Gil Oliveira, e mais duas noites de reuniões na sala de sua casa, estava tudo pronto.

Depois de três anos de obra, o palco a céu aberto da Concha Acústica, tombado pelo Instituto do Patrimônio Histórico e Artístico Nacional e que recebera tantos shows memoráveis, merecia uma reinauguração à altura. Então veio a ideia de realizar um festival de três dias com alguns dos nomes mais importantes da música brasileira.

Na sexta-feira, 13 de maio, Maria Bethânia abriu os trabalhos puxando uma Ave Maria para um público de oito mil pessoas de pé. A cantora convidou Margareth Menezes para cantarem juntas "Os Mais Doces Bárbaros". No dia seguinte, Carlinhos Brown apresentou seu show com participação do compositor e ativista Lazzo Matumbi, e a banda BaianaSystem recebeu Ney Matogrosso.

Mas a grande atração mesmo eram os Novos Baianos, reunidos depois de quase 20 anos. Eles estavam programados para fechar o festival no domingo, dia 15. Tinha tudo a ver. "Dei de mamar naquele camarim da Concha", disse Baby ao *Globo*. Como os ingressos esgotaram em menos de uma hora, foi agendada uma apresentação extra no dia seguinte. "A gente começou a fazer shows na Concha no início dos anos 70. Ela sempre esteve presente na vida dos Novos Baianos. A gente tinha recorde de público lá, e acho que ainda devemos ter. Teve um show nosso que derrubaram o portão porque não tinha mais ingressos. Exatamente por isso pensamos no show da segunda-feira, para atender ao apelo", explicou Paulinho Boca de Cantor ao *Bahia Notícias*. "Não somos esses grandes artistas da mídia hoje, como Wesley Safadão, Ivete Sangalo, não sei o quê. A gente fica feliz que tem uma galera jovem, geração do ano 2000, ávida para saber mais sobre esse trabalho", completou.

Antes de a banda entrar no palco, os telões projetaram imagens importantes da história do Brasil e do mundo. Quando uma foto de Lula apareceu, a plateia delirou. Um trecho do poema "O Navio Negreiro", de Castro Alves, também foi recitado. Luzes apagadas, Baby do Brasil surgiu no telão para falar sobre a relação da Concha com os Novos Baianos. Às 20h, ela entrou no palco juntamente com Moraes Moreira, Pepeu Gomes, Paulinho Boca de Cantor e Luiz Galvão.

Pepeu afinou a sua guitarra para mandar os primeiros acordes de "Anos 70", a canção que eles fizeram para a reunião em 1997, mas que poderia estar tranquilamente em *Acabou Chorare*. "E Beatles, viver/ Ouvindo João/ Assim como John/ Deixando marcas/ Na imagem e no som." Após "Infinito Circular", Moraes deu as boas vindas: "Boa noite Bahia, a nossa Bahia!" Aí vieram "Dê um Rolê" e "A Menina Dança". A plateia cantou tudo, verso a verso. A homenagem a Dorival Caymmi surgiu com "Samba da Minha Terra". "Preta Pretinha" foi devidamente acompanhada pelo coro e pelos 16 mil braços presentes na Concha. "Tinindo Trincando" e "Swing de Campo Grande" mantiveram a temperatura lá em cima, assim como "Um Bilhete pra Didi", "o nosso Brasileirinho", segundo Moraes. Galvão declamou a poesia "Amar-te", musicada por Moraes, e Baby fez questão de destacar o público formado por pessoas de variadas gerações e ainda agradeceu a Deus por ter parado a chuva que desabara na capital baiana durante as últimas 24 horas.

"Um dia, ele chegou pra gente e disse 'chegou a hora dessa gente bronzeada mostrar seu valor'. E nós entendemos tudo", disse Moraes no palco. "O nosso som virou brasileiro e universal graças ao nosso ídolo João Gilberto." Foi a deixa para o músico apresentar uma versão voz e violão de "Chega de Saudade". O público acompanhou cantando tudo, primeiro baixinho e, depois, mais alto. Baby, com a sua saia bailarina de tule, também lembrou o mestre interpretando "Desafinado". Ainda aproveitou para rememorar os encontros com João em Botafogo. Contou que desmontou um armário embutido, arrancou cada pedaço e prateleira, forrou de edredons de chitão das Casas Pernambucanas. Foi a maneira de montar um circo de lençóis em seu quarto para receber a voz e o violão de João todas as madrugadas. "Naquele lugar nós aprendemos o caminho de casa, que hoje estamos por nosso ofício trazendo pra galera: a música brasileira da melhor maneira possível."

Depois foi a vez de lembrar Ary Barroso com "Na Baixa do Sapateiro" em versão instrumental no violão de Pepeu. Ele também foi homenageado com "Isto Aqui, o Que É?" na voz de Paulinho. Durante "Acabou Chorare", Moraes teve que interromper o seu violão de tão alto que a plateia gritava "Fora, Temer!". O setlist ainda teve espaço para "Mistério do Planeta" e "Brasileirinho" (Waldir Azevedo), com a voz rasgada de Baby do Brasil mais parecendo uma narradora de corrida de cavalos duelando com a guitarra do ex-marido. Depois, Moraes tocou os primeiros acordes de "Brasil Pandeiro" e quem ainda estava sentado na Concha se levantou. "Besta é Tu" e "Na Cadência do Samba" fecharam a festa antes de um não programado bis com o repeteco de "Anos 70". "A gente tem um horário. Por nós, entrávamos madrugada adentro, mas temos um horário a cumprir. Amanhã tem mais", despediu-se Baby.

Nos bastidores, após a apresentação, os músicos não paravam de se abraçar e, nesse momento, veio a pergunta: por que não fazer mais shows juntos? "Não tem como a gente se encolher nesse momento. Precisamos nos doar para todos eles, que estão sedentos por isso", disse Baby no dia seguinte, não descartando ainda a possibilidade de um álbum de inéditas.

A turnê nacional veio, com estreia no Citibank Hall, em São Paulo, em julho do mesmo ano. O roteiro era basicamente o mesmo – houve algumas inclusões, como "Farol da Barra" e "Sugestão Geral" –, mas o que era bom virou uma superprodução, com direito a cenários multicoloridos de Gringo Cardia e até uma Caravan com pintura psicodélica entrando em cena para lembrar o breve período em que os Novos Baianos moraram dentro de um carro. O automóvel foi comprado por quatro mil reais e no dia seguinte já estava na oficina para o artista plástico Gen Duarte grafitá-lo. O carro pintado também era inspirado no psicodélico Porsche de Janis Joplin.

"Mas tinha que ser um carro barato porque os Novos Baianos eram pobres", disse Gringo Cardia ao *UOL*.

No dia 17 de março de 2017, os Novos Baianos subiram no palco do Metropolitan, pertinho do sítio Cantinho do Vovô, para registrar o show em CD e DVD que seriam lançados pela Som Livre, a mesma gravadora que colocara *Acabou Chorare* nas lojas 45 anos antes. Bernardo Araujo escreveu no jornal *O Globo*: "Difícil imaginar uma noite mais completa de música brasileira".

Em 2019, quando os Novos Baianos completariam 50 anos, o plano era gravar um álbum de inéditas. A pandemia não deixou. E, agora, sem Moraes e Galvão, dificilmente o projeto será levado adiante. Mas, pelo menos, uma nova geração descobriu os Novos Baianos por conta dessa reunião. "É bacana agora ver os filhos dos nossos fãs também sendo nossos fãs", afirmou Pepeu à *Tribuna da Bahia*. Pouco antes de ir tocar seu violão no andar de cima, Moraes também relembrou: "A maioria do show é gente de 17, 18 anos... Quem está garantindo o público dos Novos Baianos é a juventude".

E já que este texto começou com "era uma vez", ele pode ser encerrado da mesma forma. Mas, agora, nas palavras de Luiz Galvão, como ele cantava na abertura dos shows: "Era uma vez uma tribo/ Brincando de paz e amor/ Enquanto o homem mandava à luz/ O seu disco voador/ Nem todos eram baianos/ Mas todos Novos Baianos/ Gerando o ser/ Unindo arte e viver".

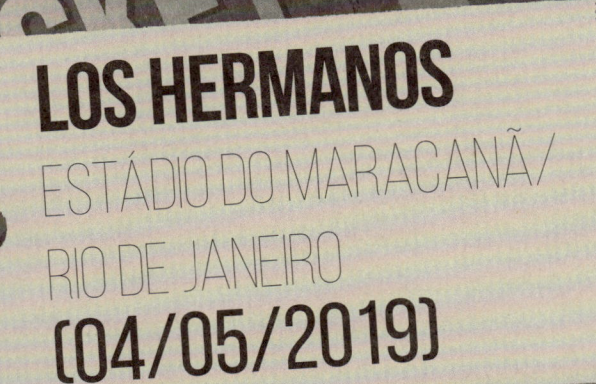

LOS HERMANOS

ESTÁDIO DO MARACANÃ/ RIO DE JANEIRO
(04/05/2019)

49

"É UM SONHO QUE A GENTE VAI CONTAR PROS NOSSOS NETOS UM DIA", DISSE MARCELO CAMELO NO PALCO DO MARACANÃ. ELE TEM RAZÃO. NÃO É TODO DIA QUE UMA BANDA BRASILEIRA DE ROCK LEVA MAIS PÚBLICO DO QUE O FOO FIGHTERS AO MESMO ESTÁDIO. EM 27 CANÇÕES, O LOS HERMANOS ENTREGOU TUDO O QUE OS SAUDOSOS E FIÉIS FÃS QUERIAM ESCUTAR.

"Ao longo de duas décadas na estrada você aprende um ou outro truque para domar a ansiedade, mas nada prepara alguém para tocar num show dessas proporções. Pouco antes de subir ao palco, conversávamos sobre o antológico Garage, próximo dali, que por muitos anos foi o celeiro do underground carioca, onde um dia nos apresentamos para seis pessoas. Quando me pediram para descrever a sensação de estarmos prestes a realizar o maior feito de nossas carreiras, respondi que a emoção era do tamanho da jornada que nos levou do Garage ao outro lado da Radial Oeste."

Essas palavras foram escritas pelo tecladista Bruno Medina dias após a apresentação mais importante do Los Hermanos. E elas resumem bem a trajetória de uma banda que começou a sua carreira da mesma forma que tantas outras do circuito indie carioca. O palco principal dessas bandas era o do Garage, a hoje extinta casa de shows na rua Ceará, na praça da Bandeira. Lá os Hermanos, na virada do milênio, apresentavam o seu som hardcore misturado com ska, música latina e marchinha de Carnaval. Também no Garage tocavam uma canção em homenagem a uma estudante de Jornalismo da PUC-Rio, onde parte dos integrantes da banda estudava. A menina era uma paixão platônica do produtor/empresário da banda, Alex Werner. O seu amigo Marcelo Camelo gostou da sonoridade do nome e resolveu escrever uma canção sobre a garota. O seu nome: "Anna Júlia".

No início, Alex vendia fitinhas com músicas da banda no pilotis da PUC-Rio. Mas o que começou como uma quase brincadeira se espalhou tal qual rastilho de pólvora. Os Hermanos foram contratados pela Abril Music, que, em 1999, lançou seu álbum de estreia, *Los Hermanos*. "Anna Júlia" tornou-se a música mais executada até mesmo no Carnaval da Bahia no ano 2000 e ainda ganhou uma versão em inglês gravada por Jim Capaldi, ex-Traffic, com a participação do beatle George Harrison. "'Anna Júlia' era um bálsamo pop numa fase em que o rock brasileiro transbordava misoginia e testosterona", escreveu o jornalista Ricardo Alexandre no livro *Cheguei Bem a Tempo de Ver o Palco Desabar*. A canção tocou tanto que a banda, em determinado momento, decidiu retirá-la do setlist de suas apresentações, o que, aliás, foi motivo de polêmica. "Descobrimos que aparentemente é proibido uma banda deixar de tocar seu maior sucesso, mas sabíamos que àquela altura já havíamos construído um repertório forte o suficiente para se sustentar sem o nosso maior hit", justificou Bruno em entrevista ao *Estado de S. Paulo*, vinte anos depois.

Em 2001, após a saída do baixista Patrick Laplan, a banda, então formada por Marcelo Camelo, Rodrigo Amarante (ambos na guitarra e na voz), Bruno Medina (teclados) e Rodrigo Barba (bateria), lançou *Bloco do Eu Sozinho*, que deixava o hardcore de lado para apostar em um estilo próprio. A gravadora não gostou nem um pouco e pediu para que a banda regravasse tudo. Se a Abril Music não aprovou o álbum, a banda também não curtiu a ideia de regravá-lo. Os Hermanos ainda deram alguns retoques, mas o disco saiu basicamente como ele havia sido planejado.

Embora sem um sucesso radiofônico do tamanho de "Anna Júlia", *Bloco do Eu Sozinho* apresentou uma banda muito mais interessante e, sobretudo, corajosa. "As levadas de modinha, que tanto podiam parecer de Jovem Guarda como de axé music, foram abruptamente trocadas por uma massa sonora esquisitíssima, toda pintada de arabescos e muito, muito estimulante à curiosidade de quem goste de abrir as muitas gavetas que podem estar fechadas numa música", escreveu Pedro Alexandre Sanches na *Folha de S.Paulo*. E concluiu: "O que ninguém pode negar é que o motor de *Bloco do Eu Sozinho* é a coragem (suicida, será?), artigo fora de catálogo num cenário que possui hordas de jotas quest nos calcanhares de cada hermano que ouse botar o pescoço fora da toca. Cedeu um pouco a banda, cedeu um monte a gravadora, todos têm a perder se der errado. Mas coragem e caldo de galinha não fazem mal a ninguém. Ou fazem?" O grupo provou que não fazem. E os fãs de ocasião que cantavam "Anna Júlia" nas micaretas pularam fora para dar lugar a uma base de fanáticos que poucas bandas no país tiveram a honra de ter.

"Houve a maturidade de araque no *Bloco do Eu Sozinho*, e uma maturidade legítima em *Ventura*", escreveu o jornalista Ricardo Alexandre. Se ele tem razão ou não, a questão é que *Ventura*, o terceiro álbum da banda, lançado em 2003, é uma das obras-primas da música brasileira do novo milênio. A ansiedade dos fãs era tanta que o álbum vazou ilegalmente na internet antes do lançamento oficial. Talvez isso explique o fato de, no dia em que a turnê estreou no Canecão, poucas semanas após o CD chegar às lojas, todos os fãs tenham berrado a letra de "O Vencedor", o número de abertura do show. Naquele momento, não havia banda mais cultuada no Brasil do que Los Hermanos. A catarse presenciada em suas apresentações só tinha paralelo com a que acontecia nas apresentações da Legião Urbana entre as décadas de 1980 e 1990.

Após o lançamento de 4, e a sua respectiva turnê, o grupo decidiu que era hora de dar um tempo. No final de abril de 2004, os Hermanos soltaram uma nota em seu site oficial anunciando um recesso por tempo indeterminado. Segundo a banda, o hiato se devia "à necessidade dos integrantes de se dedicarem a outras atividades que vieram se acumulando ao longo desses dez anos de trabalho ininterrupto em conjunto". Ainda deixava claro que "não houve desentendimento ou discordância que tenha afetado nossa amizade tanto que continuamos jogando truco toda quinta-feira".

A partir daí, a banda fez shows esparsos em 2009 (abrindo para o Radiohead), 2010, 2012 e 2015. "Nosso público entendeu que essa é a maneira possível para Los Hermanos continuar existindo e parece estar bem com isso. Quando deixamos de ter uma rotina mais assídua de shows, nos antecipamos a um potencial desgaste, que seria até natural depois de dez anos ininterruptos de estrada", explicou Bruno. Obviamente, sempre que a banda anunciava alguma apresentação, havia comoção entre seus fãs – e entre os *haters* também. Os ingressos se esgotavam em questão de minutos. E, quando o Los Hermanos anunciou mais uma turnê em 2019, não foi diferente.

O primeiro show divulgado nem no Brasil era. Tratava-se da participação da banda no festival *Lollapalooza Argentina*, em Buenos Aires. Mas no dia 6 de dezembro de 2018 os fãs brasileiros ficaram aliviados com a confirmação de apresentações em nove cidades – depois seriam 11. A estreia aconteceria em 5 de abril do ano seguinte em Salvador, e a despedida no estádio Allianz Parque, em São Paulo, no dia 18 de maio. A banda também tocaria em João Pessoa, Belo Horizonte, Brasília, Porto Alegre, Rio de Janeiro, entre outras cidades. O estádio do Maracanã estava agendado para 4 de maio.

Do outro lado da Radial Oeste. E para bem mais do que seis pessoas. Além das canções dos álbuns de catálogo – para os fãs, todas elas são clássicos –, a banda preparou uma surpresa, a primeira música inédita desde o disco 4. "Corre Corre", uma canção arranjada durante os ensaios, deixou os fãs lambendo os beiços. A primeira apresentação, na Arena Fonte Nova, em Salvador, teve um público de 15 mil pessoas, prenúncio de que a empreitada seria mesmo um sucesso. Havia uma certa expectativa com relação ao setlist. Mas a única inédita acabou sendo mesmo "Corre Corre". Entretanto, os fãs não tiveram motivos para reclamar. Além dela, outras 27 músicas estavam lá, cobrindo os quatro álbuns da banda, de "Anna Júlia" (claro que nas comemorações de 20 anos ela não ficaria de fora) até "O Vento". "O repertório é o mais extenso, se comparado ao das turnês anteriores, assim como agora também podemos contar com a maior infraestrutura de som e de telões que já tivemos", disse Bruno Medina na véspera da apresentação carioca. "A receptividade tem sido muito positiva, até porque eu diria que hoje 50% do público nunca nos viu tocar. De fato, creio que não conseguiríamos realizar uma turnê nos moldes desta se não tivesse havido uma renovação significativa do público", completou.

O clima agora era outro. Com os músicos na faixa dos 40 anos, havia até crianças no camarim, o que, segundo o tecladista, trazia um clima mais leve para a banda. "Existe por parte de todos uma preocupação maior com o espetáculo. Não que não houvesse antes, mas quando se tem 20 e poucos anos se pensa muito em se divertir no palco, arriscar, e isso nem sempre propicia a melhor experiência para o público. Hoje, apesar de ainda haver bastante espontaneidade, o foco é o show, buscar a melhor sequência de músicas, nos certificar de que tocaremos as que os fãs querem de fato ouvir", explicou.

Até a apresentação no Maracanã, cerca de 100 mil pessoas já tinham visto o novo show dos Hermanos. No estádio carioca, eram esperadas 45 mil pessoas. Os músicos chegaram no local às 13h para passar o som. Depois, mesmo com a possibilidade de voltarem para casa para descansar, preferiram bater bola sobre o gramado coberto e assistir aos profissionais que lá trabalhavam.

Após o show de Tim Bernardes, que abriu a noite, os Hermanos entraram no palco assinado por Batman Zavareze e que contava com dois telões nas laterais, com "A Flor", cujos vocais são divididos entre Marcelo Camelo e Rodrigo Amarante. Nesse momento já dava para notar a comunhão da banda com seus fãs. Quando Rodrigo começou a cantar, a sua voz foi praticamente encoberta pela massa. O berro "Uh, é Los Hermanos!" já estava de volta quando a banda mandou "Além do que Se Vê". "Que loucura!", disse um embasbacado Rodrigo antes de "Retrato pra Iaiá" e da catarse habitual de "O Vencedor", cantada pela plateia da mesma forma que 16 anos antes no Canecão. O então presidente Jair Bolsonaro foi homenageado pelo público, que berrou "Ei, Bolsonaro, vai tomar no cu!", no momento em que Rodrigo assumia os vocais para "O Vento". "Gente, isso é o Maracanã!", deslumbrou-se antes de Marcelo completar: "Maracanã! Inacreditável! Inacreditável!"

Os Hermanos continuaram percorrendo o seu repertório, com "Todo Carnaval Tem Seu Fim", "Corre Corre" e "A Outra". Nos primeiros acordes dos teclados de Bruno para "Sentimental", os fãs acenderam as lanternas de seus celulares. A introdução de "Tenha Dó" ganhou o coro clássico do público acompanhando os metais. Bem-vindos a 1999! Só faltavam mesmo Athirson, Juninho Pernambucano e Edmundo entrarem no gramado do Maraca. "Vinte anos, cara... vinte anos, é inacreditável, e vocês aqui no Maracanã... Muito obrigado! No Rio a gente tocou em todos os lugares da cidade, desde os mais escondidos e pequenininhos, então vamos com uma dessa época dos lugares escondidos e pequenininhos...", disse Marcelo antes de mandar os acordes iniciais de "Anna Júlia".

Era o momento ideal para Rodrigo lembrar dos velhos tempos. "Era uma vez um rapaz chamado Marcelo Camelo, ele virou pra mim e disse: 'Aí, bicho, tem uma banda aí, quer fazer parte da minha banda?' Eu falei: 'Pô, claro'. E aqui estamos. Obrigado, Marcelo". O show estava se encaminhando para o fim com "Paquetá", "Último Romance" e "De Onde Vem a Calma". A última antes do bis foi "Conversa de Botas Batidas", para sempre uma das preferidas dos fãs. Marcelo aproveitou o momento para apresentar os músicos de apoio – Índio Costa (saxofone e clarinete), Mauro Zacarias (trombone), Bubu (trompete) e Gabriel Bubu (guitarra e baixo). "É um sonho que a gente vai contar pros nossos netos um dia", falou antes de se despedir. No bis, "Deixa o Verão" e mais duas do primeiro disco: "Azedume" e "Pierrot", esta última, em especial, acompanhada por 42 mil almas ensandecidas.

O repórter Luccas Oliveira resumiu a catarse no *Globo*. "Aquelas 42 mil pessoas se direcionaram para o antro do futebol nacional para verem a única banda de rock do país capaz de fechar sozinha aquele local em seus 69 anos de história. Quando você tem um show de rock eficiente, num grande estádio, para 42 mil pessoas que cantam do início ao fim as vinte e tantas músicas que você escolheu, o efeito é uma série de catarses coletivas raramente vista em outros shows no país – mesmo nos gringos mais disputados."

É verdade. A banda carioca levou mais gente ao Maracanã do que, por exemplo, o Foo Fighters em 2018, quando se apresentou para 30 mil pessoas. Dias depois, no Allianz Parque, em São Paulo, os Hermanos igualaram o recorde de público de Paul McCartney. Dias depois da apresentação no estádio carioca, o tecladista Bruno Medina disse que não podia negar que aquele era um marco importante para a banda.

"Para qualquer um que trabalhe com música no Brasil tocar no Maracanã é uma espécie de Olimpo, visto que não são muitos os artistas que conseguiram chegar lá. Estamos acostumados a tocar para grandes plateias, mas nada prepara alguém para um show daquelas proporções. Uma noite inesquecível, com certeza uma das mais importantes das nossas vidas."

E assim despediram-se mais uma vez os Hermanos. Para mais um hiato que sabe-se lá quanto tempo vai durar. Que seja breve. E que venham mais shows que eles possam contar aos seus netos.

TITÃS
JEUNESSE ARENA
(27-28/04/2023)

50

TODOS AO MESMO TEMPO AGORA. A TURNÊ DE REENCONTRO DOS TITÃS, 31 ANOS DEPOIS, NÃO PODERIA TER NOME MELHOR. ARNALDO, BRANCO, CHARLES, NANDO, PAULO, SÉRGIO, TONY. E MARCELO, POR QUE NÃO? ERA BOM DEMAIS PARA SER VERDADE. MAIS PARECIA QUE UMA MÁQUINA DO TEMPO HAVIA NOS TRANSPORTADO PARA OS ANOS 1980.

Teatro Carlos Gomes, Rio de Janeiro, dia 14 de março de 1987. Mil e duzentas poltronas destruídas. Um portão de ferro derrubado. Prejuízo incalculável. Catarse coletiva. Desde o início da tarde daquele dia, do lado de fora, fãs tentavam entrar no recinto. Quando o ônibus dos Titãs chegou, a turba ensandecida nem notou os músicos andando no meio da bagunça antes de entrar pela porta lateral do teatro. Depois, enquanto o grupo ensaiava, fãs invadiram o saguão do Carlos Gomes e ocuparam a galeria do terceiro andar. Não restou outra opção à banda que se retirar para os camarins. Pouco depois, o portão principal de ferro foi derrubado.

Mesmo com a confusão, o espetáculo teve início com Branco Mello cantando "Cabeça Dinossauro" em um volume ensurdecedor. Em seguida, Paulo Miklos assumiu o microfone para mandar "Bichos Escrotos". Aí não deu mais para o público se segurar. Muitos subiam nas cadeiras, pulavam e socavam o ar ao mesmo tempo que berravam a letra. Então vieram "Porrada" e "O Quê", e foi nesse momento que a quebradeira começou, com parte da plateia arrancando e arremessando ao ar as cadeiras parafusadas no chão como se fossem balões de festa. Quando Nando Reis iniciou o seu set, cantando "Família", já estava todo mundo de pé onde antes havia poltronas. Sérgio Britto soltou a voz em "Homem Primata" e "Polícia", antes do bis, com as repetições de "Bichos Escrotos" e "Porrada". Nesse momento, a banda teve a exata noção do que havia acontecido. O teatro se transformara em um cenário de terra arrasada. No dia seguinte, a imprensa repercutiu o ocorrido, e o jornal *O Globo* manchetou: "Quebra--quebra no rock".

No entanto, até chegar lá, muita água rolou para os Titãs. Aliás, os Titãs do Iê-Iê, esse era o nome original. Arnaldo Antunes e Paulo Miklos se conheceram no Colégio Equipe, em São Paulo, cujo centro acadêmico era comandado por Serginho Groisman, responsável pela programação cultural do local. Foi no Equipe que eles fizeram as suas primeiras apresentações com a Banda Performática. Foi lá também que o trio Mamão e as Mamonetes nasceu. Os seus integrantes atendiam pelos nomes de Tony Bellotto, Branco Mello e Marcelo Fromer. Por aquele palco, volta e meia passavam também as bandas Jetsons (formada por Branco, Charles Gavin e Ciro Pessoa) e Camarões, que contava com Nando Reis entre seus membros. Os Titãs estavam mais próximos do que poderiam imaginar.

Em 1981, no espetáculo *A Idade da Pedra Jovem*, todos eles, com exceção de Branco, se apresentaram juntos pela primeira vez. Os Titãs do Iê-Iê entravam no palco durante o intervalo, e a ideia era que cada integrante assumisse um instrumento qualquer, sabendo tocar ou não. Surpreendentemente, esse show passou a ser o momento mais aguardado do espetáculo, o que animou os músicos a ensaiar de forma mais séria.

Novas canções surgiam todos os dias. "Bichos Escrotos" era escrita de manhã e, à noite, já era apresentada ao vivo, assim como "Sonífera Ilha". Logo eles foram convidados pela Warner para gravar um single. Só que o grupo recusou, sob o (válido) argumento de que o seu trabalho era por demais complexo para destacar apenas uma canção para um compacto. De fato, a banda era muito diferente dos padrões vigentes, contando com nada menos do que seis vocalistas, além de um estilo inclassificável. A gravadora topou gravar um disco. Quando estavam prestes a entrar em estúdio, os Titãs do Iê-Iê não eram mais nove – Ciro Pessoa caiu fora. Eles também decidiram simplificar o nome. Agora, eles seriam, pura e simplesmente, Titãs.

O álbum de estreia homônimo chegou às lojas em 1984. Contando com uma produção pedestre, não aconteceu. No ano seguinte, os Titãs lançaram *Televisão*, já com Charles Gavin ocupando as baquetas de André Jung. A ideia era que o LP seguisse o conceito de uma televisão de verdade, com canções completamente diferentes entre si, como se fossem canais distintos de TV.

O sucesso veio com *Cabeça Dinossauro*, e depois os Titãs lançaram *Jesus Não Tem Dentes no País dos Banguelas* (1987) e *Õ Blesq Blom* (1989), dois álbuns que mantiveram o nível lá em cima. Em *Tudo ao Mesmo Tempo Agora* (1991), a banda injetou mais peso no seu som. Insatisfeito com a nova proposta, Arnaldo anunciou, em dezembro de 1992, que estava deixando o grupo. Apesar da baixa, os Titãs não esmoreceram e dobraram a aposta na pauleira em *Titanomaquia* (1993), que como o irregular *Domingo* (1995), não fez o sucesso esperado. Naquele momento, apesar de manter um público fiel, parecia que os dias de glória dos Titãs tinham ficado para trás. Até que, dois anos depois, veio o convite da MTV para o projeto *Acústico*. Com a regravação de "Pra Dizer Adeus" e da inédita "Os Cegos do Castelo", a banda obteve um sucesso sem precedente, e o CD vendeu quase dois milhões de cópias.

A saga dos Titãs continuou. Bons álbuns como *A Melhor Banda de Todos os Tempos da Última Semana* (2001), *Nheengatu* (2014) e a ópera-rock *Doze Flores Amarelas* (2018) foram lançados ao mesmo tempo em que diversos integrantes deixavam a banda. Um ano após a morte de Marcelo Fromer, em junho de 2001, Nando Reis se desligou do grupo. Em 2010, depois do decepcionante *Sacos Plásticos* (2009) chegar às lojas, foi a vez de Charles pedir o boné. Seis anos depois, Paulo Miklos anunciou a sua saída.

Em setembro de 2022, o trio então formado por Branco Mello, Sérgio Britto e Tony Bellotto lançou o álbum *Olho Furta-Cor*, mas foi a notícia que viria dois meses depois que deixou os fãs dos Titãs realmente eufóricos. Após 31 anos, Arnaldo, Branco, Charles, Nando, Paulo, Sérgio e Tony se reuniriam novamente em cima de um palco. No dia 16 de novembro, os sete músicos se encontraram com jornalistas e representantes de fã-clubes para anunciar a turnê *Encontro: Todos ao Mesmo Tempo Agora*, que passaria por diversas cidades brasileiras, além de Portugal. Liminha, guitarrista, produtor de álbuns emblemáticos do conjunto e "oitavo elemento", nas palavras de Tony, assumiria a guitarra de Marcelo Fromer, cuja filha, Alice, participaria dos shows para homenagear o pai.

Não se sabia quem estava mais ansioso, se os fãs ou os próprios integrantes da banda. "Quando comentei sobre o retorno do grupo com meus filhos, eles enlouqueceram. A produção de todos que estão aqui a meu lado sempre foi de altíssimo nível. Então, assim, nós somos fodas", disse Nando na coletiva, ao lado de Branco, que havia acabado de passar por um tratamento médico por conta da recidiva de um câncer na hipofaringe, o que lhe custou uma corda vocal. Ele, que correu o risco de nunca mais falar, estava mais pronto do que nunca para cantar. "Descobri uma nova voz, mais rouca, mas com punch", disse. Paulo compartilhava da animação. "É muito bom poder falar de novo no coletivo", afirmou. Os fãs das antigas estalaram os beiços quando foi anunciado que o setlist seria concentrado no álbum de estreia até *Tudo Ao Mesmo Tempo Agora*.

Antes do Carnaval, Charles, Liminha, Tony e Nando realizaram quatro ensaios no estúdio Nas Nuvens, no Rio. Segundo o baterista, o primeiro encontro foi um tanto nervoso. "Eu não tocava com o Nando há 21 anos. No primeiro dia, deu um frio na barriga." Arnaldo, Branco, Paulo e Sérgio receberam as gravações e ensaiaram individualmente antes da reunião de todos. Arnaldo, que teve alguma relutância com relação à reunião, era dos mais empolgados. "Esses ensaios têm sido rejuvenescedores", disse à *Folha de S.Paulo*. "Esse espírito de grupo, as piadas, os códigos, a intimidade, parece que permaneceu intacto", completou.

A ideia era que os arranjos se aproximassem da sonoridade da banda na década de 1980. Para tanto, Sérgio comprou teclados característicos da época. "A gente quer reproduzir da maneira mais fiel possível as gravações dos discos", explicou Liminha em entrevista ao site da União Brasileira de Compositores. Os ensaios seguiam de forma amena. "O momento da saída de cada um desses membros foi encarado como um divórcio. Mas nós nunca brigamos ou nos desentendemos a ponto de não falar mais. A reunião era um desejo de todos", explicou Charles.

O momento para a reunião, a propósito, não poderia ter sido melhor. Após a pandemia da Covid-19, o interesse por shows no Brasil cresceu 270%. Uma semana antes da primeira apresentação, meio milhão de ingressos já haviam sido vendidos. A escolha para a estreia da turnê, em duas datas, nos dias 27 e 28 de abril, recaiu sobre o Rio de Janeiro. Em 1987, o grande desafio dos Titãs era entrar na cidade onde estavam as principais gravadoras e emissoras de TV. "Alguns meses antes dos shows no Carlos Gomes, eles tocaram no Morro da Urca, onde tinha vinte gatos pingados na plateia. Quando eles fizeram o show no Carlos Gomes, foi explosivo, um marco. Eles conquistaram o Brasil. A partir dali, entraram para o primeiro escalão do rock nacional", afirmou Luiz André Alzer, biógrafo da banda. Fazia mais do que sentido, então, escolher a antiga capital federal, 36 anos anos após a quebradeira no centenário teatro, para as apresentações iniciais da turnê de reencontro.

Horas antes do espetáculo, imensas filas dobravam a Jeunesse Arena. Turnês de reunião não são uma novidade, mas a dos Titãs, de fato, era algo especial. Poucas bandas têm condições de se reunir com os integrantes em forma e, sobretudo, com vontade de estarem juntos. Essa alegria ficou visível logo que os sete Titãs surgiram no fundo do palco ao som da programação eletrônica de "Diversão". Quando Tony mandou o clássico riff de guitarra, havia magia no ar. Era notável todos eles curtindo o momento e, principalmente, se curtindo. A plateia também adorou, do fã que nunca tinha visto todos eles juntos ao que já tinha visto e, assim, podia relembrar o quanto aquilo era legal.

A banda entregou tudo o que prometera, inclusive um generosíssimo repertório. Das 31 canções, 28 eram dos seis primeiros álbuns. De *Cabeça Dinossauro*, a banda tocou nada menos do que dez de suas 13 faixas. Mais parecia que uma máquina do tempo tinha transportado os fãs para os anos 1980. Depois de "Diversão", vieram "Lugar Nenhum", "Desordem", "Tô Cansado", "Igreja" e "Homem Primata". E tome "O Pulso" e "Cabeça Dinossauro", esta última cantada por Branco de forma heroica. Sua voz estava diferente, mas talvez ele nunca tenha cantado com tanta vontade. Ele ainda fez um emocionado discurso: "Como todos sabem, no ano passado tive um tumor na laringe e passei por uma cirurgia muito delicada. Estou muito feliz de estar vivo e cantar para vocês".

Arnaldo foi responsável por grandes momentos, como "Televisão" e "Porrada", com direito à sua coreografia toda única. Paulo também cantou demais, principalmente em "Bichos Escrotos", a última antes do bis. De quebra, botou o saxofone para chorar em "Flores". Os velhos fãs sentiram arrepios na nuca, ainda mais quando Nando emendou "Jesus Não Tem Dentes no País dos Banguelas" a "Nome aos Bois", com a letra devidamente atualizada, citando o ex-presidente Jair Bolsonaro entre nomes como os de Adolf Hitler e Benito Mussolini. "É assustador perceber que músicas que a gente fez 35 anos atrás ainda são atuais", disse o baixista.

A apresentação também contou com um set desplugado. Na época do lançamento do *Acústico MTV*, Arnaldo já havia deixado a banda, mas não tinha como não relembrar o momento. A primeira música, após o telão despejar imagens de arquivo da banda, foi "Epitáfio". O público atendeu ao pedido de Sérgio e ligou as lanternas de seus celulares. Depois vieram "Os Cegos do Castelo" e "Pra Dizer Adeus". Teve muito fã que fechou os olhos e imaginou estar no teatro João Caetano em 1997. Arnaldo não participou dessas três canções, mas depois entrou no palco acompanhado de uma convidada bem especial. "Nós todos sentimos a ausência de Marcelo Fromer no palco, mas queremos celebrar a presença dele nas nossas vidas através da presença da filha dele, Alice Fromer", anunciou. Ela cantou "Toda Cor" e depois dividiu o microfone com Arnaldo em "Não Vou Me Adaptar".

Depois do momento acústico, as guitarras voltaram a rugir em "Marvin", "Go Back", "É Preciso Saber Viver" (em homenagem a Erasmo Carlos, falecido cinco meses antes), "Porrada", "Polícia", "AA UU" (esta provou que a voz de Sérgio Britto provavelmente é conservada no formol) e "Bichos Escrotos". Antes desta, Paulo brincou: "A gente fala que vai terminar o show, vocês pedem mais e a gente volta e canta mais algumas." E assim foi. O bis teve início com "Miséria" e depois veio "Família". "Não dá para definir direito o que a gente está sentindo aqui no palco. A alegria é tão grande que a gente está transbordando, então vamos encerrar esse encontro com uma canção que também transbordou e está impressa na alma dos brasileiros", anunciou Paulo antes de cantar "Sonífera Ilha", primeiro sucesso dos Titãs e última do repertório.

Vale ressaltar ainda a produção do show, que contou com a direção de Otávio Juliano. Além do telão no fundo do palco, outros dois laterais, que iam do chão ao teto, garantiam que o público acompanhasse todos os detalhes de cena e, ao mesmo tempo, mostravam imagens ilustrando as canções. A iluminação também era frenética, e o som, além de estar no talo, preciso. Uma produção monumental, digna do tamanho da banda.

No dia seguinte à estreia, os Titãs comemoraram o sucesso da apresentação. "Alto astral: E é só o começo", escreveu Nando em suas redes sociais. Paulo assentou: "Uma noite memorável". Os fãs não discordaram. Arnaldo, Branco, Charles, Nando, Paulo, Sérgio e Tony juntos de novo. Marcelo, de certa forma, também. E mais alguns milhões de fãs. "Tão forte somos todos outros Titãs." Todos ao mesmo tempo agora. E para sempre.

BIBLIOGRAFIA E FONTES

ALEXANDRE, Ricardo. Dias de luta: o rock e o Brasil dos anos 80. 1ª edição. São Paulo: DBA Artes Gráficas, 2002.

_____. Nem vem que não tem: a vida e o veneno de Wilson Simonal. São Paulo: Globo, 2009.

_____. Cheguei bem a tempo de ver o palco desabar: 50 causos e memórias do rock brasileiro (1993-2008). 1ª edição. Porto Alegre: Arquipélago Editorial, 2013.

_____. Os 500 maiores álbuns brasileiros de todos os tempos. 1ª edição. Porto Alegre: Jambô, 2022.

ALMEIDA, Miguel de. Primavera nos dentes: a história do Secos & Molhados. São Paulo: Três Estrelas, 2019.

AMARAL, Ricardo. Vaudeville: memórias. 1ª edição. São Paulo: Leya, 2010.

ARAUJO, Lucinha. Cazuza: só as mães são felizes. 1ª edição. São Paulo: Globo, 1997.

_____ e ECHEVERRIA, Regina. Preciso dizer que te amo: todas as letras do poeta. 1ª edição. São Paulo: Globo, 2001.

ARAÚJO, Paulo Cesar de. Roberto Carlos outra vez – volume 1: 1941-1970. Rio de Janeiro: Record, 2021.

BÔSCOLI, João Marcello. Elis e eu. São Paulo: Planeta do Brasil, 2019.

BRUNO, Leonardo. Canto de rainhas: O poder das mulheres que escreveram a história do samba. Rio de Janeiro: Agir, 2021.

BRYAN, Guilherme. Quem tem um sonho não dança: cultura jovem brasileira nos anos 80. 1ª edição. Rio de Janeiro: Record, 2004.

CABRAL, Sérgio. Elisete Cardoso: uma vida. Rio de Janeiro: Lumiar, 1993.

_____. Antônio Carlos Jobim: uma biografia. 2ª edição. Rio de Janeiro: Lumiar Editora, 1997.

_____. Nara Leão: uma biografia. Rio de Janeiro: Lumiar, 2001.

CALADO, Carlos. Tropicália: a história de uma revolução musical. São Paulo: Ed. 34, 1997.

CARDOSO, Tom. Ninguém pode com Nara Leão: uma biografia. São Paulo: Planeta, 2021.

CARNEIRO, Luiz Felipe. Rock in Rio: a história. 2ª edição. São Paulo: Globo Livros, 2022.

_____. Os 50 maiores shows da história da música. Caxias do Sul: Belas Letras, 2022.

_____ e GUEDES, Tito. Lado C: A trajetória musical de Caetano Veloso até a reinvenção com a bandaCê. Rio de Janeiro: Máquina de Livros, 2022.

CARVALHO, Hermínio Bello de. Taberna da Glória e outras glórias: mil vidas entre os heróis da música brasileira (organização de Ruy Castro). Rio de Janeiro: Edições de Janeiro, 2015.

CASTRO, Felipe; MARQUESINI, Janaína; COSTA, Luana; MUNHOZ, Raquel. Quelé, a voz da cor: biografia de Clementina de Jesus. Rio de Janeiro: Civilização Brasileira, 2017.

CASTRO, Ruy. Chega de saudade: a história e as histórias da Bossa Nova. São Paulo: Companhia das Letras, 2008.

_____. Ela é carioca: uma enciclopédia de Ipanema. São Paulo: Companhia das Letras, 2021.

CAYMMI, Stella. Dorival Caymmi: o mar e o tempo. 1ª edição. São Paulo: Editora 34, 2001.

CHEDIAK, Almir. Songbook Dorival Caymmi. 1ª edição. São Paulo: Irmãos Vitale, 2001.

DADI. Meu caminho é de chão e céu: memórias. 1ª edição. Rio de Janeiro: Record, 2014.

DAPIEVE, Arthur. BRock: o rock brasileiro dos anos 80. 3ª edição. São Paulo: Editora 34, 2000.

_____. Renato Russo: o trovador solitário. 10ª edição. Agir: Rio de Janeiro, 2020.

DOLORES, Maria. Travessia: a vida de Milton Nascimento. 1ª edição. Rio de Janeiro: Record, 2006.

DREYFUS, Dominique. Vida do viajante: a saga de Luiz Gonzaga. São Paulo: Ed. 34, 1996.

DRUMMOND, Carlos Eduardo; NOLASCO, Marcio. Caetano: uma biografia: a vida de Caetano Veloso, o mais doce bárbaro dos trópicos. São Paulo: Seoman, 2017.

ECHEVERRIA, Regina. Gonzaguinha e Gonzagão: uma história brasileira. São Paulo: Ediouro, 2006.

_____. Furacão Elis. São Paulo: Leya, 2012.

FAOUR, Rodrigo. História sexual da MPB: a evolução do amor e do sexo na canção brasileira. Rio de Janeiro: Record, 2006.

FARIA, Arthur de. Elis: uma biografia musical. Porto Alegre: Arquipélago Editorial, 2015.

FRANÇA, Jamari. Os Paralamas do Sucesso: vamo batê lata. 1ª edição. São Paulo: Editora 34, 2003.

FUSCALDO, Chris. Discobiografia legionária. 1ª edição. São Paulo: Leya, 2016.

GALVÃO, Luiz. Anos 70: novos e baianos. 1ª edição. São Paulo: Editora 34, 1997.

GESSINGER, Humberto. Pra ser sincero: 123 variações sobre um mesmo tema. 1ª edição. Caxias do Sul: Belas Letras, 2009.

GIL, Gilberto; ZAPPA, Regina (organização). Gilberto bem perto. Rio de Janeiro: Nova Fronteira, 2013.

GIL, Gilberto. Todas as letras; organização e colaboração de Carlos Rennó. 3ª edição. São Paulo: Companhia das Letras, 2023.

GOES, Zico. MTV, bota essa p#@% pra funcionar. 1ª edição. São Paulo: Panda Books, 2014.

GUEDES, Tito. Querem acabar comigo: Da Jovem Guarda ao trono, a trajetória de Roberto Carlos na visão da crítica musical. Rio de Janeiro: Máquina de Livros, 2021.

GUERREIRO, Goli. A trama dos tambores: a música afro-pop de Salvador. São Paulo: Ed. 34, 2000.

HOMEM, Wagner. História de canções: Chico Buarque. 1ª edição. São Paulo: Leya, 2009.

_____ e OLIVEIRA, Luiz Roberto. Histórias de canções: Tom Jobim. São Paulo: Leya, 2012.

_____ e ROSA, Bruno De La. Histórias de canções: Vinicius de Moraes. São Paulo: Leya, 2013.

LANDI, Ana Claudia e BELO, Eduardo. Apenas uma garotinha: a história de Cássia Eller. 1ª edição. São Paulo: Editora Planeta do Brasil, 2005.

LEE, Rita. Rita Lee: uma autobiografia. São Paulo: Globo, 2016.

LICHOTE, Leonardo; PRETO, Marcus; SALOMÃO, Omar (organização). Gal Costa. São Paulo: BEÎ Editora, 2021.

LOBÃO. 50 anos a mil. 1ª edição. Rio de Janeiro: Nova Fronteira, 2010.

_____. Guia politicamente incorreto dos anos 80 pelo rock. 1ª edição. Leya: Rio de Janeiro, 2017.

LUCCHESE, Alexandre. Infinita highway: uma carona com os Engenheiros do Hawaii. 1ª edição. Caxias do Sul: Belas Letras, 2016.

LUNA, Pedro de. Planet Hemp: Mantenha o respeito. 1ª edição. Caxias do Sul: Belas Letras, 2018.

MARCELO, Carlos. Renato Russo: o filho da revolução. 2ª edição. São Paulo: Planeta, 2018.

MARIA, Julio. Elis Regina: nada será como antes. São Paulo: Editora Master Books, 2015.

_____. Ney Matogrosso: a biografia. São Paulo: Companhia das Letras, 2021.

MARIANO, Cesar Camargo. Solo: Cesar Camargo Mariano – memórias. São Paulo: Leya, 2011.

MARMO, Hérica e ALZER, Luiz André. A vida até parece uma festa: a história completa dos Titãs. 2ª edição. São Paulo: Globo Livros, 2022.

MATOGROSSO, Ney; MELLO, Ramon Nunes (pesquisa). Vira-lata de raça. São Paulo: Tordesilhas, 2018.

MÁXIMO, João. Paulinho da Viola: sambista e chorão. 1ª edição. Rio de Janeiro: Relume Dumará, 2002.

MAZOCCO, Fabricio e REMASO, Silvia. Contrapontos: uma biografia de Augusto Licks. 1ª edição. Caxias de Sul: Belas Letras, 2019.

MAZZOLA, Marco. Ouvindo estrelas: a luta, a ousadia e a glória de um dos maiores produtores musicais do Brasil. 1ª edição. São Paulo: Editora Planeta do Brasil, 2017.

MEDEIROS, Jotabê. Raul Seixas: Não diga que a canção está perdida. São Paulo: Todavia, 2019.

MELLO, Zuza Homem de. Amoroso: uma biografia de João Gilberto. 1ª edição. São Paulo: Companhia das Letras, 2021.

MIDANI, André. Do vinil ao download. Rio de Janeiro: Nova Fronteira, 2015.

MORAES, Marcelo Leite de. RPM: revoluções por minuto. 1ª edição. São Paulo: Companhia Editora Nacional, 2007.

MOTTA, Nelson. Noites tropicais: solos, improvisos e memórias musicais. 1ª edição. Rio de Janeiro: Objetiva, 2000.

NETO, Lira. Maysa: só numa multidão de amores. São Paulo: Globo, 2007.

NEVES, Ezequiel, GOFFi, Guto e PINTO, Rodrigo. Barão Vermelho: por que a gente é assim. 1ª edição. São Paulo: Globo, 2007.

NIEMEYER, Luiz Oscar. Memórias do rock. 1ª edição. Rio de Janeiro: Francisco Alves, 2022.

PENTEADO, Léa. A verdade é a melhor notícia: bastidores e estratégias de assessoria de imprensa. Bookstart, 2015.

PICCOLI, Edgard. Que rock é esse?: a história do rock brasileiro contada por alguns de seus ícones. 1ª edição. São Paulo: Globo, 2008.

RODRIGUES, Rodrigo. As aventuras da Blitz. 1ª edição. São Paulo: Ediouro, 2009.

SÁNCHEZ, José Luis. Tom Jobim: a simplicidade do gênio. Rio de Janeiro: Record, 1995.

SANTOS, Rodrigo. Cara a cara: uma história de música e superação. 1ª edição. Belo Horizonte: Neutra, 2015.

SCHOTT, Ricardo. Terra Trio. Rio de Janeiro: Sonora Editora, 2020.

SOUZA, Tárik de; CEZIMBRA, Márcia; CALLADO, Tessy. Tons sobre Tom. Rio de Janeiro: Revan, 1995.

VELOSO, Caetano. Verdade tropical. São Paulo: Companhia das Letras, 2008.

VILLA-LOBOS, Dado. Memórias de um legionário. 1ª edição. Rio de Janeiro: Mauad X, 2015.

JORNAIS, REVISTAS E SITES:

A Tarde
A Tribuna
Backstage
Bahia Notícias
Bizz
Correio Braziliense
Destaque Notícias
Diário de Notícias
Domingo
Ele e Ela
Estado de Minas
Extra
Folha de S.Paulo
Gazeta do Povo
G1
GShow
Intervalo
IstoÉ
Jornal do Commercio
Jornal da Tarde
Jornal do Brasil
Manchete
O Dia
O Estado de S. Paulo
O Fuxico
O Globo
O Jornal
O Pasquim
Omelete
Pipoca Moderna
Quem
Rede Brasil Atual
Roll
Rolling Stone
Showbizz
Somtrês
Tenho Mais Discos que Amigos!
The New York Times
Tribuna da Bahia
Tribuna da Imprensa
União Brasileira de Compositores (UBC)
Última Hora
UOL
Zero Hora

Este livro foi composto em Caecilia e impresso em pólen bold 70 g pela gráfica Coan em janeiro de 2024.

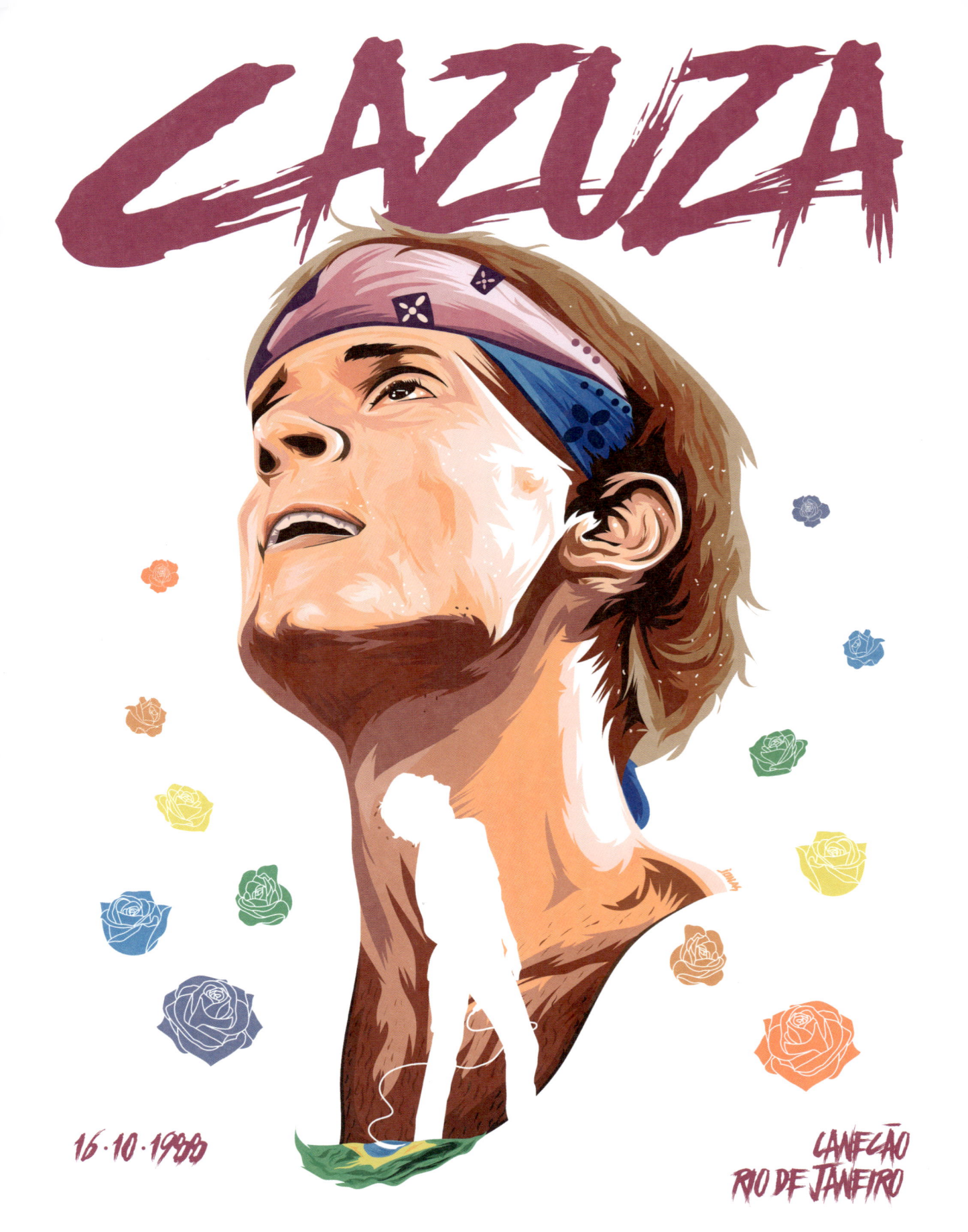

CAZUZA

16·10·1988

CANECÃO
RIO DE JANEIRO

UM ENCONTRO NO AU BON GOURMET

PARTICIPAÇÃO: OS CARIOCAS

DIREÇÃO: ALOYSIO DE OLIVEIRA

TOM JOBIM

VINICIUS DE MORAES

JOÃO GILBERTO

02 · 08 · 1962
RIO DE JANEIRO

MILTON NASCI MENTO

TOM BRASIL/SÃO PAULO 17/07/1997

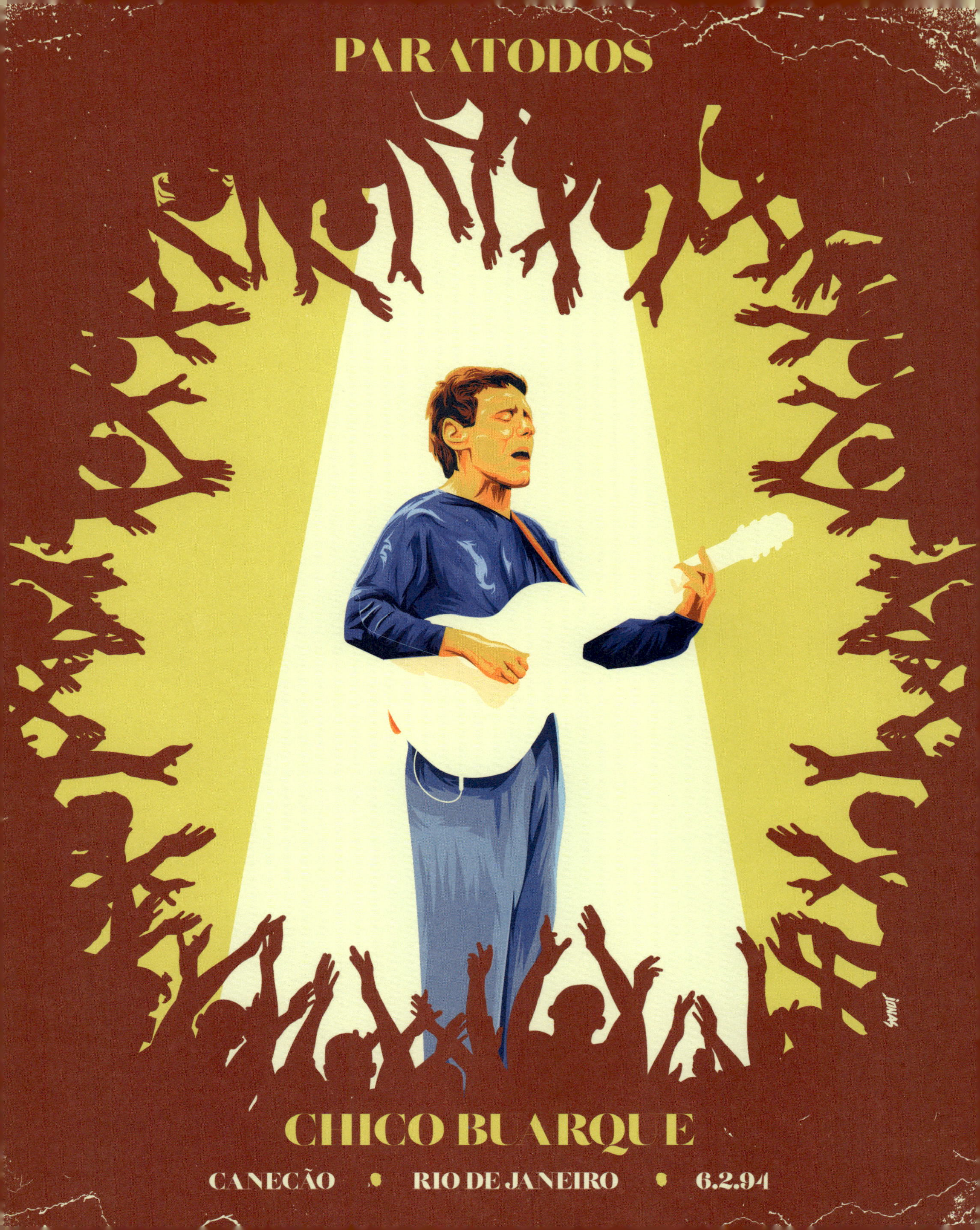
PARATODOS
CHICO BUARQUE
CANECÃO • RIO DE JANEIRO • 6.2.94

O GRANDE ENCONTRO

ALCEU VALENÇA | ELBA RAMALHO | GERALDO AZEVEDO | ZÉ RAMALHO

26.01.1996
GINÁSIO MACHADINHO
RIO GRANDE DO NORTE

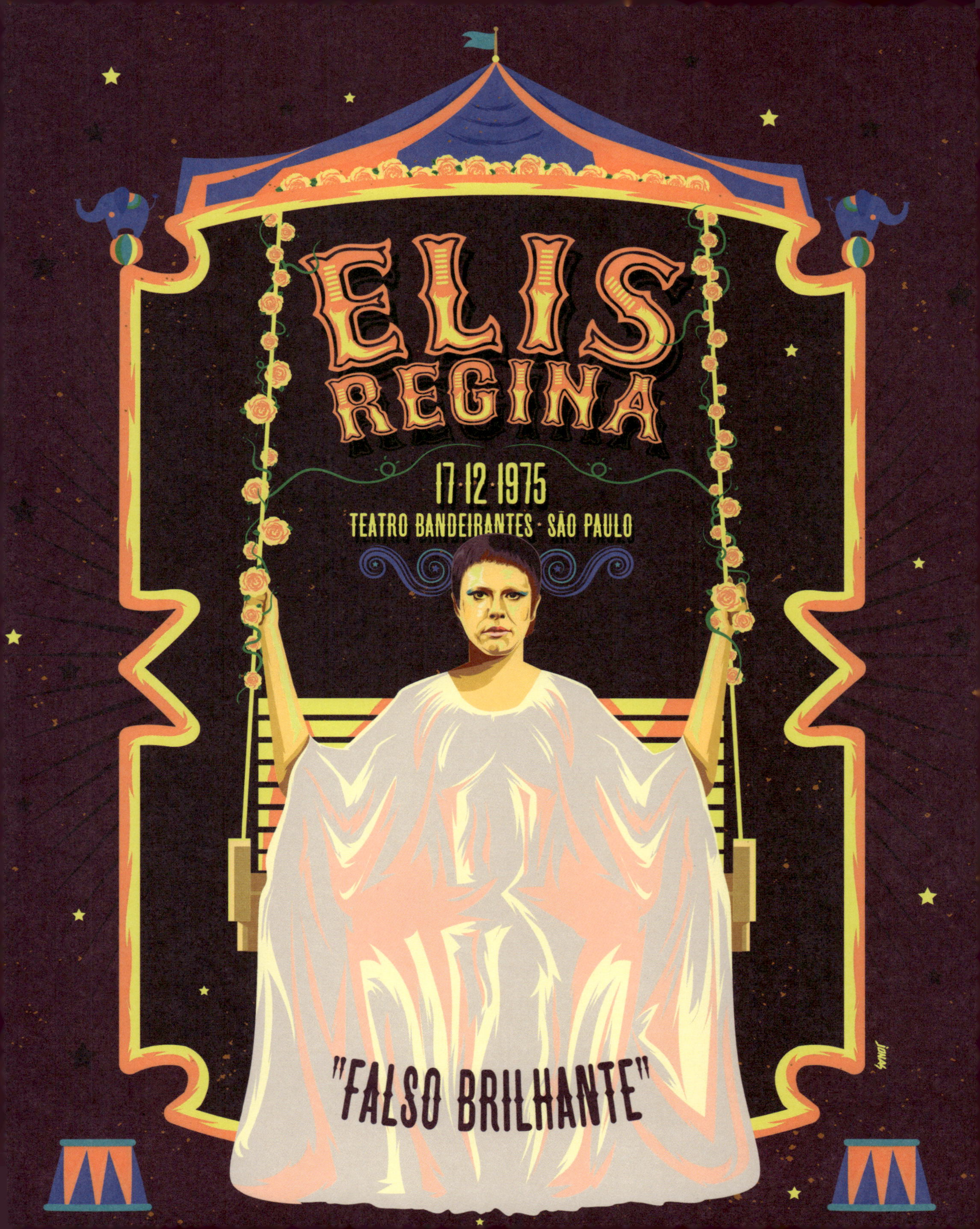
ELIS
REGINA
17·12·1975
TEATRO BANDEIRANTES · SÃO PAULO
"FALSO BRILHANTE"